中国铁建大桥工程局集团有限公司技术管理标准化丛书

桥梁工程专项施工方案标准范本

（第三分册）

罗生宏　周冠南　主编

人民交通出版社股份有限公司

北京

内容提要

本书为"中国铁建大桥工程局集团有限公司技术管理标准化丛书"之一，其中，《桥梁工程专项施工方案标准范本》共分四册，本书为第三分册，主要介绍了挂篮现浇连续梁、钢桁梁架设、斜拉桥钢箱梁安装及顶推、钢混结合梁专项施工方案，可供从事桥梁工程、勘察设计、施工、监理、建设管理的工程技术人员学习使用，亦可供桥梁工程及相关领域的高等院校师生参考。

图书在版编目（CIP）数据

桥梁工程专项施工方案标准范本. 第三分册 / 罗生宏，周冠南主编. — 北京：人民交通出版社股份有限公司，2023.12
（中铁建大桥局集团有限公司技术管理标准化丛书）
ISBN 978-7-114-19164-0

Ⅰ.①桥… Ⅱ.①罗…②周… Ⅲ.①桥涵工程—工程施工—建筑方案—标准—范文 Ⅳ.①U445.4-65

中国国家版本馆 CIP 数据核字（2023）第 245634 号

Qiaoliang Gongcheng Zhuanxiang Shigong Fang'an Biaozhun Fanben (Di-san Fence)

书　　名：	桥梁工程专项施工方案标准范本（第三分册）
著 作 者：	罗生宏　周冠南
责任编辑：	谢海龙　刘国坤
责任校对：	孙国靖　宋佳时　卢　弦
责任印制：	刘高彤
出版发行：	人民交通出版社股份有限公司
地　　址：	（100011）北京市朝阳区安定门外外馆斜街 3 号
网　　址：	http://www.ccpcl.com.cn
销售电话：	（010）59757973
总 经 销：	人民交通出版社股份有限公司发行部
经　　销：	各地新华书店
印　　刷：	北京印匠彩色印刷有限公司
开　　本：	880×1230　1/16
印　　张：	32
字　　数：	659 千
版　　次：	2024 年 1 月　第 1 版
印　　次：	2024 年 1 月　第 1 次印刷
书　　号：	ISBN 978-7-114-19164-0
定　　价：	180.00 元

（有印刷、装订质量问题的图书，由本公司负责调换）

丛书编委会

主 任 委 员：罗生宏　周冠南

副主任委员：樊立龙　宋云财　付军恩　汪本刚　彭志川　张广涛
　　　　　　　赵　健　岳旭光　宓　浩

编　　　委：沙权贤　孙长志　曲江峰　林凤国　孙宏伟　张海顺
　　　　　　　邓旭辉　吴小雨　刘长辉　林再志　李志辉　龙文兵
　　　　　　　黄　超　张　庆　晏　威　李文博　解登科　王文强
　　　　　　　赵振丰　李　冬　仲海民　遆永佳　安路明　程　为
　　　　　　　王　雷　张鹏志　郭建强　汤振亚　朱　娜　孙树茂
　　　　　　　石洪超　于林超　陈　港

参 编 单 位：中铁建大桥工程局集团第一工程有限公司
　　　　　　　中铁建大桥工程局集团第三工程有限公司
　　　　　　　中铁建大桥工程局集团第四工程有限公司
　　　　　　　中铁建大桥工程局集团西北工程有限公司

GENERAL 总　序

近年来，我国基础设施建设发展迅速，尤其在桥梁工程领域，建造技术日趋成熟，取得了令人瞩目的成绩。中国铁建大桥工程局集团有限公司（简称"中铁建大桥局"）作为我国桥梁建设领域的排头兵，自 2014 年由中铁十三局集团有限公司更名以来，专注打造中国铁建桥梁品牌，先后承建了多项技术难度大、科技含量高的桥梁工程项目，开创了 20 多项世界之"最"和 30 多项中国之"最"，实现了"十八跨黄河""十四跨长江""十七跨海湾""五跨乌江""四跨松花江"，树立起一座座桥梁丰碑。

目前，中铁建大桥局在建工程主要有世界最大跨度单跨吊钢箱梁悬索跨海桥——双屿门通航孔桥、世界最大跨度三塔钢箱梁斜拉跨海桥——青龙门通航孔桥、世界最大跨度公铁两用混合梁斜拉桥——桃天门公铁两用跨海大桥、世界上最大跨度高低塔公铁两用同层斜拉桥——富翅门公铁两用跨海大桥、世界最大跨度自锚式悬索桥——万龙大桥等，持续致力于桥梁施工领域的前沿性技术攻关与科研创新。

基于上述工程实践，大桥局总结了斜拉桥、悬索桥、钢桁梁桥、钢桁拱桥等特种桥梁施工经验，编制形成了《桥梁工程专项施工方案标准范本》（共四册）。本套范本内容全面，涵盖了栈桥、围堰、现浇梁支架等大临结构设计与施工方案案例；体系完整，梳理了铁路梁、公路梁、钢桁梁、钢-混凝土组合梁等多种桥梁结构施工方案案例，是目前行业内涉及范围较广、实用性较强的桥梁施工方案标准范本，对一线施工技术人员编制施工专项方案具有指导作用和借鉴意义。

中国工程院院士　聂建国

2022 年 10 月

PREFACE 前 言

逢山开路，遇水搭桥，桥梁工程是跨越山川、峡谷、江河湖海的最有效的手段。在桥梁工程施工涉及的诸多内容中，现浇梁、钢梁广泛应用于桥梁上部结构中，在跨度200m以内的连续梁及连续刚构桥梁中，挂篮现浇施工工艺在常规混凝土桥梁上部结构施工中应用尤为常见。斜拉桥、悬索桥、拱桥等特殊桥梁中，为减轻桥梁自重、优化桥梁结构、提升桥梁跨越能力，多数采用了钢桁梁、钢箱梁、钢混叠合梁等多种结构形式。

中国铁建大桥工程局集团有限公司基于安海湾特大桥跨越伞都大道桥、广州明珠湾大桥、李家沱长江复线桥、巢湖大桥施工背景，对其所涉及的挂篮现浇连续梁、钢桁拱梁架设、钢箱梁安装及顶推、钢混结合梁施工等进行详细的研究，并结合住建部《危险性较大的分部分项工程安全管理规定》(中华人民共和国住房和城乡建设部令第37号)《住房城乡建设部办公厅关于实施〈危险性较大的分部分项工程安全管理规定〉有关问题的通知》(建办质〔2018〕31号)《危险性较大的分部分项工程专项施工方案编制指南》(建办质〔2021〕48号)中关于专项施工方案管理的要求，编制专项施工方案标准范本，系统性地提升技术标准化管理水平，加强施工设备的专业化应用和施工组织保障措施的科学化管理，对挂篮现浇连续梁、钢梁施工安全、质量的控制起到促进作用。

本书共4篇，分别对桥涵工程挂篮现浇连续梁、钢桁拱梁架设、钢箱梁安装及顶推、钢混结合梁专项施工方案标准范本进行介绍：

第1篇以安海湾特大桥跨越伞都大道桥为例，介绍了0号块和边跨现浇段支架的设计、施工、预压、监测，0号块模板、钢筋、混凝土、预应力施工，标准段挂篮的设计、加工、安装、预压、走行，标准段模板、钢筋、混凝土、预应力施工，合龙段劲性骨架、吊架、模板、混凝土、预应力施工，体系转换、支架和挂篮的拆除等主要施工工艺及保证措施等内容。

第2篇以广州明珠湾大桥为例，介绍了拱桥钢桁梁架设的设备选型，临时支墩、膺架及码头施工，墩旁托架施工，扣塔施工，墩顶起始段钢梁架设、双悬臂钢梁架设、边跨合龙、中跨合龙、高强度螺栓施拧、现场涂装等主要施工工艺和保证措施等内容。

第3篇以李家沱长江复线桥为例，介绍了钢梁顶推的设备，顶推支架、钢导梁设计施工，钢箱梁的运输、吊装、安装、桥位焊接、顶推全过程的主要施工工艺及保证措施等内容。

第4篇以巢湖大桥为例，介绍了钢梁及桥面板吊装设备选型，钢梁安装、现场焊接、桥面板安装、钢筋及湿接缝施工、预应力施工，斜拉索施工，现场涂装等主要施工工艺和保证措施等内容。

本书由中铁建大桥工程局集团有限公司下属第一、第四工程有限公司一线施工技术骨干，依托已完工项目的成熟施工经验编写。限于编者水平，本书中错谬之处在所难免，敬请批评指出，以便修订时更正。

编　者

2022年10月

CONTENTS 总目录

001 / 挂篮现浇连续梁专项施工方案标准范本

135 / 钢桁梁架设专项施工方案标准范本

263 / 斜拉桥钢箱梁安装及顶推专项施工方案标准范本

377 / 钢混结合梁专项施工方案标准范本

挂篮现浇连续梁
专项施工方案标准范本

(以安海湾特大桥跨越伞都大道桥为例)

目 录
CONTENTS

1 工程概况 003

2 编制依据 015

3 施工计划 018

4 施工工艺技术 021

5 施工保证措施 070

6 施工管理及作业人员配备和分工 113

7 验收要求 115

8 应急处置措施 125

9 计算书及相关图纸 133

1 工程概况

福厦铁路FX-7标段施工里程为DK178+760（泉州南梁场大里程点）至DK194+171（安海湾特大桥与沿海通道处），总长15.41km。施工段落主要位于晋江市永和镇及东石镇。

主要施工任务包括：桥梁长12.84km，有双线特大桥2座（其中草洪塘特大桥8754m、安海湾特大桥3890m），大桥1座（坑圆大桥144m）；路基三段，长2.57km；涵洞5座；无砟轨道15.04km。

1.1 工程地质、水文及其他特点

1.1.1 工程基本情况

安海湾特大桥112～115号连续梁（DK193+905.075～DK194+171.575）跨越伞都大道，如图1-1所示，道路宽度80m，交角122°。道路两侧均为农田，地表有灌溉沟渠，地下水较多。

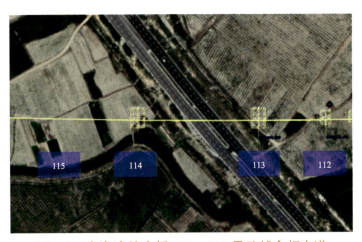

图1-1 安海湾特大桥112～115号跨越伞都大道

连续梁全长266.5m，其中边跨跨径70m，中跨跨径125m，梁端至边支座中心0.75m。主墩高16.5m，边墩高21m/22m，如图1-2所示。

125m主跨箱梁构造含0号段、S18边直段、S1/M1～S16/M16节段及M17合龙段。其中0号段长度为9m，边直段长度为7.25m，标准段1～7号长度为3m，8～16号长度为4m，合龙段长度为2m。

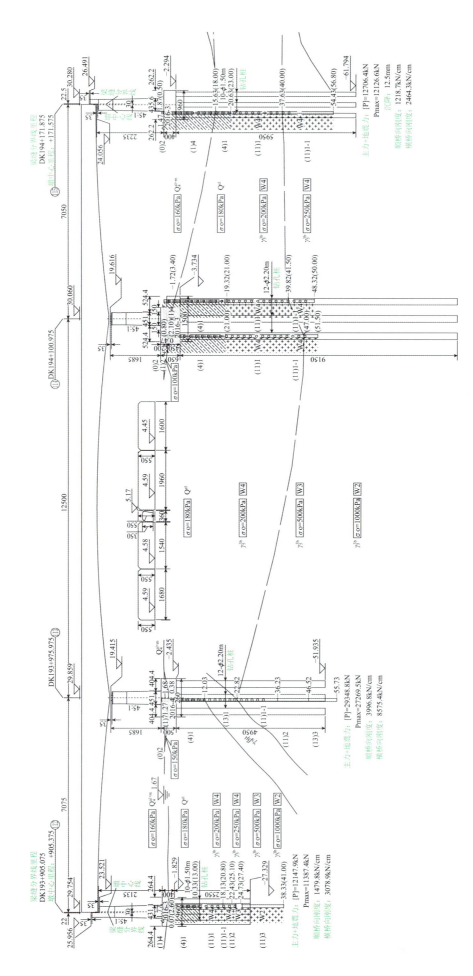

图 1-2 安海湾特大桥 112~115 号桥型布置示意图（尺寸单位：mm，高程单位：m）

全桥共设 5 道横隔梁，分别设于中支点、端支点和中跨跨中截面。中支点处设厚 2.4m、端支点处设厚 1.75m 的端隔梁，跨中合龙段设厚 0.6m 的中隔梁，隔板设有孔洞，供检查人员通过。每个 0 号段边跨侧梁底，设置ϕ100cm 进人洞。连续梁横断面VII-VII截面图如图 1-3 所示。连续梁立面及平面结构图如图 1-4 所示。

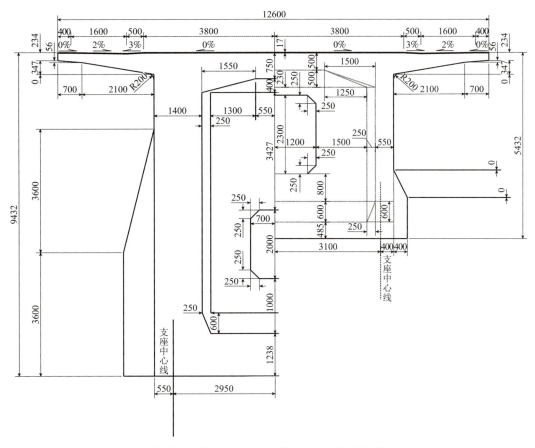

图 1-3 连续梁横断面VII-VII截面图（尺寸单位：mm）

1.1.2 地形地貌情况

连续梁施工区域位置属闽东山地地貌，为宽阔的平原，地面高程 0～50m，地势平坦开阔，水网密布，线路跨越大片农田及伞都大道。

1.1.3 工程地质情况

连续梁施工区域地层岩性较复杂，按其成因和时代分类主要有：第四系人工堆积层（Q_4^{ml}）素填土；第四系全新统冲洪积层（Q_4^{al+pl}）粉质黏土；下伏基岩为燕山晚期二长花岗岩及辉绿岩及其风化层。

（1）粉质黏土：浅灰、灰白色为主，硬塑。基本承载力σ_0 = 160kPa。

（2）花岗岩：褐黄色～浅灰白色，全风化。基本承载力σ_0 = 200kPa。

（3）二长花岗岩：砂砾状全风化，浅灰白～褐黄色。基本承载力σ_0 = 250kPa。

（4）辉绿岩：灰黑～灰绿色；弱风化，辉绿结构。基本承载力σ_0 = 1000kPa。

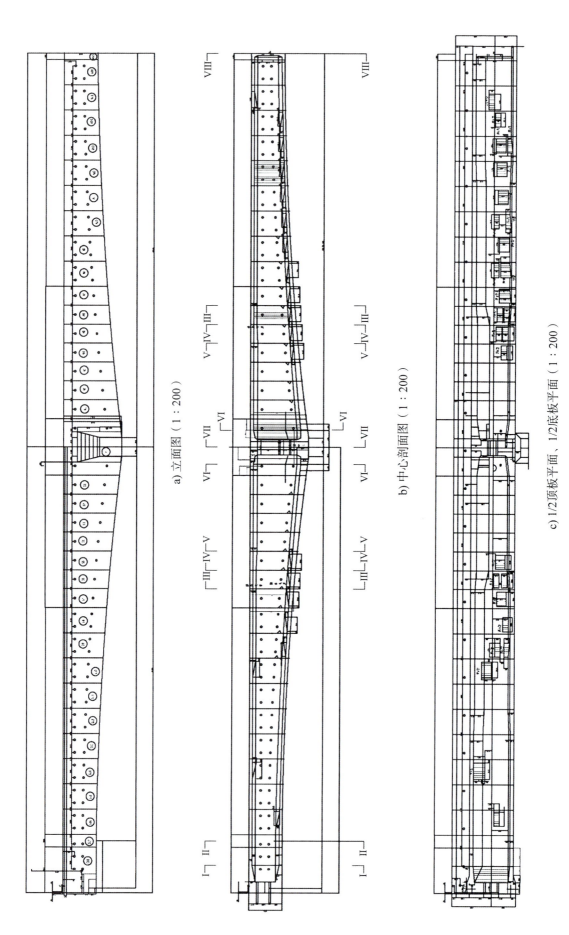

图1-4 连续梁立面及平面结构示意图（尺寸单位：mm）

不良地质和特殊地质：根据区域地质资料及现场调查，勘查区未见有活动性断裂构造存在，地质构造相对稳定，无滑坡、崩塌、泥石流和地下采空区等不良地质作用迹象，主要不良地质现象为人工填土和软土层。

1.1.4 水文地质情况

泉州地区内地表水主要有海水、河流、水库水等，其水位、流量受大气降水、季节及涨退潮影响，在丰水期向四周排泄，枯水期由地下水补给。

地下水主要为松散岩层孔隙潜水及基岩裂隙水。滨海平原、河流阶地区地下水主要为松散岩层孔隙水，分布于冲海积砂、卵砾石层中，为孔隙潜水或承压水，主要由大气降水和地表水补给，水量较丰富；基岩裂隙水分布于中低山区、丘陵地带，主要赋存于构造裂隙和风化裂隙中，一般水量较贫乏。

连续梁施工区域位于海域区，为不受海潮影响的河流阶地、中低山区、丘陵地带地表水、地下水，对混凝土一般无化学侵蚀性。

1.1.5 气候特征和季节性天气

施工区域位于福建省晋江市范围内，晋江属亚热带湿润气候区，夏长无酷暑，冬短温暖而少雨，秋温高于春温。年均气温 20~21℃，一月均温 11.9℃，七月均温 28.2℃，历史极端最高气温市区 38.9℃，历史极端最低气温市区 0.9℃。

年均相对湿度 75%，年平均风速 2.9m/s，最大风速为 18.7m/s，年均日照 21~30h，年均降雨量 911~1231mm，多集中在 3~9 月，无霜期 330 天。

雨水充沛，春夏多，秋冬少。春夏季溪河水量多、水位上涨，为丰水期，尤其 7~9 月受台风的影响，流量激增，水位暴涨，在干旱季节则多为断流。

1.1.6 主要工程量

梁体混凝土强度等级为 C55，封锚采用强度等级为 C55 的干硬性补偿收缩混凝土，防护墙、遮板及电缆槽竖墙采用 C40 混凝土，电缆槽盖板采用超高性能混凝土（RPC 混凝土）或 C40 混凝土。(70+125+70)m 连续梁主要工程数量见表 1-1。

连续梁主要工程数量　　　　　　　表 1-1

部位	材料及规格		单位	数量
主梁	混凝土	C55 干硬性补偿收缩混凝土	m³	6.4
		C55	m³	5768.5
	C50 水泥砂浆	φ90mm（内）预应力管道压浆	m³	19.3
		φ110mm（内）预应力管道压浆	m³	0.4

续上表

部位	材料及规格		单位	数量
主梁	C50 水泥砂浆	ϕ120mm（内）预应力管道压浆	m³	76.7
	$f_{pk}=1860\text{kPa}$ 钢绞线	15-ϕ15.2mm	t	44.47
		17-ϕ15.2mm	t	1.4
		18-ϕ15.2mm	t	104.05
		19-ϕ15.2mm	t	139.82
	普通钢筋	HPB300	t	0.42
		HRB400	t	1013.7
	镀锌金属波纹管	ϕ90mm（内）	m	3034.12
		ϕ110mm（内）	m	68.34
		ϕ120mm（内）	m	12054.44
	锚具	M15-15	套	96
		M15-17	套	8
		M15-18	套	168
		M15-19	套	304
支座	球形钢支座	TJQZ-8361-NY-10000-DX-e±150-0.2g-c	套	2
		TJQZ-8361-NY-10000-ZX-e±150-0.2g-c	套	2
		GTQZ（NY）-TS-60000kN-DX-150-0.2g	套	1
		GTQZ（NY）-TS-60000kN-ZX-150-0.2g	套	1
		GTQZ（NY）-TS-60000kN-HX-0.2g	套	1
		GTQZ（NY）-TS-60000kN-GD-0.2g	套	1
	钢筋	HRB400（$a_g \leqslant 0.1$）	t	3.63
	钢筋	HRB400（$0.1 \leqslant a_g \leqslant 0.15$）	t	3.86
防落梁	钢筋	HRB400	t	1.561
	预埋钢板	Q345D	t	22.579
	螺栓及套筒	M36/M48 螺栓	套	120/288

续上表

部位		材料及规格	单位	数量
防落梁	螺栓及套筒	φ50mm/φ85mm 套筒	套	120/288
梁端防水		聚氨脂防水涂料	m²	22.12
合龙钢支撑		槽钢	t	1.211
		Q235 钢板	t	2.207
		HRB400 钢筋	t	0.603
中墩临时固结		HRB400 钢筋	t	13.54
		钢料	t	65.05
		C40 混凝土	m³	123.1
		40 号硫磺砂浆	m³	1.02
防落钢筋-钢筋网		CRTS1 型双块式	t	3.29

1.1.7 施工重难点分析及应对措施

连续梁跨越既有等级公路伞都大道施工，施工安全风险高，项目采用全封闭挂篮＋钢结构防护棚两种方式进行防护，避免发生安全施工事故。

1.1.8 施工方案比选

经过方案比选，利用支架现浇法施工 0 号块、1 号块及边跨直线段，2～16 号块使用挂篮施工。施工总平面布置如图 1-5 所示。

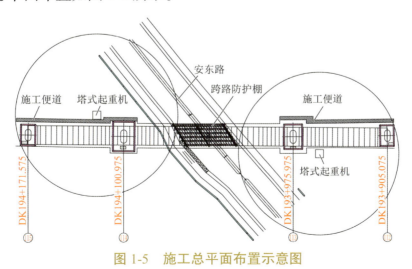

图 1-5 施工总平面布置示意图

连续梁两个主墩处采用塔式起重机进行吊装作业，线路右侧沿承台边缘设置施工便道，便道宽度为 2.5m。

1.2 周边环境条件

1.2.1 地形地貌

连续梁施工区域位置属闽东山地地貌,为宽阔的平原,地面高程0~50m,地势平坦开阔,水网密布,线路跨越大片农田及伞都大道。

施工区域附近无河流、湖泊及地下管线等构筑物。

1.2.2 交通运输条件

施工跨越伞都大道,同时在施工线路右侧修建施工便道,供施工车辆通行。便道与伞都大道交叉处设置开口,并设置门卫室进行现场监管。

1.2.3 施工用水条件

施工用水使用水车就近水井取水。

1.2.4 施工用电条件

在115号墩旁设置变压器,同设置150kW和300kW发电机各一台,保证现场施工用电。

1.3 施工要求

1.3.1 质量目标

检验批、分项、分部工程合格率100%,单位工程一次验收合格率100%。

1.3.2 安全目标

杜绝人员伤亡事故;遏制险性事件;落实包保责任;消除事故隐患。

1.3.3 工期目标

安海湾特大桥112~115号连续梁计划开工日期为2019年6月21日,计划完工时间为2020年6月7日,总工期366天。

1.3.4 环保目标

保护环境,坚持可持续发展的环保方针,严格落实环评批复的各项要求,确保国土资源的合理利用,减少工程实施过程中的环境污染,确保不发生环境投诉事件。

1.4 风险辨识与分级

1.4.1 风险源辨识

悬臂浇筑危险源辨识见表1-2。

1 工程概况

悬臂浇筑危险源辨识   表 1-2

危险源		易发生危险的部位及原因	预控措施
现场材料运输	物体打击	贝雷架、钢管和工字钢等材料在平板车上未固定，导致材料滑落伤人	平板车上材料使用钢丝绳固定牢固，道路不平整时，需减速慢行或平整
	车辆伤害	车辆驾驶员未正规操作，造成事故	车辆驾驶员必须正规操作，严禁疲劳作业、酒后作业
		平板车上装运的材料超限，运行时损坏栈桥或便道，造成事故	严格按照栈桥及便道通行限载规定装运材料，禁止超载运输
起重吊装作业	起重伤害	起重吊装时人员站立吊装区域或从吊物下行走	加强对现场作业人员安全教育，杜绝在起重吊装旋转臂下站立或行走
		人员无证上岗、无证操作、违章指挥	上岗培训制度，特种作业持证上岗
		履带式起重机或汽车式起重机违反"十不吊"原则	加强对起吊司机与司索工的安全教育，遵章守纪
		起重吊装无安全限位等装置或安全装置失效	进场前进行验收和试吊，并定期做维修保养
		吊具、卡环、钢丝绳磨损、断丝超标	班前进行检查，及时发现进行更换
		吊机吊装时停靠位置过于靠前	吊车安装结构件时，指挥人员全程指挥，履带式起重机、汽车式起重机必须停在牢固可靠的基础上起吊作业
现场临时用电	火灾	乱拉、乱接电线，电线老化	电工加强巡检，严禁非电工人员拉、接电缆线
	触电	未实施 TN-S 接零保护系统	（1）规范配置，按照使用电气设备合理配置漏电保护装置； （2）电工严格按照《施工现场临时用电安全技术规范》（JGJ 46—2005）组织配电箱和接线，并加强日常巡检； （3）电气设备与配电箱体必须重复接地，电工加强日常接地装置巡检
		开关箱无漏电保护或漏电参数不匹配	
		用电机具不实施"一机、一闸、一漏、一箱"保护措施	
		配电箱或电气设备无接地装置或错误接地	
电焊气割作业	触电	小型机具设备老化、线路老化	对电焊机等小型机具根据老化程度进行报废处理
	火灾	焊接或切割点与气瓶或其他易燃易爆品安全距离不够	气瓶存放和使用满足安全距离要求
		气瓶管路老化，压力表等保护装置损坏	定期对气瓶的管路和安全保护装置进行检查，及时更换不合格的安全保护装置和管路
		现场无消防设施或消防设施失效	在现场布置有效的消防设施
挂篮安装施工作业	高处坠落	在高处作业时未系挂安全带	施工作业人员在 2m 以上高处作业必须系挂安全带
		恶劣天气作业踩空、滑倒	高处作业时必须穿绝缘防滑鞋
		身体有隐疾的施工人员进行高处作业	高处作业人员确保无隐疾，身体健康
		作业环境不良，照明不足	灯光照明必须满足现场施工安全要求

续上表

危险源		易发生危险的部位及原因	预控措施
挂篮安装施工作业	物体打击	工作点的工具材料滑落	设立工索具固定存放点
		随意抛掷工具、材料	施工作业人员配备工索具袋
		焊（割）件不牢固	施工作业人员严把质量关，项目部加强质量监督管理
	挂篮倾覆	构件联结不牢固	加强挂篮进场、安装验收监测工作
		走行速度不统一	走行过程中严格控制走行速度和距离
		未进行对称浇筑	浇筑过程中盯控对称浇筑放量
支架施工	高处坠落	恶劣天气作业踩空、滑倒	高处作业时必须穿绝缘防滑鞋
		钢丝绳突然断裂、滑丝	吊装设备安装防突坠装置；定期检查钢丝绳是否合格
		在高处作业时未系挂安全带	施工作业人员在 2m 以上高处作业必须系挂安全带
		作业环境不良，照明不足	灯光照明必须满足现场施工安全要求
	物体打击	工作点的工具材料滑落	设立工索具固定存放点
		随意抛掷工具、材料	施工作业人员配备工索具袋
		焊（割）件不牢固	施工作业人员严把质量关，项目部加强质量监督管理
	支架倾覆	支架安装联结不牢固	加强支架验收、检测工作
		支架未进行预压	支架投入使用前必须进行预压试验
钢材加工作业	机械伤害	机械设备性能发生故障，造成某些部件脱落、断裂，造成人伤害	施工作业前对挖机和液压振动锤进行全面检查，满足正常施工作业安全要求
		操作人员违章作业	操作人员严格按照各类机械相应安全操作规程进行作业
	物体打击	施工人员未正确佩戴安全防护用品	施工作业人员要正确佩戴安全劳动防护用品

1.4.2 风险分级

风险分值：

$$D = LEC \tag{1-1}$$

式中：L——发生事故的可能性大小；

E——人体暴露在这种风险环境中的频繁程度；

C——一旦发生事故会造成的损失后果。

D 值越大，说明该系统危险性大，需要增加安全措施，或改变发生事故的可能性，或减少人体暴露于危险环境中的频繁程度，或减轻事故损失，直至调整到允许范围内。

风险等级划分见表 1-3，风险评估结果见表 1-4。

风险等级划分 表 1-3

D	危险程度
D ≥ 320	极其危险，不能继续作业
160 ≤ D < 320	高度危险，要立即整改
70 ≤ D < 160	显著危险，需要整改
20 ≤ D < 70	一般危险，需要注意
D < 20	稍有危险，可以接受

风险评估结果 表 1-4

作业内容	风险源	可能导致后果	作业条件危险性评价				等级
			L	E	C	D	
车辆运输	物体打击	人员伤亡	1	6	7	42	一般危险，需要注意
	车辆伤害	人员伤亡	1	6	7	42	一般危险，需要注意
起重吊装作业	起重伤害	人员伤亡	1	6	15	90	显著危险
现场临时用电	火灾	人员伤亡，物资损坏	1	6	7	42	一般危险，需要注意
	触电	人员伤亡，设备损坏	1	6	15	90	显著危险
电、气焊作业	火灾	人员伤亡，物资损坏	3	6	3	54	一般危险，需要注意
	触电	人员伤亡，设备损坏	3	6	3	54	一般危险，需要注意
挂篮安装、走行作业	高处坠落	人员伤亡	1	6	20	120	显著危险
	物体打击	人员伤亡	3	6	3	54	一般危险，需要注意
	挂篮倾覆	人员伤亡	3	6	3	54	显著危险
钢材加工作业	机械伤害	人员伤亡	1	6	3	18	稍有危险
	物体打击	人员伤亡	3	6	3	54	一般危险，需要注意
支架安装、拆除	高处坠落	人员伤亡	1	6	20	120	显著危险
	物体打击	人员伤亡	3	6	3	54	一般危险，需要注意
	支架倾覆	人员伤亡	3	6	3	54	显著危险
不良天气	坍塌	人员伤亡	1	1	15	15	稍有危险
	触电	人员伤亡，设备损坏	3	1	15	45	一般危险，需要注意
	物体打击	人员伤亡	1	1	15	15	稍有危险

1.5 参建各方责任主体单位

建设单位：东南沿海铁路福建有限责任公司；

设计单位：中铁第四勘察设计院集团有限公司；

监理单位：长沙中大建设监理有限公司；

施工单位：中国铁建大桥工程局集团有限公司。

2 编制依据

2.1 法律依据

2.1.1 法律法规

（1）《中华人民共和国安全生产法》；

（2）《中华人民共和国消防法》；

（3）《中华人民共和国建筑法》；

（4）《中华人民共和国特种设备安全法》；

（5）《中华人民共和国突发事件应对法》；

（6）《中华人民共和国职业病防治法》；

（7）《建设工程安全生产管理条例》；

（8）《特种设备安全监察条例》；

（9）《生产事故应急条例》（国务院令第708号）；

（10）《建设工程质量管理条例》（国务院令第279号）；

（11）《生产安全事故报告和调查处理条例》（国务院令第493号）；

（12）《生产经营单位安全培训规定》（安全监管总局令第3号）；

（13）《特种作业人员安全技术培训考核管理规定》（安全监管总局令第30号）；

（14）《安全生产培训管理办法》（安全监管总局令第44号）；

（15）《安全生产事故隐患排查治理暂定规定》（安全监管总局令第16号）；

（16）《安全生产事故应急预案管理办法》（安全监管总局令第88号）；

（17）《安全生产事故信息报告和处置办法》（安全监管总局令第21号）；

（18）《建设工程消防监督管理规定》（公安部令第106号）；

（19）《建设项目安全设施"三同时"监督管理办法》（安全监管总局令第36号）；

（20）《工贸企业有限空间作业安全管理与监督暂行规定》（安全监管总局令第59号）；

（21）《建筑起重机械安全监督管理规定》（住建部令第166号）；

（22）《建筑施工企业主要负责人、项目负责人和专职安全生产管理人员安全生产管理规定》（住房和城乡建设部令第17号）；

（23）《关于印发〈建筑施工特种作业人员管理规定〉的通知》（建质〔2008〕75号）；

（24）《关于印发〈建筑工程预防高处坠落事故若干规定〉和〈建筑工程预防坍塌事故若干规定〉的通知》（建质〔2003〕82号）；

（25）《危险性较大的分部分项工程安全管理规定》（住房和城乡建设部令第37号）；

（26）《住房城乡建设部办公厅关于实施〈危险性较大的分部分项工程安全管理规定〉有关问题的通知》（建办质〔2018〕31号）；

（27）《住房和城乡建设部办公厅关于印发〈危险性较大的分部分项工程专项施工方案编制指南〉的通知》（建办质〔2021〕48号）。

2.1.2 设计标准及规范

（1）《工程结构可靠性设计统一标准》（GB 50153—2008）；

（2）《建筑结构可靠性设计统一标准》（GB 50068—2018）；

（3）《建筑结构荷载规范》（GB 50009—2012）；

（4）《钢结构工程施工规范》（GB 50755—2012）；

（5）《钢结构设计标准》（GB 50017—2017）；

（6）《铁路混凝土结构耐久性设计规范》（TB 10005—2010）；

（7）《铁路桥涵地基和基础设计规范》（TB 10093—2017）。

2.1.3 施工及验收标准及规范

（1）《建设工程项目管理规范》（GB/T 50326—2017）；

（2）《工程测量标准》（GB 50026—2020）；

（3）《工程测量标准》（GB 50026—2020）；

（4）《钢结构工程施工规范》（GB 50755—2012）；

（5）《钢结构焊接规范》（GB 50661—2011）；

（6）《钢结构工程施工质量验收标准》（GB 50205—2020）；

（7）《钢管满堂支架预压技术规程》（JGJ/T 194—2009）；

（8）《预应力筋用锚具、夹具和连接器》（GB/T 14370—2015）；

（9）《预应力混凝土桥梁用塑料波纹管》（JT/T 529—2016）；

（10）《预应力混凝土用钢绞线》（GB/T 5224—2014）；

（11）《高速铁路桥涵工程施工质量验收标准》（TB 10752—2018）；

（12）《高速铁路桥涵工程施工技术规程》（Q/CR 9603—2015）；

（13）《铁路混凝土工程施工质量验收标准》（TB 10424—2018）；

（14）《铁路混凝土工程施工技术规程》（Q/CR 9207—2017）；

（15）《建筑地基处理技术规范》（JGJ 79—2012）；

（16）《混凝土泵送施工技术规程》（JGJ/T 10—2011）；

（17）《铁路预应力混凝土连续梁（刚构）悬臂浇筑施工技术指南》（TZ 324—2010）。

2.1.4 施工安全规范

（1）《施工企业安全生产管理规范》（GB 50656—2011）；

（2）《建筑施工安全检查标准》（JGJ 59—2011）；

（3）《铁路桥涵工程施工安全技术规程》（TB 10303—2020）；

（4）《铁路工程基本作业施工安全技术规程》（TB 10301—2020）；

（5）《市政工程施工安全检查标准》（CJJ/T 275—2018）；

（6）《建设工程施工现场供用电安全规范》（GB 50194—2014）；

（7）《建筑施工高处作业安全技术规范》（JGJ 80—2016）；

（8）《高处作业吊篮》（GB/T 19155—2017）；

（9）《建筑机械使用安全技术规程》（JGJ 33—2012）；

（10）《建筑施工起重吊装工程安全技术规范》（JGJ 276—2012）；

（11）《起重机械安全规程第1部分：总则》（GB 6067.1—2010）；

（12）《建筑施工模板安全技术规范》（JGJ 162—2008）。

2.2 项目文件

（1）新建福州至厦门铁路站前工程施工总价承包招投标文件、施工合同；

（2）《安海湾特大桥》（福厦施（桥）-59-Ⅰ）；

（3）《无砟轨道预应力混凝土连续梁（70+125+70）m》（肆桥（2016）2302-Ⅵ）；

（4）《时速350公里客运专线铁路连续梁等特殊跨度实体桥墩》（福厦施（桥）参-15）；

（5）《铁路综合基地系统》（通号（2016）9301）。

2.3 施工组织设计

（1）东南沿海铁路福建有限责任公司发布的"新建福州至厦门铁路指导性施工组织设计"。

（2）已批复的"新建福州至厦门铁路FX-7标实施性施工组织设计"。

3 施工计划

3.1 施工进度计划

安海湾特大桥 112~115 号连续梁计划开工日期为 2019 年 6 月 21 日，计划完工时间为 2020 年 6 月 19 日，总工期 364 天。工期计划见表 3-1。

连续梁工期计划表　　　　表 3-1

任务名称	工期	开始时间	完成时间
a. 0 号段梁体	44 个工作日	2019 年 6 月 21 日	2019 年 8 月 9 日
b. 1 号段梁体	22 个工作日	2019 年 8 月 7 日	2019 年 8 月 29 日
c. 挂篮安装	40 个工作日	2019 年 7 月 31 日	2019 年 9 月 12 日
d. 2~16 号段梁体	236 个工作日	2019 年 9 月 12 日	2020 年 5 月 5 日
e. 边直段梁体	47.5 个工作日	2020 年 3 月 8 日	2020 年 4 月 27 日
f. 边跨合龙段梁体	31.5 个工作日	2020 年 5 月 5 日	2020 年 6 月 7 日
g. 中跨合龙段梁体	12.5 个工作日	2020 年 6 月 7 日	2020 年 6 月 19 日

3.2 材料与设备计划

3.2.1 材料计划

连续梁挂篮及模板计划进场时间：2019 年 6 月 15 日；

安全爬梯及钢结构材料计划进场时间：2019 年 6 月 15 日；

施工主体材料根据工程施工进展情况及时进场，保证提前 15~20 天。

3.2.2 机械配置

项目部将根据本项工程的施工特点、工程量和工期要求，配备足够的施工机械、设备，并充分考虑设备的使用率因素，确保工程各项目在施工阶段中所需的设备均能得到充分的保证。施工机械配置计划见表 3-2。

施工机械配备计划表　　　　表 3-2

序号	设备名称	数量	规格	用途
1	混凝土搅拌机	2 台	HZL180	混凝土生产
2	混凝土运输车	8 台	8m^3	混凝土运输

续上表

序号	设备名称	数量	规格	用途
3	混凝土天泵	2 台	56m	混凝土浇筑
4	汽车/履带式起重机	4 台	50t/75t	吊装作业
5	插入式振捣棒	24 条	50 型	混凝土振捣
6	电焊机	20 台	BX1-500	钢筋焊接制作
7	汽车式起重机	10 台	25t	辅助转运
8	拉水车	2 台		生活用水
9	平板运输车	5 台	13m	钢筋运输
10	穿心式千斤顶	8 台	YCW400	张拉
11	穿心式千斤顶	4 台	YC69B	张拉
12	智能张拉设备	2 套	CZB	张拉
13	智能压浆设备	2 套	LMCJS	孔道压浆
14	钢筋切割机	5 台	J3G-400	钢筋加工
15	钢筋调直机	5 台	GT4-140	钢筋加工
16	钢筋弯曲机	5 台	GW40	钢筋加工
17	钢筋锯床	2 台		钢筋加工
18	发电机	3 台	400kW	照明、生活用电及施工机械使用
19	挂篮及模板	2 套		连续梁施工
20	塔式起重机	2 台	ZTT6513-6	吊装作业

需保证施工机械最迟进场时间为 2021 年 6 月 20 日。

3.3 劳动力计划

为了连续梁施工的顺利进行，保证施工质量，施工时，分部将派质检员、安全员、现场技术员、试验员、测量工程师等对施工全过程进行监督控制。现场作业施工管理人员计划见表 3-3。

现场作业施工管理人员计划表　　　　表 3-3

序号	职务	人数	工作内容
1	生产经理	2	施工组织协调生产
2	技术主管	1	现场技术负责人，技术管理和总结
3	技术员	3	主要从事现场技术及施工管理和技术资料收集整理
4	质检员	3	负责质量检查、验收
5	试验工程师	2	负责试验管理、试验监督等
6	试验员	3	负责原材料检验、现场坍落度检测等
7	安全员	3	负责监督检查施工安全和文明施工

续上表

序号	职务	人数	工作内容
8	测量工程师	2	负责测量管理等
9	测量员	4	负责所有测量放线，收集整理测量资料
10	工班长	3	现场组织管理
11	挂篮工班	90	混凝土施工
12	钢筋工班	25	钢筋笼的制作
13	杂工	7	辅助作业
14	电工	2	现场电力布置、维修
15	起重工	12	吊装施工
16	其他操作人员	18	驾驶员

4 施工工艺技术

4.1 技术参数

4.1.1 挂篮

挂篮采用菱形挂篮。挂篮主要由主桁系统、提吊系统、行走系统、模板系统及张拉平台组成，主桁架采用双拼[36b 槽钢；前横梁采用双拼 H600×200 型钢；挂篮底托前后托梁采用双拼 HN500×200 型钢，底纵梁采用 HN400×200 型钢；内外滑梁采用双拼[36b 槽钢，吊杆采用 ϕ32-PSB830 精轧螺纹钢与 Q345B 吊带配合使用；底托防护提吊梁采用双拼[25b 槽钢组焊，底托防护横肋采用[12 槽钢，间距 1m，底托防护上铺钢板采用 3mm 钢板。

4.1.2 钢结构支架

连续梁 0 号段及边直段采用支架现浇法施工，钢结构支架立柱采用 ϕ720mm×12mm 和 ϕ1200mm×12mm 钢管桩；立柱间横联及纵联采用 ϕ400mm×6mm 钢管进行连接，墩身与钢管柱之间采用双拼 28b 工字钢和墩身预埋件进行连接；钢管桩横梁采用均双拼 I56b 工字钢进行安装；纵梁采用双拼[36b 槽钢；分配梁采用[25b 槽钢；分配梁顶部使用钢管脚手架并安装特制顶托；底模采用方木及竹胶板进行铺设。

4.2 工艺流程

4.2.1 施工工艺流程图

施工工艺流程如图 4-1 所示。

4.2.2 施工步骤

步骤一：下部结构施工完成后，安装现浇支架，安装 0 号墩永久支座和临时支墩，施工 0 号块、1 号块，如图 4-2 所示。

步骤二：安装施工挂篮，对称悬灌施工 2~16 号块，如图 4-3 所示。

步骤三：安装边跨直线段支架并预压，安装边跨永久支座，施工边直段，如图 4-4 所示。

步骤四：搭设边跨合龙支架，边跨合龙施工，合龙段张拉前拆除中墩临时转动约束，张拉完成后，拆除边跨支架，如图 4-5 所示。

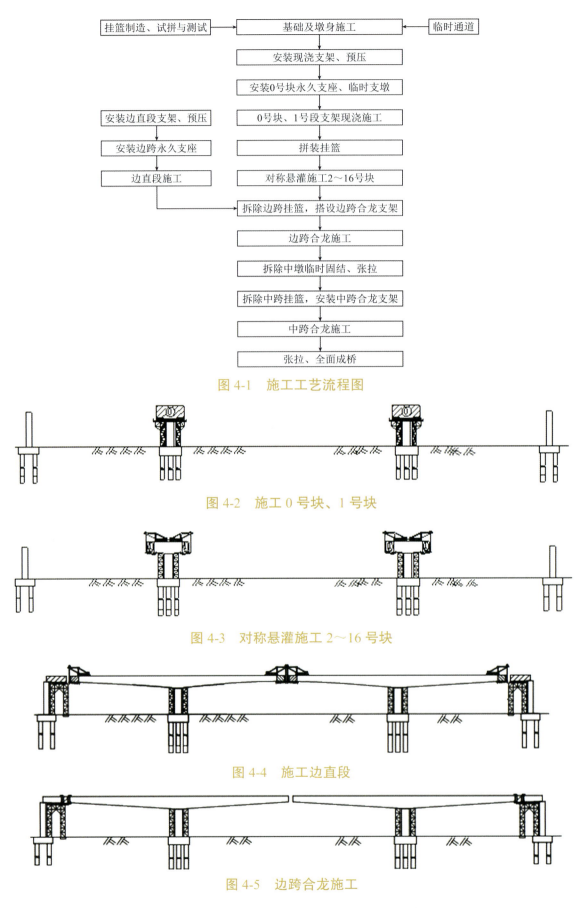

图 4-1 施工工艺流程图

图 4-2 施工 0 号块、1 号块

图 4-3 对称悬灌施工 2～16 号块

图 4-4 施工边直段

图 4-5 边跨合龙施工

步骤五：安装中跨合龙支架，中跨合龙施工，全面成桥，如图 4-6 所示。

图 4-6 中跨合龙施工

4.3 施工方法及操作要求

4.3.1 0号段施工

1）支座施工

（1）支座安装

①施工准备。

a.复核支座安装图纸，如有疑问，需及时咨询设计院和支座厂家。

b.进行原材料的取样试验工作。

c.复核垫石预留螺栓孔的平面位置、尺寸、深度。

d.复核墩台（含垫石）轴线、高程。

②材料要求。

a.依据设计图纸（图 4-7），连续梁选用 TJQZ-8361-NY-10000kN（边墩）、GTQZ（NY）-TS-60000kN（中墩）系列球形钢支座，并检查支座螺栓、防尘罩等部件是否齐全。

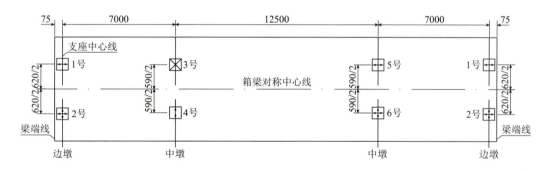

图 4-7 支座布置示意图（尺寸单位：cm）

b.进场支座的规格、质量和有关技术性能指标符合现行公路桥梁支座标准的规定，并满足设计要求。

c.支座灌浆料采用环氧树脂砂浆。

③支座安装工艺。

支座安装工艺流程如图 4-8 所示。支座安装示意如图 4-9 所示。

图 4-8 支座安装工艺流程图

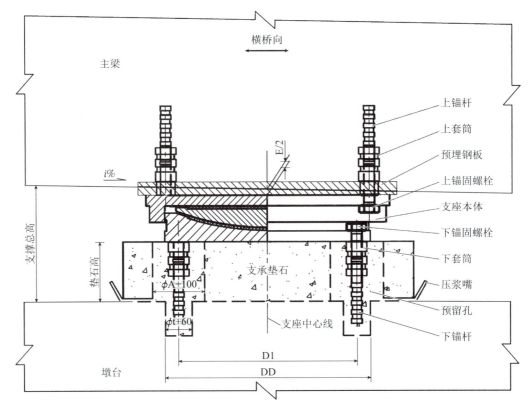

图 4-9 支座安装示意图

a. 支座工厂组装，仔细调平、对中，组装成整体。

b. 按图 4-9 所示在墩顶及支座垫石上预先设置预留孔，清除预留孔的杂物，垫石表面应平整、光滑。

c. 确保支座垫中心位置及高程符合设计要求，然后在垫石顶面涂抹一层约 5mm 厚的环氧树脂砂浆，就位支座。

d. 仔细检查支座位置及高程后，用无收缩高强环氧树脂砂浆由压浆嘴压浆，砂浆应灌满并从顶面漫出，以确保压浆密实。

e. 待灌浆达到设计强度后，拧紧锚固螺栓，完成支座本体安装。

f. 安装预埋板至支座顶面，校核无误后，拧紧连接预埋钢板和支座的锚固螺栓，检查支座连接装置是否牢固。

g. 主梁立模、绑扎钢筋，清洁预埋钢板的上表面，再进行主梁的浇筑作业，梁体混凝土强度达到设计要求后，拆除支座临时连接装置。

④施工注意事项。

a. 施工过程必须保证支座上、下面的水平，预埋钢板必须保持平整，支座垫石顶面的四角高差不得超过 2mm。

b. 根据设计图上标明的支座中心位置，分别在支座及垫石上画出纵横轴线，在墩台上放出支座控制高程。

c. 安放支座，安放支座时支座上座板按图纸设计预设偏心量。

砂浆拌制重力压浆：人工搅拌支座灌浆料，采用重力式灌浆法进行支座灌浆料的浇筑，支座灌浆时混凝土表面温度和环境温度不低于 5℃，当气温高于 35℃时，应采取降温措施，砂浆入模温度不得低于 5℃且不应大于 30℃。

d. 由于灌浆料为快硬性胶凝材料，因此灌浆完成后及时采用塑料薄膜进行包裹覆盖并洒水养护，养护时间不少于 3 天。

e. 支座安装前按设计要求及国家现行标准有关规定对支座进行确认。

f. 支座安装前进行检查，确认规格、类型和外观质量，经验收合格后方可安装。

g. 支座安装前，支撑垫石预留螺栓孔应清理干净，做到无泥土、杂物等。

h. 支座灌浆要密实，不得有空洞。

i. 支座上下各部件纵轴线必须对正。

j. 梁底预埋钢板在安装前进行验收，要求预埋钢板平整无变形，安装时将梁底预埋钢板与支座螺栓套筒进行焊接，防止在施工过程中预埋钢板与支座上钢板之间产生缝隙，影响支座整体受力。

（2）临时支座安装

临时支座布置在永久支座两侧的箱梁纵肋处，在墩身两侧支立钢管立柱，内部填充 C40 混凝土，顶部使用硫磺砂浆。为解决梁部施工时因不平衡重力产生的弯矩，在钢管柱中预埋 HRB400ϕ25mm 钢筋，下端锚固于钢管桩内，上端锚固于梁底，钢筋单根长 1.9m，每 3 根 1 束，每根钢管桩内设置 27 束，同时梁底位置安装 4 层ϕ16mm 钢筋网片，网目为 10cm×10cm，网片钢筋单根长 1.4m。详细布置见图 4-10。

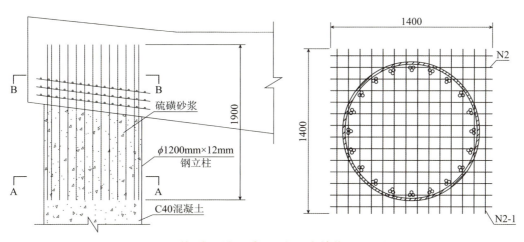

图 4-10　临时固结示意图（尺寸单位：mm）

硫磺砂浆为图纸设计说明中的方案，在临时固结拆除时，可通过加热进行拆除，较为便捷。

2）0号段支架安装

（1）支架设计

0号段与1号段采用钢结构支架现浇法进行施工，支架利用临时固结钢管桩，如图4-11~图4-13所示。

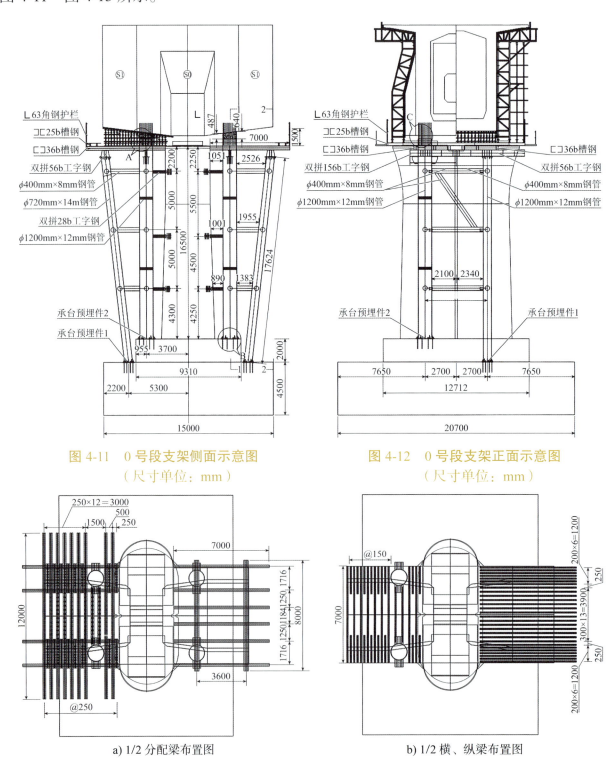

图4-11　0号段支架侧面示意图（尺寸单位：mm）

图4-12　0号段支架正面示意图（尺寸单位：mm）

a) 1/2 分配梁布置图

b) 1/2 横、纵梁布置图

图4-13　0号段支架平面示意图（尺寸单位：mm）

①钢管立柱。

钢管立柱采用ϕ720mm×12mm 和ϕ1200mm×12mm 钢管桩，安装钢管立柱前应对基础顶面进行抄平，防止安装钢管立柱时基础不平导致立柱平联连接不上及钢管立柱垂直度偏差过大。随着支架钢管桩立柱的安装及时焊接立柱连接系。ϕ1200mm×12mm 钢管桩内灌注 C40 混凝土。

②横联、纵联。

立柱间横联及纵联采用ϕ400mm×6mm 钢管进行连接，墩身与钢管柱之间采用双拼 28b 工字钢和墩身预埋件进行连接。

③横梁、纵梁。

钢管桩横梁采用双拼 I56b 工字钢进行安装，ϕ720mm 钢管桩横梁设在钢管顶部，ϕ1200mm 钢管横梁从两根钢管中央穿过，高度与ϕ720mm 钢管横梁相同，底部设置横梁托架。所有横梁在节点处安装缀板，增强横梁受力性能。

纵梁采用双拼 [36b 槽钢。单侧布置 6 道，纵梁内增加筋板保证结构受力。

④分配梁。

分配梁采用 [25b 槽钢，底板处顺桥向间距 50cm，腹板处顺桥向间距 25cm。

⑤顶托。

分配梁顶部使用钢管脚手架并安装特制顶托（图 4-14），顶托横桥向在底板处间距为 30cm，在腹板处加密为 25cm，顺桥向间距为 15cm。顶托钢管高度大于 30cm 时，中间增加横、纵杆或剪刀撑进行加强固定。

⑥底模安装。

底模采用方木及竹胶板进行铺设，在顶托上设置一层横桥向 10cm×10cm 方木，顶部再顺桥向铺设一层，腹板处间距20cm，底板处间距30cm，最上方为厚 15mm 竹胶板。木方之间安装楔形块，保证木方及竹胶板整体受力。

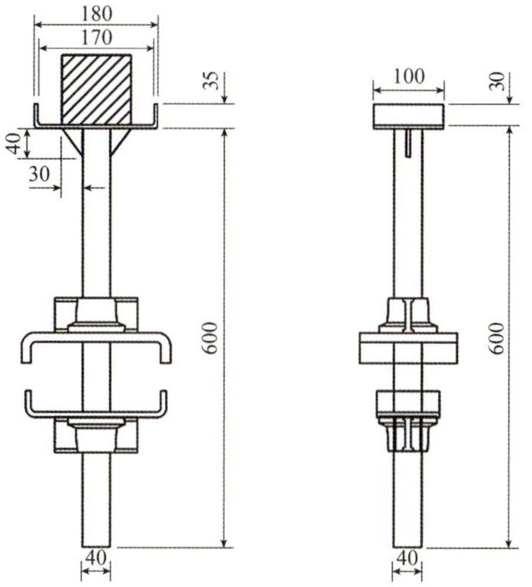

（2）工艺流程

测量放预埋点→承台墩身预埋件放置→浇筑混凝土→预埋件与钢支架固结→主支架与辅支架连接→焊缝检测。

图 4-14　特制顶托示意图（尺寸单位：cm）

（3）预埋件放置

①预埋件：连续梁桥墩承台、墩身施工时，预埋托架安装预埋件，预埋件埋入混凝土内，承台预埋件采用直径 720mm 厚度 10mm 钢板制作的法兰盘。墩身预埋件采用双拼 28b 槽钢

预埋且与墩身钢筋焊接成整体；最终墩身预埋件、承台预埋件与混凝土固结成一个整体。

②承台主支架（ϕ720mm×14mm 钢管）预埋件中心点距横桥向承台中心线 2700mm，四周各放置一个预埋法兰盘。承台辅支架（ϕ720mm×14mm 钢管）预埋件中心点距横桥向承台中心线 2700mm。设置主支架高度为 13.712m。

③墩身预埋件（28b 双拼工字钢）距承台高度分别为 2m、7m、12m，距横桥向墩身中心线 1.9m；工字钢埋入墩身 55cm。当墩身预埋件位置与墩身模板背肋发生冲突时，允许预埋件位置进行细部调整。

（4）钢支架体系固结

①刚构支架在承台及墩身施工完成后，将承台预埋件使用ϕ720mm 钢管作为支架斜拉支撑与竖向支撑，钢管壁厚为 14mm。竖向支撑钢管与墩身预埋件采用 16mm 厚钢板将 28b 双拼工字钢与主支架进行固结。竖向支撑与竖向支撑、横向支撑，横向支撑与横向支撑之间采用连接系（ϕ400mm×8mm 钢管）在墩身预埋件高度位置进行焊接，使之固结为整体。

②焊接完成后委托第三方及监理对焊缝缝隙进行检测，经检测焊缝之间无间隙后方可进入下部工序；按照二级焊缝检测，检测比例为 20%。

（5）托架构件安装

①托架横梁采用双拼 56 工字钢，纵梁采用双拼 36b 槽钢，分配梁采用双拼 25b 槽钢；在钢构加工区使用原材加工制造。加工成半成品后由工程部组织安质部、物资部、试验室等部门对托架的焊接质量及尺寸进行验收，对验收不合格的纵横梁及分配梁进行重加工，否则不予以使用。

②横梁在墩身大小里程各设置两根，分别在同侧主支架、辅支架中心位置焊接固定，辅支架上方铺设 8mm 钢板（1m×1m），方形钢板四角采用 8mm 小三角片钢板分别焊接于钢板与辅支架进行固定，而后钢板与辅支架上端口进行满焊固定。将双拼 56 工字钢插入且主支架余出长度相同时将主支架与双拼工字钢进行满焊焊接。

③纵梁在墩身大小里程各设置 7 根，间距同侧设置一侧至另一侧距离均为 1.5m，纵梁每根长度均为 7.5m。

④分配梁在墩身大小里程侧正常布设为各 12 根，长度均为 12m，间距为 250mm。在每边侧两根纵梁（腹板位置）加密布设分配梁，每根长 2m，加密共设置 24 根，大小里程各设置 12 根。

⑤在纵横梁及分配梁未安置位置或空隙较大位置设置满铺跳板，防止安全事故发生。

⑥托架安装步骤：

分配梁布置完成后，按照纵横截面进行钢管、特制顶托、木方、竹胶板施工。腹板位置顶托布设间距为 250mm×250mm，非腹板位置顶托布设间距为 300mm×500mm。施工队伍根据测量放设点位及图纸设计确定钢管架搭设位置及高度，在布设顶托时将顶托开口方向与底层木方方向一致并将顶托锁紧，防止后续施工中调整顶托方向费时费力。

3）支架预压

（1）预压简介

预压采用混凝土预制板预压，按照60%、100%、120%逐级加载，墩旁两侧支架预压采用分级对称、逐级进行，每级加载完成并稳压1h后检查各杆件有无裂缝，同时记录力与位移的关系，第三级加载后静停24h后开始分级卸载。在支架搭设及观测点埋设完毕后，现场技术员检查无误后，必须上报监理。一同到现场进行复核确认。

（2）压重荷载的计算

0号段预压采用预制板，横梁底模铺设完成后，预压荷载不考虑墩顶横梁部分。图纸设计要求预压重为箱梁自重的120%~130%，且不应小于支架所承受的最大施工荷载的110%。

钢筋混凝土重计算：

0号段设计混凝土方量为414.1m³，扣除墩顶部分，单侧支架预压方量为81m³，重力为81×26=2106kN。

单侧模板及底模架等自重共计80+60=140kN。

施工及冲击荷载：120kN。

荷载取值：

$$\sum P_1 = 2106 \times 1.2 = 2527.2 \text{(kN)}$$

$$\sum P_2 = (2106 + 140 + 120) \times 1.1 = 2602 \text{(kN)}$$

预压最大重力取2700kN。

加载过程按照0、60%、100%、120%分级加载，见表4-1。

预压加载统计表　　　　　　　　表4-1

加载分级（%）	0	60	100	120
加载重量（t）	0	135	225	270

预压加载布置如图4-15、图4-16所示。

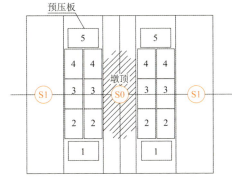

图4-15　预压加载布置示意图1

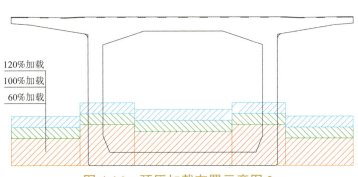

图4-16　预压加载布置示意图2

（3）预压流程

设置沉降观测点→分级加载预压→进行沉降观测→支架沉降稳定→预压成果分析→调整支架和模板高程。

（4）观测点的布置

支架预压前在两侧支架上分别设置 6 个测量观测点（图 4-17），压重前，测量观测点的原始高程，并做详细记录。

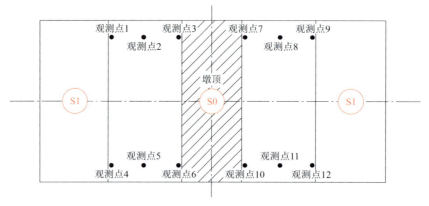

图 4-17　观测点布置示意图

（5）支架预压监测频率

①支架加载前，应监测记录各监测点初始值。

②每级加载完成 1h 后进行支架变形观测，以后间隔 6h 监测记录各监测点的位移量，当相邻两次监测位移平均值之差不大于 2mm 时，方可进行后续加载。

③全部加载完成后，应间隔 6h 监测记录各监测点的位移量，当连续 12h 监测位移平均值之差不大于 2mm 时，方可卸除预压荷载。

④支架卸载 6h 后，应监测记录各监测点位移量。

（6）观测点测量方法

测量仪器采用高精度水准仪观测，测量步骤如下：

①在底模上测量点设置，测出各点的高程初始值并记录入表格，观测过程中注意对测点及铅锤丝的保护，必要时设专人看护。

②分级加（卸）载时，统一指挥，配备专门的荷载记录统计人员，对各级测点均测量一次并由专人复测，确认无误后将计算的各测点的高程记入表格中。

③整理上述各高程值，计算各测点的变形值，编制变形量成果表。

（7）压重材料的选用

压重荷载选用混凝土预制板，单块预制板尺寸为 2.4m×1.5m×0.2m，混凝土方量为 0.72m³，单块重量为 0.72×2.6＝1.87t。

（8）加、卸载步骤

预压加载程序按 60%、100%、120% 分级缓慢施加，每级加载完成 1h 后进行支架变形观测，以后间隔 6h 监测记录各监测点的位移量，当相邻两次监测位移平均值之差不大于 2mm 时，方可进行后续加载。

全部加载完成后，应间隔 6h 监测记录各监测点的位移量，当连续 12h 监测位移平均值之差不大于 2mm 时，方可卸除预压荷载。

卸载程序按 120%→100%→60%→0 分级缓慢卸荷，每级卸载时间不得少于 5min，持荷时间不得少于 20min。

每级加载时应根据计算的荷载等级进行加载，每级荷载缓慢加载，每级加载 1h 稳定后，再由测量组进行观测各测点变形值并做好记录存档（包括荷载等级、加载持续时间、实测变形值）；测点观测过程中如变形较大则需查明原因确认安全可靠后再继续施加下一级荷载。

卸载时应按照要求缓慢卸载，每级卸载持续时间不得少于 5min，并持荷 20min，由测量组观测相应荷载级别的测点高程后，继续卸载。待观察完毕做好记录后再卸载至下一级荷载，测量记录支架体系的弹性恢复情况。现场发现异常问题要及时上报。

（9）预压变形值的计算

预压变形值是设置梁体底模预拱的依据之一，为保证其结果的准确性，采用水准仪及钢卷尺对预压过程进行测定，以得到对施工有指导意义的变形值。预压前对各观测点高程（h_1）进行一次测定，预压荷载满荷时，再一次测定各观测点高程（h_2），全部卸除预压荷载后再次测定各点高程（h_3）。

非弹性变形值（w）的确定按下式计算：

$$w = h_1 - h_3 \tag{4-1}$$

弹性变形值（f）的确定按下式进行计算：

$$f = h_3 - h_2 \tag{4-2}$$

（10）托架预拱度设置

梁体底模板应在加载预压前设置预拱度，并根据加载预压结果进行调整，预拱度计算可参考表 4-2 取值。

预压加载统计表　　　　　　　　表 4-2

项目	参考取值
由梁体自重、二期恒载、1/2 活荷载及混凝土收缩徐变、预应力施加等引起的梁体竖向挠度 δ_1	设计提供
支架在荷载作用下的弹性变形 δ_2	按承载力计算

续上表

项目	参考取值	
支架在荷载作用下的弹性变形δ_3	木与木每个接头：顺木纹 2mm，横木纹 3mm	
	木与钢或混凝土每个接头约 2mm	
	拆除支架装置的承压变形	砂筒：2~4mm
		木楔：每个接缝约 2mm
支架基础沉降变形δ_4	立杆底托下垫木压缩变形 3mm	
	桩基础沉降变形根据设计及试验确定	

支架结构可按二次抛物线进行预拱度设置：

$$\delta_x = \frac{4\delta_1 \cdot x \cdot (L-x)}{L^2} + \delta_{2x} + \delta_{3x} + \delta_{4x} \tag{4-3}$$

式中： δ_x——距梁体支点x处的预拱度（m）；

x——距梁体支点的距离（m）；

L——梁体跨度（m）；

$\delta_{2x}, \delta_{3x}, \delta_{4x}$——距梁体支点$x$处的支架弹性变形、非弹性变形和基础沉降变形值（m）。

（11）施工注意事项

①在加载过程中应观察各处部件之间的连接、焊缝及变形情况。

②加载过程中如发生异常情况应立即停止加载，并查明原因，确认安全后方可继续加载。

③支架的位移监测点应保证始终处于可观测状态。

④观测点观测时采用相同的观测路线和观测方法。

⑤观测前对所有使用的仪器和设备进行检查校正。

⑥各级压重荷载必须由专人负责，认真称量、计算和记录。

⑦加载过程中加强施工现场安全保卫工作，确保各方面安全。

⑧加载过程中，要求详细记录加载时间及位置，要及时通知测量人员现场跟踪观测。未经观测记录不得进行下一级加载。每完成一级加载应暂停一段时间进行观测并对支架进行检查，发现异常情况时停止加载，及时分析，并采取相应的措施。

⑨所有压重荷载应提前准备至方便起吊运输的地方。

⑩加载应从现浇梁底向现浇梁顶对称进行。

⑪加载全过程中，要统一组织，统一指挥，要有专业技术人员及负责人在现场协调。

⑫根据测量结果，在支架变形稳定后才能开始卸载，卸架时应从两边向中间分层卸载。

⑬支架预压加载和卸载应按照对称、分层、分级的原则进行，严禁集中加载和卸载。

⑭每个监测断面不得少于 5 个点，观测点应在加载、卸载过程中始终处于可测量状态。

4）模板施工

（1）模板设计

①底模板。

底面模板采用竹胶板和方木，竹胶板规格为 122cm×244cm×1.5cm，两层 10cm×10cm 方木作为竹胶板的纵、横向背楞，顶层顺桥向布置，底板处间距 30cm，腹板处间距加密为 15cm；底层方木直接横向铺设在特质顶托上。

②外侧模。

外侧模采用工厂制作的钢模板，面板采用δ6mm 钢板，肋板和框板为δ10mm 钢板，背楞为双⌶10 槽钢。模板采用拉杆加固，包括内外模之间对拉和双侧外模板的对拉。除翼缘板部分钢管架承受较小混凝土荷载外，其余仅承受模板自重及施工荷载。通过与木模板比较，钢模的面板和加劲背楞强度和刚度均较大。

对拉拉杆与外模背楞对应布置，外模与内模设精扎螺纹钢对拉拉杆；两侧外模在底板以下位置设ϕ25mm 精轧螺纹钢对穿拉杆；横隔板处梁顶之上设对拉拉杆，下口的精轧螺纹拉杆错开支座位置。

模板结构如图 4-18 所示。

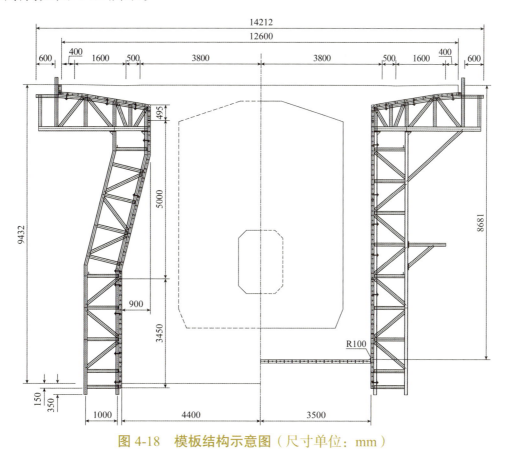

图 4-18　模板结构示意图（尺寸单位：mm）

外侧模吊装完成后，除墩顶凸起部分外，大小里程两侧需搭设脚手架进行固定，脚手架横向间距 60cm，纵向沿每道桁架设置一道，横杆每 1m 设置一层。

③内模板。

内模采用钢模，钢模为小块拼装，倒角位置钢模为一次加工定型重复使用，直板钢模采用小模板进行拼装，在地面拼装好之后用钢管顶托加固，整体吊装就位，横隔板部分采用木模。

内模采用满堂支架模板支撑，内模采用满堂脚手架，脚手架采用满堂脚手架，立杆横、纵向间距为 0.6m、0.3m，步距 1m。立杆搭设要垂直，横杆搭设要水平，立杆搭设垂直度为 1/400，全高不大于±50mm，立杆的间距排距偏差不大于±20mm，距底面 150mm 处设扫地杆。

内模与外模之间采用直径 25mm 精轧螺纹钢拉结。内模下倒角处使用钢模。

④端模。

端板与堵头板是保证梁端和孔道成形满足要求的措施。端模采用 5mm 厚钢板封堵，钢板上按照钢筋位置和预应力管道位置留口，端模边框采用 L50 角钢。端模端面采用方木加固。

（2）模板安装

连续梁内外模安装除对拉杆外，均采用盘扣式脚手架进行加固支撑。0 号段内模支架如图 4-19 所示。

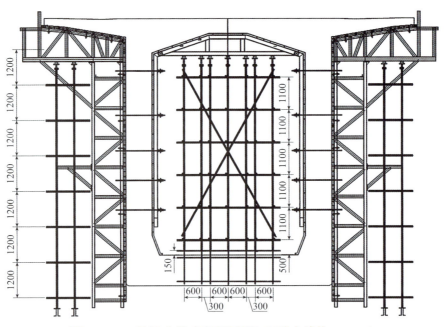

图 4-19　0 号块内模支架示意图（尺寸单位：mm）

①外侧模安装。

侧模全部采用定型钢模构成，在现场组拼，竖向分两段、纵向分三段，纵向每段 3m。侧模与底模连接要紧固拼缝，确保严密。侧模模板在地面加工完毕分块吊装就位。

a. 外模桁架在地面拼装完成后，采用 50t 汽车式起重机分段吊装到支架上，吊装顺序为先吊装 0 号段中间部分模板，左右两侧对称安装，再吊装 0 号块两端模板，前后、左右对称吊装。在安装完一段后就要采用缆绳或斜杆拉住模板，防止模板被风吹倒，并及时把模板底模拉杆穿上固定模板。

b. 外模都安装完毕后，在外模桁架底部施工工字钢、钢板，精调模板的高度和竖直度，直至满足规范要求。

c. 外模吊装完成后，为保证模板稳固，在平台上搭设盘扣式脚手架进行支撑，防止施工过程发生倾覆事故。脚手架搭前需纵向摆放两列分配梁，间距60cm。

脚手架立杆横向间距为0.6m，纵向间距与模板桁架统一为1m，步距为1.2m。立杆支立前，需在钢结构、墩顶顺桥向铺设两列分配梁，作为底托基础，分配梁横向间距为60cm，分配梁顶按照立杆位置摆放钢板作为底托。

脚手架横向水平杆安装完成后，与梁体外模桁架进行点焊或绑扎连接以加强稳固效果。横、纵向水平杆安装完成后，安装纵向十字剪刀撑。

脚手架顶端安装顶托和木方，木方顺桥向摆放，调节顶托高度使木方完全贴合模板桁架，以达到支撑的目的。

内、外模支架设计如图4-20、图4-21所示。

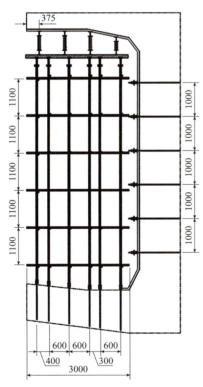

图4-20 内模支架设计图（尺寸单位：mm）

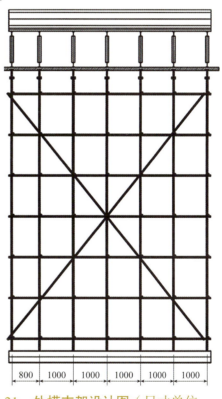

图4-21 外模支架设计图（尺寸单位：mm）

②内模安装。

内模支立前应对底、腹板部分钢筋、钢束、锚具、波纹管等项目的定位、坐标自检合格。

a. 内模采用钢模板，模板支撑采用脚手架支撑，脚手架立杆纵横向间距为0.3~0.6m，水平管竖向间距为 1.1m。脚手架立杆底部用钢筋支撑。

脚手架立杆底部架立在底板底层钢筋上，钢筋支撑底部采用混凝土垫块支承，混凝土垫块顶即为底板混凝土顶面。

脚手架位置与预应力孔道冲突时，必须保证预应力孔道位置的准确，可对脚手架立杆位置进行适当调整。

脚手架立杆底部直接浇筑在底板内，拆除时，在底板顶层脚手架立杆位置凿出约 3cm 的浅坑，将脚手架立杆切除，再对立杆内进行注浆处理，注浆采用 M50 砂浆。

腹板内、外侧模间设横向对拉杆和横向支撑，横向支撑由支撑钢筋、两端的混凝土垫块组成。支撑钢筋定尺下料，与腹板圈钢筋焊接固定，两端插入混凝土垫块内的凹槽里，垫块用绑扎丝绑扎在附近钢筋上予以固定，以保证内、外侧模的稳定及腹板的宽度。脚手架底部钢筋支撑如图 4-22 所示。

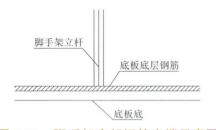

图 4-22　脚手架底部钢筋支撑示意图

b. 内模支立接缝严密、顺滑、无较大错台，支立过程中随时控制其顶面高程（按负误差−10mm 控制，以防浇筑过程中内模上浮或隆起，导致顶板钢筋被撑起或其他原因造成顶板保护层厚度不足或过大）或内模厚度、底板厚度，以保证顶板厚度及其顶高程。

c. 禁止在模板上乱钻孔洞，但为清理、排除模内杂物应在最低处的底模上或堵头模板底部或墩顶竹胶板处留设排污口，待排净后再封堵。

d. 腹板下端坡脚模板：腹板与底板交界处的坡脚处为施工的薄弱环节，在坡脚处经常出现混凝土不饱满，或者由于混凝土坍落度较大在浇注过程中混凝土从坡脚模板内翻出来。鉴于容易出现的这些问题，适当将坡脚处的模板沿横向方向加长，浇注过程中用小锤敲打倒角处模板，使坡脚处混凝土密实。

成形后模板的整体、局部强度和刚度应满足安全要求，其允许挠度及变形误差应符合规定，外形尺寸准确，模面平整光洁，装拆操作安全方便。模板内部尺寸允许偏差为 0~3mm；轴线偏位允许偏差为 5mm，模面平整度（2mm 内）允许偏差为 1mm。

（3）模板拆卸

①钢绞线张拉完毕后，落架、拆模时，从中间向两边进行，卸落量开始减小，以后逐渐增大。分三次卸完，由 0 号段墩中心向大小里程两侧分次拆除，不使 0 号段发生局部受力状态。落架时要统一指挥，统一行动，每次落架过程都要仔细认真地进行，以达到均衡、同步的目的。

②拆模应根据施工条件通过试验确定拆模时间。在预应力钢绞线张拉完成后方可落架。

③拆模后，及时检查箱梁的外观质量，出现砂线、水纹、气泡等较大缺陷时应及时修

补、涂抹，之后洒水并用养生布继续覆盖，养护不少于14天。

内模拆除：顶板混凝土强度达到设计强度的75%以上，由0号段端模位置进去拆除内模及支撑，内模及支撑由端模位置运出。

拆外模：箱梁混凝土强度达到设计及规范要求后方可拆除侧模和端模。先拆除模板加固部分支撑，然后拆下连接螺栓，人工配合塔式起重机、千斤顶等设备静力拆除，严禁使用锤击等野蛮方法拆除模板。

拆底板、落支架：梁体预应力及孔道压浆施工完毕，拆除梁底模板及支架落架。

a. 特制顶托落架

首先将顶托与分配梁固定的螺帽用小锤敲松，然后把顶托丝杆长度下落10cm进行支架落架。最后再把固定顶托的下拖板与贝雷梁固定牢固。

b. 模板拆除

顶托下落后，拆除梁底模及横向方木，模板采用撬棍等工具拆除，方木采用起重机配合人工吊出。拆梁底模时注意不要破坏梁体混凝土。

5）钢筋加工及安装

首先根据连续梁的钢筋设计图纸在2号钢筋加工场进行集中加工，并按照各种型号钢筋进行编号，堆放整齐。自检完成后运输至现场按照设计要求进行现场绑扎。

钢筋绑扎、焊缝、主筋间距等严格按照《铁路混凝土工程施工质量验收标准》（TB 10424—2018）标准执行。钢筋在绑扎过程中，做好预埋件的埋设。按照设计和规范要求焊接绑扎钢筋、安装预应力筋。采用预埋波纹管成孔。

底模安装完成后，绑扎底板、腹板、隔墙钢筋，并安装腹板波纹管。波纹管安装严格按施工图纸提供坐标安放，波纹管用井字架定位钢筋间距不大于50cm，曲线段适当加密，防止波纹管偏移或上浮。检查波纹管位置、曲线形状、接头、管壁有无破损等缺陷，予以及时修复。波纹管安装与钢筋施工同步进行，电焊时防止火花烧伤管壁。波纹管安装完成后，安装张拉端的锚具的锚垫板和螺旋筋，波纹管连接时应该不使接头处产生角度变化及在混凝土浇筑期间发生管道的转动及移位，并应缠裹紧密防止水泥浆的渗入。

内模板安装完毕后，安装顶板钢筋及预应力钢筋。由于顶板面积大，预应力管道密集，在施工钢筋时，要严格控制波纹管道的线型和位置，保持波纹管的完整性。在波纹管上方进行电焊施工时，应在焊点下部、波纹管上部垫铁皮，防止焊渣损坏波纹管，致使混凝土浇筑时管道进浆堵塞波纹管道。

梁体钢筋整体绑扎，如与预应力钢筋相碰时，可适当移动梁体钢筋或进行适当弯折，以利预应力钢筋通过。

钢筋净保护层除顶板最外层按 3.0cm 设置，其余均按 3.5cm 考虑。绑扎铁丝的尾段不应伸入保护层内。所有梁体预留孔处均增设相应的相环筋，桥面泄水孔处钢筋可适当移动，并增设斜置的井字形钢筋进行加强，施工中为确保顶板、腹板、横隔板、底板钢筋的位置准确，应根据实际情况加强架立筋的设置，加强的架立筋可采用 W 形或矩形。采用垫块控制净保护层厚度时，垫块采用与梁体相同的高性能混凝土垫块，每平方米不少于 4 个，梅花形布置。钢筋绑扎示意如图 4-23 所示。

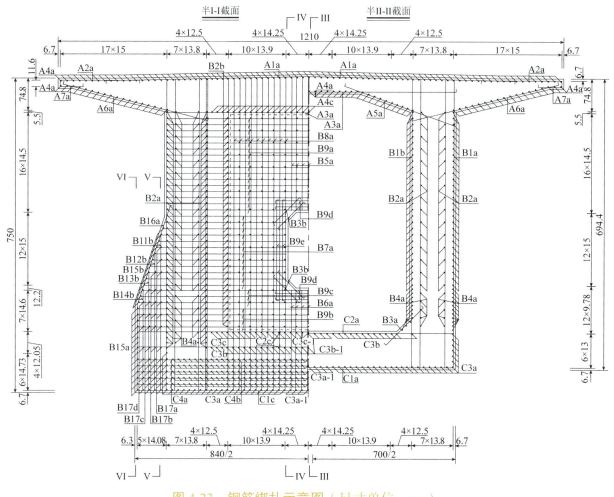

图 4-23　钢筋绑扎示意图（尺寸单位：cm）

注：图中未标注的·钢筋均为 B10a。

防落梁措施、泄水管、接触网、人行道栏杆、声屏障、桥面系、挂篮锚固孔等预埋件严格按照设计位置埋设，准确无误，无遗漏。由于桥面系预埋钢筋段，必须一次预埋到位，预埋钢筋在梁部并设置架立钢筋，有条件的可与普通钢筋焊接。

施工注意事项：

a. 锚头垫板与螺旋筋中轴线垂直，并预先焊好。

b. 钢筋网片起吊时绑上木杆，吊点放在木杆上，防止钢筋网片变形。

c. 适当加强管道固定网片，防止管道固定网片变形变位。

（1）综合接地流程如下：

①所有接地钢筋之间的连接均采用直径 16mm 钢筋 L 形焊接，焊接长度为：单面焊 200mm，双面焊 100mm，焊缝厚度至少为 4mm。

②每个接地端预埋接地端子，并设有 M16 的内螺纹，为了保证端子焊接质量，接地端子必须采用厂制标准件。

③综合接地系统钢筋与梁体钢筋或支座板钢筋相碰时，可适当移动接地钢筋。

④梁内预埋接地端子套筒最终表面应与最外层混凝土表面平齐，突出高度控制在 2mm 以下。

⑤梁顶接地端子组在距两端 850mm 处与横向钢筋连接。

⑥为方便电缆槽内连接电缆通过，在梁一端竖墙上预留直径 100mm 的圆孔。

⑦梁体纵向接地钢筋（图 4-24）与挡砟墙纵向钢筋（图 4-25）连接点 L 形焊接点间距为纵向 2m。

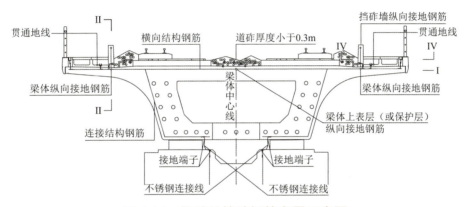

图 4-24　梁端处接地钢筋布置示意图

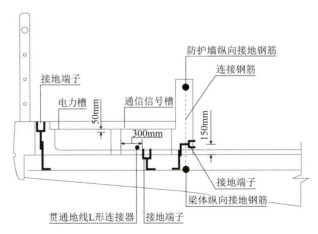

图 4-25　挡砟墙处接地钢筋布置示意图（尺寸单位：mm）

⑧每孔梁端截面的接地端子组设置在小里程一端，桥面横向接地钢筋需在梁两端焊接预留并用红色喷漆做好标记。与桥台相连的简支梁，其大里程端也需设置接地钢筋环路，接地端子需在梁底增设两个。

接触网立柱处接地钢筋布置如图 4-26 所示。接地钢筋连接点示意图和接地端子大样图如图 4-27 所示。

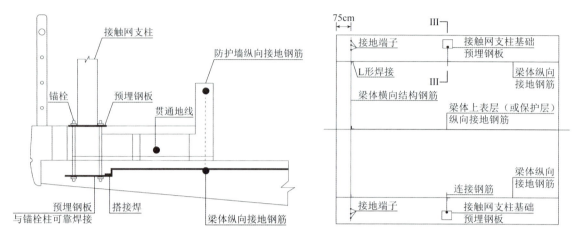

图 4-26　接触网立柱处接地钢筋布置示意图

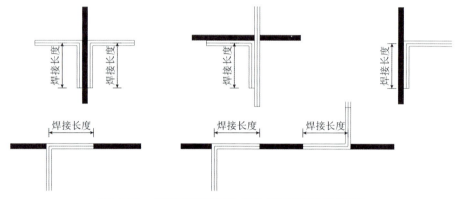

图 4-27　接地钢筋连接点及接地端子示意图

6）混凝土施工

0 号段混凝土一次性灌注，施工必须准备充分，确保成功。对于混凝土拌和、捣固、运输、用电、用水都要准备备用设备，以备急用，混凝土要提前多次同条件进行试验，确保质量。混凝土的质量、拌和、振捣，应由专人控制，跟班作业，控制混凝土的性能，使坍落度、水灰比、外加剂的掺量在试验确定的范围内。对支架模板要设专人进行观测，随时进行记录，支架模板一有异常，应立即通知现场负责人进行处理。每次灌注前必须对钢筋、模板、波纹管及预埋件施工完毕并自检合格后，才报请监理工程师检查，合格后灌注 0 号段混凝土。

采用的混凝土，坍落度（运送到作业地点时）控制在 16～18cm，混凝土初凝时间不得小于 8h，扩展度不小于 50cm，保证在混凝土初凝前施工完毕。

混凝土在拌和站拌制完成后，由混凝土搅拌运输车运送到施工现场，再经混凝土输送泵车泵送到箱梁指定位置。

混凝土浇筑采用车载泵进行，浇筑前安装好泵管，从悬臂端开始向桥墩方向水平分层，进行纵、横向对称连续浇筑。混凝土坍落度控制在 160～180mm。浇筑时设置串筒，并在腹板位置左右两侧各开一个窗口，作为振捣通道，保证混凝土下落高度不超过 2m，严禁在施工过程中向混凝土加水。

先后两层混凝土的间隔时间不得超过初凝时间。

混凝土浇筑顺序见图 4-28、图 4-29，即①→②→③→④→⑤，先浇筑腹板倒角部分，再浇筑底板部分，第三是浇筑腹板部分，最后是顶板部分。

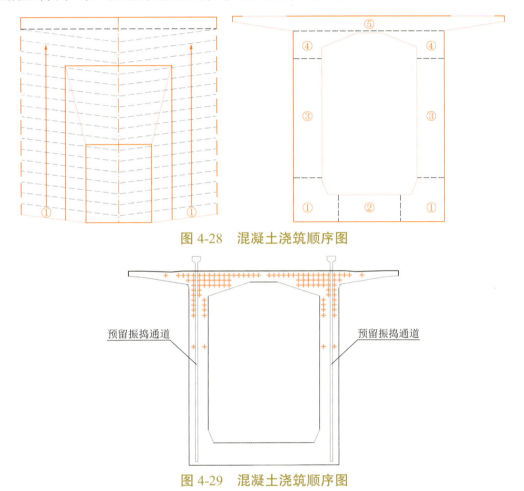

图 4-28 混凝土浇筑顺序图

图 4-29 混凝土浇筑顺序图

混凝土浇筑采用先从腹板下料浇筑下倒角和底板混凝土，并及时摊平、补足、振捣，控制好高程，水平分层的方式连续浇筑，布料然后从箱梁两侧腹板同步对称均匀进行，先从两腹板下料浇筑腹板与底板接合处的混凝土，再浇筑腹板混凝土，当两侧腹板混凝土浇筑到与顶板结合部位时，达到设计要求，最后浇筑顶板。浇筑两侧腹板时，采用同步对称浇筑，防止两侧混凝土面高低悬殊，造成内模偏移或其他后果。当两腹板灌平后，开始浇筑桥面板混凝土，桥面混凝土采用从一端向另一端一次浇筑成型，便于表面收浆抹平。

分层下料振捣，每层厚度不超过 30cm，混凝土的振捣采用插入式振动棒进行，间距不大于振动棒作用半径的 1.5 倍，与模板应保持 5～10cm 的距离，避免振动器碰到波纹管、钢筋及其他预埋件。预应力管道位置由于间距小采用小捣固棒进行捣固，其他位置采用大一点的捣固棒进行捣固。腹板可采用在顶板上直接灌注，但自由倾落度不超过2.0m，保证混凝土浇筑时不离析。腹板采取水平分层浇筑，分层厚度为30～40cm，插入下层混凝土5～10cm，每点振动时间20～30s，振捣时振动棒上下略微抽动，防止棒头被钢筋卡住无法拔出。每处振动完毕边振动边缓慢提起振动器，即"快插慢拔"，插入深度不超过振动器长度的1.25倍。腹板浇筑过程中安排专人用小锤敲打模型配合振捣，判断混凝土是否振捣密实。

灌注顶板混凝土时，因顶板厚度不大，混凝土入模时先将腹板上的顶板部分填平、振实，再由箱体两侧分别向中心推进，捣固完成收浆后再予抹平，混凝土初凝后应再次收面，保证梁顶面的平整度和倾斜率。

混凝土灌注完成后，应及时进行洒水养护，养护时间28天，对梁顶表面覆盖土工布，拆模后对梁底及梁侧采用养护剂养护，确保混凝土表面保持充分湿润状态，防止出现温度裂纹。

振捣人员划分范围，分工负责，掌握快进慢提等振捣要领，杜绝漏振及振捣过量等现象，对波纹管位置做到熟悉，振捣时不能用振捣器直接接触波纹管，在灌注混凝土过程中，用通孔器及时清理管道，保证每个管道畅通，不留后患。

注意事项：

①腹板的振捣以插入式振捣器为主，在腹板与底板倒角的地方，注意振捣密实。

②混凝土灌注时间选择在一天当中气温最低的时段进行；在保证混凝土灌注质量的前提下，尽量降低灌注速度。

③夏季高温季节施工时，在混凝土中掺加缓凝剂，减缓混凝土的初凝速度，降低水化热的产生。

④混凝土用料遮盖，避免日光暴晒，用冷却水搅拌混凝土以降低混凝土入模温度。

⑤混凝土灌注过程中，派专人在模板上喷洒凉水，加快模板的散热速度。安装通风设备，加强箱梁室内的通风，降低室内温度，加快水化热的散失。

⑥底板混凝土施工时，从内模上部预留下料口处进行下料施工，在施工前应将下料口出的顶板钢筋预先拨开，在底板施工完成后，将其恢复原位，并绑扎焊接牢固。

⑦混凝土灌注后注意覆盖，加强养护。

7）养护

混凝土灌注完成后，在初凝之后终凝之前进行收面处理。收面要求不少于2遍，确保混凝土表面不开裂。收面完成之后，对梁体混凝土表面用土工布覆盖，并洒水养护。揭开土工布后，继续洒水养护，始终保持混凝土表面潮湿，养护天数14天。同时进行底面和侧面的养护。

8）预应力钢筋（钢绞线）施工

（1）预应力钢筋下料

预应力钢筋进场后，按照试验规范及验标要求，对其质量进行检验，检验合格后，方可用于施工。

预应力钢绞线下料长度根据设计图纸严格计算后确定，钢绞线下料长度应充分考虑孔道曲线、锚夹具和千斤顶工作长度及一定的安全长度，千斤顶工作长度取1m，预应力钢筋切割严禁采用电焊切割，必须采用砂轮机切割，下料后按部位和长度编号标示，堆放整齐，避免混淆。

（2）预应力筋穿束

0号段纵向预应力钢绞线在梁体混凝土浇筑后穿束，将预应力钢绞线穿束端钢束用2~3道粗铁丝捆绑后调整各根端头之间的相对位置，使端头形成圆锥形后拧紧铁丝；钢束采用塑料套筒的物理钢束束头。

穿束时，采用人工穿束，穿束前理顺钢束，使之顺直不扭结，并用胶布将束头缠裹严实，以防与管道相碰触损坏管道影响钢束顺利通过。

为保证钢束顺利穿过管道，在第一次穿过孔道的单根钢束前端固定一个直径比束头大的铁球，借以提前发现孔道内堵塞和不畅问题，并在穿束前予以妥善解决，以免穿束中出现堵塞后进退两难。

通过孔道的任何物件如钢丝绳、钢束、铁球、卡子、接头等，都必须圆顺，以免引起管道的损伤和堵塞。

（3）预应力筋张拉

箱梁主要采用纵向预应力体系。按照先长后短、左右对称、由内向外的顺序张拉。

箱梁纵向预应力钢束采用15-Φs15.2、17-Φs15.2、18-Φs15.2和19-Φs15.2钢绞线。

①张拉前试验室试压同条件试块并进行现场回弹强度，当混凝土强度≥100%设计强度值且混凝土龄期达到5天时，安装锚具、夹片、限位板、千斤顶及工具锚。

②安装锚具要注意钢绞线不得扭曲严重，夹片必须逐个检查并压紧，防止漏装，锚具、限位板、千斤顶、工具锚安装连接要尽量紧密，全部在槽口内并与锚垫板垂直，安装完成经监理工程师同意后开始张拉。

③实施张拉时，使千斤顶的张拉力作用线与预应力钢绞线的轴线重合一致。钢绞线按照0→初应力（$0.15\delta_k$）→$0.3\delta_k$→$1.0\delta_k$（持荷5min锚固）张拉；预应力钢绞线张拉采用双控，即以张拉力控制为主，以伸长量进行校核，并依据布置的观测点注意观察测量梁体的

起拱情况，作为张拉的辅助控制检查张拉情况是否合格。张拉完毕，用水泥浆填塞预应力筋间隙，以免冒浆损失灌浆压力。

（4）智能张拉

根据规范及张拉应力的要求，采用预应力智能张拉系统进行张拉。

张拉班技术负责人1人，计算机操作1人，千斤顶安装2人，各负其责，张拉前对张拉班进行技术培训，使其明白设备性能、操作规程和安全要领等方面的知识。

①准备工作。

a.准备与张拉系统能配套使用的限位板、锚具、夹片，计算机、三相电缆、阳伞等。

b.对照张拉系统清单，清点设备，确定设备完好、配件齐全。

c.核对专用千斤顶的编号，由于专用千斤顶都在出厂前统一标定，使用时一定要注意对应正确的标定公式。

d.确定好待张拉的梁板。

e.进行技术交底，学习熟悉系统软件说明文件。

②电线连接。

由专业电工连接好三相电源（连接三根火线），严禁带电状态下作电线连接操作。

③油管连接。

连接好油管：仔细检查油嘴及接头是否有杂质，必须将其擦拭干净，确保进油管与回油管不被混淆。

④专用千斤顶、天线、数据线安装。

安装好限位板以后，起吊专用千斤顶。千斤顶必须采用钢丝绳起吊以确保安全。起吊之后，安装好工具锚、工具夹片。工具夹片的安装必须符合《公路桥涵施工技术规范》（JTG/T F50—2011）相关要求。

工具夹片未起作用或未完全起作用都会导致最终伸长量误差偏大。然后连接张拉仪与千斤顶的数据线，张拉一孔完毕，不得拉扯该数据线用于移动千斤顶。

⑤张拉施工智能操作要点。

a.检查确定梁板的两端千斤顶安装正确，然后启动梁板两端设备，电机运转声音正常，平顺。

b.通知张拉端工作人员，注意安全。点击控制软件的"开始张拉"按键，"第1次张拉施工"启动，此时密切注意计算机上压力值和位移值是否正常，有异常立即点击"暂停张拉"并进行相关检查。在张拉施工过程中计算机严禁运行其他程序，操作人员时刻关注相关数值，严禁离开控制台。

c.在张拉过程中应密切注意张拉端设备和千斤顶的工作情况，注意安全，如有异常情况立即单击"暂停张拉"，按下张拉仪"急停指示"按钮，停止张拉，排除异常情况后，方可继续张拉。

⑥张拉结束。

a.整片梁板张拉施工完成后依次关闭软件、电机、切断电源，拆卸千斤顶、油管。

b.张拉系统所有设备在张拉完毕以后必须妥善保管，仪器、千斤顶都必须有良好的防晒、防水措施。

c.定期维护。油量不足情况下应及时加注符合要求的抗磨液压油。每三个月更换一次液压油。

钢束实际张拉伸长值与理论计算张拉伸长值的差值在-6%～+6%范围内即表明本束钢束张拉合格。否则，张拉力虽已达到设计要求，但实际伸长值与理论伸长值之间的误差超标，则暂停施工，在分析原因并处理后继续张拉。

对伸长量超标的原因分析，从如下方面入手：张拉设备的可靠性即张拉力的准确度；对波纹管孔道摩阻和偏差系数取值的准确性；钢束弹性模量计算值与实际值的偏离；伸长量量测和计算方面的原因，如没考虑千斤顶内钢束伸长值等。若一切正常，则封堵锚具端头，尽快压浆。

（5）张拉注意事项

千斤顶加载和卸载时做到平稳、均匀、缓慢、无冲击。张拉时混凝土强度和弹性模量达到设计图纸要求。张拉顺序按设计图纸要求进行，张拉作业中，对钢束的两端同步施加预应力，保证两端张拉伸长量基本相等。若两端伸长量相差较大时，查找原因，进行纠正。

张拉千斤顶与压力表应配套标定、配套使用，标定应在国家授权的法定计量技术机构定期进行，当处于下列情况之一时，应重新进行标定：

①使用时间超过1个月。

②张拉次数超过200次。

张拉完毕后，未压浆或压浆后水泥浆未凝固时，不得敲击锚具和剧烈震动梁体，多余的钢束用切割机切割，切割后留下的长度不少于3cm。在高压油管的接头处加防护套，以防喷油伤人。

在测伸长量时，停止开动油泵。张拉过程严格执行操作规程。转移油泵时将油压表拆卸下来另行携带转送。在有压情况下不拧动油泵或千斤顶接头。

（6）滑丝和断丝处理

在张拉过程中，有多种原因都可能引起预应力筋滑丝和断丝，使预应力筋受力不均，甚至不能建立足够的预应力，从而影响桥梁的使用寿命。因此需要限制预应力筋的滑丝和断丝数量。当滑丝和断丝数量在允许范围内时，不需处理；但当滑丝和断丝数量超过允许范围时，则需处理。

滑丝判断：张拉完毕卸下千斤顶后，目视检查滑丝情况。仔细查看工具锚处每根钢束上的楔片压痕是否平齐，若不平齐则说明有滑丝；查看本束钢束尾端张拉前做的标记是否平齐，若不平齐则说明有滑丝。

滑丝处理方法：首先把专用卸荷座支承在锚具上，将专用千斤顶油缸伸至千斤顶行程的一半后，把退锚千斤顶装在单根钢束上。当钢束受力伸长时，夹片稍被带出。这不能与钢束同时内缩。如此反复，直至夹片退出、钢束放松、重新张拉至设计张拉力并顶压楔紧新夹片为止。

断丝处理方法：提高其他钢束的控制张力作为补偿，但最大张拉力不得超过设计对各阶段极限状态的要求；换束，重新张拉；启用备用束。具体采用何种方式，需与设计单位商定。

（7）孔道压浆

孔道压浆是将水泥浆填满孔道内空隙，使预应力筋与混凝土牢固地黏结为整体，并防止预应力筋的锈蚀。

孔道压浆采用智能压浆系统进行施工。在预应力混凝土张拉完成后，采用快硬砂浆或快硬水泥对端头预应力筋与锚具间缝隙进行封堵，同时布置施工设备及机具。

①设备放置与控制台的设立。

预应力智能压浆台车宜放置在待压浆预应力管道的注浆端，距离不宜过远，以减短进浆、返浆管的长度，控制台设置在离智能压浆台车 5～50m 的范围内。

②配置浆液。

根据规范要求，桥梁预应力管道灌浆用浆液的水胶比应为 0.26～0.28，其初始流动度应大于 10～17s，30min 后的流动度应不大于 20s。预应力智能压浆台车高速制浆机转速为 1420r/min，可适应制备低水胶比浆液，为更好保证浆体质量，我标段采用成品压浆剂。制备浆液时，应先在制浆桶内加入量好的水，然后加入压浆料，再开启搅拌机进行搅拌，最后一包压浆剂加入以后搅拌时间不宜超过 5min，而后可开启制浆机阀门，浆液自流至低速搅拌桶内，同时开启低速搅拌桶开始低速搅拌。浆液调制完成，现场制作 3 组试块。

③设备调试。

设备调试过程中,要求确保设备电源已经接通,接通设备电源、连接等工作。

④压浆施工。

在压浆过程中应密切注意智能压浆设备工作情况,注意安全,如有异常情况立即暂停压浆,排除异常情况后,方可继续压浆。

每一孔压浆完成后,关闭手动阀门后。等整片梁板压浆施工完成后依次关闭软件、电机、切断电源,拆卸高压管,压浆完成。压浆切割后的外露钢绞线端头用水泥砂浆包裹防护,钢绞线切割端头预留3cm左右。

完成当日灌浆后,必须将所有沾水泥浆的设备清洗干净,安装在压浆端及出浆端的球阀,应在灌浆后1h内拆除并进行清理。

孔道压浆时派专人认真填写施工记录。

⑤质量控制要点及注意事项。

a.质量控制要点。

孔道的密封性良好。

浆体配方控制准确。

孔道压浆及时,必须在张拉完成24h内完成,特殊情况不得超过48h。

b.注意事项。

针对曲线孔道的特点,在波纹管每个波峰的最高点靠同一端设立排气管排气或泌水;

输浆管应选用高强橡胶管,抗压能力≥10MPa,带压灌浆时不易破裂,连接要牢固,不得脱管。

灰浆进入灌浆泵之前应通过不大于2mm×2mm的筛网进行过滤。

孔道压浆浆体的强度、流动度、凝结时间、泌水率、膨胀率、含气量等性能应符合设计要求和相关标准的规定。搅拌后的水泥浆须做相关试验,并浇筑浆体强度试块,每工作班不少于3组。

灌浆工作宜在灰浆流动性下降前进行,不应超过40min,孔道一次灌注要连续。

中途换管道时间内,继续启动灌浆泵,让浆体循环流动。

灌浆孔数和位置必须作好记录,以防漏灌。

储浆罐的储浆体积>1倍所要灌注的一条预应力孔道体积。

4.3.2 1号段施工

1)施工工艺

1号段施工采用支架现浇法施工,使用0号段支架,施工工艺与0号段相同。

2）支架预压

1号段预压与0号段预压工艺相同，在0号段张拉完成后进行。

3）压重荷载的计算

图纸设计要求预压重为箱梁自重的120%～130%，且不应小于支架所承受的最大施工荷载的110%。

钢筋混凝土重计算：

1号段设计方量为82.4m³，重力为82.4×26=2142.4kN。

模板及底模架等自重共计140kN。

施工及冲击荷载：120kN。

荷载取值：

$$\sum P_1 = 2142.4 \times 1.2 = 2570.88(\text{kN})$$

$$\sum P_2 = (2142.4 + 120 + 120) \times 1.1 = 2642.64(\text{kN})$$

预压分级100%取2800kN。

加载过程按照0、60%、100%、120%分级加载，见表4-3。

预压加载统计表　　　　　　　　　　　　　　表4-3

加载分级（%）	0	60	100	120
加载重量（t）	0	133	221	265

支架预压前在两侧支架上分别设置6个测量观测点（图4-30），压重前，测量观测点的原始高程，并做详细记录。

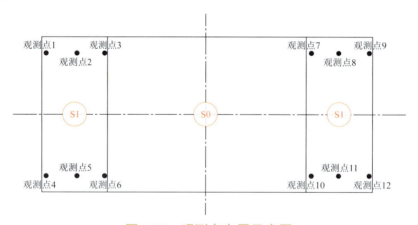

图4-30　观测点布置示意图

4.3.3 挂篮施工

1）挂篮设计

挂篮采用菱形挂篮。挂篮主要由主桁系统、提吊系统、行走系统、模板系统及张拉平台组成，主桁架采用双拼[36b槽钢；前横梁采用双拼H600×200型钢；挂篮底托前后托梁采用双拼 HN500×200 型钢，底纵梁采用 HN400×200 型钢；内外滑梁采用双拼 [36b 槽钢，吊杆采用 ϕ32-PSB830 精轧螺纹钢与 Q345B 吊带配合使用；底托防护提吊梁采用双拼 [25b 槽钢组焊，底托防护横肋采用 [12 槽钢，间距 1m，底托防护上铺 3mm 钢板。如图 4-31 所示。

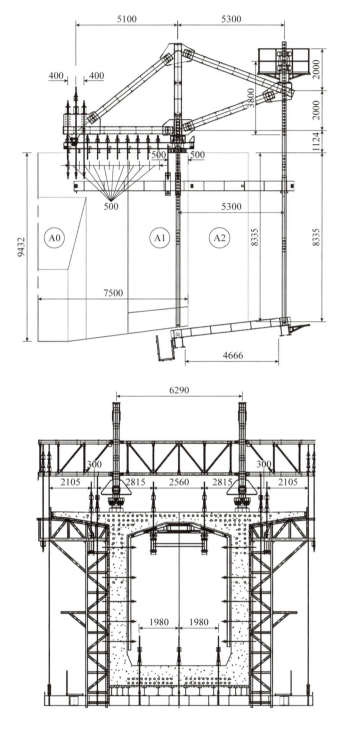

图 4-31 挂篮结构示意图（尺寸单位：mm）

2）菱形桁架

菱形挂篮主桁系是挂篮的主要承重结构，在悬灌施工中主要承受底模系传来的竖向拉力。主桁系由桁架杆件和节点板铰接构成菱形结构，各桁架杆件之间的连接通过销轴铰接在各节点块上。两组菱形主桁通过前横梁和主桁横联构成整体，菱形主桁通过活动滑座坐在滑轨上，后端通过反扣装置扣在滑轨后端，灌注时用竖向精轧螺纹筋和锚板把菱形主桁中的平杆机构锚固在桥面上以平衡前部底模的竖向拉力。

3）提吊系统

提吊系统是挂篮的升降系统，其作用主要是悬吊和升降底模、侧模、内模及工作平台等，由吊带、吊杆、吊座、千斤顶、倒链等组成。吊带上根据需要设置调节孔以便于高度的调整。

4）走行系统

挂篮走行系统由菱形桁架、底模、外模、内模走行系统4部分组成。菱形桁架在轨道上行走，轨道用两根工字钢焊制成Ⅱ形截面，对称铺于箱梁顶面的两片桁架下，支座放在轨道前后，用销轴和桁架连接，前支座下垫有滑板，使之可沿轨道上的不锈钢板滑行；后支座反扣在轨道上缘，作用是用反扣轮沿轨道下缘滚动，轨道底板用竖向精轧螺纹钢筋锚固。通过千斤顶顶推活动滑座使整个挂篮顺滑轨前行。挂篮就位后，桁架后节点用ϕ32mm精轧螺纹钢锚在轨道钢枕上，将挂篮后端承受的力传给梁体，不让支座反扣轮受力。

5）模板系统

模板系由底模、侧模、内模、端模等组成。

底模：整体钢模，采用6mm钢板及 ⊏10 槽钢，由纵梁及横向加劲肋共同组成底模架，其上铺焊钢板作为底模面板。底模焊在前、后下横梁上，后部通过下横梁锚在已成形梁段底板上，并由千斤顶和锚垫梁等调整其与已成形梁段底板的密贴程度；前部通过悬吊系吊在前上横梁上。

侧模：使用1号段施工模板进行施工。

内模：采用钢模板，顶板处设置可左右伸缩的内模托架，内模采用钢模与外模桁架对拉，内模托架可沿内模纵梁滑动，后部锚在已成形的梁段顶板上，前端通过悬吊系吊在前上横梁上。内模的前移在下一梁段的底板和腹板的钢筋、预应力管道、预埋件等安装完成后进行。

端模：采用薄钢板，面板厚5mm，钢板上按照钢筋位置和预应力管道位置留口，端模边框采用∟50角钢加固。

6）挂篮安装

安装挂篮前应先进行试拼，挂篮试拼合格后方可进行安装。

在墩顶 0 号段、1 号段的预应力钢绞线张拉注浆完成后，将箱梁顶面清理干净，即可开始按以下步骤对称安装挂篮。

挂篮安装流程见图 4-32。

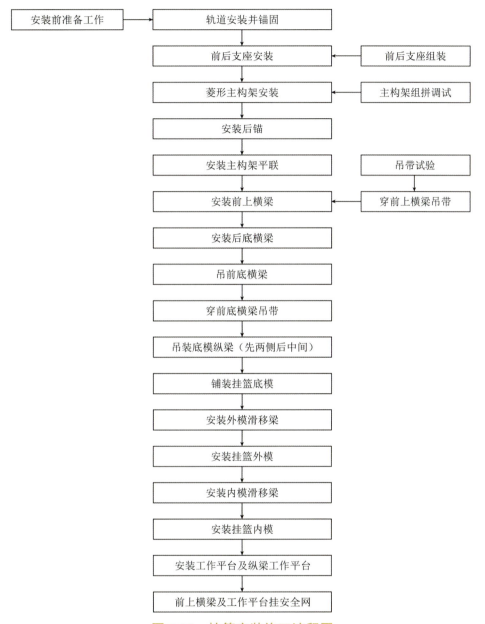

图 4-32　挂篮安装施工流程图

（1）挂篮安装流程

流程一：测量放样，铺设走行轨道（图 4-33）。

流程二：拼装主桁（图 4-34）。

①在 0 号段上分片拼装桁片。

②安放支腿及后支撑，用塔吊安装桁片并锚固。

流程三：安装中横梁。

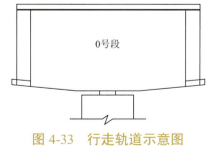

图 4-33　行走轨道示意图

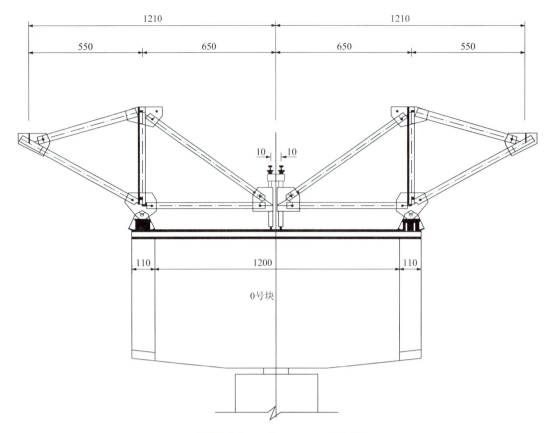

图 4-34　拼接主桁示意图（尺寸单位：mm）

流程四：安装前后悬吊，同步在承台上拼装底篮（图 4-35）。

①安装前后吊带和扁担梁，吊带可在承台上接长；

②在承台上拼装挂篮底篮。

流程五：安装底篮，外模板就位（图 4-36）。

①采用卷扬机提升安装底篮，并将其吊带连接；

②外模板从 0 号段纵移就位，并将滑梁锚固；

③检查挂篮拼装情况，此时挂篮拼装完毕。

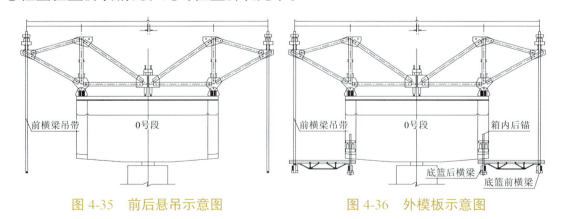

图 4-35　前后悬吊示意图　　　图 4-36　外模板示意图

（2）挂篮安装注意事项

滑轨的放置：在桥面放出轨道位置放置轨道。保证滑轨间距安装偏差 ≤ 2mm，并保证两轨面水平（高差不平度≤1mm）。每道轨道采用直径25mm精轧螺纹钢锚固轨道，间距不得大于1m。轨道纵向位置采用以下方法调整：用千斤顶支顶主桁下平杆使活动支座稍稍离开滑轨面（2mm），而后移动滑轨到理想位置。

拼装主桁架及主桁架配件：先将后锚固小车（支点）和前支点（滑船）安装好，再将主梁安放在工作位置，后部用枕木支平支稳，保证主梁的平直，后锚每个主桁采用6根ϕ32mm精轧螺纹钢。菱形桁架在地面拼装成整体，采用吊车整体安装。安装菱形桁架后用4部5t倒链将其四个方向拉住，一组主桁安装好后安装另一组菱形桁架。两组菱形桁架安装后，再把两组桁架之间的平联安装。

外模滑梁及翼模的安装。先将翼模及滚轮架组装在滑梁工作位置上，将翼模点焊在滑梁上，在滑梁尾部焊挡块；而后将其吊至工作位置，先将后锚用精轧螺纹钢吊住，而后安装滑梁前吊带，吊住滑梁前部。

7）挂篮上下通道

挂篮上下通道采用回折走行爬梯，如图4-37所示。

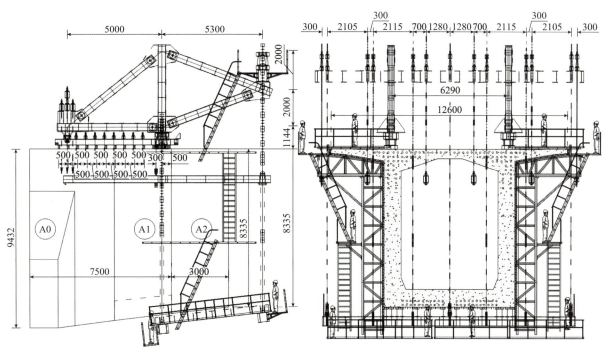

图4-37 回折走行爬梯示意图（尺寸单位：mm）

8）挂篮的测试

（1）挂篮预压

挂篮安装完成后需进行预压，预压采用混凝土预制块堆载预压法。荷载取值按最重节段2号段进行计算，同时考虑施工荷载，预压荷载为 $79.6 \times 26 \times 1.2 = 2483.52$kN。预压程序与0号段支架预压程序相同。

根据最大荷载作用下挂篮控制杆件的内力,可以计算挂篮的实际承载能力,了解挂篮使用中的实际安全系数,确保安全可靠,同时在混凝土浇筑前的模板调整阶段,根据试验数据及浇筑节段结构,将挂篮挠度值进行预留。

(2)挂篮走行试验

为检验挂篮的整体刚度、走行系统的性能及测量挂篮走行时前吊杆的垂直力的变化情况,检测主锚件、主锚梁、反扣轮的受力与变形情况,对挂篮进行走行试验。

试验方法及步骤:

主梁系统走行。在预应力筋张拉之后,脱模之前,抽出内滑梁吊杆,将底模固定在侧模上,前吊杆与前托梁分离;连接走行液压缸,上限位由固定连接改为柔性连接。反扣轮保险架由刚性固定改为柔性固定,反扣轮受力,使主梁可在锚梁上纵向自由移动,横向少量(5mm以内)拨移。检查无障碍时,启动液压系统,使主梁前行3m,然后回位。

整体走行。脱底模、脱侧模,将底模挂在走行吊带上,侧模放在托梁上,侧模上部与脱模缸连接,抽出后锚杆和后锚带,使挂篮和梁体完全分离,连好内滑梁吊杆,内滑梁在内模桁架上可自动移动,上限位,保险架改为柔性固定。

启动液压系统,推动挂篮整体走行。走行时,应严密观察、测量挂篮走行的同步性,注意推力变化(由液压表读出)以及主锚件、反扣轮的受力情况,在走行10cm、30cm及50cm的距离后停机观察,并测量走行轮、反扣轮是否在正确位置。

若挂篮走行平稳,制动有效,能够最终同步到位,即认为挂篮整体走行可行。

9)挂篮施工注意事项

(1)挂篮拼装要保证所有零部件按设计图拼装齐全,不得有遗漏。

(2)在浇筑混凝土前必须仔细检查所有螺栓是否拧紧,开口销有无遗漏,保证连接的可靠性,槽钢、工字钢栓接处必须加专用斜垫圈。

(3)挂篮走行过程中要保证同一挂篮两片主桁的同步,避免挂篮走行过程中出现中线偏移和前行失控,在走行过程中还需有一定的限位措施。在松脱吊杆之前必须全面检查,弄清各处承力关系,充分肯定各处承载能力后,统一指挥,确保走行安全。具体应检查:

①后锚系是否已锚固可靠。

②底模平台前后吊点是否稳妥可靠。

③外侧模支架是否承力于腹板对拉螺栓上或底模平台上,稳定性及承载力如何。

(4)为使挂篮主桁在灌注梁段混凝土中受力良好,不产生过大和不均匀沉降,挂篮前支点(前走船)部位需铺设20mm厚钢板;中线及高度须用水平仪控制,砂浆抹平;走船前后用硬木楔或钢楔楔紧。

（5）挂篮走行结束后，前支点与梁端距离不得小于5cm，防止梁体端头混凝土受压破损。

（6）各梁段预留孔按图预埋，应勿遗漏。

（7）桁架拼装，主柱安装时，须采用液压千斤顶顶起才能将一块10mm厚的钢板装上。

（8）为减少摩擦使走行更轻松平稳，可在挂篮走行滑梁上抹一些黄油，为使桁架走行时不偏离中线（走行滑梁），可在走船内侧增焊限位板。

（9）挂篮采用精扎螺纹钢吊杆和锚杆，严禁利用其作电焊工作的搭火、零线和电流通路等，以免引起精扎螺纹钢筋脆断。

4.3.4 悬臂浇筑施工

悬臂浇筑施工流程如图4-38所示。

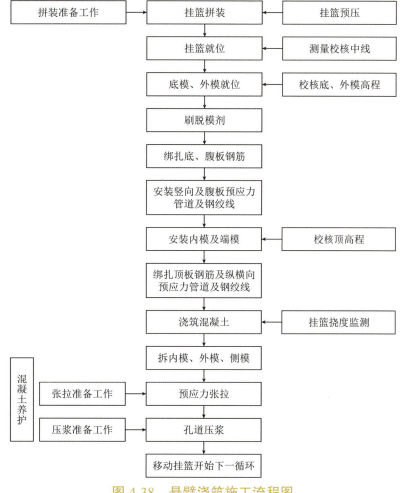

图4-38 悬臂浇筑施工流程图

悬臂浇筑施工以墩顶0号段和1号段为基准段，挂篮走行到位调整模板后，绑扎悬灌段底板、腹板钢筋，然后前移内模并校准固定，绑扎顶板钢筋，浇筑混凝土，张拉纵向预应力钢绞线，压浆锚固，前移挂篮，依次顺序施工，悬臂浇筑梁段。

（1）钢筋及预应力管道安装，参见 0 号段预应力管道及钢筋安装。

（2）混凝土施工。

混凝土的浇筑向应从梁前端开始，在根部与已浇筑梁段连接，桥墩两侧梁段混凝土浇筑应对称、平衡施工，两侧施工荷载的实际不平衡偏差不应大于设计允值，保证 T 构平衡稳定。

（3）预应力施工及压浆参照 0 号段施工。

（4）挂篮前移及拆除。

挂篮前移前应做好下列准备工作：

①测量标出已施工梁段的中线及高程，并宜按间距不大于 0.5m 测量标出移位位置横向标线，以观测和保证 T 构两侧挂篮同步对称前移。

②铺设滑道或安放滚轮箱等走行设施。

③对挂篮的结构状态和各部位连接情况应进行详细检查并做好记录，对发现的缺陷应及时整改、纠正。

④解除挂篮主桁架后锚和前支点处的锚固，拴好安全绳及尾绳。

⑤安装并调试前移动力装置。

挂篮前移应符合下列规定：

①桥墩两侧挂篮必须在梁段的纵向预应力筋张拉完毕时对称移动，并应设专人指挥。

②挂篮前移应根据不同移动式（滑动式、滚轴式、滚轮等）、驱动动力（倒链、千斤顶和液压驱动走行）的操求进行，并应保持主桁处于水平状态。挂篮前移不得使用卷钢丝绳作为牵引动力。

③挂篮移动速度不宜大于 0.1m/min，就位时中线偏差不应大于 5mm。

④挂篮移动时后端应有牢固可靠的防倾覆、防溜走的措施。

⑤挂篮拆除应按设计要求进行。T 构两侧荷载偏差不应大于设计允值。

⑥挂篮一般应在浇筑梁段的位置拆除，也可退到梁段进行拆除。拆除顺序一般为：底模→内、外侧模→滑梁→吊带→前横梁→横联→主桁架→滑动装置→走行轨道→钢枕→场地。

4.3.5 边跨直线段施工

连续梁边墩施工完成后，根据施工进度在合龙前完成边直段施工。边直段采用支架现浇法施工，施工工艺与 0 号段相同。支架结构采用梁柱式钢管支架，基础位于承台顶，支架结构由基础、支墩、纵梁、横梁、模板等部分组成。

1）支架基础施工

支架基础位于承台顶，预埋件与钢管立柱采用法兰连接（图 4-39），承台施工时预埋

ϕ32mm 钢筋。

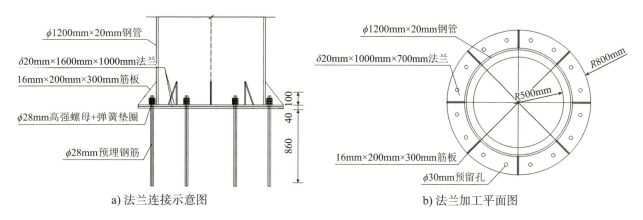

a) 法兰连接示意图　　b) 法兰加工平面图

图 4-39　法兰连接构造示意图（尺寸单位：mm）

2）支架安装

（1）钢管立柱

安装钢管立柱前应对基础顶面进行抄平，防止钢管立柱安装时基础不平导致立柱平联连接不上及钢管立柱垂直度偏差过大。随着支架钢管桩立柱的安装，及时焊接立柱连接系，边直段钢结构设计图如图 4-40 所示。

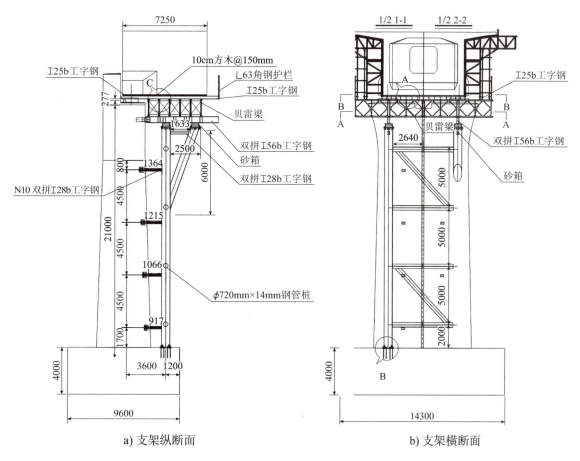

a) 支架纵断面　　b) 支架横断面

图　4-40

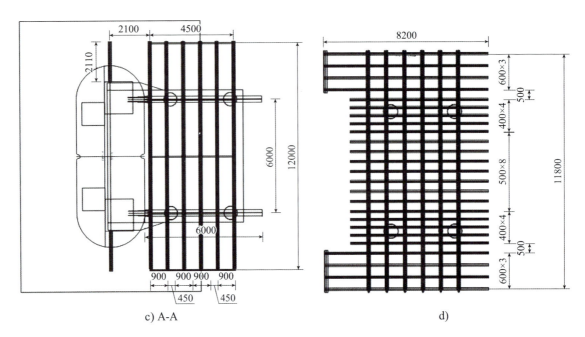

c) A-A   d)

图 4-40　边直段钢结构设计图（尺寸单位：mm）

（2）砂箱

支架立柱支立完成后，复核立柱顶高程，在立柱顶安装砂箱，砂箱高度在安装前通过计算确认（图 4-41）。

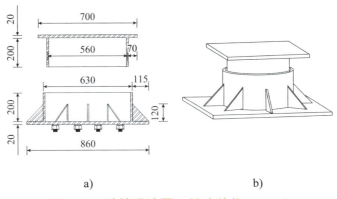

a)   b)

图 4-41　砂箱设计图（尺寸单位：mm）

（3）平联、纵联

立柱间横联及纵联采用 $\phi400mm \times 8mm$ 钢管进行连接，墩身与钢管柱之间采用双拼 I28b 工字钢和墩身预埋件进行连接。

（4）横梁

横梁采用双拼 I56b 工字钢，并在节点处安装缀板，增强横梁受力性能。

（5）贝雷梁

贝雷梁在地面分组拼装，拼装完毕后利用汽车吊吊装至横梁上，在横梁上设置限位卡将贝雷梁固定。

（6）底模安装

底模采用方木及竹胶板进行铺设，贝雷梁安装完成后，在贝雷梁顶部按15cm间距顺桥向铺设10cm×10cm方木，方木顶铺设15mm竹胶板。

（7）支架预压

根据《铁路预应力混凝土连续梁（刚构）悬臂浇筑施工技术指南》（TZ 324—2010）的预压措施，预压荷载为最大施工荷载的1.2倍，预压采用混凝土预制板预压，预压荷载分60%、100%、120%三级预压，预压过程与0号段基本相同。

3）支架预压

边直段预压与0号段预压工艺相同。

（1）压重荷载的计算

边直段预压不考虑墩顶横梁部分，横梁底模铺设完成后，在预压过程中摆放预制板来消除变形量。

图纸设计要求预压重为箱梁自重的120%～130%，且不应小于支架所承受的最大施工荷载的110%。

钢筋混凝土重计算：

边直段计算方量为91.3m³，扣除墩顶部分，单侧支架预压方量为85m³，重量为85×26＝2210kN。

模板及底模架等自重共计140kN。

施工及冲击荷载：120kN。

荷载取值：

$$\sum P_1 = 2210 \times 1.2 = 2652 (\text{kN})$$

$$\sum P_2 = (2210 + 140 + 120) \times 1.1 = 2717 (\text{kN})$$

预压分级120%取2750kN。

加载过程按照0、60%、100%、120%分级加载（表4-4）。

预压加载统计表 表4-4

加载分级（%）	0	60	100	120
加载重量（t）	0	137	230	275

（2）测点的布置

支架预压前在两侧支架上分别设置6个测量观测点（图4-42），压重前，测量观测点的原始高程，并做详细记录。

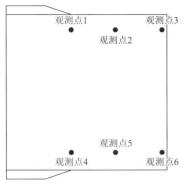

图 4-42 观测点布置示图

4.3.6 合龙段施工

主桥箱梁共设三个合龙段,即两个边跨合龙段、一个中跨合龙段。

边跨、中跨合龙后,体系由静定的简支体系转变为超静定的连续体系。在体系转换过程中,由于气温变化及各种因素的影响,会导致合龙段混凝土拉裂或压坏。在合龙前,采用刚性支承及张拉临时预应力钢束临时锁定合龙段两端,使其成为可以承受一定弯矩、剪力的牢固结点,确保梁体的安全。因此箱梁的合龙顺序、合龙温度和合龙工艺都必须严格控制。

本桥箱梁先合龙边跨,后合龙中跨。合龙温度控制在 5~15℃,并使混凝土浇筑后温度开始缓慢上升为宜。

1)合龙段劲性骨架施工

合龙前使悬臂端与边跨等高度现浇段临时连接,尽可能保持相对固定,以防止合龙段混凝土在浇注及早期硬化过程中发生明显的体积改变,锁定时间按合龙段锁定设计执行,临时"锁定"是合龙的关键,合龙"锁定"遵循又拉又撑的原则,即"锁定"包括焊接劲性骨架和张拉临时预应力束,用劲性骨架(图 4-43、图 4-44)承受压力,用临时预应力束承受拉力,支撑劲性骨架采用"预埋地脚螺栓 + 连接钢劲性骨架 + 预埋地脚螺栓"三段式结构,其断面面积及支承位置根据锁定设计确定。

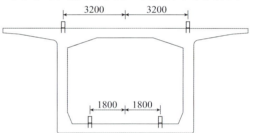

图 4-43 合龙段劲性骨架横断面布置图(尺寸单位:mm)

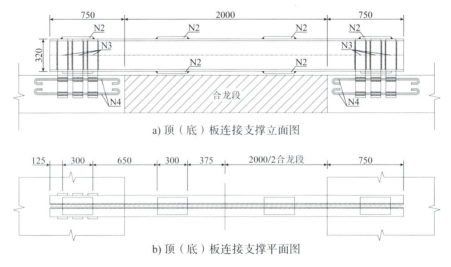

图 4-44 合龙段劲性骨架纵断面布置图(尺寸单位:mm)

合龙时,在两地脚螺栓之间设置连接工字钢,并由联结钢板将连接工字钢焊接成整体。临时预应力束按设计布置,临时预应力张拉吨位按锁定设计确定,劲性骨架顶紧后进行张拉，临时束张拉锚固后不压浆，合龙完毕后拆除。合龙锁定温度选择在设计要求的合龙最佳温度范围内，合龙段混凝土选择在一天中气温较低时进行浇筑，以保证合龙段新浇注混凝土处于气温上升的环境中，在受压的状态下达到终凝。

2）合龙段吊架施工

中跨合龙梁段采用合龙吊架施工，合龙吊架采用施工挂篮的底模及吊杆系统组装施工。安装步骤为：

（1）将挂篮的底模整体前移至合龙段另一悬臂端。

（2）在悬臂端预留孔内穿入钢丝绳，用几组滑车吊起底模前横梁及内外滑梁的前横梁。

（3）拆除挂篮前吊杆。

（4）用卷扬机调整所有钢丝绳，使底篮及内外滑梁移到相应位置，安装锚杆、吊杆和连接器，将吊架及模板系统锚固稳定。

（5）将主桁系统推至 0 号梁段后拆除。

合龙吊模如图 4-45 所示。

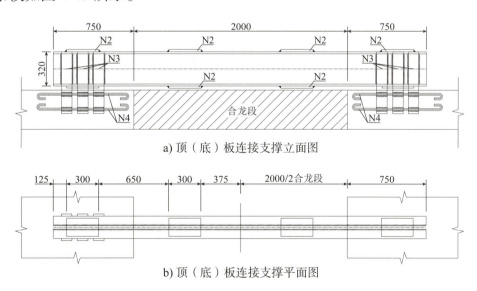

图 4-45　合龙吊模示意图（尺寸单位：mm）

3）中跨合龙段施工

考虑到中跨合龙段位于等级公路上方，故采用一侧悬臂段挂篮前移至合龙段，另一侧挂篮后退至安全位置进行拆除。挂篮前移就位后及时进行锚固并调整模板高程、定位，后续进行钢筋绑扎、混凝土浇筑、预应力张拉施工。

4）合龙段模板施工

合龙段的外模采用钢模板，底模采用边跨现浇段外侧悬出模板，安装模板时，注意模板要压住两侧梁段，并且压盖宽度相等，模板之间及模板与梁段混凝土之间粘海棉条。底模及外模的下部加固方法与挂篮模板加固的方法相同。将外模的加劲桁架上部与预埋在梁段上的拆模预埋件焊连在一起,并辅以套管螺栓加固,内模为木模,并预留观察窗。

5)钢筋、预埋管道、混凝土施工

钢筋施工与悬灌梁段相同,注意保证搭接长度,认真安装波纹管,须保证其不堵管,灌注合龙段混凝土须在温度最低时灌注完成,注意加强振捣,特别是支撑周围和倒角下等位置。

6)第一次体系转换

架设边跨合龙段吊模,浇筑边跨合龙段混凝土,待梁段混凝土达到设计强度及龄期后,张拉预应力筋及压浆孔道;拆除所有吊模及所有临时支座和托架,进行第一次体系转换。

在"T构"两悬臂端预备配重预制板,边跨合龙段混凝土浇筑过程中,按新浇筑混凝土的重量分级卸去平衡重,保证平衡施工。配重及合龙步骤如图4-46所示。

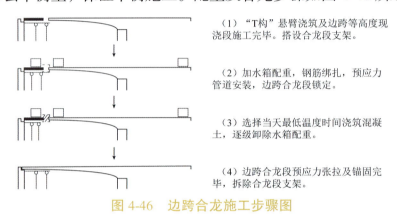

图4-46 边跨合龙施工步骤图

7)第二次体系转换

在中间合龙段混凝土灌注完成后,待混凝土强度达到要求后张拉锚固底板束、顶板束以及腹板束。待梁段混凝土达到设计强度及龄期后,拆除两主墩临时支座约束,张拉纵向预应力钢索,完成第二次体系转换(图4-47)。

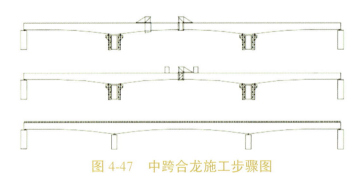

图4-47 中跨合龙施工步骤图

中跨合龙段采用在悬臂端摆放混凝土预制板的方法设平衡重,近端及远端所加平衡重吨位由施工平衡设计确定。

8)合龙段施工及体系转换技术措施及注意事项

合龙时间:各合龙段混凝土灌注,应选择非温度急剧变化日夜间最低时进行。

在合龙段施工及体系转换过程中要及时、准确地进行高程测量，内容如下：

（1）底模安装完成后，测底模四角高程。

（2）合龙段混凝土灌注前，测合龙段两侧梁段的观测点高程（最少4点）。

（3）合龙段混凝土灌注后，测量合龙段两侧所有梁段观测点高程。

（4）每10天测量所有观测点的高程。

（5）在后期束张拉过程中不定期测量所有观测点高程。

（6）张拉完成后即可开始压浆，一次全部压完。

4.3.7 挂篮拆除

最后一节悬臂梁完成张拉工序后，便可拆卸挂篮（图4-48）。

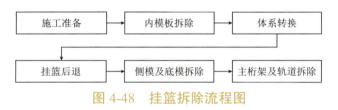

图 4-48 挂篮拆除流程图

1）施工准备

（1）项目总工程师组织召开挂篮拆除技术交底会，对现场管理人员及所有作业人员进行技术交底。

（2）准备用于挂篮拆除的材料、机具、设备。

（3）与当地交通主管部门对接，完成交通导行布置。

（4）建立现场紧急沟通机制。

2）内模拆除

最后一节悬臂梁完成张拉工序后，便可拆卸挂篮。解除内模滑梁吊杆与梁体和主桁之间的连接，利用倒链将内模系统整体下放至梁腔内底板顶面上，将内模分解成小块，从悬臂段开口处运出。利用卷扬将内模滑梁拖拽至可吊装位置或将内模滑梁分解，用50t汽车起重机将其转运至地面。内模系统总重约12t，当分解的内模吊装完成一半时，应在梁端（16号块）施加6t配重，全部吊装完成后，配重需增加至12t。整个拆除过程应保持悬臂梁两端偏载不超过6t。

3）体系转换

（1）下前横梁下调

利用4个10t倒链等间距布置，下放下前横梁高度（图4-49），使下前横梁高度与下后横梁高度齐平（脱离梁体底板约10cm）。下放过程下前横梁两端及中间吊杆不得解除，通过多次调整螺母，预留垫板与锚梁之间空隙（10cm），逐次实现下前横梁高度下调。配套钢丝绳直径不得小于20mm，卡环允许荷载不得小于10t。

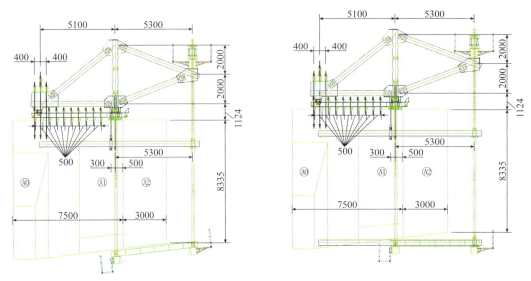

图 4-49　下前横梁下调示意图（尺寸单位：mm）

（2）侧模系统下放

利用3个10t倒链和1个10t卷扬将侧模系统整体下放（图4-50），利用外滑梁锚固在下前、下后横梁上。卷扬钢丝绳穿过外滑梁锚固预留孔，利用卡环固定在吊带锚固孔位置。其他3个倒链利用上前横梁和鹰架作为锚固点。配套钢丝绳直径不得小于20mm，卡环允许荷载不得小于10t。

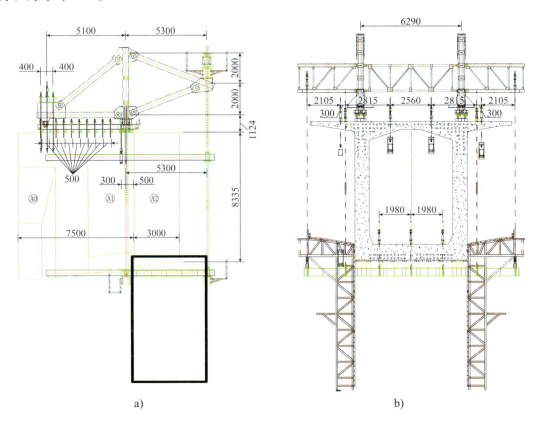

a)　　　　　　　　　　　　b)

图 4-50　侧模系统下放示意图（尺寸单位：mm）

（3）受力体系

侧模系统和底模系统均锚固在下前横梁和下后横梁上（图4-51）。下前横梁两端通过吊杆固定在上前横梁上，下后横梁两端通过吊杆固定在鹰架上。底模系统重约15t，侧模系统重约20t，下前后横梁重约7t，总重约42t，每个吊杆轴力10.5t。吊杆采用直径32mm的精轧螺纹钢。同时用双股直径25mm的钢丝绳做保护，防止突发情况导致整体坠落。

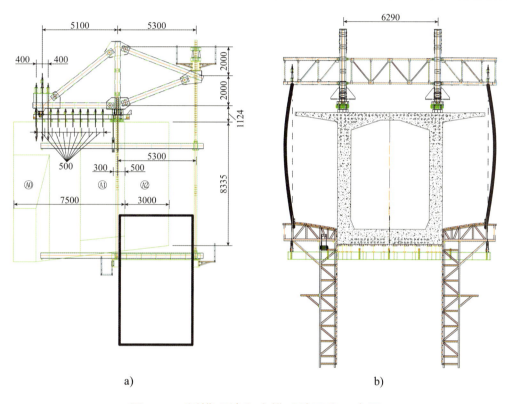

图 4-51　侧模系统和底模系统固定示意图

4）挂篮后退

完成受力体系转换后，在挂篮后方接长挂篮行走轨道，轨道压梁间距不大于50cm，轨道连接处按照原设计采用螺栓连接。轨道连接接头50cm范围内不少于两个轨道压梁。利用千斤顶提供动力，实现挂篮后退（图4-52）。挂篮时需在端头增加配重，每退后1m，需要在挂篮端头位置增加配重，直到挂篮后退至2号段。

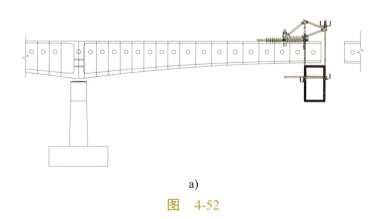

图 4-52

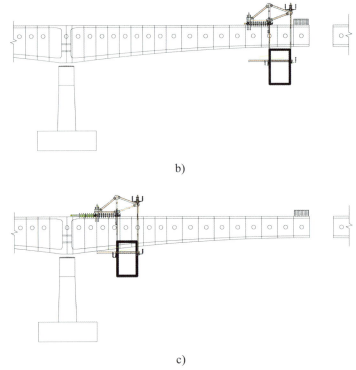

图 4-52 挂篮后退步骤示意图

端头配重计算公式：$P = n \times 60/61.5$（t），其中 P 代表配重，n 代表退后的延米数。

5）底模和侧模拆除

挂篮后退至 3 号段时，利用 4 个 20t 倒链将挂篮侧模和地模整体下放至对面，解体转运。

6）主桁架及轨道拆除

依次解除上前后横梁与主桁的连接，利用塔式起重机从梁面吊装至底面，进行倒运，拆除上前后横梁后，进行横联拆除，横联拆除前应在三角桁架两侧设置地锚，防止三角桁架倾覆。横联拆除完成后，三角桁架整体吊装至地面，直接转运或解体转运。三角桁架拆除完成后，拆除轨道及锚固系统。

7）交通导行

(70 + 125 + 70) m 现浇梁跨越公路施工，车流量较大，虽在桥下设置了钢结构防护棚，但挂篮施工仍为高危施工。不具备封路条件情况下，需在主路口设置高危施工减速慢行警示牌，建议车辆绕行，进行交通疏导，减少车流量。挂篮后退时，防护棚两侧 50m 范围内，实时设置反光锥，引导车辆不从挂篮正下方经过。在道路两侧设置两名专职安全员，协调地方交警配合施工，当施工现场发生紧急情况时，应立即中断交通。作业人员、领工员、专职安全员配备紧急通信设备，确保中断交通的及时性。

4.3.8 支架拆除

梁体预应力及孔道压浆施工完毕后，进行支架落架拆除。

1）顶托落架

松掉固定上下卡板的定制螺母，下调顶拖，使底模与梁底脱离。

2）模板及分配梁拆除

顶拖落架完毕，拆除梁底模及横向分配梁，模板采用撬棍等工具拆除，分配梁采用起重机配合人工吊出。拆梁底模时避免破坏梁体混凝土。

3）贝雷梁拆除

现浇梁模板及分配梁拆除完毕后，开始拆除贝雷梁。先把贝雷梁支间连接的花窗打开，然后分组进行拆除，每两排一起拆除，采用撬棍、倒链、千斤顶等工具把梁底的贝雷片组拖出到梁翼缘板位置，然后采用100t履带式起重机吊落到地面后再分片拆除堆放好。

4）支架拆除注意事项

拆除前应对钢管支架做一次全面检查，清除所有多余物件，并设立警戒区，禁止无关人员进入。

（1）自上而下逐层拆除，不容许上、下两层同时拆除。

（2）拆除的构件应用起重机吊下，严禁抛掷。

（3）拆除的钢管、木方、模板应及时分类堆放，以便运输、保管。

（4）每班拆架下班时，不应留下松动物件；防止大风等非人为原因导致物体滑落等情况发生。

（5）对支架进行安全检查，确认不存在安全隐患。如存在影响拆除支架安全的隐患，应先对支架进行修理和加固，以确保支架在拆除过程中不发生危险。

（6）拆除支架的垂直运输设备要用滑轮和绳索运送或塔式起重机配合，严禁乱扔乱抛，并对操作人员和使用人员进行交底，规定联络方法，明确职责，以保证支架拆除时其垂直运输设备能安全运转。

（7）支架的拆除顺序为搭设顺序的逆向。

4.3.9 桥面附属施工

桥面附属工程施工包括：挡砟墙及挡砟块、桥面铺装及泄水管、接触网支柱及拉线基础等项目。

1）人行道

人行道由竖墙和盖板及栏杆（或声屏障）组成。根据通信、信号、电力等专业需要，在挡砟墙外侧设置电缆槽。

钢栏杆（或声屏障）基础及竖墙在梁体现浇完成后在桥面上进行现场浇筑。梁体施工时应在钢栏杆（或声屏障）基础及竖墙相应部位预埋钢筋，使竖墙与梁体连接成一体。施工时应注意顶面的高度保持一致，以保证盖板受力均匀。同时施工钢栏杆（或声屏障）基础时应检查预埋件的预埋位置是否准确。

施工盖板时，应注意电缆槽盖板表面应设置横向波纹或凹槽，一方面起到防滑作用，另一方面对盖板方向进行标识，避免放错。在盖板四个角处设置8mm的截角，以避免盖板的损坏。

内侧槽道为电缆槽，为便于检查电缆槽设备，内侧槽道设计了活动盖板，布置间距为10m左右。

安装电缆槽盖板时，应检查盖板是否受力均匀，必要时应用砂浆找平。

钢栏杆由角钢和钢筋焊接组成。

2）挡砟墙

挡砟墙在附属结构施工时进行现场浇筑，梁体施工时在挡砟墙相应部位预埋挡砟墙钢筋，以确保挡砟墙与梁体的整体性。挡砟墙每2m设置20mm端缝。

3）铁路桥面铺装及泄水管

铁路桥面铺装由防水层、保护层组成。防水层之上设置保护层，挡砟墙内侧防水层及保护层总厚度为60mm，挡砟墙外侧人行道处防水层及保护层总厚度为40mm。为保证桥面排水通畅，桥梁顶面挡砟墙内侧设置2%的人字形排水坡，挡砟墙内侧设置聚氯乙烯（PVC）泄水管。PVC泄水管外径为160mm、壁厚8mm，纵向间隔一般为4m。

挡砟墙、竖墙底部对应桥面泄水孔处预留过水孔，过水孔应进行防水处理，挡砟墙外侧防水层和保护层顺坡过渡到泄水孔。挡砟墙根部及泄水管处用防水涂料封边。

桥面保护层施工时，应注意桥面排水坡的设置，同时应根据泄水管的位置设置一定的汇水坡，在泄水管处的保护层设置45°的倒角，以便使积水快速流到泄水孔。

泄水管安装完毕后，应对泄水管与结构接缝处进行封边处理，严防渗漏水。

连续梁中跨采用集中排水方式，通过集水管将积水引到桥下。

4）接触网支柱及拉线基础

桥面上设置接触网支柱（拉线）时，梁体施工应在相应的位置预埋接触网锚固螺栓及加强钢筋，支柱（拉线）基础混凝土在附属结构施工时现场浇筑。

施工中应注意接触网支柱基础地脚螺栓的预埋应符合《铁路电力牵引供电工程施工质量验收标准》（TB 10421—2018）中相关规定。支柱预埋螺栓顺线路方向中心线应与线路中心线平行，垂直线路方向中心线应与线路中心线垂直，两个方向的允许偏差均不得大于3°。

螺栓应呈竖直状态，螺栓埋深允许偏差+20mm。预留桥钢柱基础的螺母、垫圈采用热浸镀锌防腐，附着量不低于 350g/m²，即任何局部锌层厚度不低于 50μm。基础面以下 150mm 范围内的地脚螺栓及其外露部分均应采用多元合金共渗 + 锌铬涂层 + 封闭层处。

4.4 检查要求

（1）施工前确定合理的混凝土、水泥浆配合比，以满足设计张拉、压浆要求。

（2）预应力材料、锚具、连接器、波纹管等要在施工前进行检测，满足规范要求和验收标准的质量要求。

（3）对张拉千斤顶和油表配合标定，绘出张拉力与压力表间的关系曲线，得出张拉力与油表读数的回归方程。

（4）采用新加工挂篮施工，挂篮应由有相应资质的厂家设计制造，应提供设计与检算资料，提供构件探伤报告，设计、检算与检测单位均须具有相应的资质。挂篮出厂前应组拼并做载荷试验，测定挂篮的变形量，并出具静载试验报告，施工处与监理工程师应全过程监督。挂篮进场后，应对照设计资料仔细核对每一个构件，必须与设计完全相符，否则应重新对挂篮进行检算。

（5）若采用旧挂篮施工，除提供挂篮完整的结构设计图、构件大样图和设计检算资料外，螺栓、吊带等必须更换符合质量、承载要求的新组件，且必须由有资质的检测单位对挂篮主要承重构件与所有焊接连接点探伤、检测，出具检测报告，合格后方可进场使用。旧挂篮进场后，应认真对照设计资料仔细核对每一个构件，当实际构件与设计图不符时，必须委托有资质单位重新对挂篮进行检算，检算结果满足规范要求后，方可投入使用。

（6）挂篮设计除应符合强度、刚度和稳定性要求外，尚应符合以下规定：

①挂篮总重量的变化不应超过设计重量的10%。

②梁段混凝土浇筑与走行时的抗倾覆安全系数、自锚固系统的安全系数,均不应小于 2.0。

③挂篮底模悬吊系统应使用吊带，不宜使用吊杆。

（7）挂篮现场组拼后，应全面检查安装质量，并应满足下列要求：

①挂篮杆件与使用的机具设备（如千斤顶、滑道、手拉葫芦、钢丝绳等）应进行检查，不合格的严禁使用。

②如需在挂篮上增加设施（如防雨棚、防寒棚、全封闭防护吊架等）时，必须对挂篮的整体稳定性进行检算，不得损害挂篮结构，不得改变其受力形式。

（8）制定设备安全管理制度，建立设备管理台账，应指定专人负责大型设备的监管工作，建立大型设备的安全卡控制度，设备使用中加强维修保养作业，杜绝带"病"运转。

5 施工保证措施

5.1 组织保障措施

5.1.1 安全生产领导小组

安全生产领导小组由组长 1 名,副组长若干名,成员若干名组成,其中另设置现场管理人员 4 名,专职安全员 2 名,专职电工 2 名。

5.1.2 安全保证体系

建立健全安全组织机构和安全保证体系(图 5-1),成立安全生产领导小组。分部项目经理为分部安全生产第一责任人;分部安全质量部为安全保证职能部门,设专职安全工程师;施工队设专职安全员,班组设兼职安全员跟班作业,形成自上而下的安全保障体系。安全领导小组以施工安全、人员安全、财产安全为工作职责,层层签订安全责任书,严格遵守有关安全生产和劳动保护方面的法律法规和技术标准,建立健全安全生产保证制度,定期检查安全生产情况,召开安全会议,发现问题及时解决,把事故苗头消灭在萌芽状态。

5.1.3 安全生产领导小组职责

(1)贯彻执行党和国家安全生产的方针、政策,督促各部门、各分部严格执行国家、行业安全生产法律法规、标准规范、上级和集团公司有关文件和要求,积极组织开展各种形式的安全生产活动,提高全项目安全生产管理水平。

(2)研究制定并组织实施本项目安全生产各项管理制度和安全生产操作规程,推动落实项目各部门和各分部岗位安全生产责任,确保完成本项目安全生产责任目标。

(3)每月定期召开一次安全生产例会,总结项目上个月安全生产情况,分析项目当前的安全生产形势,提出下个月安全生产工作重点和要求。

(4)每月定期组织安全生产大检查和安全隐患排查,及时发现和消除存在的各种事故隐患,对存在严重问题的分部按规定进行处罚、通报及责任追究。

(5)按规定及时报告生产安全事故,积极组织事故救援,配合有关部门进行事故调查,按照"四不放过"的原则对事故原因进行分析,以事故为教训对所有参建人员进行警示教育,采取切实措施预防类似事故再次发生,对有关责任人和责任单位按规定进行处理。

5 施工保证措施

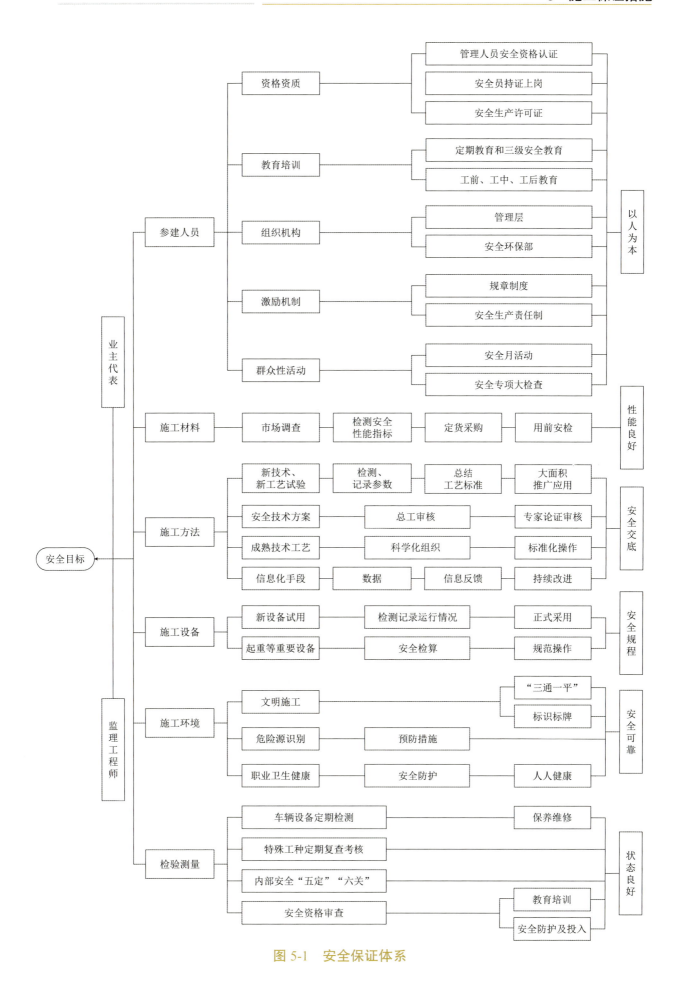

图 5-1 安全保证体系

5.1.4 安全施工人员职责

1）项目经理安全职责

（1）建立健全并落实本项目全员安全生产责任制，加强安全生产标准化建设。

（2）组织制定并实施本项目安全生产规章制度和操作规程。

（3）确定符合条件的安全生产分管负责人或者安全总监、技术负责人。

（4）依法设置安全生产管理机构并配备安全生产管理人员，落实本单位技术管理机构的安全职能并配备安全技术人员。

（5）每季度至少召开一次安全生产专题会议，研究和审查有关安全生产的重大事项，协调本单位各相关机构安全生产工作事宜。

（6）每年度向职工代表大会、职工大会或者股东大会报告安全生产情况，接受工会、从业人员、股东对安全生产工作的监督。

（7）保证本单位安全生产投入的有效实施，依法履行建设项目安全设施与主体工程同时设计、同时施工、同时投入生产和使用的规定。

（8）组织建立并落实安全风险分级管控和隐患排查治理双重预防工作机制，负责管控重大风险，建立健全重大事故隐患排查、评估、报告、监控和治理制度。

（9）建立健全本项目重大危险源安全管理制度并督促落实。

（10）督促、检查本项目的安全生产工作，及时排查和消除生产安全事故隐患。每季度至少全面检查一次，属于高危生产经营部位的，每月至少全面检查一次。

（11）组织制定并实施本项目安全生产教育和培训计划。

（12）依法开展安全生产标准化建设、安全文化建设和班组安全建设工作。

（13）加强本项目动火作业、临时用电作业、受限空间（有限空间）作业、高空作业、盲板抽堵作业、吊装作业、动土作业、断路作业、设备检修等特殊作业管理。

（14）建立健全本项目安全生产责任制绩效考核制度。

（15）组织制定并实施本项目的生产安全事故应急救援预案，配备必要的应急救援装备和物资，按规定组织开展应急演练。

（16）建立健全本项目的项目负责人现场带班制度，属于高危生产经营部位的，应当组织制定并实施24h应急值班制度。

（17）及时、如实报告生产安全事故，组织事故抢救。

（18）法律、法规、规章规定的其他安全生产职责。

2）常务副经理安全职责

（1）项目常务副经理是本项目工程经营管理的主要责任人，协助项目经理对本项目工程的安全生产工作负全面领导责任。

（2）贯彻执行国家关于安全生产、职业健康安全、环境保护等方面的法律、法规、方针、政策和上级有关的条例、规程、规则和决定。

（3）主持制定并建立健全本单位安全生产责任制及职业健康安全、环境保护、安全生产规章制度和操作规程等方面的规章制度，并保证本单位安全生产投入的有效实施。

（4）领导本项目安全生产管理的工作。每月召开一次安全生产会议，分析安全生产情况及发展趋势，针对存在的问题，提出制定改进、预防和具体整改措施，认真布置落实，及时消除生产安全事故隐患，保障安全生产顺利进行。

（5）组织事故调查和处理，督促业务部门及时、准确地填报事故统计报表、资料，如实报告生产安全事故。

（6）依据项目规模，依法配齐专（兼）职安全生产管理人员，建立健全安全生产保障体系，督促、检查其运行情况和安全生产工作，及时消除安全生产事故隐患。

（7）负责从业人员的安全教育培训工作。经常对从业人员进行安全教育，不得违章指挥，及时纠正从业人员违章作业，对冒险蛮干不听指挥劝告者，有权做出处理。

（8）组织制定并实施本项目的生产安全事故应急救援预案。组织有关人员对施工现场存在的危险源进行调查、评价和控制，针对重大风险制定应急救援预案，成立应急救援小组。

（9）发生重伤及以上事故，按规定时限及时上报，同时保护现场，立即赶赴现场组织抢救和善后工作，采取措施减少事故损失、防止事故扩大。配合事故调查组做好具体工作，按四不放过的原则，针对事故的原因，制定改进措施，并组织实施。

（10）完成上级下达的安全生产任务。

（11）法律、法规、规章规定的其他安全生产职责。

3）项目部副书记安全职责

（1）坚持"党政同责、一岗双责、齐抓共管"的原则，与项目经理共同对项目部的安全生产负责，同为项目安全生产的第一责任人。

（2）贯彻执行国家安全生产方针、政策、法律法规和上级规章制度。

（3）参与安全教育、培训、检查、考核、评比等活动，参与项目安全生产会议，分析从业人员的思想动态，参与应急预案（现场处置方案）等安全防范措施的制定。

（4）组织实施上级党组织开展的各项安全竞赛活动，践行企业安全文化。

（5）组织落实营区安全管理的各项措施。

（6）牵头负责职业健康管理相关工作。

（7）参与组织应急处置、救援、善后，配合事故调查处理。

（8）法律、法规、规章规定的其他安全生产职责。

4）项目总会计师安全职责

（1）组织落实项目财务计划，同时执行国家关于企业安全生产费用提取使用的有关规定，做到专款专用，并监督执行。

（2）组织落实项目财务工作安全生产责任制，执行安全生产有关奖惩规定，保证奖惩实施到位。

（3）认真贯彻执行国家、行业有关劳动保护用品规定和防暑降温经费使用标准，并按规定负责审批购置劳动保护用品经费。

（4）法律、法规、规章规定的其他安全生产职责。

5）项目总经济师安全职责

（1）参与重大安全技术措施、工程项目在投标报价中的安全生产费用的审定和安全经济分析活动。

（2）法律、法规、规章规定的其他安全生产职责。

6）项目安全总监安全职责

（1）协助主要负责人履行安全生产管理职责，对安全生产工作负有组织实施、综合管理和日常监督的责任。

（2）协助主要负责人建立健全本项目全员安全生产责任制、安全生产规章制度和安全操作规程，并督促实施。

（3）主持日常安全管理工作，组织本项目安全生产管理机构和安全生产管理人员开展工作，监督指导本项目生产安全事故应急预案演练与修订工作。

（4）定期向安全生产领导小组和主要负责人报告工作，并提出须由安全生产领导小组研究、讨论和通过的安全工作议题。

（5）组织召开安全生产工作会议，及时总结和部署安全生产工作。定期预判、评估安全生产状况，研究解决安全生产问题。

（6）协助主要负责人组织开展安全生产宣传教育培训工作。

（7）协助主要负责人建立落实安全生产风险分级管控制度，并负责职责范围内的较大风险的管控工作。

（8）协助主要负责人组织制定生产安全事故隐患排查治理制度，每月至少全面检查一次安全生产工作，对查出的事故隐患及时督促整改。

（9）组织制定本项目外来施工作业安全管理制度，监督检查本项目对承包、承租单位安全生产资质、条件的审核工作，督促承包、承租单位履行安全生产职责。

（10）组织制定本单位动火作业、临时用电作业、受限空间（有限空间）作业、高空作业、盲板抽堵作业、吊装作业、动土作业、断路作业、设备检修等特殊作业管理制度，并监督落实。

（11）协助主要负责人建立健全本项目安全生产责任制绩效考核机制，考核与监督本单位各部门、各岗位履行安全生产责任制情况。

（12）发生生产安全事故，按规定时间和程序报告，组织事故救援和善后处置，配合有关部门开展事故调查处理，组织内部的事故调查处理。

（13）提名分支机构和工程项目派驻专职安全生产管理人员。

（14）对本项目人员职务晋升、表彰奖励候选人履行安全生产职责情况提出意见建议。对从业人员违反安全生产管理制度和安全操作规程的行为，经批评教育拒不整改的，提出处理意见并监督落实。

（15）法律、法规、规章以及本单位规定的其他安全生产职责。

7）项目总工程师安全职责

（1）对项目安全生产相关技术工作负分管领导责任，是项目安全技术保证的负责人。

（2）严格执行"先设计后施工，先变更后施工，按方案进行施工"的原则。

（3）组织编制施工组织设计和专项施工方案，并按规定组织评审、论证，组织进行安全技术交底，指导并监督执行，为项目安全生产工作提供技术支持。

（4）不断优化施工组织设计，保证施工组织设计中的安全技术措施切实可行，并监督实施。

（5）开展安全技术攻关活动，对新产品的设计、开发组织可行性分析和研究。采用"四新"技术时必须采取专门的安全教育和培训等措施，把好安全技术关。

（6）主持项目大型施工设施、装备和特殊安全防护设施的验收。

（7）参与辨识风险，组织风险评估，制定风险防范措施。

（8）参与项目安全生产检查，对存在的重大安全隐患制定整改方案。

（9）参与事故救援，配合事故调查处理，从技术层面分析事故原因，制定防范措施。

（10）法律、法规、规章规定的其他安全生产职责。

8）项目部副经理安全职责

（1）协助项目经理抓好现场安全生产工作，加强施工过程中的危险点和重要部位的防护、控制和管理。

（2）参与选择合格供应商及分包方，对各分包单位制定例会制度，并按规定对各分包单位施工人员的有关证件进行审查。

（3）负责安全设施所需材料设备及设施的采购计划的审核及批准。

（4）负责整个施工过程中的安全环境控制，对各个施工过程进行连续监控并督促项目各管理人员及时进行安全资料编写，负责审批工程三级动火及消防器材的布置方案，组织安全设施的验收，协助上级部门对工程项目进行安全检查和督促。

（5）实施现场管理标准化，确保操作现场工作环境不影响施工安全。

（6）负责落实危险点重要部位安全色标的设置，以及特种作业人中的持证上岗。

（7）组织管理人员、特殊工种按规定参加相关培训工作，并定期对施工人员进行教育工作，提高全体员工的安全意识、环境保护意识。

（8）参加巡查，落实所查出隐患的整改措施，做好整改的"三定"（定措施、定人、定时间）工作。

（9）落实应急救援工作，处理一般工伤事故，协助处理重大工伤、机械事故、环境污染、中毒事故，处理事故遵循"四不放过"原则。

（10）组织定期安全、环境检查，对不符合项、事故采取纠正和预防措施。

（11）认真执行各项安全生产的规章制度，按照施工组织设计落实各项安全技术措施。

（12）法律、法规、规章规定的其他安全生产职责。

9）项目部生产副经理安全职责

（1）协助项目经理做好项目施工过程中的安全管理工作，实施现场安全标准工地建设管理工作，是项目安全措施实施的负责人。

（2）落实分管范围内的安全生产工作。

（3）落实项目各项安全管理规章制度，组织实施施工组织设计和专项施工方案的安全技术措施。

（4）协助项目经理排查治理安全隐患。

（5）发生事故时，组织救援和保护现场工作，并按规定报告事故，按"四不放过"原则落实整改措施。

（6）法律、法规、规章规定的其他安全生产职责。

10）项目安全环保部长安全职责

（1）组织或者参与拟订项目安全生产规章制度、操作规程并监督实施。

（2）参与项目涉及安全生产的经营决策，提出改进安全生产管理的建议，督促项目其他机构、人员履行安全生产职责。

（3）组织制定项目安全生产管理年度工作计划和目标，并进行考核。

（4）组织或者参与项目安全生产宣传教育和培训，如实记录安全生产教育和培训情况。

（5）监督项目安全生产资金投入和技术措施的落实。

（6）组织开展危险源辨识和评估，督促落实项目重大危险源的安全管理措施，监督劳动防护用品的采购、发放、使用和管理。

（7）检查项目的安全生产状况，及时排查生产安全事故隐患，提出改进安全生产管理的建议。

（8）制止和纠正违章指挥、强令冒险作业、违反操作规程的行为。

（9）组织落实安全风险分级管控措施和隐患排查治理制度，督促落实安全生产整改措施。

（10）制定项目外来施工作业安全管理制度，督促承包、承租单位履行安全生产职责，并对承包、承租单位及人员的相关资质进行审核、监管。

（11）对本项目动火作业、临时用电作业、受限空间（有限空间）作业、高空作业、盲板抽堵作业、吊装作业、动土作业、断路作业、设备检修等现场作业情况进行抽查监督。

（12）组织制定安全生产责任制绩效考核制度并监督实施。

（13）组织或者参与拟订本项目生产安全事故应急救援预案。

（14）组织或者参与本单位应急救援演练。

（15）参与工程施工方案和"四新"技术开发应用及有关安全技术措施的研究制定。

（16）负责安全标准化、信息化具体工作的落实。

（17）协助组织召开安全工作会议，对出现的安全生产问题进行追溯及分析，制定改进措施并组织实施。

（18）参与事故的调查、分析、处理，并负责上报安全事故月报。

（19）法律、法规、规章以及本单位规定的其他安全生产职责。

11）项目工程部长（质检部长）安全职责

（1）贯彻执行国家和上级的有关安全管理规定和安全技术规程。

（2）负责对工程的自身风险、作业风险进行识别，对项目风险进行评估。

（3）在编制施工组织设计、施工方案时，同时制定安全风险防控措施。

（4）负责编制落实危大工程专项施工方案、临时用电设计方案，负责组织安全技术交底。

（5）负责对超前地质预报、监控量测等数据进行分析、判别、处置、反馈等。

（6）参与安全隐患排查治理，对重大安全隐患从技术上分析原因，制定整改措施。

（7）负责项目应用"四新"技术的安全培训和安全技术交底。

(8)参与、配合安全事故调查。

(9)法律、法规、规章规定的其他安全生产职责。

12)项目财务部长安全职责

(1)落实安全技术措施和劳保用品所需的资金,做到安全生产措施费专款专用、依法合规。

(2)负责兑现安全生产奖惩。

(3)负责危险作业人员意外伤害险、安全生产责任险等投保工作。

(4)法律、法规、规章规定的其他安全生产职责。

13)项目物资设备部长安全职责

(1)负责所有施工机械设备的安全管理,定期进行检修、维保。

(2)负责所有机械设备的安全技术资料档案管理。

(3)制定专业安全技术培训计划,组织安全操作技术、操作交底。

(4)负责特种设备作业人员的管理,杜绝无证上岗。

(5)参与专项施工方案的制定和会审,配置满足方案需要的机械设备。

(6)负责安全器材、劳保用品的采购、使用管理。

(7)负责物资材料、构配件及工器具进场验收、标识,按安全标准堆码、储存。

(8)负责危爆物品安全管理。

(9)法律、法规、规章规定的其他安全生产职责。

14)项目计划合约部长安全职责

(1)编制和下达生产计划时,应列入安全生产指标和措施要求。

(2)负责分包商的资信、能力、业绩和管理人员、特种作业人员证件的审核,并对进场人员进行履约检查。

(3)负责施工合同和安全协议的签订。

(4)负责分包商上场人员的动态统计和实名制管理工作。

(5)负责安全措施费的验工计价工作。

(6)法律、法规、规章规定的其他安全生产职责。

15)项目试验室主任安全职责

(1)负责工程有关试验方面的安全防护工作。

(2)负责各种原材料的试验、各种混合料配合比试验、过程试验,填写试验记录,出具试验报告。保持与监理工程师的联系,配合抽检试验。

(3)制定并执行试验仪器、设备的操作规程及维修、保养等管理制度,落实仪器、设备管理责任人，填写仪器使用档案，以确保试验工作的安全性。

（4）在施工过程中配合安全环保部对危险物品的鉴定工作。

（5）建立试验仪器和设备台账，使用档案。

（6）保持试验室环境符合规程要求，按照操作规程进行试验仪器操作，发现异常情况时及时进行检查，检定，保证仪器处于良好工作状态。

（7）法律、法规、规章规定的其他安全生产职责。

16）项目综合办公室主任安全职责

（1）负责安全文件的收发工作。

（2）组织购置、发放防暑降温物品，配置保暖、防寒设施。

（3）负责食堂管理，保证职工饮食安全。

（4）负责项目部生活区、办公区和乘用车辆安全管理。

（5）组织职业健康体检工作，并建立员工职业健康档案。

（6）积极参加职工安全生产教育和法治宣传教育，负责对项目安全生产情况进行宣传报道。

（7）法律、法规、规章规定的其他安全生产职责。

17）项目安全环保部安全职责

（1）对施工现场有关人员安全生产行为安全措施落实负有监督责任。

（2）严格执行各级安全法律法规和规章制度。

（3）参与编制项目各项安全管理制度和实施细则，并负责实施。

（4）掌握项目施工工艺中相关专业知识和安全生产技术，监督施工方案和安全规章制度的实施，参与相关计划或预案的制订和审核。

（5）负责对工程重点部位、关键环节和特种作业的跟踪检查，发现隐患及时报告处理。

（6）进行日常安全检查和巡查，参与安全检查和隐患排查，发现问题提出整改要求，并监督落实。

（7）配合开展项目全体从业人员的安全教育、培训、考核工作，如实记录安全生产教育培训情况。

（8）熟悉技术交底、安全技术交底及安全管理相关要求，监督施工现场按照技术交底、安全技术交底及安全相关要求进行施工。

（9）参与危险源辨识、安全风险评价工作，进行风险告知，及时反馈现场信息，为做好安全风险预判、预防、预控提供依据。

（10）制止和纠正违章指挥、强令冒险作业、违反操作规程的行为，对极易引发事故或险性事件的，有权勒令停工整顿，并及时报告项目领导处理，必要时，可越级向上级反映安全问题。

（11）对项目劳保用品、安全防护用品的采购、使用和管理进行监督检查。

（12）参加应急救援预案的编制，参与实施应急演练。

（13）报告安全事故，参与事故救援，配合事故调查。

（14）法律、法规、规章规定的其他安全生产职责。

18）项目物资设备部安全职责

（1）严格执行机械设备、周转材料、物资储运的安全管理规章制度和操作规程。

（2）负责机械设备、施工机具进场检查、验收，定期检查设备的运行、维修、保养情况，建立相应的安全技术档案。

（3）负责组织对特种设备和大型施工装备的检测、验收，并按规定向建设行政主管部门或者其他有关部门登记。

（4）对特种设备运转状态和操作人员的技能进行检查，发现问题及时处理。

（5）负责组织大型机械、特种设备操作人员的操作技能培训、取证和安全技术交底。

（6）负责各类危化等物品的采购、储运、使用的管理。

（7）参与事故救援，配合事故调查。

19）项目财务部安全职责

（1）落实安全生产费的专款专用和费用的及时支付、列销。

（2）负责项目安全责任险和人身意外伤害险等保险业务的办理。

（3）及时兑现各项安全奖罚。

20）项目工程部安全职责

（1）对项目安全生产和劳动保护的技术工作负指导责任。

（2）贯彻落实国家安全生产方针、政策，严格执行安全技术规程、规范、标准，编制安全技术交底。

（3）制定风险源控制措施和安全技术措施，批准后进行安全技术交底并组织实施。

（4）编制施工组织设计、专项施工方案和临时用电方案，结合方案进行安全技术交底，指导并监督执行。

（5）应用"四新"技术时，负责对从业人员进行安全技术交底和培训。

（6）负责项目安全防护设施和设备的验收，按规定进行定期检查，发现问题及时处理或上报。

（7）参与项目安全检查和隐患排查，对工程项目存在的安全隐患，编制整改方案。

（8）参与项目应急救援预案的编制和演练。

（9）参与事故救援，配合事故调查。

21）项目质检部安全职责

（1）遵守国家《建筑法》和有关的建筑工程安全生产法令、法规，坚持"安全第一，预防为主"的方针，认真执行集团公司的各项安全生产规章制度。

（2）认真执行项目施工组织设计，在检查工程质量的同时，严格要求安全技术措施到位。

（3）参与制订项目工程的安全管理目标，配合安全员做好日常安全管理工作。

（4）认真执行项目施工组织设计和安全技术措施，在抓好质量的同时，关心安全工作。

（5）严格按国家有关安全规程，规范要求把关，发现材料和施工工艺上的问题有权制止。

（6）参加安全会议，积极提出安全合理化建议。

（7）参加各项安全生产检查。

22）项目计划合约部安全职责

（1）负责分包商安全资质的审查、报批及进场验证。

（2）组织签订劳务合同及安全协议。

（3）负责建立分包商台账和劳务人员名册，为安全教育培训提供依据。

（4）负责安全生产费用的计量工作。

23）项目测试人员安全职责

（1）参加试验设施和设备的验收，发现设备、设施的不正常情况应及时采取措施，发现问题及时汇报。

（2）对有毒、有害的建筑材料进行检验的同时，对施工作业人员进行危险、有害因素的告知。

（3）贯彻落实安全生产方针、政策、法令、法规、标准、制度。

24）项目综合办公室安全职责

（1）收集有关安全生产方面的文件、通知，及时进行上传下达。

（2）购置、发放劳保用品，及时配发防暑降温物品，配置保暖、防寒设施。

（3）负责安全宣传标语标牌的制作、管理，加强营区安全管理。

（4）负责后勤保障，确保饮食安全。

（5）加强乘用车辆及驾驶员管理，确保行车安全。

（6）负责职业健康体检工作，并建立员工职业健康档案。

（7）对项目安全生产情况进行宣传报道。

25）项目施工队长安全职责

（1）贯彻执行项目部安全生产管理制度，督促作业人员落实安全生产岗位职责。

（2）合理安排各工班工作，确保均衡、有序、安全生产。

（3）积极参加对班组工前安全活动的考核评比。

（4）配合项目部加强安全协管员的日常管理。

（5）积极调配资源，妥善处置隐患。

（6）及时、如实上报险情、事故。

26）项目班组长安全职责

（1）贯彻企业和单位对安全生产的规定和要求，全面负责班组（施工区域）的安全生产。

（2）发现危及人身安全的状况，立即组织人员撤离并报告。

（3）及时报告作业中发生的险情、突发事件，组织事故初期应急处置并采取措施保护现场。

（4）每天召开班前会，开展班前安全教育，告知班组作业区域的主要安全生产风险点、防范措施和事故应急措施，做好技术交底。

（5）加强班组安全培训，督促班组人员熟知工作岗位存在的危险因素、防范措施及事故应急措施。

（6）严格执行单位安全风险分级管控和隐患排查治理各项工作制度，组织开展班前、班中、班后安全检查或交接班检查，对班组作业区域进行安全风险隐患排查，落实安全防范措施，并做好相关记录。

（7）督促班组人员严格遵守单位的安全生产规章制度和岗位安全操作规程，正确佩戴和使用劳动防护用品。

（8）法律、法规、规章以及单位规定的其他安全生产职责。

27）作业人员安全职责

（1）作业人员自觉遵守施工现场安全生产管理制度和劳动纪律。服从工班的安全生产管理，不服从管理的，所有人员有权停止其工作，由此所造成的损失，由个人承担。因不服从管理导致生产事故的，由个人承其担相应责任。

（2）作业人员本人为安全生产责任人，全面负责自身的安全生产工作，认真贯彻落实和学习项目部安全生产规章制度。

（3）上班必须正确佩戴和使用安全防护用品，做好"两穿一戴"（即穿项目部发的工作服（反光衣）、穿工鞋、戴安全帽），安全帽必须将下腭帽带扣好。工装穿着必须得体，整洁，不准打赤膊、穿拖鞋、披衣、敞怀、挽裤腿。

（4）上班时间不准无故外出，禁止脱岗、串岗、打盹、睡觉、闲谈、玩手机、看书报等。禁止酒后上岗作业，做到饮酒不上岗，上岗不饮酒。

（5）外出或探亲必须执行请销假制度并做好记录，外出或探亲期间必须保证个人人身安全，要遵守交通规则，不得乘坐黑车，不得住黑店，不得食用路边摊食品，不得饮酒误事，电话开机，保持通信畅通。

（6）参加集体活动（如爬山、旅游、宴请等）时，要遵守安全规定，不得进行力所不及的活动（如不会游泳的下水游泳，未经训练攀岩、滑雪，过量饮酒等），不得单独行动，发现险情及时呼救。

（7）非专业人员，禁止触动电气设备的开关、仪表、仪器与各种闸阀，未经许可，禁止调整任何技术参数等。

（8）不准携带违禁物品、危险品、易燃物或其他与生产无关的物品进入生产或工作场所。

（9）认真学习项目部下发的安全相关文件，牢记安全生产制度，遵守安全操作规程，杜绝"三违"（即违章指挥、违章作业、违反劳动纪律）现象，做到"四不伤害"（即不伤害自己、不伤害他人、不被他人伤害、保护他人不被伤害）和禁止进入非本人作业区域。

（10）配合并支持安全检查，落实隐患整改措施，及时向工班长和上级领导反映本工种及相关工种存在的安全隐患和安全信息。提供事故的真实情况。

（11）有权拒绝违章指挥和强令冒险作业，如高空作业脚手架搭设无安全防护网、脚手板没有满铺、脚手板没有绑扎牢固、无爬梯或爬梯一步到顶、脚手架已经被项目部列为不合格且要求立即整改的、立体交叉作业互相有安全干扰的。发现直接危及人身安全的紧急情况时，必须停止作业或者在采取可能的应急措施后撤离作业场所。

（12）必须接受岗前安全教育，积极参加工前教育、工中检查、工后讲评的"三工"活动，有权拒绝施工工班未进行安全培训教育和安全技术交底而从事高危作业，如高空脚手架搭设、起重吊装作业等，建立个人安全教育培训档案。

（13）积极参加安全学习及安全培训，掌握本职工作所需的安全生产知识，提高安全生产技能，从事特种作业的必须经培训取得相应资格证书。

（14）项目及劳务队伍聘用的人员，必须接受岗前体检，发现男性年龄大于60周岁、女性年龄大于50周岁、身患心脑血管病等疾病、职业禁忌和职业病的，不得上岗作业。聘用人员必须接受岗中体检和离岗体检。

（15）发生生产安全事故后，事故现场有关人员应当立即报告本单位负责人。发现事故隐患或者其他不安全因素，应当立即向现场安全管理人员或者本单位负责人报告。

（16）熟悉本岗位的安全生产风险和应急处置措施，发现直接危及人身安全的紧急情况时，有权停止作业或者在采取可能的应急措施后，撤离作业现场。

（17）熟练掌握应急逃生知识，提高互救自救能力。

（18）法律、法规、规章以及本项目规定的其他安全生产职责。

5.1.5 安全制度

1）安全教育培训制度

为认真贯彻"安全第一，预防为主、综合治理"的方针，加强员工安全培训教育工作，增强员工的安全意识和安全防护能力，减少伤亡事故的发生，现根据住建部《建筑业企业职工安全培训教育暂行规定》的要求，结合项目生产实际，制定项目部安全培训教育制度。

（1）根据年度安全施工生产需要，由安全环保部制定项目部年度安全教育培训计划。

（2）项目部员工必须定期接受安全培训教育，必须先培训，后上岗。

（3）项目员工每年必须接受一次专门的安全培训。

①项目经理每年接受安全培训的时间，不得少于30学时。

②专职安全管理人员除通过学习培训取得岗位合格证并持证上岗外，每年还必须接受安全专业技术业务培训，时间不得少于40学时。

③其他管理人员和技术人员每年接受安全培训的时间不得少于20学时。

④特殊工种（包括电工、焊工、架子工、机械操作工、起重工、指挥人员等）在通过专业技术培训并取得岗位操作证后，每年仍需接受有针对性的安全培训，时间不得少于20学时。

⑤其他员工每年接受安全培训的时间，不得少于15学时。

⑥待岗、转岗、换岗的员工，在重新上岗前，必须接受一次安全培训，时间不得少于20学时。

（4）施工人员进入施工现场，进行"三级"安全教育和培训，经考核合格后，方能上岗，培训时长不得少于24学时，每年再培训时间不得少于8学时。

①一级为项目经理部安全教育培训。内容包括：一般教育（桥梁施工的特点；它给劳动者安全带来的不利因素；当前的安全生产情况）；安全生产法规和安全知识教育（建筑法、消防法、宪法、刑法等相关法律的有关条款；交通运输部颁布的企业安全生产条例、规定；关于重伤事故范围的意见；地方政府、主管部门、业主和监理单位发布的有关安全生产规定；项目部的有关安全生产管理办法及安全生产操作规程等）；工程施工时容易发生的伤亡

事故及其预防。

②二级为部门安全教育培训。内容包括："安全技术操作规程"的有关规定，桥梁工程现场的安全管理规定细则，在建工程基本情况和必须遵守的安全事项等。

③三级为班组安全教育培训。内容包括：班组生产工作概况、工作性质及范围；个人从事生产工作的性质，必要的安全知识，各种机具设备及其安全防护设施的性能和作用；本工种的安全操作规程；容易发生事故的部位及劳动防护用品的使用要求等。

（5）项目部与各班组负责人针对施工作业和施工特点，及时抓好对在场职工特殊天气（冬雨季）及节假日前后安全生产教育，做到不违章操作。

（6）项目部必须建立员工的安全培训教育档案，没有接受安全教育的职工，不得在施工现场从事作业或者管理活动。

（7）职工安全培训，应当使用经国家各行业安全主管部门审定的大纲和教材。

（8）每一分项工程开工前，对全体职工进行针对工程技术措施、施工方案、方法、工艺、质量标准的教育，以及重点、难点工程的安全和技术培训工作。

（9）在采用新设备、新工艺、新材料、新技术时，首先对直接接触和从事该项工作的人员进行具体的方法、性能、规程等技术培训，然后再上岗。

（10）项目经理部定期培训各级管理人员，提高政策水平，熟悉安全技术、劳动卫生业务知识，做好安全生产工作。培训主要内容：安全生产的重大意义。国家有关安全生产、健康与环境卫生方面的方针、政策、规定。安全生产法规、条例、标准。施工生产的工艺流程和主要危险因素以及预防重大伤亡事故发生的主要措施。项目安全生产的规章制度、安全纪律以及保证措施。各级领导在安全生产中的职能、任务以及管理方法。编制、审查安全技术措施计划及施工组织设计、安全技术措施的基本知识等。

（11）在做好对普通工种、特种作业人员安全生产教育和各级领导干部、安全管理干部的安全生产培训的同时，把经常性的安全教育贯穿于管理工作的全过程，并根据接受教育的对象的不同特点，采取多层次、多渠道和多种方法进行。内容包括：安全生产宣传教育；普及安全生产知识宣传教育；适时安全教育等。

2）安全检查制度

安全检查分为定期和不定期检查与节假日检查。

安全检查是安全管理工作的重要内容，是消除隐患、防止事故、改善劳动条件的重要手段，是促进企业安全生产行之有效的措施。通过安全检查可以发现施工现场在生产过程中的不安全状态、潜在的危险、人为因素等，以便采取措施，保证施工生产的正常进行。

（1）定期检查：每月检查一次（具体日期根据现场情况），由项目部安全领导小组成员对所属单位进行检查。

（2）不定期检查：由项目部安全员进行检查，所属各单位安全员协助此项工作，检查的内容与定期检查一样，也可有针对性地检查某项或几项。安全检查当中有不符合安全规定的，责令限期整改。

（3）节假日专项检查：在国家法定的节假日前，对施工现场进行安全大检查，主要检查施工现场的危险品的使用、领用、退库手续是否健全，各施工队的执行情况。

（4）安全检查的内容：

①检查各级领导和职工对安全生产的认识以及贯彻国家安全生产法律、法规、方针政策的情况。

②检查所属各施工队安全组织机构是否健全，人员配备是否合理，规章制度是否齐全及其执行情况是否到位。

③三级安全教育、安全生产责任制的落实情况。

④特种作业人员的持证情况和特种设备的安全管理情况。

⑤日常安全管理工作以及班组安全活动情况。

⑥检查危险品的使用和管理情况。

⑦检查施工现场存在的安全隐患和作业人员的不安全行为和物品的不安全状态。

⑧检查施工现场的机械设备运行情况和日常保养情况。

⑨检查安全隐患的整改落实情况。

⑩检查事故处理、工伤事故是否按照"四不放过"的原则严肃处理。

（5）检查方法：

①常规检查：对作业人员的行为、作业场所的机械设备、设施等进行的定期检查。

②对照安全检查评分表检查：安全部编制安全检查评分清单，对照安全检查清单的内容进行安全检查，施工单位与安全检查评分清单中不附的或工作做不到位，存有安全隐患，经项目部安全工作领导小组鉴定无误，安全管理部将开出定期整改通知书，并根据项目部安全管理评分办法进行扣分，在月底的综合评分办法中扣除兑现安全工作管理基金。

③通过和有关人员的访谈、查阅文件和安全工作记录等、查看安全工作内业方面是否工作是否健全，是否有人管理安全工作和单独存放安全工作资料。

3）安全技术交底制度

为使职工在各分项工程施工和不同工种作业中都能明确各自的工作环境和施工特点及应采取的安全措施，特制定本制度，望遵照执行。

（1）单位工程开工前必须进行安全技术交底，公布现场"七牌二图"（施工现场平面布置图、工程概况牌、安全生产牌、文明施工牌、管理人员名单及监督电话、消防责任牌）；公布本工程安全技术措施、安全生产指标。

（2）安全技术交底应向下分级进行，最终落实到操作人员。

（3）安全技术交底必须有针对性、指导性及可操作性，交底双方需要书面签字确认。

（4）分部分项工程书面安全技术交底，由项目专业工程师向各工种班组长交底，并履行书面手续。安全技术交底必须定期或不定期地分工种、分项目、分施工部位进行。

（5）各级安全技术交底工作必须按照规定程序进行，并履行书面交底签字手续，接受交底人必须全员在书面交底上签字确认，相关责任人各执一份。

（6）工长向作业班组交代任务时，必须进行安全技术交底，班组长每天要向工人进行工（班）前安全讲话，对每天作业的施工要求、作业环境等进行安全交底，并做好记录，履行签字手续。

（7）各工种应以各工种特殊要求制订出防火、防坠落、防物体打击、防机械伤害、防触电等各针对性的安全技术交底，并向其进行书面交底并由被交底人在交底书上签字。

（8）各施工班组及各工种在没有安全技术交底前有权拒绝上岗，凡强迫职工上班者，视情节轻重，严肃查处。

（9）固定场所工种可定期交底，非固定作业场所工种可按每一分部工程或定期交底，新进场工人（班组）必须交底后再上岗。

（10）工程项目出现以下情况时，专业工程师必须及时对班组进行新的安全技术交底：
①实施重大和季节性技术措施。
②更新仪器、设备和工具，推广新技术、新工艺，使用新材料。
③发生因工伤亡事故、机械损坏事故及重大未遂事故。
④出现其他不安全因素和安全生产环境发生变化。

（11）项目安全管理部门负责监督安全技术交底的执行情况，并对安全技术交底书进行备案。

（12）安全技术交底涵盖以下内容：
①工程名称。
②施工单位名称。
③施工班组名称或隶属分包单位名称。
④分部分项工程名称。
⑤施工部位。
⑥施工环境简介（要说明危险点、危险源）。

⑦针对危险点采取的防患措施。

⑧有关安全操作规程和防护标准。

⑨施工安全纪律。

⑩一旦发生事故如何采取避险和急救措施。

4）劳保用品管理制度

为加强对劳动防护用品的采购、验收、储存、发放范围、使用时间等管理，有效保障职工的安全与健康，特制定本制度。

（1）物资部门在编制劳动防护用品计划时，须经项目经理审核同意后，方可实施。

（2）物资部门应到国家定点经营单位或企业购买劳动防护用品和特种劳动防护用品。

（3）采购部门在购买过程中，应要求经营或生产方提供出示劳动防护用品生产许可证和生产检验合格证。在采购特种防护用品时，应要求经营或生产方提供出示生产许可证编号、产品合格证和安全鉴定证。

（4）劳动保护用品入库前，采购部门应会同安全质量监察部门，对入库的劳动防护用品进行验收后，方可办理入库手续。

（5）仓库保管部门应对劳动防护用品实行验收、发放、保管，定期检查，并实行失效报废制度，从而保证劳动防护用品的发放质量。油料仓库由专人进行看管，并与施工建筑物的安全距离不小于50m。

（6）使用劳动防护用品的单位，要教育指导职工，按照劳动防护用品使用规定和防护要求，正确使用劳动防护用品，使用者要在使用前对其防护功能进行必要的检查。

（7）劳动防护用品发放的原则：

①项目部必须严格按照国家规定为劳动者免费发放劳动保护用品，更换已经损坏或已到使用期限的劳动保护用品，不得收取或变相收取任何费用。

②项目部应根据作业人员的生产特点和劳动防护的需要，按不同工种、不同生产环境发放不同的防护用品；对相同工种，因工艺、设备、材料、环境不同，防护用品发放也不同。

（8）劳动防护用品发放要求。发放、领用劳动防护用品，要从实际出发，按照"实用节约"的原则，不准扩大或缩小发放范围，要杜绝变卖防护用品的现象，对不执行劳动防护用品管理规定的单位或个人，要依法追究用人单位负责人及有关人员的责任。

（9）物资部要建立劳动保护用品的使用台账，并详细登记劳动保护用品的采购、验收、保管、发放、使用、更换、报废等记录。且劳动保护用品的使用台账保存期限不得少于两年，以保证劳动保护用品的质量具有可追溯性。

（10）安全质量监察部定期对各项目部施工现场劳动保护用品的使用情况进行监督检

查。发现有不使用，或使用不符合要求的劳动保护用品的违章行为的，视情节轻重给予经济处罚。

5）起重设备安全管理制度

（1）起重机械安装必须选择持有建设行政主管部门颁发的起重机械安装资质和安全生产许可证的单位。

（2）安装单位安装前应具备的资料和手续：

①安装单位的资质证、安装人员的资格证。

②安装方案、安全保证措施。

③安装合同协议书及各方的安全责任。

（3）安装单位在安装起重机械前，安装区域应设置警戒线，划出警戒区，由专人进行监护。安装单位应当在设备投入使用前将有关安装工程资料移交使用单位，使用单位应将其存入工程项目安全技术资料档案中。

（4）验收和定期检验。起重机械安装结束后，安装单位应按照安全技术规范及技术说明书的有关要求对起重机械进行自检和调试，自检合格后申请特种设备监督管理部门核准的检验检测机构进行验收检验，未检验和检验不合格的起重机械不得投入使用。起重机械实行定期检验制度，其周期为两年。以下情况应检验合格后方可使用：新设备首次启用；经大修、改造的；若遇可能影响其安全技术性能的自然灾害或者发生重大机械事故，以及停止使用一年以上再次使用的起重机械。

6）变配电设施安全管理制度

（1）配电房由专人负责，其他人员不得进入电房重地。

（2）配电房内除正常的电工工具外，不得堆放其他杂物，使配电房内保持清洁、干净。

（3）安装、维修或拆除用电工程，必须由电工专人完成，其他人员不得入房擅自动用配电设备。

（4）用电负责人员，要严格按施工规范、规定操作。严格按施工组织设计操作，建立安全用电技术档案。

（5）用电工程要定期检查、检修，检查工作应按分部、分项工程进行，对不安全因素，必须及时采取措施，并履行检查、复查验收手续。

（6）配电房专人做好当天的施工用电情况记录。

配电房闲人免进，注意用电安全，做好消防保障工作，以防不测。

7）特种作业人员持证上岗制度

《建设工程安全生产管理条例》第二十五条规定：垂直运输机械作业人员、起重机械安装拆卸工、起重信号工、电工作业；金属焊接切割作业；企业内机动车辆驾驶；登高架设作业；压力容器操作，必须按照国家有关规定经过专门的安全作业培训，并取得特种作业操作资格证书后，方可上岗作业。

特种作业人员必须按照国家有关规定经过专门的安全作业培训，并取得特种作业操作资格证书后，方可上岗作业。专门的安全作业培训，是指由有关主管部门组织的专门针对特种作业人员的培训，也就是特种作业人员在独立上岗作业前，必须进行与本工种相适应的、专门的安全技术理论学习和实际操作训练。经培训考核合格，取得特种作业操作资格证书后，才能上岗作业。特种作业操作资格证书在全国范围内有效，离开特种作业岗位一定时间后，应当按照规定重新进行实际操作考核，经确认合格后方可上岗作业。对于未经培训考核从事特种作业造成重大安全事故，构成犯罪的，对直接责任人员，依照刑法的有关规定追究刑事责任。

8）消防安全管理制度

（1）认真贯彻"消防为主、防消结合""谁主管，谁负责"方针。

（2）施工现场总平面布置图、施工方法和施工技术均应符合消防安全要求。

（3）建立防火领导小组，落实防火责任制，现场做好防火标志和宣传。施工现场用火必须严格明火作业审批，许可后方可作业，并应有防火监护人。

（4）电焊工必须持证上岗，并严格遵守电气焊操作规程，任何领导人不能以任何形式纵容焊工进行冒险作业。开工前按施工组织设计防火措施需要，配置相应种类数量的消防器材设施。

（5）乙炔瓶、氧气瓶严禁暴晒、撞击。瓶嘴不准接近任何带油物。乙炔瓶与氧气瓶存放距离不小于5m，操作点与乙炔瓶、氧气瓶不能上下垂直作业。

（6）易燃物与职工食堂等处的明火应保持不少于25m的距离。物资仓库应有禁烟牌，易燃物及时处理。

（7）在仓库和生活区配备种类、数量合适的灭火器，并在临时集中的地方设专供消防水池、消防砂池。

（8）禁止使用电炉及大容量灯具烘烤，不准随意、乱接电源等，现场要明确规定吸烟点，非吸烟点严禁吸烟。

（9）经常对职工进行消防知识教育，组织防火检查，发现不安全因素及时采取措施消除。

（10）定期向职工进行防火安全教育和普及消防知识，提高职工的防火警惕性。

（11）定期实行防火安全检查制度，发现火险隐患必须立即消除，对于难以消除的隐患，必须采取有效的防治措施。

（12）对违反规定造成火灾的有关人员要进行处罚，情节严重的应依法追究刑事责任。

9）安全生产、文明施工奖罚制度

为了促进生产、文明施工的工作，加强各部门、各级人员搞好安全生产、文明施工的责任心，提高积极性，制定本制度。

（1）各部门必须按照国家的方针、政策、法规以及地方建筑行业行政主管部门及安监站的要求，做好安全生产、文明施工的工作。

（2）工程项目开工前，由项目经理代表项目安全生产、文明施工责任小组签订安全生产、文明施工目标管理责任书，明确各项安全生产指标。

（3）项目部在施工过程中，必须重视安全生产、文明施工工作，做好安全生产、文明施工的资料收集、归档工作。项目完成后，按《项目部质量创优、安全生产、文明施工基金奖励办法》给予奖罚。

5.2 技术措施

5.2.1 安全保证措施

1）制度保证措施

（1）工程开工前对人员进行正规的上岗安全培训，学习国务院及其有关部门、省、市颁发实施的有关安全生产和劳动保护方面的法律、法规、规章和技术标准，学习公司有关安全制度，同时让"参战"人员了解安全危险点和控制点，使大家心中有数，处事不惊。宣讲我公司有关安全方面的经验教训，通过学习，提高员工的安全意识和主观能动性，自觉遵守安全规定。对于特殊工种要进行专业培训，持证上岗。

（2）施工现场设专职安全员，工段兼职安全员组成的群众性的安全施工保证体系。

（3）施工现场设置专职保安警卫，负责施工区域内外的守卫、巡逻、检查消防等任务。防范治安、消防事故的发生。

（4）钻孔平台、泥浆池、混凝土运输车、泵车等设施，应保持足够强度和稳定性，并经常检查，严格按操作规程办事。

（5）加强与当地水文、气象部门的联系，及时掌握水文、气象动态，合理安排生产，确保施工安全。

（6）对事故易发部位进行重点控制，防患于未然。

（7）经常检查钻机钻杆、钻头以及泥浆浓度，防止斜孔、塌孔。

（8）施工时，应设置安全围栏、安全警示灯及指示标牌；配合交管部门的工作，确保施工期间城市交通的畅通。

2）施工用电

（1）工地供电用电线路采用高架或埋地敷设，原则上不准明敷。

（2）场内架设的电线应绝缘良好，悬挂高度及线间距应符合电业部门的安全规定。

（3）各种电气设备，符合"一机一箱一闸一保"的用电要求。

（4）现场接灯照明时，凡危险场所及潮湿环境应使用安全电压；灯位安装在工作时碰不着的地方；保持一灯一开关且有防雨装置。

（5）各种电气设备的检查维修，一般应停电维修，并挂警示牌。

（6）严禁在施工现场使用金属体代替保险丝。

（7）安装的变压器必须符合电业部门的要求，并设专人管理。变配电设备处，配用专用灭火设备和高压安全用具。非电工人员严禁接近带电设备。

（8）移动式电气机具设备应用橡胶电缆供电。

（9）施工现场，应有自备电源，以免因电网停电造成工程损失和出现事故；自备使用的发电机组的排烟管道必须伸出室外，室内不应贮油桶及其他易燃物体，发电机组电源和电网之间要有联锁保护，严禁并列运行。

3）起重吊装

（1）起重机作业应保持足够的工作场地，轮胎起重机作业必须支垫平稳牢固，吊臂起落及转弯半径无障碍，夜间作业应有足够的照明。

（2）起吊作业前必须对工作环境、对象重量及其分布等情况作全面了解。

（3）进行起吊回转、变幅、吊钩和升降行走等作业前，应鸣声示意。

（4）起重机司机和起重指挥人员必须密切配合，指挥人员必须熟悉起重机性能及其起吊能吊能力，起重机司机应严格执行起重指挥人员发出信号。信号不清或错误时，起重机司机应拒执行。

（5）起重机作业时，重物下方禁止人员停留或通过，严禁起吊人员。

（6）严禁斜吊、斜拉和起吊地下埋设或凝结在地面的重物。

（7）起吊的对象应捆绑牢固，不得在重物上堆放或悬挂零星对象。

（8）提升和降落速度要均匀，严禁忽慢和突然制动。左右回转动作应平衡，回转未停稳前不得做反向动作，严禁带载自由下降。

（9）起重机不得靠近架空输电线路作业，因现场条件限制必须在线路附近作业的，应采取安全保护措施，并有专人现场监护。起重机与架空输电线的安全距离，必须符合安全距离规定。

（10）起重所用钢丝绳，应有生产厂的技术证明文件为使用依据，否则应经过试验合格。

4）悬灌梁施工

挂篮应编制专项设计方案，保证结构强度、刚度、稳定性符合要求；挂篮行走前、就位后，必须有现场技术人员、设备管理人员、安全管理人员、作业队负责人共同检查挂篮定位和锚固系统的安全性。

保证挂篮临时固结施工质量，混凝土浇筑时，应注意左右挂篮对称均匀浇筑，确保整个悬臂体系左右受力平衡。

5）支架现浇梁施工安全管理

严格按照要求做好安全专项施工方案的编制与专家论证工作；支架安装完毕必须严格按照方案进行堆载预压，满足设计要求后，方可进行下一步施工。

6）加强高空作业、起重吊装作业安全管理

高空工作平台邻边防护需安装牢固、高度大于1.2m。按照要求设置安全、稳定、牢固的人员上下行通道。高处临边材料、机具排放规范，防止高空坠物伤人。加强对高处作业工人身体检查，对身体条件不适合者，坚决不允许从事高空作业施工。

起重吊装过程需有专人指挥，作业前应检查吊带和吊钩保险，严禁在起吊过程中下方站人或机械设备停留。

7）安全设施配置

（1）在连续梁墩身侧面设置安全爬梯，爬梯采用钢结构加工制作完成，爬梯外侧安装绿色密目安全网进行防护。

（2）高空作业人员佩戴安全带及防坠器。

（3）桥面施工完成后，在桥面两侧安装定制护栏进行防护。防护栏杆应由上、下两道横杆及立柱组成，上杆离下平面高度为1.0~1.2m，下杆离下平面高度为0.5~0.6m。坡度较大的作业面，防护栏杆高度应为1.5m，并加挂安全立网或在栏杆下边设置严密固定的高度不小于18cm的挡脚板。除经设计计算外，横杆长度大于2m时，必须加设栏杆立柱。

防护栏杆立柱应固定牢靠。

（4）挂篮结构为连续梁节段施工的临时钢结构，为保证其结构和人员操作安全，将在挂篮结构的右侧设置一根直径最小为16mm钢筋，一边焊接在滑道上，一边与梁体的接地钢筋绑条焊接，焊接长度为10cm。在每次挂篮走行前割除，到位后焊接，并设置醒目标记，避免人员或材料无意损伤或损坏接地钢筋。

8）跨既有路安全保障措施

因连续梁跨越等级公路，施工安全防护的常见形式为：棚架防护、挂篮全封闭防护等形式，棚架防护为常用的防护形式，挂篮全封闭防护为近几年新兴的一种跨线施工安全防护形式，连续梁施工时采用两种防护方式同时施工。

（1）全封闭式挂篮防护方案

安海湾特大桥 112～115 号连续梁跨越伞都大道，为保证安全施工，施工过程中主要采用全封闭挂篮进行防护。

①全封闭式挂篮施工。

全封闭式挂篮防护方案，是在挂篮底部增设一层封闭层，侧面及前端用防水篷布进行围护，形成一个全封闭的工作空间，防止物体落入既有线。在已完成的梁段两侧翼板上，采用 1.2m 高封闭防护栏杆，防止物体坠落。

在挂篮底部封闭层内设置防水板及集水槽，对施工用水和雨水可集中排放至线路以外，起到防水作用。

在挂篮底部封闭层底面及四周外侧 1.5m 高范围粘贴绝缘板，对于挂篮底部距接触网不足 2.0m 时，能起到防电作用。

全封闭式挂篮（图 5-2）在既有线外侧组装及拆除，对既有线影响较小。故决定采用全封闭挂篮施工的方式进行防护，来保证连续梁施工期间既有线的行车安全。

图 5-2　全封闭式挂篮施工

②工作平台封闭。

底托防护提吊梁采用双拼 ⌐25b 槽钢组焊，底托防护横肋采用 ⌐12 槽钢，间距 1m，底托防护上铺钢板采用 3mm 钢板。栏杆挂设密目防护网，并设 20cm 高踢脚板，用于防止物体坠落。

③上下工作平台间封闭。

将前端及两侧上下作业平台之间用防水篷布封闭，防水篷布自上作业平台栏杆上部向下挂设至下工作平台底部，施工过程中将防水篷布拉紧，拆模下放底篮前，将防水篷布下部适当放松，保持一定松弛度，挂篮移至下一节段。底、侧模坚固到位后，将防水篷布再次拉紧。

④已完成梁段封闭。

在连续梁施工时，两侧翼板边缘预埋钢管，钢管间距为 1.5m，混凝土凝固后焊接水平方向钢管，形成高 1.2m 防护栏杆，再安装密目安全网，在防护栏杆底部安装 20cm 高 4cm 厚木踢脚板，防止物件滚落或坠落。

（2）钢结构防护棚施工方案

①主体结构形式。

防护棚架立柱采用直径 720mm、壁厚 14mm 的钢管柱，布置三排，分别位于道路两侧及中央，纵向间距按 6m 布置；顶部横向用双拼 H400 型钢跨过，横向搭设贝雷梁，贝雷梁顶纵向铺设 $\sqsubset$16 槽钢，间距 1.5m；棚顶部满铺 1cm 厚钢板，防止高空坠物与抛物，棚架净空 5.5m，满足高速公路限高要求，防护棚顶面沿线路大里程方向设置 1%的纵向排水坡，棚架两侧设置防撞墩及限高、限宽标志（图 5-3）。

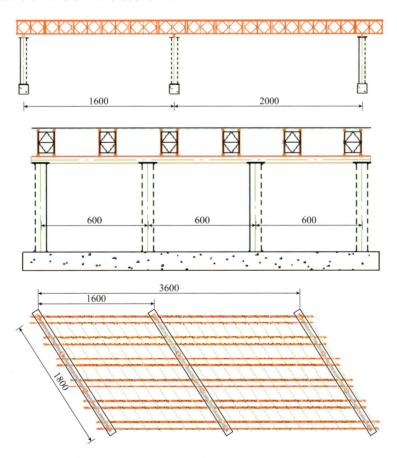

图 5-3　安海湾特大桥 112～115 号连续梁防护棚架结构示意图（尺寸单位：cm）

②钢管立柱基础施工。

为保证施工时不影响交通行车，钢管立柱基础采用预制块，预制块尺寸为 1.5m×1.5m×0.3m C20 混凝土块。先施工道路两侧土路肩处的钢管立柱来支撑混凝土基础。

在基础上铺设预制板，预埋 700mm×700mm×10mm 钢板，以备将来与钢管立柱底部焊接连接，为保证钢板下混凝土无空洞，在钢板中心预留一个 $\phi 100$mm 的孔洞，钢板底部焊接 8 根 L 形 $\phi 16$mm 钢筋。

③钢结构的安装。

钢管立柱基础施工完成，待混凝土强度达到要求后，利用 25t 起重机安装钢管立柱。钢管立柱之间采用 □12.6 槽钢作为剪刀撑加固。每排钢管柱顶面各设置一道双拼 H400 型钢支撑梁。钢管柱与横向 H 型钢、纵向槽钢之间通过焊接连结牢固，保证整体稳定性。

防护棚顶部采用 1cm 厚钢板进行满铺，防护棚顶面沿线路大里程方向设置 1% 的纵向排水坡，四周边缘设置 10cm 高挡水台。

钢管柱与基础采用预埋钢板焊接连接，吊装中央分隔带的钢管柱需要占用高速公路的右半幅车道。封闭右半幅车道、右半幅车辆禁止通行，所有右行车辆导流到左半幅车道进行行车，按规定设置交通管制标志信号。并在钢管柱粘贴反光膜，施工时做好安全防护工作。

④横跨梁及纵向分配梁的拼装及架设。

待所有的钢管柱安装完成后进行纵向双拼 H400 型钢、贝雷梁及纵向 □16 槽钢安装，由一台 25t 起重机配合进行左、右幅横跨梁的架设：

架设右半幅横跨梁时，起重机占用右半幅车道，同时封闭右半幅车道，右半幅车道所有车辆禁止通行，所有右行车辆导流到左半幅车道进行行车。

架设左半幅横跨梁时，起重机占用左半幅车道，同时封闭左半幅车道，左半幅车道所有车辆禁止通行。所有左行车辆导流到右半幅车道进行行车。

5.2.2 施工质量保证措施

1）质量保证体系

项目成立以项目经理为组长，总工程师为副组长，施工队长为成员的质量管理小组，设专职质检工程师，各班组设专职质量检查员，分级负责，针对草洪塘特大桥施工进行质量及技术管理，确保施工质量符合要求。

项目经理部设安全质量部，配备专职质量检验工程师、试验工程师，架子队设专职质量检验员、试验组，工班设兼职质量检验员，组建精干高效的质量检测、试验和测量队伍，配备必要的检测、试验仪器设备，在原材料控制、施工过程控制、竣工工程质量检验评定等各个环节，实施施工全过程测量和试验控制，对施工全过程进行质量检查，在施工过程中自下而上按照"跟踪检测""复检""抽检"实施检测工作。

质量保证体系如图5-4所示。

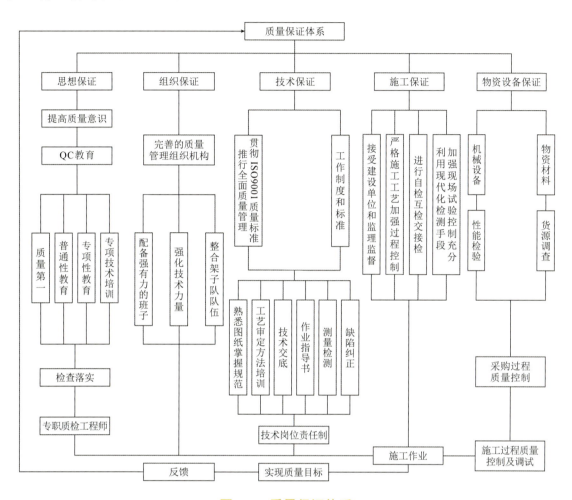

图5-4 质量保证体系

2）梁部施工质量保证措施

（1）模板

模板具有必需的强度、刚度和稳定性，保证结构的设计形状、尺寸和模板各部件之间相互位置的准确性。

采用大块钢模板，板面光滑平整，接缝严密，确保混凝土在强烈振动下不漏浆。

模板安装完毕后，对其平面位置、顶部高程、节点联系及纵横向稳定性进行检查，现场技术人员及监理工程师验收合格后进行灌注。灌注时，发现模板有超过变形值的可能时，及时予以纠正。

（2）钢筋绑扎

钢筋在加工场集中下料、制作，现场绑扎，绑扎时设高强度混凝土垫块，以保证钢筋保护层厚度。确保钢筋尺寸及数量准确，钢筋接头及焊接质量满足设计和规范要求。

（3）混凝土的运送、浇筑、养护

合理安排混凝土拌合料的运输道路，尽可能减少运距，缩短运输时间，满足浇筑速度要求。

采用搅拌运输车运输混凝土。入模时混凝土的坍落度与设计坍落度之差不超过 3cm。

浇筑混凝土前，对模板、支架全面检查，放置好伸缩缝、栏杆、支座预埋件、泄水孔、灯杆、交通标志及其他预埋件。混凝土浇筑后立即进行养护，在养护期间，混凝土表面保持湿润。

3）预应力施工质量保证措施

（1）预应力钢绞线质量

钢绞线采用符合设计标准要求的高强度低松弛预应力钢绞线。编束时保证钢绞线平行、不缠绕。钢绞线采用冷切割法切割。预应力钢绞线进场时进行分批验收并抽检，合格后方准使用。

（2）锚具、夹具和连接器

锚具、夹具和连接器应具有可靠的锚固性能、足够的承载能力和良好的适用性，能保证充分发挥预应力筋的强度、安全地实现预应力作业，并符合国家现行标准的规定。

（3）预留孔道

预应力筋孔道采用金属波纹管成孔，进场时按规定对波纹管进行检验。采取有效措施对波纹管进行固定，使其在混凝土灌注过程中不发生位移现象，保证预应力筋的正确位置。与锚垫板喇叭管接头处连接紧密，严防漏浆。

（4）预应力筋的制作及安装

预应力筋的制作通过计算确定，预应力筋采用冷切割法下料。

预应力筋在混凝土浇筑完毕后穿入孔道。穿束前检查锚垫板和孔道，锚垫板位置正确，孔道内畅通、无水和其他杂物。

（5）施加预应力

钢束张拉采用双控法，以应力控制为主，伸长量作为校验，实际伸长值与理论伸长值相比较误差在±6%以内，如发现伸长值异常停止张拉，查明原因后再进行张拉。

（6）孔道压浆、封锚

钢束张拉完毕后，待应力比较平稳时，及时灌浆，每个孔道压浆一次完成，要求密实可靠。

压浆材料和水泥浆的强度符合设计规定。压浆时，从最低点的压浆孔压入。压浆顺序从下层孔道开始。压浆后检查压浆的密实情况，如有不实，及时处理和纠正。

封锚的锚具，在压浆后先将其周围冲洗干净并对梁端混凝土凿毛，然后设置钢筋网浇筑封锚混凝土。封锚混凝土的强度符合设计规定。

4）其他质量保证措施

（1）原材料质量保证措施

①原材料进场必须"三证"（产品合格证、抽样化验合格证和供应商资格合格证）齐全，并经监理工程师认可。

②水泥采用不低于规定的水泥品种及强度等级，初凝时间不小于 2.5h，指定现场负责人及时抽检、试验，检验合格经监理工程师确认后投入使用。

③粗集料选用级配良好的碎石，粒径不大于导管内径的 1/8 及钢筋最小净距的 1/4，同时不大于 40mm。

④细集料选用级配良好的中砂。

（2）施工检测试验保证措施

①所有投入工程的原材料、半成品（成品）均应具备产品合格证，并按规范要求进行取样试验，确保符合规范标准，并经监理工程师批准才投入使用。

②取送样按规则、规程要求进行，取样或送样单由取、送单位及经办人员填写。试验结果或报告单及时填报，不后补。

③试验工作按规则、规程认定的方法，采用认定的设备进行。

④取送样及试验人员，分别对取样及试验负责，并接受监理工程师的旁站指导。

⑤试验报告妥善保管，按规定纳入工程竣工文件。

⑥原材料检测程序：建立原材料检验和成品、半成品验收制度。无论何方供应何种材料，均由施工单位中心试验室先行检验合格后，将材料样品及检验报告报监理工程师批准，对于不合格的材料，立即清理出现场，不在场地堆放。

（3）隐蔽工程质量保证措施

检查隐蔽工程质量采用班组检查与专业检查相结合的方式，首先进行自检，然后由专业检查人员进行检查，再报请现场监理工程师检查验收。

隐蔽工程有严格的施工记录，检查项目、施工技术要求及检查部位等项填写清楚，记录上有技术负责人、质量检查人签字。

主管工程师要详细审查施工图纸，领会设计意图、技术要求。

做好技术交底工作，交底资料上必须有主管工程师及复核人签字。

对各分项工程实行技术员、施工员定岗定责。

（4）钢构件焊接质量

焊接材料应符合设计要求和有关标准的规定。

焊工必须经考试合格，检查焊工相应施焊条件的合格证及考核日期。

焊缝必须经探伤检验，并应符合设计要求和施工及验收规范的规定，检查焊缝探伤报告。

焊缝表面不得有裂纹、焊瘤、烧穿、弧坑等缺陷。II级焊缝不得有表面气孔、夹渣、弧坑、裂纹、电弧擦伤等缺陷，且I级焊缝不得有咬边、未焊满等缺陷。

焊缝外观：焊缝外形均匀，焊道与焊道、焊道与基本金属之间过渡平滑，焊渣和飞溅物清除干净。

应注意的质量问题：

①尺寸超出允许偏差：对焊缝长宽、宽度、厚度不足，中心线偏移，弯折等偏差，应严格控制焊接部位的相对位置尺寸，合格后方准焊接，焊接时精心操作。

②焊缝裂纹：为防止裂纹产生，应选择适合的焊接工艺参数和施焊程序，避免用大电流，不要突然熄火，焊缝接头应搭10～15mm，焊接中不允许搬动、敲击焊件。

③表面气孔：焊条按规定的温度和时间进行烘焙，焊接区域必须清理干净，焊接过程中选择适当的焊接电流，降低焊接速度，使熔池中的气体完全逸出。

④焊缝夹渣：多层施焊应层层将焊渣清除干净，操作中应运条正确，弧长适当。注意熔渣的流动方向，采用碱性焊条时，必须使熔渣留在熔池的外面。

5.2.3 环保措施

1）施工环保目标

本着"不破坏就是最大的保护"思想，施工符合国家、福建省、厦门市环水保的有关规定，对环境的不利影响减至最低限度，确保铁路沿线景观不受破坏，河溪水质不受污染，植被有效保护。具体目标如下：

（1）污水排放符合相关排放规定。

（2）噪声有明显场界时，施工场界噪声限制：早6点～晚10点，不超过70dB；晚10点～早6点，不超过55dB，夜间施工经过当地环保局审批。

（3）汽车、机械尾气排放符合国家规定。

（4）固体废物弃放：场内分类堆放，提高回收率；充分利用下脚料，减少废弃物；按指定位置排放，减少占地和环境破坏；运输途中无遗洒。

2）环境保护措施

（1）减小生态破坏

本合同段工程两侧不得任意取土、弃土，未经有关部门批准不随意砍伐或改变工程沿线附近区域的植被与绿化。

临时施工场地的选择与布置，尽量少占用绿地面积，保护好周围环境，减少对植被生态的破坏。施工结束后，及时恢复绿化或整理复耕，重视临时施工用地的复垦。

工程取土、挖方符合所在地相关管理办法的规定，取弃土时严格落实水土保持措施，防止遍地开花式的无序作业，进行有序开挖取土，减少对生态的破坏。并结合工程的实施，及时进行绿化，美化环境。

（2）噪声、光污染控制

合理分布动力机械的工作场所，尽量避免同处运行较多的动力机械设备。对噪声超标的机械设备，采取装消音器来降低噪声。对于行驶的机动车辆，严禁鸣笛。

合理安排噪声较大的机械作业时间，距居民较近地段，严格控制噪声，不得在夜间进行产生环境噪声污染的施工作业。

（3）水环境保护

施工废水、生活污水按有关要求进行处理，不得直接排入农田、河流。清洗骨料的水和其他施工废水采取过滤、沉淀处理后方可排放，以免污染周围环境。施工机械的废油废水采取隔油池等有效措施加以处理，不得超标排放。

施工中对地下水、泉点、水井进行定时观测，以免施工造成水位下降，防止因地下水、地表水流失改变水系，破坏生态平衡。

搅拌站以及其他施工区产生的施工污水经治理净化处理后排放，不直接排入河道。生活污水采取二级生化或化粪池等措施进行净化处理，生活废水必须经沉淀处理，经检查符合标准后方可排放。

机械存放点、维修点、车辆停放点以及油品存放点做好隔离沟，将其产生的废油、废水或漏油等通过隔离沟集中到隔油池，经处理后进行排放。

注意保护自然水流形态，做到不淤、不堵、不留施工隐患，不阻塞河道。

（4）二级水源保护区环保措施

教育员工确立环保意识，不在水源保护区内丢弃垃圾、废物，不在河流中洗车、洗衣。调查地下水径流方向，防止施工活动切断地下水源。不在水源保护区附近建造临时厕所。施工现场的工业垃圾（焊条头、砂轮片、涂漆刷等）和生活垃圾每天分类及时清除回收，运到施工场地以外适当的垃圾处理场，妥善处理。若设备出现故障，需采取措施拖至水源区以外进行维修，避免排出的废油、废液造成污染。限制在地下水源区内进行车辆、设备加油，在施工过程中注意对施工机具的维护，防止其漏油，如施工机具出现故障，要在其地下铺设油布，防止漏油时污染土壤。机械设备若有漏油现象要及时处理避免造成大的污染。

（5）大气环境保护

施工场地和运输道路经常洒水，尽可能减少灰尘对生产人员和其他人员的危害及对农作物的污染。

在运输水泥等易飞扬的物料时，用篷布覆盖严密并装量适中，不得超限运输。在设备选型时选择低污染设备并安装空气净化系统确保达标排放。对汽油等易挥发品的存放要采取严密可靠的措施。

（6）固体废弃物处理

施工营地和施工现场的生活垃圾集中堆放，报废材料或施工中返工的挖除材料立即运至指定的弃土场，并进行掩埋等处理。对于施工中废弃的零碎配件边角料、水泥袋、包装箱等及时收集清理并搞好现场卫生以保护自然环境与景观不受破坏。

（7）混凝土废料及沉渣处理

混凝土废料处理如下：

第一类为浆状废弃物，主要是清洗混凝土运输车筒内和搅拌机内产生的"混液"，其含有被"稀释"的混凝土组分，需进入混凝土砂石分离机分离沉淀，水可循环使用。

第二类为块状废弃物，主要来自试验室的混凝土试块以及清除混凝土运输车、搅拌机和生产场所（如地面）的混凝土块。这些硬化混凝土具有一定的强度，经小型破碎机破碎成一定粒径后成为再生混凝土骨料，替代部分石屑，作为制造混凝土普通砖的原料。

第三类为混凝土拌合物，主要来自施工现场浇注剩余退回的混凝土拌合物以及坍落度不合格退回的混凝土拌合物，这些拌合物可进砂石分离机处理。

3）水土保持措施

根据工程可能引起水土流失的情况，划分水土流失防治分区，制定相应的水土保持措施方案。

合理安排工序，及时清运废弃的渣土。对已完坡面工程应及时植草绿化，增加植被覆盖率，减少土壤被雨水冲刷。

对施工临时用地，施工结束后应及时进行土地整治，考虑表土回填以利复耕或进行绿化恢复。

尽量缩短施工周期，减少疏松地面的裸露时间，合理安排施工时间，尽量避开雨季和汛期。

5.2.4 职业健康保护措施

1）职业健康管理目标

严格遵照集团公司"三标一体"及"六位一体"程序文件的规定，建立项目部的职业健康管理体系,保证员工生活及工作场所干净整洁、施工现场粉尘及有害气体不超过国家规定标准、劳动保护符合有关规定;防止食物中毒、传染病扩散,防止职业病、地方病发生。

2)职业健康管理机构

职业健康安全领导小组制定各项保障措施,明确各级分工,将职业健康保障作为日常工作重点,对生活、办公及施工生产过程进行全面的职业健康检查指导,以保证员工的身体健康和防止职业病的发生。

3)职业健康设施

(1)职工生活区集中建立在避风、向阳、静僻处,与施工现场保持一定的距离,以防止施工对宿舍的污染,尽可能给员工营造一个清洁舒适的生活环境。

(2)在生活房屋、办公室内安装空调或风扇及取暖设施等,以利夏季防暑降温及冬季保暖。

(3)在生活区设立职工活动场所,配备一定数量的运动设施,以利于职工在空闲时间锻炼身体。

(4)生活区设置足够数量的卫生设施,保持员工宿舍区内的卫生。室内外卫生经常清扫,保持地面干净,日常用品摆放整齐,保持室内通风良好,空气清新;在室外种植花草,美化环境。

(5)在生活区外围偏僻处设立生活垃圾池,生活垃圾在生活区内采用封闭式容器收集,然后统一倒入垃圾池,再按当地环保规定运至指定垃圾处理地点统一处理。严禁随地丢弃生活垃圾。

(6)生活区内设置有取暖设施的公共洗澡间,洗澡间内设置冷热水管,保证员工在工作后能洗澡,保持个人的清洁卫生。

5.2.5 文明施工

1)文明施工目标

做到现场布局合理,不扰民,环境整洁,施工组织有序,物流有序,材料堆码整齐,设备停放有序,标识标志醒目,标牌规范,实现施工现场标准化、规范化管理,达到建设单位要求的安全文明工地标准。

2)文明施工措施

创建安全文明标准工地,确保不发生影响社会治安的案件。做到"两通三无五必须",即:施工现场人行道畅通;施工工地沿线居民出入口畅通。施工中无管线高放;施工现场排水畅通无积水;施工工地道路平整无坑塘。施工区域与非施工区域严格分隔,施工现场必须挂牌施工；管理人员必须佩戴胸卡上岗；工地现场施工材料必须堆放整齐；工地生活设施必须文明；工地现场必须开展以创文明工地为主要内容的思想政治工作。

（1）施工现场的文明施工管理措施

按当地环保的要求精心设计，合理部署施工总平面，充分考虑环保，保护生态环境。场区内组织管理机构、工作职责、现场总平面布置图、施工形象进度图上墙。现场的临建房屋安全牢固，满足抗风防震要求。施工现场的生产房屋及设施布局合理，临时便道合理规划，尽量减少便道数量，路面平整，两侧排水通畅。

开展文明施工，保证现场管理有序，有条不紊。场地布置统一规划，施工区材料堆放整齐，场地平整，道路畅通，排水畅通；施工快速有序，配合精密协调；各种物资材料储放安全并按ISO9001标准正确、醒目标识；场区内管线布置线条整齐、卫生、悦目。

强化施工现场管理。严格包保责任制，明确分工，责任到人，奖罚分明，做到突出重点，分批落实，规范施工，注重实效。坚持施工人员挂牌上岗，现场施工统一着装，统一行动；施工现场设置鲜明的标牌，主要有责任划分牌、工艺流程牌、形象进度牌、质量标准牌、安全警示牌、环保警示牌、成本控制牌等。

（2）施工过程中的文明施工管理措施

保护生态，保护环境，把环境保护工作作为文明施工的一项重要内容，人人皆知，成为自觉的行动。

混凝土拌和站等高噪声作业项目尽量避开人员宿营区。车辆通过住所、村庄时减速慢行。

施工生产和生活废水，采取有效措施加以处理，不超标排放，也不随意排放。

施工期间，经常对施工运输道路进行维修保养，确保晴雨无阻，寒暖畅通。对扬尘地段，采用洒水车经常洒水，减少扬尘。便道两侧插旗立杆，防止车辆随意下道乱跑。

车辆在运料过程中，对易飞扬的物料用篷布苫盖严密，且装料适中，不超载；车辆轮胎及车外表用水冲洗干净，保证道路的清洁。

合理安排施工作业时间，靠近宿营区，夜间不安排噪声大的机械施工。如施工需采取加快进度和采用隔音、缓冲垫等措施减少噪声。

认真进行现场调查，避免破坏地下设施。施工中发现文物或重要的矿物时，及时报告并做好现场保护工作。

施工作业人员统一穿着，佩戴上岗作业标志。

定期或不定期对厨房、餐具、住房、衣物进行消毒，必要时对空气进行紫外线或喷剂消毒。

5 施工保证措施

（3）树立良好的社会形象，创造宽松的外部社会环境

服从当地公安部门规定，加强职工管理。积极同当地公安部门联系，签订"共建文明社区，支援铁路建设"的合作协议。

所有施工人员办理暂住证，服从当地管理，严禁"三无"盲流人员窜入，同时做好防盗工作。

积极主动地取得当地政府及有关部门的大力支持。

积极开展多种形式的便民、爱民活动，搞好与驻地政府、群众之间的关系，为工程施工创造有利条件。

经常开展以防火、防爆、防盗为中心的安全大检查，堵塞漏洞，发现隐患立即向该工点架子队发出"隐患整改通知书"，限期整改，并督促解决。

加强对架子队的管理，项目部安排专人负责进行法治、规章制度、消防知识教育，对施工人员进行审查、登记造册、申报临时施工队伍。对可疑人员进行调查了解，做到心中有数。

职工外出实行请销假制度，外出办事一般两人以上同行，禁止无事外出。

5.2.6 季节性施工措施

1）夏季施工措施

当昼夜平均气温高于 30℃时即进入夏季施工，项目经理部做好本工程的防暑降温工作，由专人收集天气预报，根据天气情况合理安排施工，施工尽量避开每天温度最高的中午时段，在不扰民的情况下适当增加夜间施工时段，并做好防护工作。

（1）为了降低混凝土入模温度，在炎热季节拌和混凝土时加入适量冰块进行降温处理，并做好混凝土运输环节的协调工作，尽量缩短混凝土运输时间，在运输中做好防晒工作。

（2）炎热季节混凝土浇筑尽量安排在下午至夜间时段进行，并搭设遮阳棚防晒，混凝土浇筑完成后及时进行遮盖养护。

（3）夏季施工特别是大体积混凝土用水泥选用水化热较低的水泥，如复合硅酸盐水泥、矿渣硅酸盐水泥、粉煤灰硅酸盐水泥。掺用缓凝型减水剂，并根据气温适当增加坍落度。外加剂掺量及增加坍落度后的配比根据试验确定。

（4）混凝土在棚内或在气温较低（早晚或夜间）时拌制，不允许在最高温的中午时间拌制。混凝土运输容器设防晒设施，尽量缩短运输时间。夏季容易引起坍落度损失，施工中加强现场坍落度测定。浇筑前做好充分的准备，确保连续进行。

2）雨季施工措施

雨季施工的重点是排水防洪，确保人员、机械设备和工程的安全。在雨季施工的陆地

承台基坑开挖工程，应提前做好基坑外围防排水措施，基坑开挖必须及时支护，基坑内排水措施及设备应准备充足。

（1）在拌和场地对拌和设备搭设避雨棚。砂石料在这个时期含水量变化较大，需要经常测定，以调整拌和时的加水量。完善施工现场周围排水沟系统，防止雨（洪）水冲毁设备。

（2）雨季进行混凝土施工时，及时测量砂、石含水量并加以调整配合比，对刚浇筑的混凝土用塑料布覆盖。

大风、大雨时停止高空作业。对用电设备及线路定期检查，备好防雨护罩，防止漏电事故发生。

3）冬季施工措施

本工程位于晋江市永和镇及东石镇，地理位置属于南亚热带海洋季风性湿润气候，夏长无酷暑，冬短温暖而少雨，秋温高于春温，所在区域无冬季施工期。

4）季风期及防台风施工措施

（1）季风天气下施工措施

①当预报风力大于7级时，停止吊装工作、切断电源外，对于发现的问题确保及时处理。

②选择适宜的施工时间。

③作业前仔细检查起重设备和吊索具，确定安全后方可使用。

④作业时做好现场协调，避免吊物下有人员作业或吊物距某些重要设施距离过近。

⑤现场必须有专人负责监视，发现有危险征兆及时采取措施。

⑥与气象局签订服务协议，配备气象警报接收机，并落实专人，建立气象日志，坚持每天收听、记录气象预报。特殊时段应加强气象预报接收、记录工作，增加记录密度，保持与各类施工船舶的电话联系。

⑦台风、雷暴天气临时加固塔式起重机、支架等设施，确保台风、雷暴后能马上恢复正常生产。

⑧施工用塔式起重机、汽车式起重机等，应保证其能在7级风及7级风以下安全施工。

⑨施工现场的塔式起重机应安装风级风速报警器，并有瞬时风速风级的显示能力。当风力大于7级时能发出报警信号，停止一切吊装作业，包括塔式起重机的顶升加节作业。

（2）防台风安全保证措施

①施工期间设专人密切与当地气象部门联系，随时掌握天气变化情况。若遇6级以及6级以上大风及台风时，及时通知施工作业各工点，停止施工作业，并采取有效的防台风措施。

②台风来临前，作业人员要全部撤离。并做好生产、生活房屋的防护工作。施工起重机及其他较高设备，在台风来临前用钢丝绳缆风将其固定，防止被台风吹倒。

③施工作业队应根据项目部防台风预案，积极做好防台风应急工作。

④项目部及各施工作业队均应由专人负责收听当地气象台提供的气象预报并做好记录，根据预报和不同的抗风能力提前做好防范准备。

⑤项目部调度值班人员在接到气象台发布的台风警报后，应及时通知施工队伍并采取相应措施。

⑥项目部调度值班人员应通过高频电话或对讲机随时检查施工作业工点避风情况，钻机以及吊装钢筋笼设备的防风措施，并接受局指挥部及海事主管机关的查询。

⑦施工队伍应根据预报风力、设备以及钢筋笼的抗风等级、风期长短，加固缆绳，绑扎易动物件，检查钻机及救生设备，并加强值班，昼夜保持通信畅通。

⑧作业队安全员应保持昼夜值班，随时检查本工点安全情况，并及时与项目部和有关部门保持联系。

⑨平时现场原材料进行有序的摆放，并在现场内存有捆绑、加固原材料的设备以及工具。当接到台风通知后，立即进行现场的机具设备的加固，以及材料的固定。在尽可能的范围内将物品加固牢靠，将损失降低到最小。

⑩组织抢险队，要派人值班，发现问题立刻报告，以便能及时进行抢救，尽可能减少因台风造成的损失。

5.2.7 疫情防控保障措施

严格执行地方政府和上级关于疫情防控的一切指示、指令及行为要求，包括但不限于：

（1）有感染、疑似病例及时拨打120安排隔离就医，与感染或疑似病例有过接触的人员第一时间主动隔离。

（2）不到人群聚集的场所，严格佩戴口罩，做好卫生消毒。

1）人员返岗

（1）项目员工

做好返程人员信息登记工作，对从其他地区返回泉州的人员，及时进行以下信息的记录：返回的时间、车次（车牌、航班号）、座位号；近期（抵达14日内）每日的大致活动范围和接触人员范围，并密切关注返程人员的健康状况。

（2）劳务人员

①所有返工人员均由项目部安排车辆进行接站，同时做好接站车辆的消毒工作。

②返程劳务人员项目应进行统筹安排，同一区域人员尽量做到同次高铁返回，项目统

一安排接站，有条件的要从出发地包车至项目部。

③配备疫情管理班组长（按规定每30名工人配备1名），配备足够的保安、值班人员、清洁员等。

④开展日常防控：实行封闭管理，在出入口对所有进出人员（包括驾驶员）进行体温检测，并做好记录备查。经体温检测合格并正确佩戴口罩方可进入施工现场。若检测发现体温高于37.3℃的人员，第一时间联系属地医疗卫生机构，并报告市住建局、属地镇街，配合相关部门处置。防疫专管员要督促指导防疫专职班组长不间断巡逻施工现场、食堂、宿舍等场所，纠正从业人员的不规范行为。快递、外卖等行业人员一律不得进入施工现场，实行不接触派送。

⑤从业人员出现发热、乏力、干咳等症状时，必须及时到医院发热门诊就诊，并第一时间向社区（村）报告，对出现确诊病例的一律视情况对生活区进行封闭式隔离。

⑥项目复工前及复工后，落实"日报告，零报告"制度。根据人员变化及时更新工地人员花名册，并每日上报，实行联防联控。疫情及人员无变化的也应进行"零报告"。

2）出入安排

项目员工：人员外出须填写外出登记表，由项目经理或书记审批，未经允许不得外出。

劳务人员：严禁外出，每天上下班采取队长带班制，严格执行早点名、晚签到制度。施工人员由生活区到施工现场采用专车派送，两点一线，避免与地方居民接触。

3）项目部管理

（1）制定管控方案，报上级单位审批，审批通过后方可进行复工。

（2）提前规划隔离区、隔离房，安排专人管理，确保能够满足使用需求。

（3）对返岗人员隔离期间，每天早晚两次测量体温。如有异常，及时联系定点医疗机构进行隔离治疗。

（4）储备充足口罩、消毒液、体温计等防护物资（表5-1），保证一周以上的储备量。

项目防疫用品储备数量统计表 表5-1

序号	防疫用品名称		单位	数量
1	口罩		个	10000
2	消毒液		L	100
3	防护服		套	10
4	医用酒精（75%）		L	5
5	其他	测温仪（测温枪、测温仪）	把	5

续上表

序号	防疫用品名称		单位	数量
6	其他	体温计	个	24
7		护目镜	个	20
8		医用乳胶手套	套	50

（5）实行门卫24h值班制，对于进入生活区、办公区外来人员，询问其有关情况、检查个人防护用品佩戴情况和体温量测，符合要求报告项目书记指定专人接待后，予以登记准入（随行车辆严禁进入），并监督其按规定时间离开。

（6）后勤用品和个人日用品由项目统一派人采购，外来物品一律消毒后才能进场。

（7）废弃口罩集中处理，禁止乱扔乱放。

（8）会议采用视频会议进行，避免人员聚集。

4）施工现场管理

（1）场地卫生

须在复工前委托专业机构对施工工地办公场所、食堂、宿舍、厕所、拟开复工的施工区域等场所进行全面消毒，并采取相关疫情防控措施，确保达到防疫标准，要求留存工作凭证。

项目开复工后直至疫情得到全面控制前，项目起居、集中办公区域、食堂、宿舍、生产作业场地等区域应作为管控重点，卫生专管员每天至少消毒两次，消毒过程要留存影像资料备查。

（2）测温登记

工地出入口实行双岗制（门卫+管理人员），需戴口罩、护目镜、手套等防护用具，每日两次持红外测温仪对进出工地人员测量体温，检查防护用品佩戴情况，并登记信息。禁止体温高于37.2℃或未佩戴口罩人员进入开复工施工区域。

（3）封闭管理

施工现场必须设置全封闭围挡（图5-5），原则上一个围挡内仅保留一个出入口，各工地按办公区、生活区、作业区、材料区四个区域实行硬隔离。并配备工地专职卫生员；严格外来人员准入管理，24h值班、巡逻，与本工程无关的人员严禁入内。

各个工点实行全封闭式围挡施工，所有道路交叉处均需设置厂制栏杆进行围挡。每个工点安置一个板房作为门卫室，门卫室内摆放口罩、测温枪、消毒液、手套等防疫用品（图5-6）。门卫室作为施工人员进入现场的唯一出入口，人员进出均需进行体温量测，并登记在册。

图 5-5　现场封闭围挡

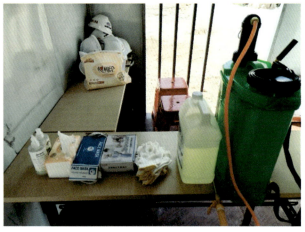
图 5-6　现场防疫用品

施工工点采用红色帐篷+厂制栏杆搭设疫情防护区（图 5-7），应对现场疫情突发状况。

图 5-7　疫情防护区

5.3 监测监控措施

5.3.1 线形控制目标

桥梁施工线形控制的主要目的是使施工梁面高程达到二期恒载施工要求。

在施工的各阶段，施工荷载及临时荷载有多种组合形式，将多种荷载组合引起的变形值进行控制，使成桥后的桥梁线形符合设计要求。

5.3.2 施工各阶段变形因素

主要影响因素包括：挂篮自重及其他临时荷载、施工阶段后块段混凝土自重荷载对前块段的影响、施工阶段预应力影响、施工阶段温度变化引起变形影响、混凝土收缩徐变影响。

5.3.3 变形控制实施整体方案

（1）对变形因素理论值的计算。

（2）按照理论变形值指导施工。

（3）施工过程的线型监控。

主梁预拱度 = −（恒载挠度 + 静活载挠度/2）。

5.3.4 实施步骤

由于高墩连续梁桥施工工程中桥墩和主梁的联合作用，使得主梁各部位受力复杂多变，通过应力监测找出各施工阶段控制断面的应力变化规律指导施工，同时通过应力监测及时发现施工中异常现象，避免安全事故的发生。例如预应力钢束出现滑索、钢束内缩、存在过大的预应力损失等从锚固点观测不到时，可以通过应力变化检查出来，及时进行处理。

1）完善变形理论计算

由于设计上对梁体各截面的计算值考虑的因素为标准环境条件下因素，并非实际施工环境因素，需要对实际环境下的影响因素指标进行实际量测，对设计计算因素进行修正，并提供给设计单位，设计单位或监测单位提供现场实际条件修正各截面变形控制值。

需要提供如下修正指标：

（1）现场混凝土的实际弹性模量。

（2）浇筑完成的混凝土温度变化规律。

（3）临时施工载荷参数。

（4）混凝土收缩徐变模量系数。

2）根据修正后的理论值指导施工

根据设计提供的修正后的各截面的理论挠度变形指标，对模型的安装调整进行控制，提前对预变形进行预留。

3）施工过程监测

施工过程监测主要为：施工过程期间对各设计截面的位置进行量测，通过比较设计理论值，分析施工的实际结构线型，确保结构处于控制变形偏差范围之内，当偏差过大时，联合设计、监理单位协调解决。

检测要分如下阶段：

（1）模型安装后对各截面的位置指标进行测量。

（2）混凝土浇筑完成后对各截面的位置指标进行测量。

（3）预应力张拉完成后对各截面的位置指标进行测量。

5.3.5 预压监测

支架、挂篮预压前设置6个测量观测点，压重前，测量观测点的原始高程，并做详细记录。

1）预压监测频率

（1）支架加载前，应监测记录各监测点初始值。

（2）每级加载完成 1h 后进行支架变形观测，以后间隔 6h 监测记录各监测点的位移量，当相邻两次监测位移平均值之差不大于 2mm 时，方可进行后续加载。

（3）全部加载完成后，应间隔 6h 监测记录各监测点的位移量，当连续 12h 监测位移平均值之差不大于 2mm 时，方可卸除预压荷载。

（4）支架卸载 6h 后，应监测记录各监测点位移量。

2）观测点测量方法

测量仪器采用高精度水准仪观测，测量步骤如下：

（1）在底模上测出各观测点的高程初始值并记录入表格，观测过程中注意对测点及铅锤丝的保护，必要时设专人看护。

（2）分级加（卸）载时，统一指挥，配备专门的荷载记录统计人员，对各阶级测点均进行测量一次并由专人复测，确认无误后将计算的各测点的高程记入表格中。

（3）整理上述各高程值，计算各测点的变形值，编制变形量成果表。

6 施工管理及作业人员配备和分工

6.1 施工管理人员

施工管理人员统计见表6-1。

施工管理人员统计表　　　　　　　表6-1

序号	职务	姓名	岗位职责
1	生产经理	×××	施工组织协调生产
2	技术主管	×××	现场技术负责人，技术管理和总结
3	技术员	×××	主要从事现场技术及施工管理和技术资料收集整理
4	质检员	×××	负责质量督促检查、验收
5	试验工程师	×××	负责试验管理、试验监督等
6	试验员	×××	负责原材料检验、现场坍落度检测、现场泥浆比重检测等
7	安全员	×××	负责监督检查施工安全和文明施工
8	测量工程师	×××	负责测量管理等
9	测量员	×××	负责所有测量放线，收集整理测量资料

6.2 专职安全人员

连续梁施工过程中，因处在施工高峰期，各施工班组在交叉作业中，故应加强安全监控力度，现场设定若干名安全监控员。水平和垂直材料运输必须设置临时警戒区域，用红白三角小旗围栏。谨防非施工人员进入。同时成立以项目经理为组长的安全领导小组以加强现场安全防护工作，本小组机构组成、人员编制及责任分工见表6-2。

施工管理人员统计表　　　　　　　表6-2

序号	职务	姓名	职责
1	组长（项目经理）	×××	负责协调指挥工作
2	组员（施工员）	×××	负责现场施工指挥，技术交底
3	组员（安全员）	×××	负责现场安全检查工作
4	组员（安全员）		负责现场安全检查工作
5	组员（架子工班长）	×××	负责现场具体施工

6.2.1 专职安全员岗位职责

（1）建立健全分部安全管理体系，组织制定分部安全管理规章制度，监督检查分部安全生产工作，是分部安全监督体系的负责人。

（2）参与辨识、评价风险源，组织形成风险源清单，并实施动态监控。

（3）编制应急预案，并组织应急演练。

（4）组织开展员工各类安全教育培训。

（5）开展安全检查，落实预防措施，分析安全现状，提出改进建议。

（6）监督安全生产费用的投入和使用。

（7）组织开展安全标准工地建设活动。

（8）协助召开安全生产例会。

（9）及时上报生产安全事故，参与或协助生产安全事故应急救援，配合事故调查处理。

6.3 特种作业人员

为确保工程进度，同时根据连续梁施工的工程量，确按下表配置人力资源，操作工均有上岗作业证书。具体名单略。

6.3.1 特装作业人员岗位职责如下

（1）自觉接受专业安全教育和安全技术培训，经主管部门考核合格，取得相应工种的操作资格证书，持证上岗；

（2）熟悉本工种所操作的设备、器具、器材性能，并能熟练操作；

（3）正确使用防护用品、安全设施、工具及安全标志；

（4）服从分配，坚守岗位，严格遵守操作规程；

（5）经常检查本岗位的工作环境及所使用设备、工具的性能并及时保养维护，使其处于良好的技术安全状态；

（6）及时发现、分析和处理各种安全隐患，及时消除隐患或提出治理建议；

（7）及时如实报告安全事故并保护现场，参与救援和配合调查。

6.4 其他作业人员

连续梁施工，根据现场施工情况，还配备有6名普工进行辅助作业。

7 验收要求

7.1 质量验收标准

7.1.1 钢筋加工

钢筋加工允许偏差和检验方法见表 7-1。预应力筋下料长度的允许偏差和检验方法见表 7-2。

钢筋加工允许偏差和检验方法　　　　表 7-1

序号	项目	允许偏差（mm）	检验方法
1	受力钢筋全长	+10	尺量
2	弯起钢筋的弯折位置	20	
3	箍筋内净尺寸	+3	

预应力筋下料长度的允许偏差和检验方法　　　　表 7-2

序号	项目		允许偏差（mm）	检验方法
1	钢丝	与设计或计算长度差	+10	尺量
		束中各根钢丝长度差	不大于钢丝长度的 1/500，且不大于 5	
2	钢绞线	与设计或计算长度差	+10	
		束中各根钢丝长度差	5	
3	预应力螺纹钢筋		+5	

7.1.2 钢筋安装

钢筋安装允许偏差和检验方法见表 7-3。

钢筋安装允许偏差和检验方法　　　　表 7-3

序号	项目	允许偏差（mm）	检验方法
1	受力钢筋全长	+10	尺量检查，不少于 5 处
2	弯起钢筋的弯折位置	20	
3	箍筋内净尺寸	+3	
4	主筋横向位置	5	
5	箍筋间距	+15	尺量检查，不少于 5 处
6	其他钢筋位置	10	

续上表

序号	项目	允许偏差（mm）	检验方法
7	钢筋保护层	+5，−2	尺量检查，不少于 5 处
8	箍筋的垂直度	15	吊线、尺量检查，不少于 5 处

7.1.3 预应力孔道安装

（1）纵向孔道任何方向与设计位置的偏差：距跨中 4m 范围不大于 4mm，其余部位不大于 6mm。

（2）横向孔道任何方向与设计位置的偏差不大于 5mm。

预留孔道位置允许偏差和检验方法见表 7-4。

预留孔道位置允许偏差和检验方法　　　表 7-4

序号	项目	允许偏差（mm）	检验方法
1	纵向孔道	4	尺量两端、跨中、1/4 跨、3/4 跨各 1 处
2	横向孔道		尺量两端
3	竖向孔道		尺量两端

7.1.4 预应力筋张拉

张拉端预应力筋内缩量限值和检验方法见表 7-5。

张拉端预应力筋内缩量限值和检验方法　　　表 7-5

序号	锚具类型	内缩量限值（mm）		检验方法
1	支承式锚具（墩头缝隙）	螺帽缝隙	1	尺量
2	夹片式锚具	有顶压	5	
		无顶压	6	

7.1.5 箱梁模板安装

预应力混凝土连续梁模板尺寸偏差和检验方法见表 7-6。

预应力混凝土连续梁模板尺寸偏差和检验方法　　　表 7-6

序号	项目	允许偏差（mm）	检验方法
1	梁段长	±10	尺量检查，不少于 5 处
2	梁高	+10/0	
3	顶板厚	+10/0	
4	底板厚	+10/0	
5	腹板厚	+10/0	
6	端、横隔板厚	+10/0	
7	腹板间距	±10	

续上表

序号	项目		允许偏差（mm）	检验方法
8	腹板中心偏离设计位置		10	尺量检查，不少于5处
9	梁体宽		+10/0	
10	模板表面平整度		3	1m靠尺测量，不少于5处
11	模板接缝错台		2	尺量
12	孔道位置		5	尺量
13	梁段纵向旁弯		10	拉线测量，不少于5处
14	梁段高度变化位置		10	测量检查
15	底模拱度偏差		3	
16	底模同一端两角高差		2	
17	桥面预留钢筋位置		10	尺量
18	支座	四脚高度差	1	水平尺测量，检查四角
19		螺栓中心位置	2	尺量检查（包括对角线）
20		平整度	2	尺量

7.1.6 梁体混凝土外观检查

连续梁梁体外形尺寸允许偏差和检验方法见表7-7。

连续梁梁体外形尺寸允许偏差和检验方法 表7-7

序号	项目	允许偏差（mm）	检验方法
1	梁全长	±30	尺量检查中心及两侧
2	边孔梁长	+20	
3	各变高梁段长度及位置	+10	
4	边孔跨度	+20	尺量检查支座中心对中心
5	梁底宽度	+10，−5	尺量检查每孔1/4跨中和3/4截面
6	桥面中心线位置	10	由梁体中心拉线检查1/4跨中和3/4截面积最大偏差处
7	梁高	+15，−5	尺量检查梁端、跨中及梁体变截面处
8	底板厚度	+10，0	尺量检查，不少于5处
9	腹板厚度	+10，0	
10	顶板厚度	+10，−5	
11	桥面高程	±20	
12	桥面宽度	±10	

续上表

序号	项目	允许偏差（mm）	检验方法
13	表面平整度	5	尺量检查，不少于 5 处
14	腹板间距	±10	测量检查跨中及梁端
15	接触网支柱基础预埋螺栓距桥面中心线偏差	+10，0	测量检查

7.1.7 悬臂浇筑梁段验收标准

悬臂浇筑梁段允许偏差和检验方法见表 7-8。

悬臂浇筑梁段允许偏差和检验方法　　　表 7-8

序号	项目	允许偏差（mm）	检验方法
1	悬臂梁段顶面高程	+15，−5	测量检查
2	合龙前两悬臂端相对高差	合龙段长的 1/100，且不大于 15	
3	梁段轴线偏差	15	
4	相邻梁段错台	5	

7.1.8 埋件验收标准

预埋件和预留孔洞的允许偏差和检验方法见表 7-9。

预埋件和预留孔洞的允许偏差和检验方法　　　表 7-9

序号	项目		允许偏差（mm）	检验方法
1	预留孔洞	中心位置	10	尺量
		尺　寸	+10/0	尺量，不少于 2 处
2	预埋件	中心位置	3	尺量
		外露长度	+10/0	

7.1.9 支架质量验收标准

（1）支架杆件主要是焊接而成，故检验的关键是焊接质量，要求焊缝饱满，没有咬肉、夹渣、裂纹、凹陷、锈蚀等缺陷。

（2）立柱最大弯曲变形矢高不超过 $L/500$，平联变形矢高不超过 $L/250$（L 为钢管长度或横梁跨度）。

（3）螺纹部分完好，无滑丝现象，无严重锈蚀，焊缝无脱开现象。

梁柱式支架的支墩质量检查验收表见表 7-10，梁部质量检查验收表见表 7-11，支架支撑桁架验收标准见表 7-12。

7 验 收 要 求

梁柱式支架的支墩质量检查验收表 表 7-10

序号	检查项目		质量要求	检验方法	检验数量
1	支墩	与基础接触面	密贴平整	查看、尺量	全部
		平面位置	50mm	测量	全部
		垂直度	$\leqslant H/500$，且$\leqslant 50$mm	测量	全部
		连接系	位置准确、连接牢固	查看、尺量	全部
		预埋件位置和结构尺寸	符合设计要求	查看、尺量	全部
2	钢管	规格	符合设计	尺量、查看	全部
		外观质量	纵轴线弯曲失高$\leqslant L/1000$，且<10mm，不得有严重锈蚀，脱皮	尺量、查看	全部
		焊接 外观质量	符合设计	尺量、查看	全部
		焊接 内部质量	符合设计	探伤检查	20%
		饱满、密实	符合设计	敲击	全部
		螺栓拧紧程度	符合设计	复拧检查	全部
		螺栓拧紧程度	符合设计	复拧检查	全部
3	横梁	规格	符合设计	查看	全部
		外观质量	弯曲失高$\leqslant L/1000$，且<10mm，不得有严重锈蚀	尺量、查看	全部
		加工、安装质量	加劲肋符合设计	尺量、查看	全部

注：H为支墩总高度，L为钢管长度或横梁跨度。

梁柱式支架的梁部质量检查验收表 表 7-11

序号	检查项目		质量要求	检验方法	检查数量
1	型钢	型号、数量、位置	符合设计	查看、尺量	全部
		加劲肋设置间距	符合设计	尺量	全部
		加劲肋焊缝	符合设计	查看	全部
		侧向弯曲失高	$\leqslant L/1000$，且不大于10mm	尺量	全部
		扭曲	$\leqslant h/250$，且不大于5mm	尺量	全部
		纵、横向连接系	符合设计	查看	全部
		焊缝 外观质量	符合设计	尺量、查看	全部
		焊缝 内部质量	符合设计	探伤检查	20%
		连接系	符合设计	查看	全部
		钢销	齐全	查看	全部
		销栓	齐全	查看	全部
		构件检查和整修		查看记录	全部

续上表

序号	检查项目		质量要求	检验方法	检查数量
1	型钢	侧向弯曲失高	≤$L/1000$，且不大于20mm	尺量	全部
2	贝雷梁	型号、数量、位置	符合设计	查看	全部
		连接系或支撑架安装	符合设计	查看	全部
		桁架连接销	齐全	查看	全部
		加强弦杆螺栓	不得漏设	查看	全部
		支座处增设竖杆、斜杆	符合设计且应磨光顶紧	查看	全部
		构件检查和整修情况		查看记录	全部
		侧向弯曲失高	≤$L/1000$，且不大于20mm	尺量	全部

注：h-型钢高度，L-跨度。

支架支撑桁架验收标准　　　　　　　　　　　　　　　　表 7-12

	检查项目	质量要求	检验方法	检查数量
桁架	规格	符合设计	查看	全部
	外观质量	纵轴线弯曲矢高≤$L/1000$，且<10mm，不得有严重锈蚀，脱皮	尺量、查看	全部
	加工、安装质量	符合设计	尺量、查看	全部

7.2 验收程序及人员

施工过程中验收严格按照"三检"制度进行。

7.2.1 自检

"自检"由各班组长组织，由班组操作工人对施工完成的工序进行有针对性的检查，特别检查质量通病，操作者自己检查，自己发现问题，自己改正，将质量问题解决在其发生的初始状态。

（1）责任人：劳务单位及作业班组组长。

（2）职责：初检是保证施工质量的基础，要求班组人员相互间进行检查、监督和把关。每一道工序完成后，由该班组按照工序或单元工程规定的检查（检测）项目逐项检查，真实地填写施工记录，并由劳务单位负责人或班组长本人签字。在施工过程中，根据质量控制要求，严格规范施工程序。班组是按照作业规程施工的主体，也是保证工程质量的主体。初检合格后，负责初检资料的整理与上报，并为互检工作做好现场准备。

（3）实施程序：

①施工班组人员在操作过程中，必须按相应的检验批质量验收记录表进行自检，经自

7 验 收 要 求

检达到质量标准,并经组长验收后,方准继续进行施工。

②班组长对所施工的,必须按相应的质量验收记录表中所列(工序操作前由技术负责人交底时提供该工序检验表)的检查内容,在施工过程中逐项地检查班组每个成员的操作质量。在完成后逐项地进行自检,并认真填写自检记录,经自检达标后方可请施工员组织质量验收。

③施工员除督促班组认真自检、填写自检记录,为班组创造自检条件(如提供有关表格、协助解决检测工具等)外,还要对班组操作质量进行中间检查。在班组自检达标且有自检记录的基础上,逐项地进行检查,经检查达标后,方可请项目专业质量检查员进行质量核验。

7.2.2 互检

互检由劳务单位负责人组织各班组长、技术员参加,在班组操作工人之间进行,使班组工作人员之间互相检查、互相督促、互相学习、共同提高。

(1)责任人:劳务单位现场负责人、现场技术员、上下道工序作业班组长。

(2)职责:上道工序完成后下道工序插入前,劳务单位现场负责人、技术员及班组长进行互相检查。在班组初检的基础上,由现场技术员对自检所形成的相关记录进行复核。互检的主要内容是:检查自检项目是否齐全;检验数据是否准确;检查结果与施工记录是否相符等,并负责做好互检验收工作,互检验收合格后负责复检资料的整理与上报(专职质检员或技术负责人)并为专检工作做好现场准备。

(3)实施程序:

①班组长在自检合格的情况下,可以申请现场负责人进行质量核验。

②现场负责人在接到班组长的质量核验申请后立即对自检所形成的相关记录进行逐项现场实物复核。

③复核无误后方可通知专职质检员进行最终核验。

7.2.3 专职检

"专职检"就是质量工程师对施工过程(工序)或完成工作进行的检验。专职检在质量工程师主持下进行,检验范围、检验项目、指标要求和检验方法,按国家工程施工质量验收规范中有关的检验批、分项工程检验标准规定的主控项目、一般项目和允许偏差项目三个部分规定的内容执行。以质量工程师为主负责填报检验批验收记录。

"交接检"由项目部组织,项目技术负责人主持,项目质量检查员,施工员,本工序及下一工序施工班组长,监理单位有关人员参加,检查内容包括原材料质量情况,工序操作质量情况,工序质量防护情况等,交接件符合要求,需隐蔽的必须办理隐蔽工程记录,由参加各方签名确认以后,方得转入下一工序施工。隐蔽工程验收记录是竣工资料的重要组成部分，应由项目资料收集归档保存。

（1）责任人：现场技术员、专职质检员或技术负责人、上下道工序作业班组长。

（2）职责：专职检是对自检、互检结果的认可，保证下道工序作业的有序有力开展，确保最终质量的达标。

（3）实施程序如下：

①现场技术员、专职质检员或技术负责人引导下道工序作业班组长对上道工序的各项内容进行检查，以确保自己工作的正常开展及有利性进行检查。

②对规范、规程、标准及施工图中规定的，需要在工序间进行检查的项目，交方应按接方要求认真办理交接检查表。移交的有关资料和进行交接等工作必须签字完善，否则不得进行下道工序。

③涉及总、分包之间有相互关系的隐蔽项目，负责做下道工序的单位必须在隐蔽前填写"总、分包交接检查表"，与做前一道工序的单位办理交接检手续。经交方自检或交接双方共同检查，达到质量标准并经双方签认后，方可进行下一道隐蔽工序的施工。否则，由做最后一道工序的单位承担一切后果。

7.3 验收内容

连续梁施工验收内容见表 7-13。

连续梁施工验收内容统计表　　　　　　表 7-13

序号	工程名称	检查内容	检查方法
1	施工准备	专项施工方案及平安专项方案的编制，并经专家评审前方可进行施工	现场检查；核对资料
		对施工人员平安、技术交底培训，配备专职平安员	现场检查；核对资料
		对邻近既有线、跨越高速公路、道路、河道，检查平安协议签订	现场检查；核对资料
		换填地基要碾压密实，特别是承台基坑处要分层填筑，分层夯实，检查地基承载力，满足设计要求前方可搭设脚手架	现场检查；核对资料
		施工前，必须搭设好上下通道及作业平台，平台外侧应设 1.2m 的栏杆、上下扶梯及满挂平安网。通道板应铺设严密	现场检查；核对资料 现场检查；核对资料
		支架承载力具有强度、刚度、稳定性，必须进行检算，检算应考虑梁体、模板、支架、施工等荷载	现场检查；核对资料

7 验收要求

续上表

序号	工程名称	检查内容	检查方法
2	支架法连续梁	脚手架、支架主要配件要有产品标识及产品质量合格证，有钢管、零件、铸件、冲压件材质、产品性能检验报告	现场检查；核对资料
		支架搭设后要进行支架预压，预压重量通过计算确定，分为60%、100%、120%三次加载，最后两次沉落量观测平均值之差不大于2mm，即可终止预压卸载	现场检查；核对资料
		脚手架搭设按施工方案弹线定位，放置底座后按先立杆、后横杆、再斜杆的顺序搭设	现场检查；核对资料
		桥梁支座应根据计算设置预偏量，安装方向；支座防空响措施	现场检查；核对资料
3	挂篮悬臂连续梁	0号段支架、边跨现浇段支架及临时固结必须要有设计计算书	现场检查；核对资料
		挂篮出厂前应进行组装、试拼，对主桁架、前后吊带、销子等关键部件进行力学性能试验，对销座等关键焊缝进行超声波探伤检验	现场检查；核对资料
		支架及挂篮要进行支架预压，预压重量通过计算确定，预压及卸载均要有详细的施工记录	现场检查；核对资料
		后锚或精轧螺纹钢筋吊杆未使用双螺母锁紧，挂篮吊带外包裹绝缘材料，防止吊带过电或见火发生脆断	现场检查；核对资料
		接触网预埋件、防落梁、后锚预留孔等位置符合设计要求	现场检查；核对资料
		挂篮施工及走行时抗倾覆稳定系数不得小于2；挂篮锚固系统、限位系统等构造平安系数不得小于2	现场检查；核对资料
		挂篮前端四周作业平台，应在围栏平台下设置平安网，设置人员上下扶梯	现场检查；核对资料
4	钢筋、模板、混凝土	钢模板面平整、光洁、无凹凸变形及剩余黏浆，模板连接处的橡皮条完好无损，连接处的混凝土残渣去除干净，模板所有与混凝土的接触面应均匀涂刷隔离剂	现场检查；核对资料
		模板要有受力计算书，有足够的强度、刚度及整体稳定性，底模要根据预压结果及设计图纸要求设置预拱度	现场检查；核对资料
		模板连接端部无缺陷或变形，模板焊缝处无开裂，模板螺栓紧固，数量应符合要求	现场检查；核对资料
		钢筋加工长度、钢筋绑扎质量、保护层厚度，预应力定位网设置应符合设计要求	现场检查；核对资料
		悬臂法两侧对称混凝土浇筑，施工过程中应安排专人对支架模板体系进行观察	现场检查；核对资料

续上表

序号	工程名称	检查内容	检查方法
5	张拉压浆	预应力管道埋设准确,定位结实,线形平顺,波纹管密封,无孔洞、破裂现象	现场检查；核对资料
		锚口及喇叭口损失,管道摩阻系数；预施应力采取双控措施,以施加应力值压力表读数为主,以伸长值进行校核	现场检查；核对资料 现场检查；核对资料
		张拉顺序应先腹板、再顶板、后底板,从外向内左右对称进展	现场检查；核对资料
		终张拉完成后24h内压浆,特殊情况必须在48h内完成；压力应到达0.3～0.4MPa,连续一次完成；压浆时及压浆后3d内,梁体及环境温度不得低于5℃	现场检查；核对资料
		两端下弯的长大预应力道和直线段孔道应在适当位置设置排气孔	现场检查；核对资料
6	合龙段	合龙顺序,一般先边跨、后次中跨、再中跨,必须同步对称进展,合龙口宜在一天梁体温度最低时进行临时锁定	现场检查；核对资料

8 应急处置措施

8.1 领导小组与职责

成立应急救援组织机构（应急救援小组），负责本项目的安全生产事故应急救援指挥任务，编制相关实施细则和程序文件，建立安全组织机构网络系统。

8.1.1 应急救援领导小组

项目部成立应急救援领导小组，小组下设抢险抢修组、通信联络组、技术支持组、医疗救援组、后勤保障组及事故调查组，具体名单略。

8.1.2 分工及职责

1）组长职责

（1）分析是否存在或可能存在事故，评估事故可能发展的方向，要求应急服务领导小组提供帮助并实施外部应急计划。

（2）指导设施的部分停工，并与领导小组成员配合指挥。

（3）与场外应急机构取得联系及对紧急情况的作业安排，协助场外应急机构开展服务工作。

（4）在紧急状态结束后。控制受影响地点的恢复，并组织人员参加事故的分析和善后处理。

2）副组长职责

（1）评估事故的规模和发展态势，建立应急步骤，确保人员安全和减少设施财产的损失。

（2）设立与应急中心的通信联络，协调、组织和获取应急所需的其他资源、设备以支援现场的应急操作。

（3）向应急组长提出采取的减缓事故后果行动的应急响应对策和建议。

（4）调查了解事故发生的主要原因及相关人员的责任，协调处理善后处理工作及恢复工作。

3）通信联络组职责

（1）保持通信设备和设施处于良好状态。

（2）负责应急过程的记录及对外联络，确保与各级、各部、个人和外部联系畅通，内外信息反馈迅速。

4）技术支持组职责

（1）提出抢险抢救及避免事故扩大的应急方案和措施。

（2）对各施工现场特点以及生产安全过程的危险源进行科学的风险评估。

（3）应急预案启动后，根据事故现场的特点，及时向应急总指挥提供科学的工程技术方案和技术支持。

（4）修补实施中应急方案和措施存在的缺陷，有效地指导应急响应行动中的技术工作。

5）抢险抢修组职责

（1）实施缺陷抢修的应急方案和措施，并不断改进。

（2）在外部救援机构到达前，安置转移受害者，进行必要的抢救。

（3）在抢救有可能扩大的事故时，高度注意避免意外事故。

（4）抢救抢险结束后，协助相关部门对事故进行评估和复查。

6）后勤保障组职责

（1）保障应急小组内各人员必需的防护救护品及生活物资的供应。

（2）提供合格的救援物资及事故结束后的恢复物资。

8.2 应急预案启动程序

8.2.1 应急通信

项目部应急领导小组办公室，电话略。

急救电话：120。

火警电话：119。

高速公路报警救援电话：12122。

8.2.2 启动程序

发生险情的人员立即向事故抢修小组组长汇报现场实际情况，以便于抢修小组组长做出正确的决策，同时向项目部报告，通知设备管理单位到场。项目部第一时间向建设单位报告，并采取积极措施进行处理，将事故范围缩小到最小、将损失降低到最低。

抢修小组组长在接到报警后，立即组织小组成员根据事故抢修预案进行抢修，并同时报告应急组长。抢修小组组长根据事故的大小，迅速做出反应，命令进入应急状态，决定投入的人员、材料、机械设备，制定抢修方案，控制事故蔓延发展，以免造成更大的损失。

应急小组成员必须在第一时间内到达事故现场，在接到报告后，白天必须在15min内出发，晚上必须在20min内出发。坚持以人为本，对受伤人员要在第一时间进行抢救，并向应急组长汇报现场的设备抢修、抢救，最大限度地减少对运输的干扰和影响，使受伤人员在最短的时间内得到救助，并做好记录。

8.3 应急事件及措施

8.3.1 起重吊装伤害应急预案

（1）起重伤害事故的预防

起吊作业钢丝绳、卡环和绳套等配套设施须有质量合格证。

起重作业"十不吊"须严格执行，"十不吊"内容有：被吊物重量超过机械性能允许范围；信号不清楚；吊物下方有人；吊物上站人；埋在地下物；斜拉斜牵物；散物捆绑不牢；立式构件、大模板等不用卡环吊装；零碎物无容器；吊装物重量不明。

选用的绳具、卡环须与被吊物重量相匹配，不得起吊气瓶、压力容器，爆破危险品等高危物品，禁止使用施工现场的起重机械吊运人（施工作业人员）。

起重机械安全装置（限位装置、行程开关、超载保护、超力矩保护、信号、喇叭等）完好，作业过程中须开启。

起重作业区地面结实、平整，非斜坡，汽车、轮胎起重机作业时须将支撑完全撑开。

起重作业区域应设显眼的警示标志，无关人员不得进入起重作业影响范围；起重指挥工佩戴醒目的标识。

大型构件的起吊安装制定专项吊装方案，现场多台吊机配合起吊时须设一起重总指挥，其他多名起重工服从起重总指挥的统一手势，步调一致。

（2）起重事故应急措施

发生起重事故，尽快与120急救中心取得联系，详细说明事故地点、严重程度。组织抢救伤者，首先观察伤者的受伤情况、部位、伤害性质，如伤员发生休克，应先处理休克。遇呼吸、心跳停止者，应立即进行人工呼吸，胸外心脏按压。处于休克状态的伤员要让其安静、保暖、平卧、少动，并将下肢抬高约20°，尽快送就近医院进行抢救治疗。

出现颅脑损伤，必须维持呼吸道通畅。昏迷者应平卧，面部转向一侧，以防舌根下坠或分泌物、呕吐物吸入，发生喉阻塞。有骨折者，应初步固定后再搬运。遇有凹陷骨折、严重的颅底骨折及严重的脑损伤症状出现，创伤处用消毒的纱布或清洁布等覆盖伤口，用绷带或布条包扎后，及时送就近有条件的医院治疗。

8.3.2 火灾事故应急处理预案

（1）发现火灾后迅速拨打119报警，报警后迅速到路口等候消防车，指引火场道路。

（2）项目部消防小组迅速到达火灾现场后，分析火势发展变化情况，根据救人、疏散物资和灭火等具体任务的需要有计划、适时准确地向火场调集灭火力量。

（3）针对不同的物资分别采用窒息法、冷却法、隔离法、抑制法迅速有效扑灭火灾，或援助消防队控制火势和扑灭火灾以减少火灾的损失。

（4）贯彻执行救人重于灭火的原则，组织人力和工具尽早尽快地将被困人员抢救出来，以最快的速度将救出的伤员护送到附近医院。

（5）针对现场的人员情况对人员、物资进行疏散。

（6）与公安消防部门协同作战紧密配合，协助公安消防部门调查火灾原因。

8.3.3 预防机械伤害事故的应急预案

（1）发生机械伤害事故后，立即向应急救援小组汇报并拨打"120"急救电话，并进行可行的应急抢救，如现场包扎、止血等措施，防止受伤人员流血过多造成死亡事故发生。

（2）安排人员在路口迎接来救护的车辆，有程序地处理事故、事件，最大限度地减少人员和财产损失。

（3）如事故严重，立即报告上级有关部门，并启动项目部应急救援预案。

8.3.4 预防触电伤害事故的应急预案

如遇到触电伤害事故，现场人员立即切断电源，或用干燥的木棒挑开身上的电源。触电人脱离电源后，立即将其抬到新鲜风流处，平放，并解开衣裤，进行人工呼吸和心脏挤压法急救。

8.3.5 防洪度汛应急预案

当接到可能发生暴雨、洪水警报后，由调度立即通知责任区负责人、架子队队长、工地值班人员。各负责人接到通知后，对各处有地质灾害的危险地段进行普查、分等级，并安排人员值班。

当出现险情时值班人员立即通知附近施工人员和附近居民；向架子队队长汇报，由架子队队长组织技术人员对汇报情况进行分析，并立即采取措施保护施工便道畅通、疏通道路的侧沟、管涵工作；并对是否疏散下游居民和施工设备、撤离施工人员和其他设备、是否需要疏通下游河道等施工等做出判断，并立即执行。

向项目经理部调度汇报降雨量、危险情况以及采取的措施和可能发生的危害。调度向项目经理汇报，并向监理、建设单位汇报。必要时向下游地方政府通报。

8.3.6 食物中毒应急预案

发现异常情况及时报告;立即召集抢救小组,进入应急状态;判明中毒性质,初步采取相应排毒救治措施;经医生诊断后如果需要将患者送医院救治,联络组与医院取得联系;安排使用适宜的运输设备(含医院救护车)尽快将患者送至医院;由项目副经理组织对现场进行必要的可行的保护。

采取封闭措施,禁止人员随便流动,防止疾病蔓延。

8.3.7 支坍塌应急预案

1)危险源监控及预防措施

(1)支架搭设

①支架(钢管)搭设的原材料必须经过检验,符合设计要求方可使用。

②每次加载及卸载前,项目部必须报监理部,经监理同意后方可进行下一步施工。

③搭设支架(钢管)的扩大基础须经硬化处理。

④支架(钢管)必须设有连系梁。各个节点必须紧固。

⑤支架、模板搭设完毕后必须经过验收。

⑥支架在建筑工程施工中,对各种支架必须严格掌握,认真把好以下几道关口。

材质关:严格按规定的质量、规格选择材料。

检验关:支架搭好后,工长必须组织架子工和使用工种共同检查验收,验收合格后,方准上架操作。使用时,特别是大风、雷后,要检查架子是否稳固,发现问题及时加固,确保使用安全。

(2)预压施工

①按照规定要求逐级的进行有针对性的、分部分项的安全技术交底。

②施工作业前进行相关安全教育。

③作业人员严格遵守安全生产操作规程。

④作业人员正确穿戴和使用合格有效的劳动防护用品。

⑤施工前对支架各部位进行仔细检查,确保各部位牢固可靠;对加载用的机械设备检修,以保证正常使用。

⑥重点部位施工要设专职监控人员进行管理。

⑦对沉降进行监测,发现异常情况应立即停工,并组织有关人员进行处理。

⑧预压全过程,必须有专人指挥;除操作工人外,其余人员不得逗留在危险范围内。

⑨加载和混凝土浇筑过程中必须安排专人观察支架,发生异常情况立即停止作业,分析情况后制定加固方案,经检查合格后方可继续进行预压试验。

⑩作业区域外，必须全天24h配置专人进行全程旁站值班，发现异常情况及时汇报。

⑪加载到50%时，停留时间必须足够，经测量分析正常后，方可继续进行加载；在加载过程中，发现支架有异常响声或晃动、变形情况，应立即停止试验，分析原因并采取相应措施后方可继续进行加载试验。

⑫在预压区，安置2个棱镜头，加载过程中用全站仪全程监控位移情况。

2）预警行动

（1）接警：接警部门为项目部综合办公室。接警人接到报警后，应详细询问以下内容：事故发生时间、详细地点、事故性质、事故原因初步判断、简要经过介绍、人员伤亡及被困情况、现场事态控制及发展情况等，并做好记录。

（2）通知：接警人接到报警后，由通信组长向应急领导小组组长详细报告，应急领导小组组长决定启动应急救援预案并研究决定是否向上级部门发出应急救援申请。

（3）响应：当接到事故汇报后，应向本预案相关负责人通报现场发生的事故情况，主要通知内容应包含发生事故的地点、时间、事故概况。立即通知相关人员，同时做好应急物资使用准备。

3）信息报告程序

事故发生后，事故现场有关人员应立即通知应急救援指挥小组组长、副组长及相关成员。组长接到事故报告后，应及时向总公司及上级有关部门报告。情况紧急时，事故现场有关人员可以直接启动应急预案采取救援行动，并及时向指挥小组和总公司及上级有关部门报告，报告方式主要以电话为主。

当事故可能对相近施工作业人员和人民群众造成危险时，应及时启动警报系统，向相近施工作业人员和人民群众发出警报，同时通过各种途径向公众发出紧急公告，告知事故性质、发展情况、人员伤亡及救援情况等。应急领导小组组长决定是否启动警报。警报和紧急公告由综合办公室负责组织实施，相关部门配合。警报方式指派专人用扩音喇叭到现场向相关人员及公众发出。

8.3.8 台风预案应急处置

1）一般处置

（1）在收到台风预报时，迅速对抗台风薄弱环节进行加固防护，重点对水泥混凝土拌和站大型设施进行检查、防护，防止台风作用造成损失。

①拌和站、水泥储存罐等用揽风绳固定好。

②小型机械机具等存放在安全的地方。

（2）对临时工棚等临建建筑进行检查加固，将存放的重要文件资料物资转移到安全地带，将住工棚人员撤离、转移至安全地带暂避。

（3）对台风的强度预报进行分析，根据预报的强度、降雨对施工现场存在的隐患、可能发生的危险和危害进行防护处置。

（4）做好应急准备，对可能发生危害处，调集人员，重点防护，并定人定岗执行应急响应指令。

（5）针对访台需要筹备救援抢险物资、器材、工具和机械等，做好应急准备和防护，并设置医疗救护的简易药箱。

（6）开展调查，针对可能需要疏散的人员，选择疏散避险场所，统计可能需要撤离的人员及数量，并做好疏散撤离人员的生活和后勤供应。

（7）对参加应急救援人员培训，为其配备安全防护用品。

（8）台风来时，采取应急响应行动，督促参战人员履行职责。

（9）掌握发展的险情，及时制定方案，及时补充应急救援力量。

2）台风强降雨引发洪水处置要点

（1）台风伴随的强降水，水势凶猛，很容易引发洪水灾害，因此首先在预报台风防护时保证拌和站泄洪通道畅通。

（2）救灾人员和疏散群众必须往流水的上游高地方向转移，以防止洪水涨势过快，来不及撤离。

（3）所有参加防洪人员必须穿好救生衣。

（4）发生洪水时，切断电源，避免发生触电和电力事故。

3）抢险救灾

（1）台风强降雨过后，由拌和站、工程部、安质部、设备物资部和财务部初步确定灾害造成的损失情况，并立刻报告上级有关部门并通知保险公司；必要时录有声像资料，清点损失的物资，经整理后，及时上报上级有关部门和保险公司，并负责办理保险索赔事宜。

（2）由应急小组各个部门和各个施工队抢修损坏的建筑物、设施、机械设备，检修电力线路及设备，并负责组织各个施工队清理现场，以尽快恢复生产。

8.4 救援医院信息（略）

8.5 其他各方联系方式（略）

8.6 应急物资准备

应急设备见表 8-1，应急物资见表 8-2。

应急设备　　　　　　　　　　　　　　　　　　　　　表 8-1

序号	名称	单位	数量	备注
1	发电机	台	1	备用
2	应急车辆	辆	2	自有
3	指挥车辆	辆	2	自有
4	灭火器	个	若干	根据实际配备
5	对讲机	台	若干	自有
6	水泵	台	2	应急物资库
7	装载机	台	1	施工现场

应急物资　　　　　　　　　　　　　　　　　　　　　表 8-2

序号	设备名称	单位	数量	存放地点
1	砂子	m³	50	施工现场
2	爬梯	把	2	应急物资库
3	铁锹	把	15	应急物资库
4	消防水管	m	100	应急物资库
5	照明灯具	盏	10	应急物资库
6	担架	副	2	应急物资库
7	急救药箱	个	2	应急物资库
8	电缆线	m	200	应急物资库

9 计算书及相关图纸

（1）附件一：（70+125+70）m连续梁0号段支架计算

（2）附件二：（70+125+70）m连续梁边跨直线段支架计算

（3）附件三：（70+125+70）m连续梁挂篮计算书

（4）附件四：（70+125+70）m连续梁合龙段计算

（5）附件五：（70+125+70）m连续梁临时固结计算

（6）附件六：临时钢结构施工图（0号段、边跨直线段、合龙段）

（7）附件七：施工整体平面布置图

（8）附件八：连续梁模板设计图

（9）附件九：挂篮结构设计图

（10）附件十：模板计算书

（11）附件十一：砂箱计算书

详见二维码。

钢桁梁架设

专项施工方案标准范本

(以明珠湾大桥为例)

目 录
CONTENTS

1 工程概况 137

2 编制依据 157

3 施工计划 161

4 施工工艺技术 166

5 施工保证措施 231

6 施工管理及作业人员配备和分工 245

7 验收要求 248

8 应急处置措施 254

9 计算书及相关图纸 261

1 工程概况

明珠湾大桥工程线路起始于万顷沙岛的万环西路,止于南沙经济开发区虎门联络道,是南沙明珠湾区的重要交通通道,路线横跨南沙街和珠江街,全线大致呈西南东北走向,全长约 10.42km,主线长 9.1km,规划为 60m 宽的城市主干路,双向八车道。明珠湾大桥跨越龙穴南水道,水域宽度 1300m。道路沿线与万环西路、灵新大道、凤凰大道～万新大道、环市大道四条城市主干路相交,并在 K1+400 从南沙港快速路高架桥底穿过。

1.1 工程结构及设计特点

明珠湾大桥水中引桥及主桥墩号为 21 号墩至 31 号墩,孔跨布置为:(60+3×96)m 连续钢桁梁+(96+164+436+164+96+60)m 六跨中承式连续钢桁拱结构,明珠湾大桥水中引桥及主桥效果图如图 1-1 所示,明珠湾大桥水中引桥及主桥立面示意图如图 1-2 所示。主桁均采用三片桁架结构,桥面双层布置,上层为双向八车道公路,两侧为人行道,主桥桥面总宽 43.2m,水中引桥桥面总宽 42.6m。下层两侧预留双车道,中间为管线走廊。明珠湾大桥水中引桥断面示意及主桥断面示意图如图 1-3 所示。

图 1-1 明珠湾大桥水中引桥及主桥效果图

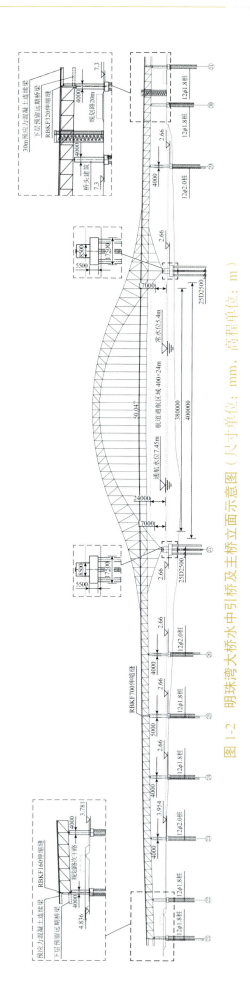

图 1-2 明珠湾大桥水中引桥及主桥立面示意图（尺寸单位：mm，高程单位：m）

1 工程概况

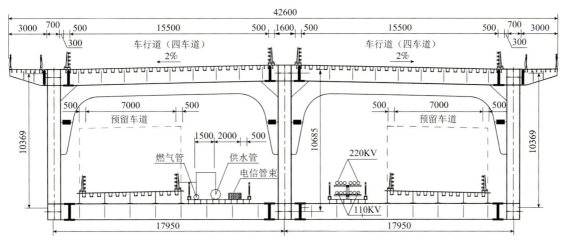

a) 明珠湾大桥水中引桥断面示意图

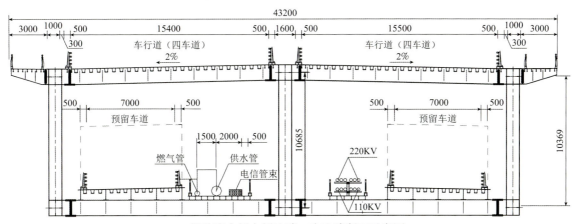

b) 明珠湾大桥主桥边跨、次边跨断面示意图

图 1-3 明珠湾大桥水中引桥断面示意及主桥断面示意图（尺寸单位：mm）

主桥及水中引桥钢梁架设主要工程量详见表 1-1。

水中引桥及主桥主要工程量统计表　　　　　　　　表 1-1

序号	名称	型号	单位	数量			备注
				主桥	水中引桥	小计	
1	钢材（主材）	Q370qD	t	28085	7435	35520	
2		Q370qD-Z35	t	1060	308	1368	
3		Q420qD	t	11791	0	11791	
4		Q420qD-Z35	t	566	0	566	
5		合计	t	41503	7743	49246	
1	吊索	PES7-151	根/t	61/138			
2		PES7-187	根/t	20/23			
3		合计	t	161		161	
1	高强度螺栓	M24	套	302400	79936	382336	
2		M30	套	502666	75240	577906	
3		合计	套	805066	155176	960242	
1	支座	QZ（G）6000SX	套		2	2	
2		QZ（G）9000SX	套		2	2	
3		QZ（G）9000ZX	套		1	1	

续上表

序号	名称	型号	单位	数量			备注
				主桥	水中引桥	小计	
4		QZ（G）12500ZX	套		1	1	
5		QZ（G）20000SX	套		4	4	
6		QZ（G）20000HX	套		2	2	
7		QZ（G）25000ZX	套		1	1	
8		QZ（G）27500ZX	套		1	1	
9		QZ（G）27500GX	套		1	1	
10		KZQZ6000SX-140	套	2		2	
11		KZQZ8000ZX-140	套	1		1	
12		KZQZ9000SX-260	套	2		2	
13	支座	KZQZ12500ZX-260	套	1		1	
14		KZQZ20000SX-100	套	2		2	
15		KZQZ20000SX-120	套	2		2	
16		KZQZ20000SX-230	套	2		2	
17		KZQZ25000ZX-100	套	1		1	
18		KZQZ25000ZX-120	套	1		1	
19		KZQZ25000ZX-230	套	1		1	
20		KZQZ120000GD	套	1		1	
21		KZQZ120000HX-10	套	2		2	
22		KZQZ120000ZX-200	套	1		1	
23		KZQZ120000SX-200	套	2		2	
全计			套	21	15	35	

1.1.1 主桥钢桁拱结构

（1）钢桁梁与桁拱结构

主桥主跨为三片桁拱结构，边跨及次边跨为平桁结构，边跨及主拱肋均为"N"形桁式。边桁拱顶至中墩支点高度为109m，拱肋下弦线形采用二次抛物线，其矢高98m，矢跨比为1∶4.45；拱肋上弦部分线形也采用二次抛物线，与次边跨上弦之间采用$R=450$m的反向圆曲线进行过渡。拱顶处拱肋上下弦高11m，钢桁架边桁桁高10.369m，中桁桁高10.685m，中间支点处桁高52.52m（其中拱肋加劲弦高23.166m），主桁跨中和主桥中支点断面布置如图1-4所示。

全桥基本节间距为12m，在主墩顶拱脚处由于桁高较高，部分区段采用14m节间，主桥共有81个节间。

主桁采用栓焊结合的整体节点，在工厂内将杆件和节点板、各连接件的接头板焊成一体，运到工地架设时，除弦杆顶板采用熔透焊接连接外，其余板件均在节点外用高强度螺栓拼接。结合主桁结构受力和经济性考虑，主桁钢材全部选用Q420qD、Q370qD。主桥主桁杆件宽度统一为1200mm，杆件最大板厚52mm，节点板最大厚度66mm。

拱肋上、下弦均为箱形截面。拱肋上弦截面内宽1.0m，内高分1.2m和1.24m两种，板厚24～66mm；拱肋下弦截面内宽均为1.0m，内高分1.2m、1.24m、1.44m和1.64m，板厚24～66mm；1.2～1.44m高截面两竖板和水平板中间各带1条加劲肋，1.64m高截面两竖板中间带2条加劲肋，水平板中间带1条加劲肋，加劲肋高度为200mm。

腹杆有箱形和H形两种截面形式。箱形截面内高600～1200mm，内宽1000mm，板厚20～48mm。与节点板及节点内的隔板四面对拼连接；H形腹杆(F5、F6)，高700～900mm，内宽1000mm，板厚32～36mm，与节点板间采用三面对拼连接。H形腹杆(F7、F8、F9)，高700，外宽998mm，板厚24～32mm，与节点板间采用插入式高强度螺栓拼接，其中F8和F9为王字形。

上弦杆为上翼缘板带伸出肢的箱形截面，上弦杆件内高1200mm，内宽为1000mm，竖板厚20～24mm，两竖板及水平板中间各带1条加劲肋，上弦杆上、下翼缘板厚度为20mm、24mm两种，边桁上翼缘板宽板1910mm，中桁上翼缘板宽2300mm，弦杆顶板采用熔透焊接连接，其余板件均在节点外采用高强度螺栓拼接。

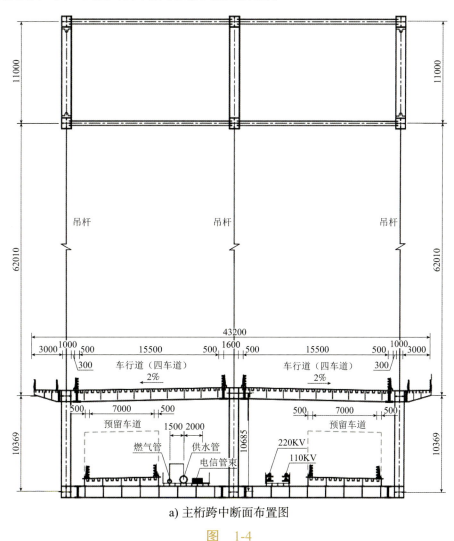

a) 主桁跨中断面布置图

图 1-4

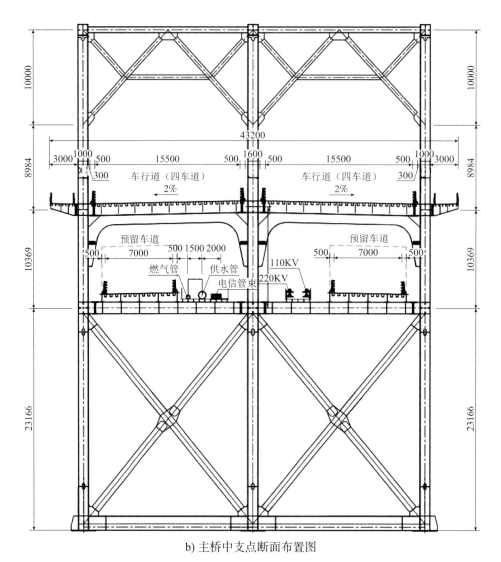

b) 主桥中支点断面布置图

图 1-4　主桁跨中和主桥中支点断面布置图（尺寸单位：cm）

下弦杆为箱形截面。拱肋上弦截面内宽 1.0m，内高 1.2m，板厚 20～40mm，与主桁节点采用四面对拼的连接形式。

在 SG22 节点的永久支座的两侧各设置 2 个临时起顶点，并对起顶点设置加劲，用于安装、调整、更换支座。

（2）联结系及横联

拱肋上弦设置平面纵向联结系，拱肋下弦（除上、下层桥面所在节间外）及加劲弦均设置平面纵向联结系。

拱肋上弦平联采用交叉形设置，杆件采用工字形构件，截面高度 478mm，横撑采用箱形截面，高度 478mm，宽度 484mm。

下加劲弦平面联结系设置交叉式斜杆和横向撑杆。斜杆及横撑杆均为工字形截面，截面高 600mm，宽 720mm，板厚分别为 24～32mm，端部与平联节点板对拼连接。

下层桥面平纵联采用交叉形设置，杆件采用工字形构件，截面高度 478mm，宽度 480mm

和 520mm 两种，横梁作为平联横撑。

（3）横联和桥门架

主拱肋共设置 6 道横联，设在上拱肋 SS30、SS34 和 SS38 节点处。

在上层桥面与主墩支点线和拱肋下弦相交处均设置板式桥门架，在上拱肋 S22 处设置桁架式桥门架。

主桥杆件截面示意见表 1-2。

主桥杆件截面示意表 表 1-2

腹杆截面形式	示意图（mm）	腹杆截面形式	示意图（mm）
腹杆截面形式（一）	1200（内高）×1000（内宽）	腹杆截面形式（二）	1000（内高）×1000（内宽）
腹杆截面形式（三）	780（内宽）×1000（内宽）	腹杆截面形式（四）	600（内宽）×1000（内宽）
腹杆截面形式（五）	700×1000（内宽）	腹杆截面形式（六）	900×1000（内宽）
腹杆截面形式（七）	700×998	腹杆截面形式（八）	700×998
弦杆截面形式（一）	520+600+520=1640（内宽）×1000（内宽）	弦杆截面形式（二）	1440（内宽）×1000（内宽）
弦杆截面形式（三）	1240×1000（内宽）	弦杆截面形式（四）	1200×1000（内宽）

续上表

腹杆截面形式	示意图（mm）	腹杆截面形式	示意图（mm）
弦杆截面形式（五）	2300宽×1200（内宽），翼缘300，内宽1000	弦杆截面形式（六）	260+1650宽×1200（内宽），翼缘300，内宽1000
拱肋平联截面形式（一）	478×484，翼缘12	拱肋平联截面形式（二）	478×400
拱肋平联截面形式（三）	478×620，翼缘80	拱肋平联截面形式（四）	1000（内宽）×1640（内宽），520+600+520
拱肋平联截面形式（五）	478×480	拱肋平联截面形式（六）	632×720
横联截面形式	H×B	桥面平联截面形式	478×B

（4）桥面系

本桥上层公路桥面采用正交异性钢桥面板的整体桥面，桥面板厚16mm，采用"U"形闭口肋，间距为600mm，纵向每3m设置一道横隔板，与上弦杆栓接。上层钢桥面板与主桁上弦箱形截面上翼缘板的伸出肢焊接，共同承受主桁内力。桥面板宽均为15.8m，最长的QM8为10.2m，质量为48t，其余桥面板质量均不大于40t。

（5）吊杆

吊杆横向间距与桁宽相同，为18.1m，纵向间距与主桁节间布置相同，每个吊点处设置。吊索及锚具采用标准强度为1670MPa的镀锌平行钢丝成品吊杆系列。采用单吊杆体系，吊杆形材采用PES7-151和PES7-187两种规格，为冷铸锚头HDPE护套平行钢丝索，下端为张拉端。

（6）支座

结构在主墩及边墩均设置支座，为六跨连续钢桁体系。

主桥钢梁的竖向支座采用摩擦摆减隔震支座。25轴各设置两个QZ9000（SX）边支座和一个QZ12500（ZX）中支座，26轴、29轴、30轴各设置两个QZ20000（SX）边支座和一个QZ25000（ZX）中支座，27轴主墩设置两个QZ120000（SX）边支座和一个QZ120000（ZX）中支座，28轴主墩设置两个QZ120000（HX）边支座和一个QZ120000（GD）中支座，31轴各设置两个QZ6000（SX）边支座和一个QZ8000（ZX）中支座。主桥支座布置及相应参数如图1-5所示，主桥支座参数见表1-3。

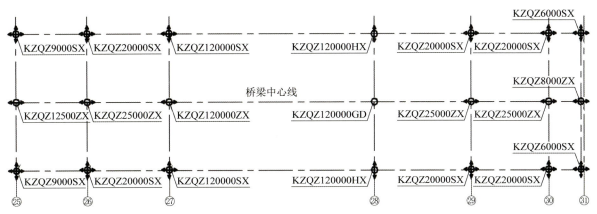

图1-5 主桥支座布置示意图

主桥支座参数表　　　　　　　　　　　　　　　　　表1-3

墩号	支座型号	水平极限荷载（kN）		正常位移（mm）		地震位移（mm）		等效曲面半径（m）		支座防落梁力（kN）	
		纵向	横向	纵向	横向	纵向	横向	纵向	横向	纵向	横向
25号	KZQZ9000SX-260	900	900	±260	±10	±260	±260	4	4	1800	1800
	KZQZ12500ZX-260	1250	6800	±260	—	±260	±260	4	4	8000	8000
	KZQZ9000SX-260	900	900	±260	±10	±260	±260	4	4	1800	1800
26号	KZQZ20000SX-230	2000	2000	±230	±10	±160	±160	4	4	4000	4000
	KZQZ25000ZX-230	2500	15000	±230	—	±160	±160	4	4	18000	18000
	KZQZ20000SX-230	2000	2000	±230	±10	±160	±160	4	4	4000	4000
27号	KZQZ120000SX-200	12000	12000	±200	±10	±260	±260	8	8	24000	24000
	KZQZ120000ZX-200	12000	37200	±200	—	±260	±260	8	8	46500	46500
	KZQZ120000SX-200	12000	12000	±200	±10	±260	±260	8	8	24000	24000
28号	KZQZ120000HX-10	22000	12000	—	±10	±260	±260	8	8	26000	26000
	KZQZ120000GD	22000	36000	—	—	±260	±260	8	8	45000	45000
	KZQZ120000HX-10	22000	12000	—	±10	±260	±260	8	8	26000	26000

续上表

墩号	支座型号	水平极限荷载（kN）		正常位移（mm）		地震位移（mm）		等效曲面半径（m）		支座防落梁力（kN）	
		纵向	横向	纵向	横向	纵向	横向	纵向	横向	纵向	横向
29号	KZQZ20000SX-100	2000	2000	±100	±10	±140	±140	4	4	4000	4000
	KZQZ25000ZX-100	2500	9300	±100	—	±140	±140	4	4	11000	11000
	KZQZ20000SX-100	2000	2000	±100	±10	±140	±140	4	4	4000	4000
30号	KZQZ20000SX-120	2000	2000	±120	±10	±150	±150	4	4	4000	4000
	KZQZ25000ZX-120	2500	6500	±120	—	±150	±150	4	4	7800	7800
	KZQZ20000SX-120	2000	2000	±120	±10	±150	±150	4	4	4000	4000
31号	KZQZ6000SX-140	600	600	±140	±10	±200	±200	4	4	1200	1200
	KZQZ80000ZX-140	800	3000	±140	—	±200	±200	4	4	3600	3600

1.1.2 水中引桥钢桁梁结构

（1）钢桁梁

水中引桥主跨为三片桁结构。主桁间距17.95m，采用"N"形桁式，边桁桁高10.369m，中桁桁高10.685m。除端节间长11.1m外，其余节间长均为12m，全桥共29个节间。

主桁采用栓焊结合的整体节点，在工厂内将杆件和节点板、各连接件的接头板焊成一体，运到工地架设时，除弦杆顶板采用熔透焊接连接外，其余板件均在节点外用高强度螺栓拼接。结合主桁结构受力和经济性考虑，主桁钢材全部选用Q370qD。主桁杆件宽度统一为700mm，杆件最大板厚48mm，节点板最大厚度56mm。

腹杆有箱形和H形两种截面形式。箱形截面内高700mm，内宽700mm，板厚20～36mm。与节点板及节点内的隔板四面对拼连接；为方便安装，竖杆均采用"H"形截面，高698mm，外宽700～1100mm，板厚24～48mm，与节点板间采用插入式高强度螺栓拼接。

上弦杆为上翼缘板带伸出肢的箱形截面，上弦杆件内高700mm，内宽为700mm，下翼板及竖板厚24～40mm，上弦杆上翼缘板厚度均为24mm，边桁上翼缘板宽板1500mm，中桁上翼缘板宽2100mm，弦杆顶板采用熔透焊接连接，其余板件均在节点外采用高强度螺栓拼接。

下弦杆为箱形截面。拱肋上弦截面内宽700mm，内高700mm，板厚20～48mm，与主桁节点采用四面对拼的连接形式。

（2）下平联及横梁

下加劲弦平面联结系设置交叉式斜杆和横梁。下横梁为工字形截面，截面腹板高

1200mm，宽 600～1000mm，腹板板厚 16mm，顶板厚 32～40mm，端部与平联节点板对拼连接。下平联杆件采用工字形构件，截面高度 398mm，宽度 400mm，横梁作为平联横撑。

（3）桥门架

在上层桥面与主墩支点线相交处均设置板式桥门架。

（4）桥面系

水中引桥桥面系同主桥桥面系。

水中引桥杆件各标准截面示意见表 1-4。

水中引桥杆件截面示意表 表 1-4

截面形式	示意图（mm）	截面形式	示意图（mm）
边桁上弦杆截面形式	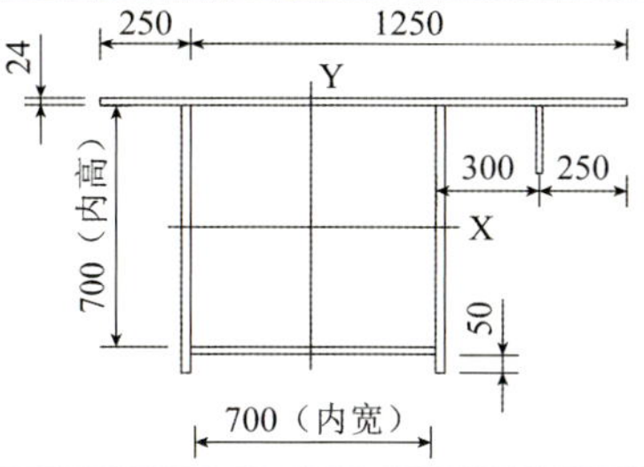	中桁上弦杆截面形式	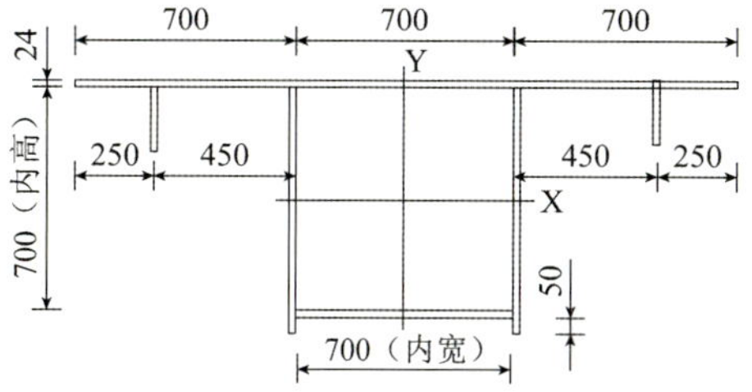
边、中桁下弦杆截面形式	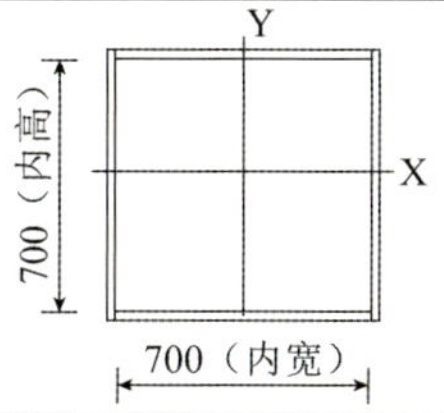	桥面下平联截面形式	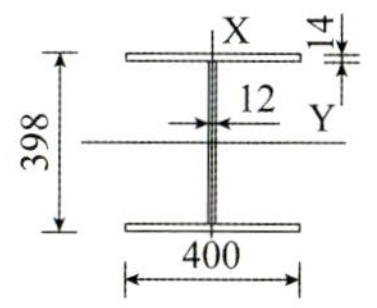
腹杆截面形式一	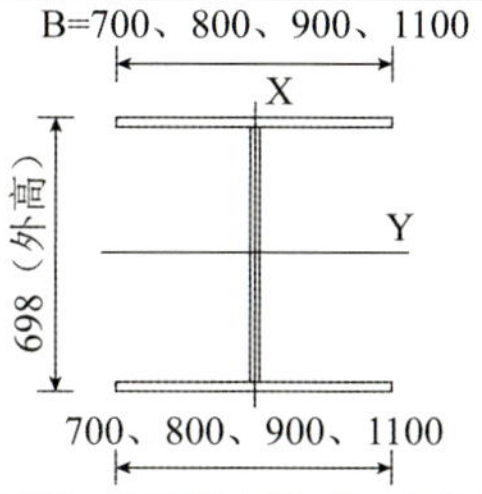	腹杆截面形式二	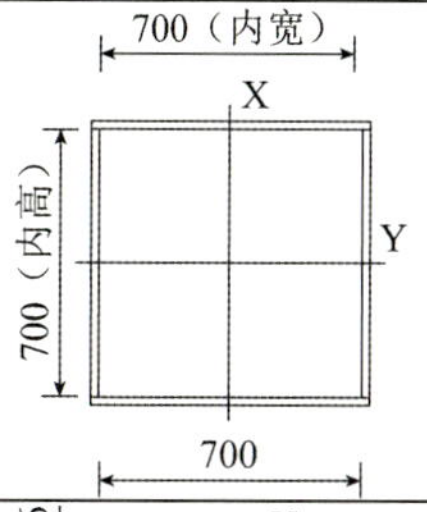
上横梁截面形式一（适用于上弦杆节点处横梁）	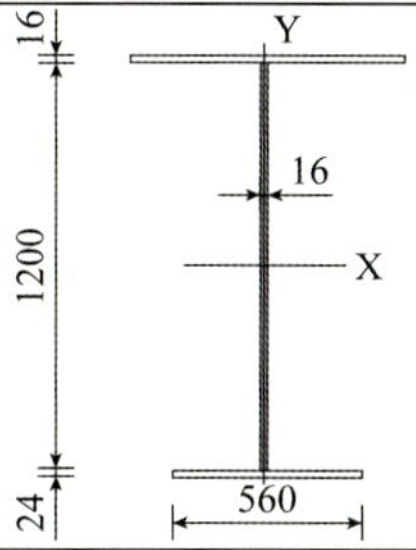	上横梁截面形式二（适用于上弦杆非节点处横梁）	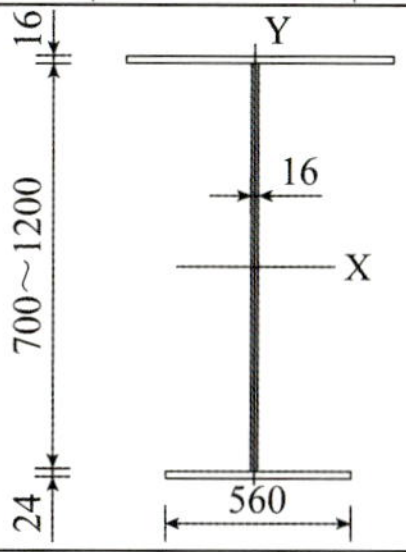
下横梁截面形式一（适用于标准横梁）	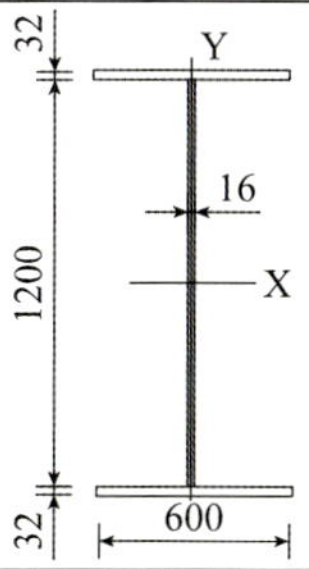	下横梁截面形式二（适用于端横梁）	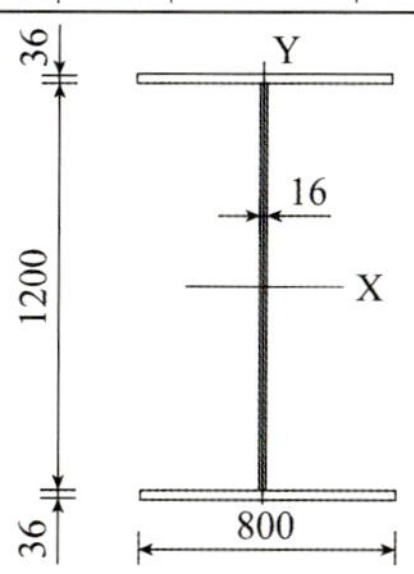

续上表

截面形式	示意图（mm）	截面形式	示意图（mm）
下横梁截面形式三（适用于中支点处横梁）	（图：工字形截面，翼缘宽1000，腹板厚16，高1200，翼缘厚40）		

（5）支座

结构在主墩及边墩均设置支座，为六跨连续钢桁梁拱体系。

水中引桥钢梁的竖向支座采用钢球形支座，由建设单位根据钢梁结构的技术要求委托专业制造厂设计与制造。21轴各设置两个QZ6000（SX）边支座和一个QZ9000（DX）中支座，22轴各设置两个QZ20000（SX）边支座和一个QZ25000（DX）中支座，23轴主墩为制动墩，设置两个QZ20000（DX）边支座和一个QZ27500（GD）中支座，24轴主墩设置两个QZ20000（SX）边支座和一个QZ27500（DX）中支座，25轴各设置两个QZ9000（SX）边支座和一个QZ12500（DX）中支座。水中引桥支座布置示意如图1-6所示。

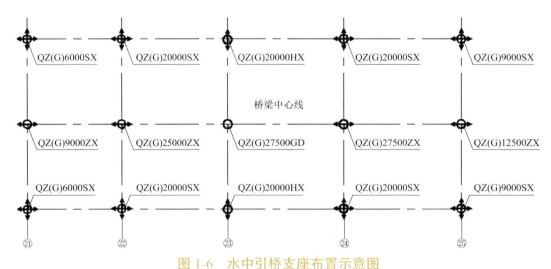

图1-6 水中引桥支座布置示意图

1.2 施工平面布置

项目施工平面布置主要包含万顷沙侧驻地、万顷沙侧钢筋加工场、万顷沙侧钢梁预拼场、万顷沙侧钢栈桥、南沙侧蓝领公寓、南沙侧钢筋加工场及钢结构加工厂、南沙侧钢栈桥、外接施工便道等，项目施工总平面布置如图1-7所示。

1 工程概况

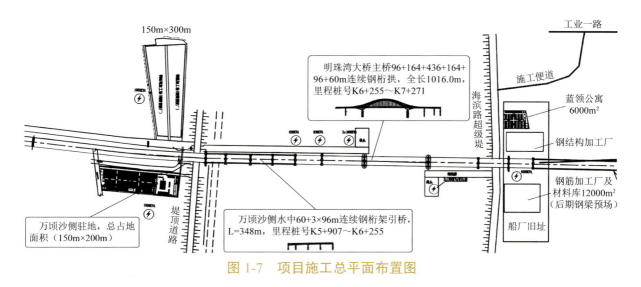

图 1-7 项目施工总平面布置图

1.2.1 交通运输

根据现场实际调查，南沙侧和万顷沙侧两岸均修建施工栈桥及便道接入既有乡道或县道，以作为场内材料设备的运输通道。万顷沙侧栈桥平面布置图和南沙侧栈桥平面布置图如图 1-8 和图 1-9 所示。

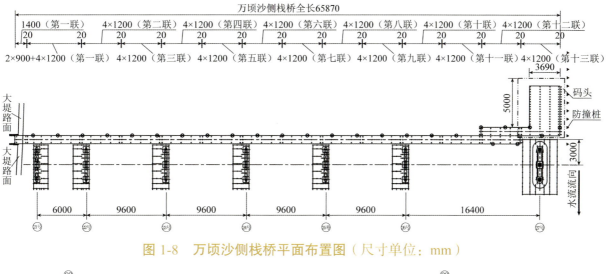

图 1-8 万顷沙侧栈桥平面布置图（尺寸单位：mm）

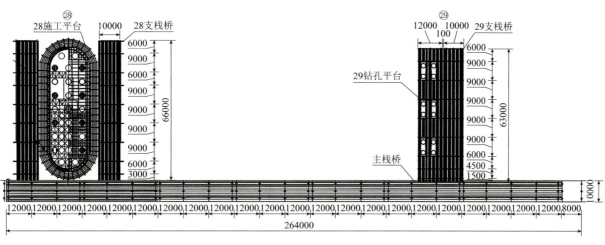

图 1-9 南沙侧栈桥平面布置图（尺寸单位：mm）

|149|

1.2.2 材料供应

材料设备均在广州附近就近采购，通过铁路、公路或水路运至施工现场。钢梁由国内具有相应资质的专业生产企业制造，主要通过水路运至施工现场。

1.2.3 水、电、燃料等资源

场区工程用水主要采用龙穴南水道水或地下水。两岸均有高压电力线沿线路分布，施工时在当地供电部门的配合下，就近引入施工用电。

油料可就近组织采购，利用油罐车运至现场油库。油库远离人员驻地及主要施工设施存放地，由专人负责看管。其他材料可从广州附近市县购买，采用汽车运到施工现场仓库。

1.2.4 通信条件

各施工区域处于无线通信网络覆盖之下，施工中可采用程控电话、手机通话和腾讯QQ、微信等交流方式实现内部及对外联络。

1.3 施工要求

（1）工期目标

计划 2018 年 12 月 6 日开始施工准备，2019 年 5 月 15 日开始钢梁架设，2020 年 8 月 14 日完成钢梁架设。

（2）质量目标

工程质量符合设计图纸要求和相关法律法规规定要求及行业颁发的工程质量合格标准，检验批、分项、分部工程施工质量检验合格率达到 100%。

（3）安全目标

杜绝一般及以上事故，避免人身重伤以上事故，避免火灾和爆炸事故，避免机械设备大事故，确保渡洪、通航安全。

（4）环境保护、水土保持目标

环保、水保与主体工程做到"三同时"，杜绝环境污染事件发生。

（5）文明施工目标

严格按照施工组织设计及文明施工要求组织施工，创建省部级文明工地。做到工地现场施工材料堆放整齐；工地生活设施清洁文明；现场开展以开创省部级文明工地为内容的思想政治工作。

（6）职业健康安全管理目标

严格遵照职业安全健康管理体系的标准建立本项目职业健康体系，制订实施职业健康等各项制度和措施。保证职工生活及工作场所干净整洁、施工现场粉尘及有害气体不超过国家规定标准、劳动保护符合有关规定；防止食物中毒、传染病扩散、职业病或地方病发生。

1.4 周边环境条件

1.4.1 水文条件

（1）径流

蕉门水道一般径流洪水呈年周期变化，珠江口潮汐则呈不规则半日潮周期变化特性。因此，龙穴南水道的水力要素主要有径流年周期和潮汐不规则半日周期的双重特征。径流量在年内集中于4—9月，洪峰出现最多的是5—8月。

桥位附近流线较顺直，流速纵向沿程变化不大。洪水期主流表面最大流速为1.79m/s（表1-5），水流与桥轴线法向夹角小于5°。

设计洪水位流量流速表 表1-5

设计洪水位（m）	设计流量（m³/s）	设计流速（m/s）	频率
7.45	15048	1.48	20年一遇
7.9	16364	1.79	300年一遇

（2）泥沙

珠江河口含沙量较小，蕉门口南沙站涨潮最大含沙量为0.53kg/m³，最小含沙量为0.0423kg/m³；落潮最大含沙量为0.58kg/m³，最小含沙量为0.049kg/m³。蕉门口多年平均输沙量为1289万t。

（3）波浪

南沙港区位于珠江口伶仃洋喇叭湾顶附近，外海波浪传至南沙港区附近时，波浪已很小。但是，台风期间及超级客轮通过时波浪较大。

（4）潮汐

龙穴南水道是以径流为主的潮汐河口，多年平均山潮比为1.74。龙穴南水道南沙站历史最大涨潮为7.65m，历史最低为3.15m；自2014—2016年以来，最大涨潮为7.15m，最低为3.73m。2014—2019年每月水位频率统计表见表1-6，2014—2019年每月最高、最低水位统计表见表1-7（注：水位值均为万顷沙西二洪奇沥水道）。

2014—2019年每月水位频率统计表 表1-6

序号	潮汐水位（m）	2019年												
		1	2	3	4	5	6	7	8	9	10	11	12	小计
1	＞7.00													0
2	6.51~7.00								4					4

续上表

序号	潮汐水位（m）	2019年												
		1	2	3	4	5	6	7	8	9	10	11	12	小计
3	6.01～6.50	14	10	7	11	13	16	19	14	17	16	16	18	171
4	5.51～6.00	11	14	22	19	16	12	10	13	13	15	11	9	165
5	5.01～5.50	6	4	2		2	2	2				3	4	25

序号	潮汐水位（m）	2016年												
		1	2	3	4	5	6	7	8	9	10	11	12	小计
1	>7.00								1					1
2	6.51～7.00					5	4	4		2	1		3	19
3	6.01～6.50	19	11	13	17	20	13	13	16	22	18	20	18	200
4	5.51～6.00	9	16	18	13	11	12	13	10	8	11	9	9	139
5	5.01～5.50	2	2			1	1					1		7

序号	潮汐水位（m）	2015年												
		1	2	3	4	5	6	7	8	9	10	11	12	小计
1	>7.00													0
2	6.51～7.00	1	1		2	2	1	2	2	1	4			16
3	6.01～6.50	17	9	9	7	11	17	19	16	18	18	13	17	171
4	5.51～6.00	10	15	21	19	18	11	10	13	10	12	13	12	164
5	5.01～5.50	3	3	1	4		1					2		14

序号	潮汐水位（m）	2014年												
		1	2	3	4	5	6	7	8	9	10	11	12	小计
1	>7.00													0
2	6.51～7.00					1	5	3	1	2	4		2	18
3	6.01～6.50	16	8	11	15	18	15	17	12	19	18	20	16	185
4	5.51～6.00	12	17	20	14	12	9	11	17	9	9	9	10	149
5	5.01～5.50	3	3		1		1		1			1	3	13

2014—2019年每月最高、最低水位统计表　　　　　　表 1-7

月份	2014年		2015年		2016年		2017年		2019年	
	最高	最低	最高	最低	最高	最低	最高	最低	最高	最低
1	6.49	3.73	6.52	3.73	6.48	3.93	6.5	3.84	6.42	3.42
2	6.35	3.77	6.6	3.77	6.46	3.88	6.47	3.79	6.35	3.41
3	6.21	3.85	6.18	3.79	6.36	3.88	6.25	3.82	6.24	3.53
4	6.28	4	6.21	3.77	6.31	4	6.28	3.95	6.28	3.6

续上表

月份	2014年 最高	2014年 最低	2015年 最高	2015年 最低	2016年 最高	2016年 最低	2017年 最高	2017年 最低	2019年 最高	2019年 最低
5	6.53	4.09	6.55	4.05	6.63	4.15	6.59	4.12	6.38	3.81
6	6.9	4.16	6.54	4.08	6.61	4.07	6.68	4.06	6.45	3.77
7	6.7	4.05	6.56	4.02	6.67	3.92	6.6	3.98	6.5	3.69
8	6.52	4.04	6.61	3.99	7.15	3.97	6.84	4	6.55	3.66
9	6.95	4.14	6.53	4.21	6.46	4.05	6.55	4.08	6.46	3.62
10	6.6	4.01	6.74	3.97	6.77	4.11	6.71	4.12	6.46	3.86
11	6.5	3.84	6.72	4.01	6.66	3.88	6.53	3.92	6.49	3.82
12	6.6	3.76	6.49	3.81	6.63	3.83	6.48	3.8	6.4	3.71
年度	6.95	3.73	6.74	3.73	7.15	3.83	6.84	3.79	6.55	3.41

1.4.2 地质条件

（1）桥位岩土工程地质条件

明珠湾大桥桥址南岸及靠近南岸河床以淤泥、淤泥质砂为主，厚17～23m，底部有9～12m的中粗砂；主河槽以粉砂或黏性土为主，厚2～4m，其下有3～12m的中砂；桥址北岸及靠近北岸河床上部为厚3～9m淤泥层，下部为厚2～9m砂质黏性土残积层。主桥段揭露的岩土层分述如下：

①人工填土层（Q_4^{ml}）

该地段缺失。

②第四系全新统海陆交互相沉积层（Q_4^{mc}）

②$_1$粉质黏土：该地段缺失。

②$_2$淤泥：此层直接出露于河床，层厚1.70～11.25m，平均7.18m。

②$_3$粉、细砂：层顶埋深5.80m，层厚5.75mm。

③第四系上更新统坡积层（Q_3^{dl}）

该地段缺失。

④第四系上更新统河流相冲积层（Q_3^{al}）

④$_1$粉质黏土、淤泥质粉质黏土：层顶埋深0.00～27.00m，层厚1.00～3.50m，平均2.57m。

④$_2$中砂：层顶埋深0.00～17.00m，层厚6.50～10.00m，平均8.29m。

⑤残积层（Q^{el}）

⑤$_1$可塑砂质黏性土：层顶埋深1.70～8.60m，层厚3.52～4.55m，平均4.03m。

⑤$_2$硬塑砂质黏性土：层顶埋深6.25～12.12m，层厚2.45～5.03m，平均3.58m。

⑥下古生界混合岩（P^{z1}）

该地段缺失。

⑦燕山晚期花岗岩

⑦$_1$ 全风化带：层顶埋深 11.50～17.15m，带厚 5.86～26.90m。

⑦$_2$ 强风化带：层顶埋深 7.50～38.10m，带厚 1.50～12.00m，平均 6.80m。

⑦$_3$ 弱风化带：层顶埋深 9.00～49.30m，带厚 0.60～5.00m，平均 1.96m。

⑦$_4$ 微风化带：层顶埋深 9.84～49.90m，揭露厚度 1.20～6.30m，平均 4.07m。

（2）水的腐蚀性

明珠湾大桥靠近珠江口，位于咸淡水交界处，当涨潮时海水涌入珠江内河，对混凝土结构具有腐蚀性；退潮时珠江水下泻入海，淡水对混凝土结构无腐蚀性。

（3）不良地质与特殊岩土

场地不良地质是潜在的滑坡，特殊性岩土主要是软土和花岗岩残积土。场区有多层淤泥层及淤泥质黏土层，在Ⅶ度地震作用下，有可能发生软土震陷现象。

（4）工程地质评价

近场地震地质资料，未发现含有构造角砾岩等较大型的断裂构造迹象，场区断裂构造现今活动性微弱。在地表以下 20m 深度范围内，分布有饱和砂层。本场地属地震烈度Ⅶ区内，遭遇地震烈度Ⅶ度地震时，基本上不会或发生轻微的砂土液化。本场地为软弱场地土，建筑场地类别为Ⅲ类。

1.4.3 气象特征

（1）概况

桥址所在南沙地区地处亚热带季风气候区，属亚热带季风海洋气候，海洋性气候显著，气候温和潮湿，具有温暖多雨、光热充足、温差较小、夏季长、霜期短等气候特征。

（2）气温及湿度

场地内多年平均气温为 22℃，年际变化小，变幅在 1℃左右。年内气温变幅较大，7月、8月气温较高，1月、2月和12月气温较低。历年最高气温 38°；历年最低气温 −1.3℃。本区域多年平均相对湿度在 80%，春、夏最大相对湿度在 95%以上，秋、冬最小相对湿度不足 10%。

（3）降水

场地内多年平均降水量约 1700mm，实测最大年降水量为 2865mm，最小年降水量为 1009mm。降水量年内分配极不均匀，汛期 4—9月降水量占年总量的 80%以上，枯水期 1—3月、10—12月占年总量不足 20%。历年的最大 24h 暴雨量为 270.5mm，历年最小为 45.4mm。

（4）风况

据风向、风速资料统计，春、冬两季以 N、NNE、NE 风向为主，夏、秋两季以 S 风向为主。年平均风速 2.0~2.6m/s，历年最大风速 26.0m/s。本区为台风影响区，台风一般发生在 6—10 月，年均受影响的次数 2.85 次，最大风力在 9 级以上，并带来暴雨，对航行船舶危害极大。

1.4.4 邻近建筑物及管线情况

项目主桥钢梁架设位于龙穴岛水道上方，周边无邻近建筑物及管线，主要为香蕉林及部分滩涂，因此无建筑物及管线影响。

1.5 风险辨识与分级

风险辨识与分级汇总表见表 1-8。

风险辨识与分级汇总表　　　　　　　　　　　　　表 1-8

序号	风险活动	危险因素	事故类别	L	E	C	D	风险等级
1	支架施工	机械吊装材料、管桩插打过程中，未按指挥信号操作；人员进入吊装半径等	起重伤害	3	3	15	135	显著危险
		支架搭设过程中吊装大件材料时，起重机站位处地基承载力不足，吊距过大；管桩插打等	设备倾覆	1	3	15	45	一般危险
		支架高空搭设，焊接过程中材料坠落，对下方施工人员造成打击	物体打击	1	6	7	42	一般危险
		支架高空搭设施工过程中人员坠落	高处坠落	3	6	3	54	一般危险
		支架搭设过程中倒塌	坍塌	1	6	15	90	显著危险
		施工现场用电不规范	触电	1	3	15	45	一般危险
2	钢梁架设	多台机械在同一作业面作业时，机身之间安全距离不足；作业人员未按规定施工，进入机械运转半径	机械伤害	3	6	3	54	一般危险
		违章指挥、违规操作；安全防护措施不到位；机械日常检查不到位，设备结构件发生损坏未及时更换；施工机械安全附件失效或缺失	起重伤害	3	3	15	135	显著危险

续上表

序号	风险活动	危险因素	事故类别	风险评估 L	E	C	D	风险等级
2	钢梁架设	上、下交叉作业未设隔离；材料、机具摆放散乱，不规范；作业平台周边防护不到位；未正确佩戴安全帽；违章作业，上下乱丢工具、材料；施拧冲钉、高强度螺栓时掉落材料	物体打击	3	6	7	126	显著危险
		未设置施工作业平台；施工作业平台未设置安全防护栏杆；现场施工作业人员未佩戴安全带；日常对作业平台安全防护没有进行检查；施工作业人员违规作业	高空坠落	6	6	7	252	高度危险
		施工临边防护不到位；水上作业人员未经安全培训及安全交底，没有穿救生衣，现场未设置救生圈	溺水伤害	3	6	7	126	显著危险
		用电设施保护不到位；非专职人员操作；用电设施使用不规范；私拉乱接现象严重；配电箱、用电设备漏电保护失效；接零接地失效；使用不合格产品，电路老化	触电伤害	1	3	15	45	一般危险

1.6 参建各方主体单位

参建各方主体单位见表1-9。

参建各方主体单位明细表　　　　表1-9

建设单位	广州市南沙区建设中心
设计单位	广州市市政工程设计研究总院有限公司、中铁第四勘察设计院集团有限公司
勘察单位	广州市市政工程设计研究总院有限公司、中铁第四勘察设计院集团有限公司
监理单位	铁科院（北京）工程咨询有限公司、广州市诚铁监理咨询有限公司
施工单位	中国铁建大桥工程局集团有限公司

2 编制依据

2.1 法律依据

2.1.1 法律法规

（1）《中华人民共和国安全生产法》；

（2）《中华人民共和国消防法》；

（3）《中华人民共和国建筑法》；

（4）《中华人民共和国特种设备安全法》；

（5）《中华人民共和国突发事件应对法》；

（6）《中华人民共和国职业病防治法》；

（7）《建设工程安全生产管理条例》（国务院令第393号）；

（8）《特种设备安全监察条例》（国务院令第373号）；

（9）《生产事故应急条例》（国务院令第708号）；

（10）《建设工程质量管理条例》（国务院令第279号）；

（11）《生产安全事故报告和调查处理条例》（国务院令第493号）；

（12）《生产经营单位安全培训规定》（安全监管总局令第3号）；

（13）《特种作业人员安全技术培训考核管理规定》（安全监管总局令第30号）；

（14）《安全生产培训管理办法》（安全监管总局令第44号）；

（15）《安全生产事故隐患排查治理暂定规定》（安全监管总局令第16号）；

（16）《安全生产事故应急预案管理办法》（安全监管总局令第88号）；

（17）《安全生产事故信息报告和处置办法》（安全监管总局令第21号）；

（18）《建设工程消防监督管理规定》（公安部令第106号）；

（19）《建设项目安全设施"三同时"监督管理办法》（安全监管总局令第36号）；

（20）《工贸企业有限空间作业安全管理与监督暂行规定》（安全监管总局令第59号）；

（21）《中华人民共和国水上水下作业和活动通航安全管理规定》（交通运输部令2021年第24号）；

（22）《建筑起重机械安全监督管理规定》（建设部令第166号）；

（23）《建筑施工企业主要负责人、项目负责人和专职安全生产管理人员安全生产管理规定》（住房和城乡建设部令第 17 号）；

（24）《建筑施工特种作业人员管理规定》（建质〔2008〕5 号）；

（25）《建筑工程预防高处坠落事故若干规定》（建质〔2003〕82 号）；

（26）《建筑工程预防坍塌事故若干规定》（建质〔2003〕82 号）；

（27）《危险性较大的分部分项工程安全管理规定》（住房和城乡建设部令第 37 号）；

（28）《住房城乡建设部办公厅关于实施危险性较大的分部分项工程安全管理规定有关问题的通知》（建办质〔2018〕31 号）；

（29）《危险性较大的分部分项工程专项施工方案编制指南》（建办质〔2021〕48 号）；

（30）《危险性较大分部分项工程安全管理细则（2019 年版）》（渝建安发〔2019〕27 号）。

2.1.2 设计标准及规范

（1）《工程结构通用规范》（GB 55001—2021）；

（2）《工程结构可靠性设计统一标准》（GB 50153—2008）；

（3）《建筑结构可靠性设计统一标准》（GB 50068—2018）；

（4）《建筑结构荷载规范》（GB 50009—2012）；

（5）《钢结构通用规范》（GB 55006—2021）；

（6）《钢结构设计标准》（GB 50017—2017）；

（7）《公路工程技术标准》（JTG B01—2014）；

（8）《公路钢结构桥梁设计规范》（JTG D64—2015）；

（9）《公路桥涵设计通用规范》（JTG D60—2015）；

（10）《城市桥梁设计规范》（CJJ 11—2011）；

（11）《铁路桥梁钢结构设计规范》（TB 10091—2017）；

（12）《公路桥涵地基与基础设计规范》（JTG 3363—2019）；

（13）《公路桥梁抗风设计规范》（JTG/T 3360-01—2018）；

（14）《大跨度斜拉桥平行钢丝拉索》（JT/T 775—2016）。

2.1.3 施工及验收标准及规范

（1）《建设工程项目管理规范》（GB/T 50326—2017）；

（2）《内河通航标准》（GB 50139—2014）；

（3）《工程测量标准》（GB 50026—2020）；

（4）《工程测量通用规范》（GB 55018—2021）；

（5）《建筑物变形测量规范》（JGJ 8—2016）；

（6）《国家一、二等水准测量规范》（GB 12897—2006）；

（7）《公路工程技术标准》（JTG B01—2014）；

（8）《建筑与桥梁结构监测技术规范》（GB 50982—2014）；

（9）《钢结构工程施工规范》（GB 50755—2012）；

（10）《钢结构焊接规范》（GB 50661—2011）；

（11）《钢结构工程施工质量验收标准》（GB 50205—2020）；

（12）《公路桥涵施工技术规范》（JTG/T 3650—2020）；

（13）《铁路桥涵工程施工质量验收标准》（TB 10415—2018）；

（14）《城市桥梁工程施工与质量验收规范》（CJJ 2—2008）；

（15）《公路工程质量检验评定标准 第一册 土建工程》（JTG F80/1—2017）；

（16）《桥梁工程防雷技术规范》（GB 31067—2014）；

（17）《混凝土结构工程施工规范》（GB 50666—2011）；

（18）《铁路桥梁球型支座》（GTCC-032—2016）；

（19）《公路桥梁球型支座规格系列》（JT/T 854—2013）；

（20）《铁路钢桥制造规范》（Q/CR 9211—2015）；

（21）《钢结构高强度螺栓连接技术规程》（JGJ 82—2011）；

（22）《桥梁双曲球面型减隔震支座》（JT/T 927—2014）；

（23）《桥梁球型支座》（JGB/T 17955—2009）；

（24）《钢结构用高强度大六角头螺栓》（GB/T 1228—2006）；

（25）《钢结构用高强度大六角螺母》（GB/T 1229—2006）；

（26）《钢结构用高强度垫圈》（GB/T 1230—2006）；

（27）《桥梁用结构钢》（GB/T 714—2015）；

（28）《公路桥梁钢结构防腐涂装技术条件》（JT/T 722—2008）。

2.1.4 施工安全规范

（1）《施工企业安全生产管理规范》（GB 50656—2011）；

（2）《建筑施工安全检查标准》（JGJ 59—2011）；

（3）《市政工程施工安全检查标准》（CJJ/T 275—2018）；

（4）《公路工程施工安全技术规范》（JTG F90—2015）；

（5）《建设工程施工现场供用电安全规范》（GB 50194—2014）；

（6）《建筑施工高处作业安全技术规范》（JGJ 80—2016）；

（7）《高处作业吊篮标准》（GB 19155—2017）；

（8）《建筑机械使用安全技术规程》（JGJ 33—2012）；

（9）《建筑施工起重吊装工程安全技术规范》（JGJ 276—2012）；

（10）《起重机械安全规程》（GB 6067—2010）；

（11）《建设工程施工现场环境与卫生标准》（JGJ 146—2013）。

2.2 项目文件

（1）《明珠湾大桥工程（不含先行段）施工图设计》（项目编号：04-011-04-Y）；

（2）《明珠湾大桥工程（不含先行段）钢梁制造规则》；

（3）《广州南沙开发区明珠湾大桥工程（不含先行段）工程设计施工总承包合同》（合同编号：穗南基建合〔2018〕130号施工承包模式：EPC）；

（4）《明珠湾大桥工程岩土工程详细勘察报告》（工程编号：04-011-04-Y）；

（5）《广州市南沙区建设中心管理规定》。

2.3 施工组织设计

（1）《明珠湾大桥工程（不含先行段）实施性总体施工组织设计》（2018年5月26日审批通过）；

（2）《明珠湾大桥工程（不含先行段）实施性总体施工组织设计（修编）》（2019年5月8日审批通过）。

3 施 工 计 划

3.1 施工进度计划

根据明珠湾大桥工程施工组织设计要求，上部结构架设工程自 2019 年 5 月 15 日启动，至 2020 年 8 月 14 日完成，主要划分为万顷沙侧边跨钢梁架设、主跨钢梁架设，南沙侧钢梁架设三段。

具体安排如下：

2019 年 3 月 31 日启动 31 号-30 号墩支架施工；

2019 年 5 月 15 日启动主墩墩旁托架、塔吊施工；

2019 年 5 月 19 日启动 25 号-26 号墩边跨钢梁架设；

2019 年 4 月 20 日启动 31 号-30 号墩边跨钢梁架设；

2019 年 5 月 30 日启动主墩（27 号、28 号）顶钢梁架设；

2019 年 10 月 20 日边跨钢梁合龙完成；

2019 年 10 月 21 日启动水中引桥钢梁架设；

2020 年 5 月 28 日水中引桥钢梁架设完成；

2020 年 5 月 31 日主跨钢梁合龙完成；

2020 年 8 月 14 日钢梁调整完成。

钢梁架设工期计划安排详见附表：明珠湾大桥钢梁架设工期计划表。

施工进度计划结合钢梁制造及基础施工实际进度，以满足总工期为目标，对各个工序进行合理划分，优化组织各平行、交叉作业，劳、材、机配置经济，进度力求合理可行。

（1）主要分项工程生产率

广州明珠湾大桥钢梁架设施工各项工序等分项生产率见表 3-1。

广州明珠湾大桥钢梁架设施工分项生产率　　　表 3-1

序号	名称	架梁起重机（天/节）	塔式起重机（天/节）	起重船/履带式起重机（天/节）	其他（天）	备注
1	平行弦起始节间钢梁架设			15		
2	主墩顶 2 节间（A21→A23）钢梁架设		20			

续上表

序号	名称	架梁起重机（天/节）	塔式起重机（天/节）	起重船/履带式起重机（天/节）	其他（天）	备注
3	A0→A17 平行弦钢桁梁架设	7		12		
4	A17→A21 钢梁架设	12	12	15		
5	A23→A25 钢梁架设	12				
6	A25→A39 钢桁拱＋系杆梁架设	15				
7	边跨钢梁合龙、纵移	15				
8	主跨钢桁拱合龙	15				
9	主跨系杆梁合龙	7				
10	水中引桥架梁调整				5	
11	主桥体系转换				30	
12	水中引桥体系转换				15	
13	墩旁托架施工、塔式起重机拼装				15	
14	爬坡架梁起重机拼装		20			
15	平行弦架梁起重机拼装			20		
16	J1 架梁起重机每次调头				3	
17	塔式起重机、扣塔拼装		40			
18	扣索安装张拉				5	
19	塔式起重机、扣塔、架梁起重机等拆除		45			
20	平行弦架梁起重机拆除				20	

3.2 材料与设备计划

明珠湾大桥钢梁架设所需机械设备配置见表 3-2。

明珠湾大桥工程钢梁架设机械设备配置表　　表 3-2

序号	设备名称	型号	投入总数量	来源（自有/租赁）	备注
1	起重设备	起重船 200t 吊高 70m 以上	1 台	自有	钢桁梁架设
2		起重船 350t 吊高 55m 以上	1 台	自有	钢桁梁架设
3		70t 爬坡起重机	2 台	自有	钢梁架设
4		70t 平弦起重机	2 台	自有	钢梁架设
5		D1500-63 塔式起重机	2 台	自有	钢梁架设,架梁起重机、扣塔拼拆
6		150t 履带起重机	2 台	自有	桥梁施工

续上表

序号	设备名称	型号	投入总数量	来源（自有/租赁）	备注
7	起重设备	320t 履带起重机	1台	自有	31号—30号墩起始节间钢梁架设
8		50t 汽车起重机	2台	自有	人行道桥面板架设、挂索
9		50t 门式起重机	4台	自有	钢桁梁预拼场
10		60t 码头桅杆式起重机	2台	自有	起重码头装卸船
11		提升站	2台套	自有	钢梁提升上桥
1	千斤顶设备	200t 千斤顶	60台套	自有	纵横移、主墩墩旁托架水平限位
2		600t 千斤顶	24台套	自有	27号、28号主墩纵向限位顶
3		650t 千斤顶	48台套	自有	主桥扣索调索、边跨合龙钢梁调整
4		500t 千斤顶	36台套	自有	主跨合龙时，26号、29号和30号墩上钢梁调整
5		250t 千斤顶	24台套	自有	墩旁托架、25号和31号墩上钢梁调整
6		电动油泵控制柜	6台套	自有	钢梁调整
1	运输设备	80t 钢梁平板运输汽车	6台	自有	桥上桥下钢梁运输
2		1500t 运输船	2艘	自有	桥位处钢梁运输
3		3000t 运输船	4艘	自有	钢梁运输
4		安全巡逻艇	1艘	自有	
5		交通船	2艘	自有	
1	动力设备	1000KVA 变压器	4台	自有	桥梁施工供电
2		发电机 GF400/400KW	6台	自有	施工备用
1	现场焊接设备	CG2-150 仿型切割机	2台	自有	钢梁制造
2		CG1-3000A 半自动切割机	4台	自有	钢梁制造
3		焊接设备	20套	自有	钢梁制造
4		电弧喷铝设备	2套	自有	钢梁制造
5		电动空压机 10m³	2台	自有	钢梁制造
6		柴油空压机 9m³	2台	自有	钢梁制造
1	其他设备	吊索塔架	2套	自有	钢梁架设
2		高强度螺栓施拧设备	40套	自有	桥梁施工
3		高强度螺栓检测设备	2套	自有	桥梁施工
4		8t 卷扬机	4套	自有	挂索
5		5t 卷扬机	4套	自有	挂索

钢桁梁加工及现场施工主要设计钢板及高强度螺栓，具体材料详见表3-3。

明珠湾大桥工程钢梁主体材料表　　　　　　　　　　　　　　　　　　　表 3-3

部位	型号	单位	钢桁梁	备注
钢材	Q370QD	t	38284	
	Q420qD	t	11764.57	
	Q420qD-Z35	t	601.18	
	Q370qD-Z25	t	1602.65	
高强度螺栓	M24	套	499919	
	M30	套	692399	
涂装	钢结构外表面涂装	m²	603020	

材料根据上部结构施工设计图与专业分包厂家中铁九桥、中铁山桥签订合同，施工材料及加工组拼设备均由专业分包厂家采购。进场材料要求按照实际情况配套产品合格证、材质书及检验合格证，项目驻场质检人员、驻场专业监理工程师对进场材料外观质量进行检查，并在监理见证下复检，主体材料合格后出具检测报告方可使用，见表 3-4 和表 3-5。

钢梁出厂前由第三方完成各项检查试验并涂刷底层漆，达到要求后方可通过水路运送至桥址处。

明珠湾大桥临时墩材料表　　　　　　　　　　　　　　　　　　　　　表 3-4

墩号	规格（mm）	数量	桩顶高程（m）	单桩承载力（t）	备注
临时墩 1	φ820×12×59676	18	+29.076	160	
临时墩 2	φ820×12×63785	12	+30.085	160	
临时墩 3	φ820×12×64458	12	+30.758	160	
临时墩 4	φ820×12×21100	12	+29.405	160	
临时墩 5	φ820×12×20740	12	+29.045	160	
临时墩 6	φ1000×12×63045	18	+29.045	160	
临时墩 7	φ820×12×65785	12	+29.405	160	
临时墩 8	φ820×12×63454	12	+29.405	160	
临时墩 9	φ820×12×22200	12	+29.076	160	

墩旁托架及吊索塔架材料表　　　　　　　　　　　　　　　　　　　　表 3-5

部位	位置	单位	钢材	材质	备注
吊索塔架	27 号	t	1600	Q345c、Q235b	
	28 号	t	1600	Q345c、Q235b	
墩旁托架	27 号	t	574	Q345	
	28 号	t	574	Q345	

3.3 劳动力计划

结合本桥钢梁特点以及目前施工进度,在现有指挥部组织的基础上成立钢梁协调小组,专门负责前期钢梁生产与架设的协调以及钢梁架设等各项筹备工作。作业队分为钢梁预拼、钢梁架设、吊索塔架施工、高强度螺栓施拧及检查、机电、油漆等。各类作业人员尽量选用曾参加过大型钢梁架设施工的熟练工人。钢梁架设作业队人员配备情况见表3-6。

明珠湾大桥钢梁架设劳动力配置计划表   表3-6

序号	作业项目	人员配置	万顷沙侧	南沙侧
1	预拼、运输作业队	60	30	30
2	架设及塔架、吊索安装作业队	80	40	40
3	高强度螺栓施拧及检查	50	25	25
4	油漆分队	30	15	15
5	机电分队(含起重机司机)	30	15	15

4 施工工艺技术

4.1 技术参数

4.1.1 主桁构件

（1）连续钢桁梁截面及构造尺寸

腹杆有箱形和H形两种截面形式。箱形截面内高700mm，内宽700mm，板厚20~36mm。与节点板及节点内的隔板四面对拼连接；为方便安装，竖杆均采用"H"形截面，高698mm，外宽700~1100mm，板厚24~48mm，与节点板间采用插入式高强度螺栓拼接。

上弦杆为上翼缘板带伸出肢的箱形截面，上弦杆件内高700mm，内宽为700mm，下翼板及竖板厚24~40mm，上弦杆上翼缘板厚度均为24mm，边桁上翼缘板宽板1500mm，中桁上翼缘板宽2100mm，弦杆顶板采用熔透焊接连接，其余板件均在节点外使用高强度螺栓拼接。

下弦杆为箱形截面。拱肋上弦截面内宽700mm，内高700mm，板厚20~48mm，与主桁节点采用四面对拼的连接形式。

（2）连续钢桁拱杆件截面及构造尺寸

拱肋上、下弦均为箱形截面。拱肋上弦截面内宽1.0m，内高分1.2m和1.24m两种，板厚24~66mm；拱肋下弦截面内宽均为1.0m，内高分1.2m、1.24m、1.44m和1.64m，板厚24~66mm；1.2~1.44m高截面两竖板和水平板中间各带1条加劲肋，1.64m高截面两竖板中间带2条加劲肋，水平板中间带1条加劲肋，加劲肋高度为200mm。

腹杆有箱形和H形两种截面形式。箱形截面内高600~1200mm，内宽1000mm，板厚20~48mm。与节点板及节点内的隔板四面对拼连接；H形腹杆（F5、F6），高700~900mm，内宽1000mm，板厚32~36mm，与节点板间采用三面对拼连接。H形腹杆（F7、F8、F9），高700，外宽998mm，板厚24~32mm，与节点板间采用插入式高强度螺栓拼接，其中F8、F9为王字型。

上弦杆为上翼缘板带伸出肢的箱形截面，上弦杆件内高1200mm，内宽为1000mm，竖板厚 20～24mm，两竖板及水平板中间各带 1 条加劲肋，上弦杆上、下翼缘板厚度为 20mm、24mm 两种，边桁上翼缘板宽板 1910mm，中桁上翼缘板宽 2300mm，弦杆顶板采用熔透焊接连接，其余板件均在节点外才用高强度螺栓拼接。

下弦杆为箱形截面。拱肋上弦截面内宽 1.0m，内高 1.2m，板厚 20～40mm，与主桁节点采用四面对拼的连接形式。

4.1.2 桥面板

本桥上层公路桥面采用正交异性钢桥面板的整体桥面，桥面板板厚 16mm，采用"U"形闭口肋，间距为 600mm，纵向每 3m 设置一道横隔板，与上弦杆栓接。上层钢桥面板与主桁上弦箱形截面上翼缘板的伸出肢焊接，共同承受主桁内力。桥面板宽均为 15.8m，最长的 QM8 为 10.2m，重量为 46t，其余桥面板重量均不大于 40t。桥面板均根据设计要求在工厂内进行分块制造，在现场进行安装，所有桥面板均采用先栓后焊的方式安装。

4.1.3 联结系及横梁

主桥：

拱肋上弦设置平面纵向联结系，拱肋下弦（除上、下层桥面所在节间外）及加劲弦均设置平面纵向联结系。

拱肋上弦平联采用交叉型设置，杆件采用工字型构件，截面高度 478mm，横撑采用箱形截面，高度 478mm，宽度 484mm。

下加劲弦平面联结系设置交叉式斜杆和横向撑杆。斜杆及横撑杆均为工字形截面，截面高 600mm，宽 720mm，板厚分别为 24～32mm，端部与平联节点板对拼连接。

下层桥面平纵联的采用交叉型设置，杆件采用工字形构件，截面高度 478mm，宽度 480mm 和 520mm 两种，横梁作为平联横撑。

水中引桥：

下加劲弦平面联结系设置交叉式斜杆和横梁。下横梁为工字形截面，截面腹板高 1200mm，宽 600～1000mm，腹板厚 16mm，顶板厚 32～40mm，端部与平联节点板对拼连接。下平联杆件采用工字形构件，截面高度 398mm，宽度 400mm，横梁作为平联横撑。

4.1.4 横联及桥门架

主拱肋共设置 6 道横联，设在上拱肋 SS30、SS34 和 SS38 节点处。

在上层桥面与主墩支点线和拱肋下弦相交处均设置板式桥门架，在上拱肋 S22 处设置桁架式桥门架。

4.1.5 吊杆

吊杆横向间距与桁宽相同，为 18.1m，纵向间距与主桁节间布置相同，每个吊点处设置。吊索及锚具采用标准强度为 1670MPa 的镀锌平行钢丝成品吊杆系列。采用单吊杆体系，吊杆型材采用 PES7-151 和 PES7-187 两种规格，为冷铸锚头 HDPE 护套平行钢丝索，下端为张拉端。

4.1.6 安装就位位置

钢梁杆件安装位置图如图 4-1 所示。

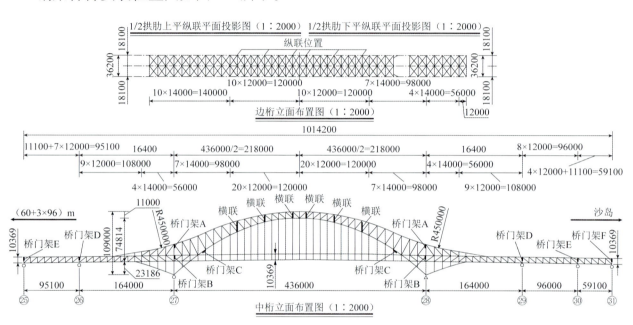

图 4-1 钢梁杆件安装位置图（尺寸单位：mm）

4.1.7 设备技术参数

根据钢梁重量可知，最重为 QM8 桥面板，重 46t，其余桥面板重量均不大于 40t，其余杆件重量均小于桥面板重量，根据钢桁梁设计要求采用 WD70t 爬坡起重机及 WD70t 平弦起重机可满足吊重要求，设备具体技术参数如下：

1）架梁起重机

（1）70t 爬坡架梁起重机

架梁起重机主要吊臂、三脚架、上转台、上底盘、起升机构、变幅机构、上底盘、下底盘、牵引走行机构、锚固机构、调平机构、电气液压控制系统、司机室、栏杆梯子走台等组成。其结构图如图 4-2 所示。

根据钢桁梁设计要求其参数如下：

架梁起重机结构自重：≤380t；

轨下吊高：90m；

额定起吊能力：主钩 70t；副钩 15t；

适应最大爬坡角度：23°；

适应节间距：14m/12m；

横向站位间距：2×18.1m；

工作环境最大风压：工作状态为 6 级，非工作状态为 13 级。

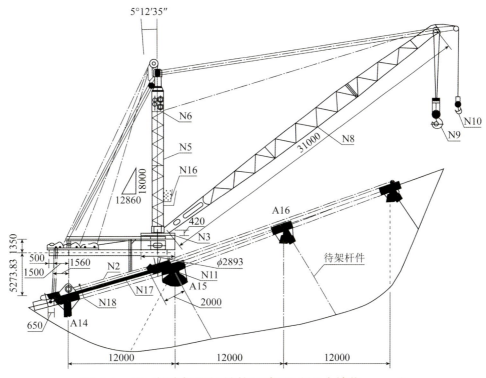

图 4-2 70t 爬坡起重机结构示意图（尺寸单位：mm）

70t 爬坡起重机起重曲线示意图如图 4-3 所示。

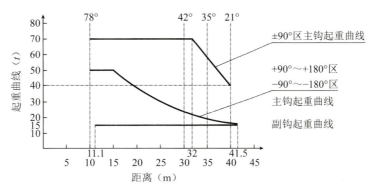

图 4-3 70t 爬坡起重机起重曲线示意图

（2）70t 平弦架梁起重机

架梁起重机主要吊臂、三脚架、上转台、上底盘、起升机构、变幅机构、底盘、走行机构、锚固机构、电气液压控制系统以及司机室、栏杆梯子走台等组成，结构图如图 4-4 所示。

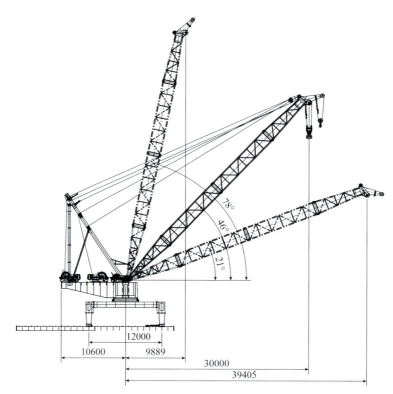

图 4-4 70t 平弦架梁起重机结构示意图（尺寸单位：mm）

根据钢桁梁设计要求其参数如下：

架梁起重机结构自重：≤280t；

轨下吊高：42m；轨上吊高：40m；

额定起吊能力：主钩 70t；副钩 5t；

适应节间距：12m；

横向站位间距：2×18.1m/2×17.95m

工作环境最大风压：工作状态为 6 级，非工作状态为 13 级。

70t 平弦架梁起重机起重曲线示意图如图 4-5 所示。

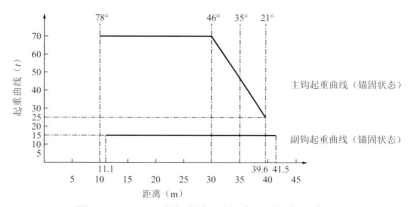

图 4-5 70t 平弦架梁起重机起重曲线示意图

2）塔式起重机

本工程计划采用 2 台 D1500-63 塔式起重机分别布置于 27 号、28 号主墩靠栈桥一侧的承台上，进行主墩顶起始节间钢桁梁架设、架梁吊机拼拆、扣塔安拆等工作。

塔式起重机由塔身、顶升机构、回转机构、平衡臂、吊臂、变幅小车和起重吊钩等组成。D1500-63锤头塔式起重机，吊臂长度60m，最小吊幅6.5m，吊高170m，结构示意图如图4-6所示。

塔式起重机吊重参数详见表4-1。

塔式起重机臂长60m时吊重参数表　　　　　表4-1

幅度（m）	6.5~23.84	24	26	28	30	32	34.78	36	38
2倍率（t）	21								
4倍率（t）	42							40.31	37.80
6倍率（t）	63	62.48	54.11	56.66	47.53	43.87	39.53	37.84	35.33
幅度（m）	40	42	44	46	48	50	52	54	56
2倍率（t）	21								
4倍率（t）	35.55	33.53	31.70	30.04	28.52	27.12	25.84	24.66	23.56
6倍率（t）	33.09	31.06	29.23	27.57	26.05	24.66	23.37	22.19	21.09
幅度（m）	58	60							
2倍率（t）	21								
4倍率（t）	22.55	21.60							
6倍率（t）	20.08	19.13							

3）码头起重机

采用60t桅杆起重机（图4-7）作为码头起重机，用于南沙侧钢梁加工制造后水运上岸，运输至钢梁预拼场存放、预拼、架设施工。

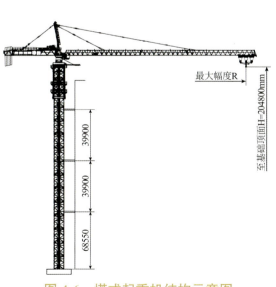

图4-6　塔式起重机结构示意图
（尺寸单位：mm）

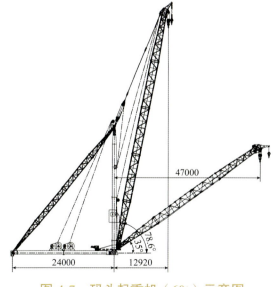

图4-7　码头起重机（60t）示意图
（尺寸单位：mm）

4）起重船

根据架梁方案，25号—26号边跨起始两节间钢梁架及其上架梁起重机拼装，两主墩至边跨的钢桁梁架设均采用起重船，根据实际调查，计划投入一台200t起重船和一台350t起重船，200t起重船主臂65°时副钩性能表见表4-2，350t起重船吊重参数表见表4-3。

200t起重船主臂65°时副钩性能表　　　　　表4-2

角度（°）	吊高（m）（距水面）	跨距（m）（距船艏）	吊重（t）
65	72.3	30.7	80
64	72.2	31	80
63	72	31.3	80
62	71.8	31.6	80
61	71.7	32	80
60	71.5	32.3	80
59	71.3	32.6	80
58	71.1	32.9	80
57	70.9	33.2	80
56	70.7	33.5	80
55	70.5	33.8	80
54	70.3	34.1	80
53	70.1	34.4	80
52	69.8	34.7	80
51	69.6	35	80
50	69.4	35.3	80
49	69.1	35.6	79.6
48	68.9	35.8	78.6
47	68.6	36.1	77.6
46	68.4	36.4	76.7
45	68.1	36.6	75.7
44	67.9	36.9	73
43	67.6	37.1	70.4
42	67.3	37.4	68
41	67.1	37.6	65.7
40	66.8	37.9	63.5
39	66.5	38.1	61.5
38	66.2	38.3	59.5
37	65.9	38.6	57.7
36	65.6	38.8	55.9
35	65.3	39	54.2
34	65	39.2	52.7
33	64.7	39.4	51.2
32	64.4	39.6	50.7

续上表

角度（°）	吊高（m）（距水面）	跨距（m）（距船舷）	吊重（t）
31	64.1	39.8	50.2
30	63.8	40	49.8

350t 起重船吊重参数表　　　　　　　　　　　表 4-3

角度	船舶纵向幅度（m）	船舶横向幅度（m）	起吊高度（吊钩）（m）	起吊重量（t）
主吊				
80	5	4	57	250
75	8	7	56	190
70	12	14	55	190
65	17	16	53	160
60	21	20	50	130
55	25	24	48	110
50	28	27	44	95
45	34	33	41	80
副吊				
75	7	6	65	50
60	25	24	57	50
45	39	39	47	50

4.1.8 大临设施

1）钢梁存放场

根据现场实际情况，为钢梁架设方便，分别在万顷沙侧及南沙侧各布置一处钢梁预拼场。钢梁桥面板及大于 40t 的杆件在厂家加工完成验收合格之后直接装船运至现场，存放于运输船上等待架设；小于 40t 的杆件运至现场（南沙侧使用水运，万顷沙侧使用陆运）后存放于钢梁存放场。两侧钢梁存放场详细布置如下：

万顷沙侧钢梁存放场位于万顷沙侧大堤外线路左侧，梁场分一区二区。一区长 300m，宽 50m，总占地 15000m²；二区长 100m，宽 50m，总占地 5000m²。一区投入两台 50t 42m 跨的门式起重机，设上弦杆及上拱肋条形基础 10 条，其余杆件条形基础 20 条，确保能存放 10 个节间的钢梁杆件；二区投入一台 50t 42m 跨的门式起重机，设上弦及上拱肋杆件条形基础 10 条，确保能存放 3 个节间钢梁的上弦及上拱肋杆件。万顷沙侧钢梁预拼场平面示意图如图 4-8 所示。

南沙侧钢梁预拼场位于大堤外线路左侧，由前期钢结构场改制而成，长 92m，宽 46m，总占地 4232m²，投入一台 50t 42m 跨门式起重机。设上弦及上拱肋杆件条形基础 4 条，其余杆件条形基础 6 条，确保能存放 4 个节间的杆件，其中位于 30 号—31 号墩间的钢梁场待 30 号—31 号墩钢梁架设完成，拆除钢梁临时支架后再建。南沙侧钢梁场布置图如图 4-9 所示，南沙侧钢梁场立面示意图如图 4-10 所示。

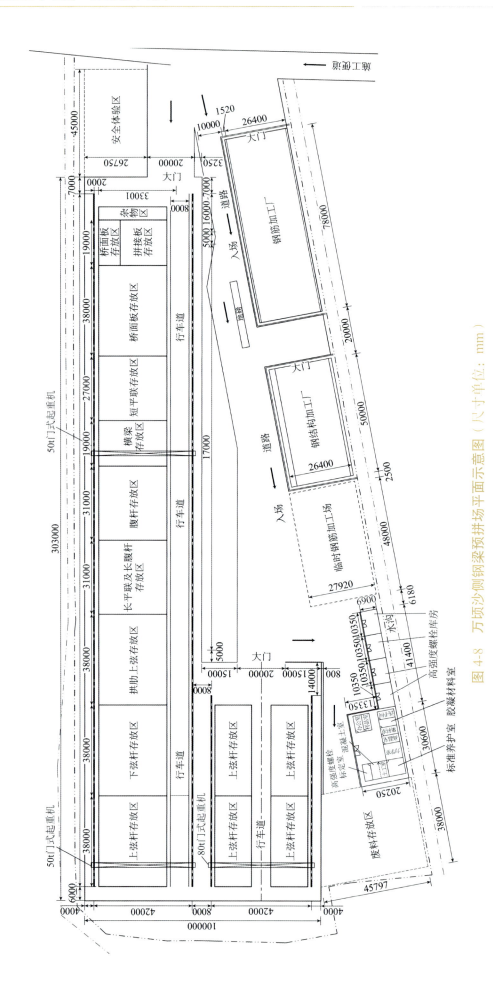

图 4-8 万顷沙侧钢梁预拼场平面示意图（尺寸单位：mm）

4 施工工艺技术

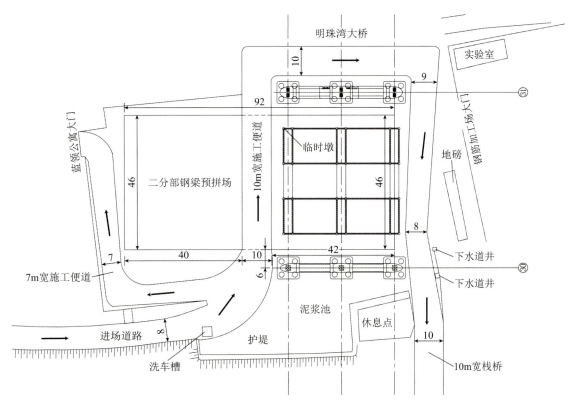

图 4-9 南沙侧钢梁预拼场平面示意图（尺寸单位：m）

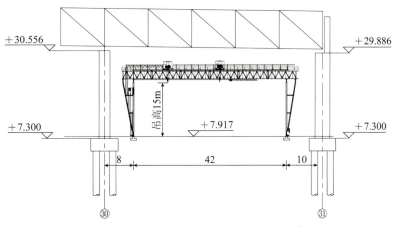

图 4-10 南沙侧钢梁场立面示意图（尺寸单位：m）

2）栈桥和起重码头

为方便水上钢梁装卸及时各种材料运输及人员通行，在万顷沙侧桥位上游，由大堤外侧边缘向 27 号墩布置一座 658m 长栈桥，用于 21 号—27 号墩施工材料、钢梁杆件、机械设备的运输，并在栈桥末端上游侧布置一座起重码头与栈桥相连，主墩上的塔式起重机兼做码头的起重；在南沙侧桥位下游，从大堤到 28 号墩布置一座 260m 栈桥，用于 28 号、29 号墩施工材料、钢梁杆件、机械设备的运输，并在栈桥下游侧设一座起重码头与栈桥相连，主墩上的塔式起重机兼做码头的起重。万顷沙侧栈桥及起重码头布置示意图如图 4-11 所示，南沙侧栈桥及起重码头布置示意图如图 4-12 所示。

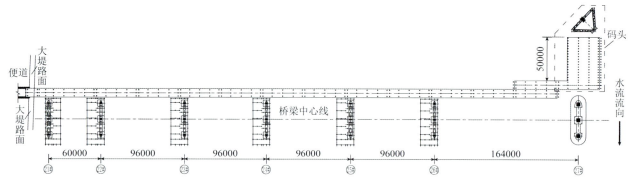

图 4-11 万顷沙侧栈桥及码头布置示意图（尺寸单位：mm）

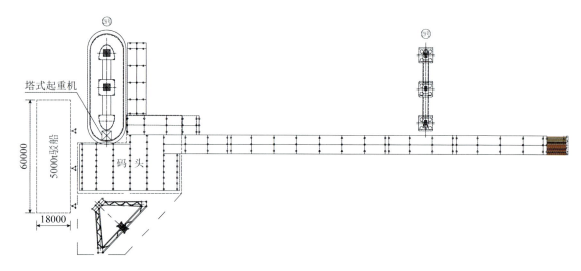

图 4-12 南沙侧栈桥及码头布置示意图（尺寸单位：mm）

两侧栈桥桥面高程均为+9.0m，栈桥宽 10m，基本孔跨为 12m，非制动墩基础采用 $\phi 820mm \times 10mm$ 钢管桩，制动墩基础采用 $\phi 630mm \times 10mm$ 钢管桩，桩顶设置横向分配梁，纵梁采用贝雷梁，万顷沙侧桥面板为 20cm 厚混凝土板，南沙侧桥面板为钢桥面板。两侧栈桥均采用"钓鱼法"（用履带式起重机＋振动锤）进行施工。

3）塔式起重机与扣塔布置

在 27 号、28 号主墩承台靠栈桥侧各布置一台 D1500t·m 塔式起重机。塔式起重机主要用于主墩顶钢梁架设、爬坡架梁起重机安拆、主墩顶扣塔安拆及扣索施工等，塔式起重机在钢梁架设合龙完毕、拆除架梁起重机后拆除。

全桥共布设 2 台吊索塔架，分别位于 27 号、28 号主墩钢桁拱上，扣塔底部铰接于钢桁拱 SS22 节点上，前后索分别锚固在钢梁 A3、A5、A9 和 A29、A32、A36 节点上。扣塔高度为 100m（SS22 节点中心至第三层前后索交汇点），由 1 个底节，1 个 8.5m 节段，7 个 10m 标准节段，1 个 5.83m 节段，1 个锚固段及连接系组成。

每个扣塔架前后各有三层索，每层索在三片主桁上均设有锚点，每条扣索由 4 根索组成（即每台扣塔共有 72 根扣索）。扣索上下两端用锚箱同时进行锚固，扣索采用高强平行钢丝组成，高强钢丝抗拉极限为1670MPa，在钢梁端进行张拉。

钢梁悬拼架设过程中依次张挂三层吊索，用以调整钢梁悬臂挠度，保障钢梁悬臂架设过程中线形及安全，扣塔在主桥架设完成后进行拆除。

主桥塔式起重机及扣塔横桥向断面示意图如图4-13所示，主桥扣塔纵桥向断面示意图如图4-14所示。

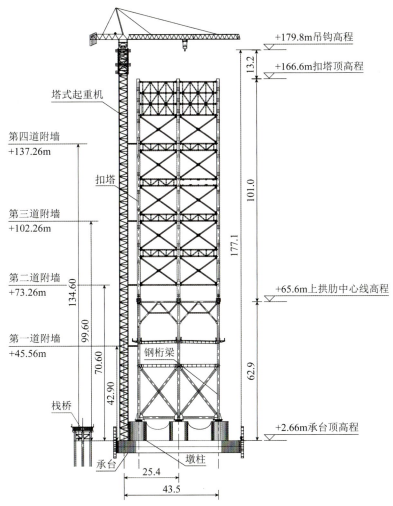

图4-13　主桥塔式起重机及扣塔横桥向断面示意图（尺寸单位：m）

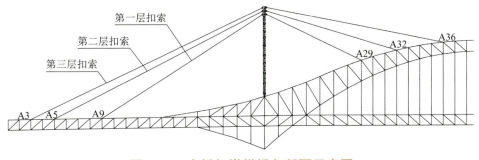

图4-14　主桥扣塔纵桥向断面示意图

4）提升站

在主桥A12—A14节间设置提升站，用于主跨钢梁架设时A26—A39节间钢梁杆件提升上桥，以避免影响航道，保证施工安全。提升站布置示意图如图 4-15 所示。

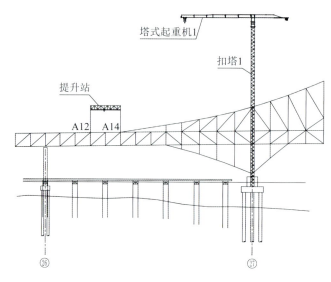

图 4-15　提升站布置示意图

5）临时支墩及鹰架

根据钢梁总体架设方案，在水中引桥 22 号—23 号墩、23 号—24 号墩、24 号—25 号墩、29 号—30 号墩设临时支墩，主桥 25 号—26 号墩、30 号—31 号墩各布设钢梁架设鹰架，临时支墩及鹰架基础以 $\phi820mm×12$，$\phi1000mm×16$ 钢管桩，桩顶设有分配梁，钢管桩之间设有连接系。

（1）22 号—23 号墩、23 号—24 号墩、24 号—25 号墩、29 号—30 号墩临时支架布置

根据现场实际结合总体架梁方案，分别在 N8、N16、N24 节点（22 号—25 号墩临时支架）每片主桁下各布置 4 根 $\phi820mm×12$ 的钢管桩，A14 节间（29 号—30 号墩临时支墩）每片主桁下布置 4 根 1000mm×16mm 的钢管桩，管桩横向 2 排，间距 3m，纵向 2 排，间距 5m，桩顶先纵向布置一根 2HN900 分配梁，再在其上横向布置两根 1200mm×800mm 箱梁，各钢管桩之间采用钢管作为连接系。22 号—25 号跨临时墩立面和平面示意图如图 4-16 和图 4-17 所示，24 号—25 号墩间临时墩断面示意图如图 4-18 所示，25 号—26 号跨临时墩断面示意图如图 4-19 所示（22 号—23 号墩、23 号—24 号墩、29 号—30 号墩临时墩参照此临时墩）。

（2）25 号—26 号鹰架布置。

根据现场实际结合总体架梁方案，在 A2—A6 每个节点每片主桁下横桥向各布置 2 根 $\phi820mm×12$ 的钢管桩，间距 3m，桩顶布置一根 2HN900 分配梁；A7 节点每片主桁下各布置 4 根 $\phi820mm×12$ 的钢管桩，管桩纵向间距 5m，横向间距为 3m，桩顶先横向布置两根 2HN900 分配梁，再在其上纵向布置一根 4HN1000 分配梁。各钢管桩之间均采用钢管作

为连接系。25号—26号跨膺架立面示意图如图4-20所示。25号—26号跨膺架管桩平面示意图如图4-21所示。A7节点断面与24号—25号跨膺架断面示意图一致。

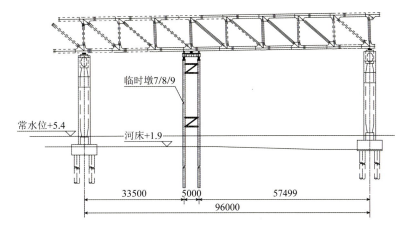

图4-16 22号—25号跨临时墩立面示意图（尺寸单位：mm）

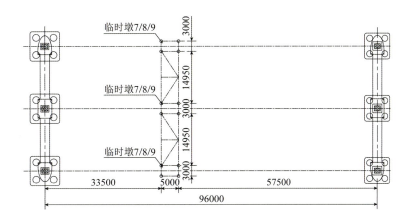

图4-17 22号—25号跨临时墩平面示意图（尺寸单位：mm）

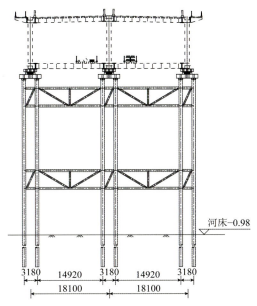

图4-18 24号—25号跨临时墩断面示意图（尺寸单位：mm）

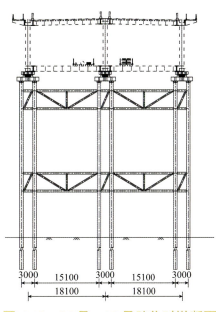

图4-19 25号—26号跨临时墩断面示意图（尺寸单位：mm）

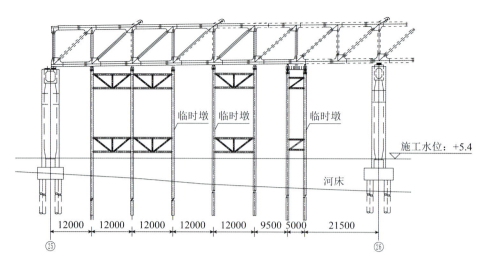

图 4-20　25号—26号跨膺架立面示意图（尺寸单位：mm）

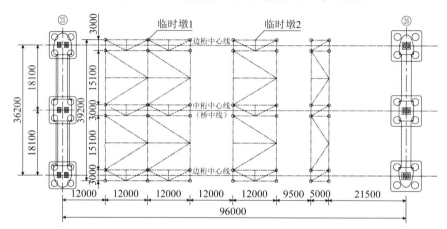

图 4-21　25号—26号跨膺架管桩平面布置图（尺寸单位：mm）

（3）30号—31号墩膺架布置。

根据现场实际结合总体架梁方案，在YA1—YA5每个节点每片主桁下横桥向各布置2根ϕ820mm×12的钢管桩，管桩间距3m，桩顶布置一根2HN900分配梁。各钢管桩之间采用钢管作为连接系。30号—31号墩间膺架布置示意图如图4-22～图4-24所示。

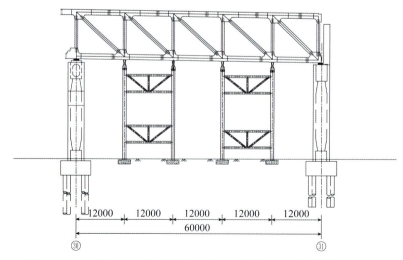

图 4-22　30号—31号跨膺架立面示意图（尺寸单位：mm）

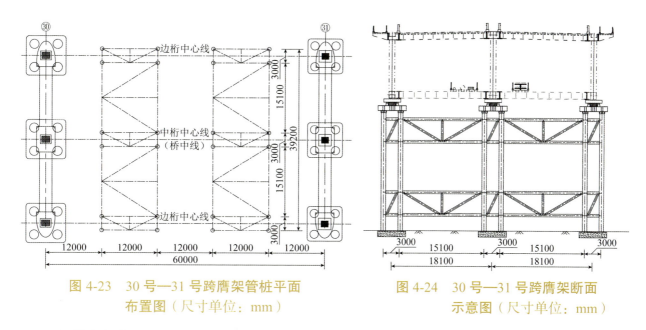

图 4-23 30号—31号跨鹰架管桩平面布置图（尺寸单位：mm）

图 4-24 30号—31号跨鹰架断面示意图（尺寸单位：mm）

6）墩旁托架

墩旁托架总体由上支架、下支架和调节装置三大部分组成。上支架由斜杆、竖杆和水平杆组成，斜杆与竖杆做成一个整体，与水平杆之间采用栓接，水平杆另一端与钢梁拱脚SG22栓接，斜杆上端与SG21（SG23）节点栓接，形成一个稳定的三角形，竖杆下端支撑在调节装置上面；下支架由斜杆、水平杆及对拉体系组成，斜杆与水平杆焊接成一个整体上，斜杆下部分与预埋在承台的预埋件通过销轴铰接，水平杆另一端焊接在预埋于立柱上的预埋件上，每个主墩两侧托架通过钢绞线对拉成为一个整体。调节装置放置于上、下支架之间，在主墩顶两个节间钢梁架设完成之后，通过千斤调整钢梁，达到计算要求后，上、下支架之间焊接联成一个整体。待边跨合龙后再拆除所有墩旁托架。主墩墩旁托架立面示意图和主墩墩旁托架断面示意图如图4-25和图4-26所示。

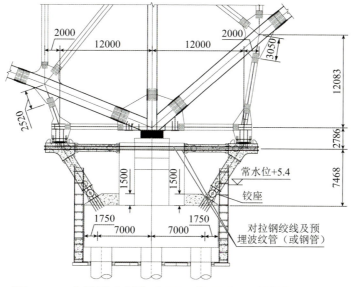

图 4-25 主墩墩旁托架立面示意图（尺寸单位：mm）

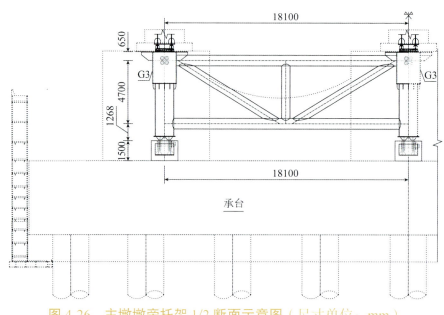

图 4-26 主墩墩旁托架 1/2 断面示意图（尺寸单位：mm）

4.2 工艺流程

4.2.1 钢梁架设工艺

明珠湾大桥主桥钢梁架设整体方案：首先利用起重船和塔式起重机架设 27 号、28 号主墩墩顶两节间钢梁，并与墩旁托架固定，然后拼装爬坡起重机，再利用爬坡起重机、起重船及塔式起重机向主墩两侧不对称双悬臂架设钢梁至边跨合口 A16 和主跨 A26 节点，等待边跨合龙。同时两侧边跨分别利用起重船及履带式起重机从 25 号墩和 31 号墩开始在支架上架设起始两节间，架设完成后拼装平弦架梁起重机，再通过架梁起重机逐节间架设至边跨合龙口 A15 节点，然后两侧边跨采用顶落梁及纵横移等措施调整合龙口位置，符合要求后进行边跨合龙。

边跨合龙后，拆除主墩墩旁托架，然后在 28 号墩顶安装纵向限位装置；在 27 号墩侧已架钢梁向大里程整体纵移 500mm 后，再在 27 号墩顶安装纵向限位装置。

钢梁整体调整完成后，爬坡起重机在吊索塔架的辅助下向跨中逐节间大悬臂架设钢梁至中跨合龙口 A38 节点，并在架设过程中按照设计要求分别挂设张拉三层扣索。然后通过扣索调整、纵移 27 号墩侧钢梁及边跨顶落梁等方式进行中跨合龙口姿态调整，符合要求后进行中跨拱、梁合龙；最后进行体系转换，完成主桥钢梁架设。

水中引桥钢梁架设整体方案：主桥 26 号—27 号墩边跨合龙后，平弦架梁起重机调头至 25 号墩，开始向 21 号墩逐节间半悬臂架设水中引桥钢梁，并在 25 号—24 号首节间钢梁架设时将 25 号墩顶主桥与水中引桥钢梁杆件临时连接，使主桥与水中引桥形成连续梁结构，待主跨合龙后，再拆除该临时连接，钢梁架设流程图如图 4-27 所示。

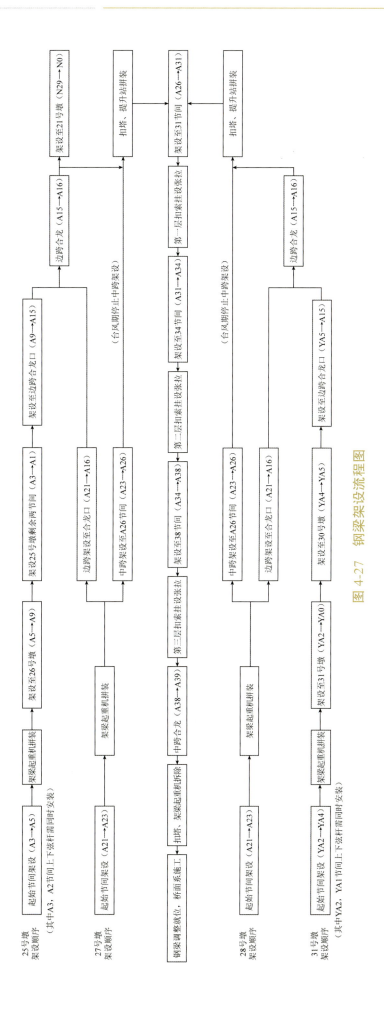

图 4-27 钢梁架设流程图

4.2.2 临时支墩、膺架及码头施工

1）施工方案

依照钢梁架设方案，在主桥设置临时墩及膺架辅助钢梁架设，临时墩及膺架主要由 $\phi 820\text{mm} \times 12$，$\phi 1000\text{mm} \times 16$ 钢管支架、分配梁、连接系组成。全桥临时墩钢管桩共计 84 根，其中，25 号—26 号跨膺架共有 42 根钢管桩（水中），29 号—30 号跨临时墩共有 18 根钢管桩（水中），30 号—31 号跨膺架共有 24 根钢管桩（岸上）。

临时墩及膺架施工主要流程为：钢管桩加工、定位、插打→连接系加工、焊接→桩帽加工、安装（定位）→桩顶纵（横）分配梁定位、安装→墩顶垫块安装、布置。

临时支墩及膺架钢管桩基础的施工，水上钢管桩采用打桩船进行管桩插打，岸上钢管桩利用 100t 履带式起重机配合 DZ120 打桩锤插打。

钢管桩插打工艺流程为：精确测量桩位→打桩设备（打桩船、振动锤）就位→吊桩（打桩船需先接长桩身）→桩尖精确对位→振动竖直下沉→管桩焊接接高（桩身对中调直）→振动下沉直至完成。钢管桩振动锤停锤控制标准以贯入度和设计高程双控，当桩底高程达到设计高程，且贯入度 $\leqslant 5\text{mm}$ 即可停锤。

分配梁安装时按照设计位置放线、安装。上、下层分配梁之间采用焊接固定。下层分配梁安装固定好后再安装上层分配梁。

钢梁架设完成后，临时支墩及膺架落顶、脱空，分层拆除分配梁，割除立柱，回收钢管桩。

2）施工注意事项

（1）管桩焊接接长

管桩之间焊接采用相贯线焊接，全熔透焊，焊接质量等级不低于二级；钢管桩接桩焊接采用的 V 形坡口，单面、多层焊，焊接质量等级不低于二级。

焊接材料的型号和质量必须符合要求。

钢管桩接长需开剖口，开完剖口后用打磨机打磨，焊接前应将焊接坡口及附近 20～30mm 范围内的铁锈、油污、水汽、杂物清除干净，保证剖口处光洁。

管节对接采用多层焊。封底焊时宜采用小直径的焊条或焊丝施焊。每层焊缝焊完后，应清除熔渣并进行外观检查，如有缺陷应及时清除，多层焊点接头应错开。

为减少变形和内应力，管节对口焊接时宜对称施焊。焊接完成后，所有拼装辅助装置、残留的焊瘤和熔渣需清理干净。

所有焊缝均需进行外观检查。焊缝金属紧密、焊道均匀，焊缝金属与母材过渡平顺，不得有裂缝、未融合、未焊透、焊瘤和烧穿等缺陷。

焊缝外观允许范围及缺陷处理方法见表4-4。

焊缝外观允许范围及缺陷处理方法　　　　表4-4

缺陷名称	允许范围	处理办法
咬伤	深度不超过0.5mm	补焊
超高	2～3mm	进行修正
表面裂缝、未融合、未焊透	不允许	铲除缺陷后重新补焊
表面气孔、夹渣	不允许	铲除缺陷后重新补焊

管桩接常用的加强板采用400mm×150mm×12mm，管桩每个节间接口设置6块加强板连接。有加强板处的剖口焊需打磨光滑平整，以保证加强板与钢管密贴。

（2）钢管桩定位

在插打钢桩之前首先进行桩基测量定位工作，由测量人员利用全站仪按照设计要求准确测放桩位，要求桩位允许偏差如下：

桩垂直度≤5‰；

桩位偏差≤5cm。

（3）钢管桩插打

钢管桩对位完成后，起重机慢速松钩使桩在自重作用下插入土中。在此过程中，应随时观察钢管桩偏位以便及时进行调整，待自重下沉完成后，应精确观测钢管桩偏位情况，若超出规范要求，应起吊钢管桩重新对位。桩尖对准桩位，从两个侧面校正桩身垂直度，待其偏差小于0.5%时方可正式打桩。

钢管桩平面位置及垂直度调整完成后，开始振动下沉，依靠振动打桩锤的震压力将其压入土层，在插打过程中要不间断地测量桩位和倾斜度，偏差要满足设计及规范要求。

3）码头施工

码头管桩基础施工工艺同临时支墩管桩工艺。基础施工完成后搭设上部贝雷梁、桥面板。

4.2.3　墩旁托架施工

在主墩承台施工时，注意预埋墩旁托架下支架预埋件，在主墩立柱施工时，预埋下支架水平杆预埋件及预应力筋预留孔道。在主墩立柱施工完成后，安装下支架钢管。下支架安装时，与围堰相碰部分，必须切除围堰，确保下支架位置准确，待下支架钢管全部安装到后，灌注钢管内的混凝土。最后穿钢绞线张拉，进行预应力管道压浆，完成下支架的安装。

上支架在专业厂家制造验收合格后，安装前应与拱脚进行试拼。安装方法，在拱脚安装到位后，开始安装上支架，然后再安装下拱肋，与上支架连接成一个整体。

4.2.4 扣塔施工

本桥共使用 2 台吊索塔架，分别布置于主墩 27 号、28 号墩顶 SS22 节点处，为主跨钢桁拱全悬臂架设时提供支点。钢桁拱悬拼架设过程中依次张挂三层吊索，钢梁架设完成后拆除。

1）扣塔的组成

（1）主体结构系统，即中心立柱、底节铰座。

（2）缆索系统包括吊索、锚箱和燕子板以及张拉系统，一台吊索塔架共 3 桁，每桁 3 层，单桁单层由 4 根吊索组成，吊索采用平行钢丝索。

锚箱分上锚箱和下锚箱两种，上锚箱用于吊索上端和塔柱锚固区连接，下锚箱用于吊索下端与钢梁燕子板连接。挂索及张拉时安装吊索的千斤顶在下锚箱处操作，在下锚箱设有供千斤顶、撑脚以及张拉杆安装的空间。

各吊索锚头均采用冷铸锚具，吊索上端为锚固端，下端为张拉端（梁端张拉），为给吊索留有足够的调节长度，冷铸锚具的长度采用非标加长设计。

（3）辅助系统即连接系、拼装临时固定支架。

2）扣塔拼装

扣塔各单元件在厂内加工完成后，运至现场进行预拼。先预拼底节和标准节，再依次对接标准节、顶节（含过渡节），检查整体结构尺寸和栓孔精度，预拼完毕后须进行编号，以利于正式拼装。扣塔安装主要包括底节安装、底节联结横撑安装、标准节及非标准节立柱安装、横桥向连接系安装、拼装揽风安装、锚固区节段安装等。

塔架采用设置于主墩 27 号、28 号墩承台上的塔式起重机进行现场拼拆，拼装时应保证竖直于地面，并辅以临时拉缆确保稳定，其过程如下：

（1）底节铰座安装。在边跨合龙后，先在钢梁顶 SG22 节点安装扣塔底节铰座的临时垫座，再采用主墩顶塔式起重机将扣塔底节铰座吊装到位与钢梁 SG22 节间销接，并在临时垫座上利用钢楔块夯实扣塔底节铰座。实际操作时，现场要采取措施保证在整个拼装过程中吊索塔架自重由塔架和钢梁间的销轴来承受，临时垫座仅承受塔架纵桥向两端不平衡荷载。

（2）扣塔主体安装。扣塔底节铰座安装好之后，再安装底节联结横撑，然后依次安装标准节立柱及相应的联接杆。在塔架安装过程中根据设计要求及时安装缆风绳，缆风绳采用钢绞线与精轧螺纹相互结合形式，塔架端采用 P 锚，下端为特制防松（OVM）夹片锚，并在张拉端设防松装置。为了确保塔架的垂直度，在第一层扣索预紧后，拆底节铰座垫块及缆风绳。

（3）锚箱安装。塔架前后索的上下端分别锚固在塔柱锚固区和钢梁预留燕子板上，其中下锚箱安装在钢梁预留燕子板上：三层后索分别锚固在 A3、A5、A9 节点上，三层前索分别锚固在 A29、A32、A36 节点上。

上锚箱安装：塔架主体结构（立柱、联结系）安装完成之后，利用墩旁塔式起重机吊装上锚箱。

下锚箱安装：在钢梁架设过程中，采用架梁起重机进行安装。

3）扣塔拼装质量控制

（1）扣塔拼装前要认真研究图纸，编制"扣塔拼装作业指导书"，并进行技术交底。

（2）在拼装过程中，不得随意扩孔，严格按照钢桁梁施工要求办理。

（3）每安装一节塔架，均应用经纬仪校对垂直度和直线度。

（4）吊索塔架张拉使用的油压千斤顶、油泵、油管、压力表等，使用前均应分别进行校验，配套使用。

（5）吊索塔架拼装完毕后，报请项目部相关部门进行认真检查，填写"大型临时工程检查证"并办理签证手续后，方可正式投入使用。拼装质量标准如下：

①横向中心距离（中至中）±10mm；

②上、下游绞座销轴处高度差＜4mm；

③吊索架横向宽度±10mm；

④吊索架高度误差±50mm；

⑤吊索架垂直度误差±5′；

⑥吊索塔架的稳定性、钢梁的安全与索力的控制有着密切的关系。为了保证安全可靠，在施工过程中，每根吊索的索力误差控制在索力的±2%以内。

（6）扣塔在安装过程中以受力控制为主，其位移量及垂直度监测控制标准以钢梁架设计算书、扣塔计算书及抗台研究报告要求为准。

4.2.5 墩顶布置

墩顶布置是调整钢梁几何状态的重要手段，在钢梁架设过程中起着至关重要的作用，需通过墩顶布置中的位移调整系统来完成大跨度钢桁拱的高精度跨中合龙，做到布置合理、操作灵活。

1）指导思想

墩顶布置是以跨中合龙前状态为主要工况设计的，包括两项内容：

（1）钢梁临时支点的设计

（2）位移调整系统的设计

①在合龙时，为了消除钢梁挠度及转角影响，将合龙口悬臂端"顶平"。支点的起顶仅在主桁节点下设千斤顶，采用以节点为单位的供油系统，并控制三桁间各节点的相对高差不超过 5mm。

②位移调整系统，则是在钢梁的起顶点下布置千斤顶及顶座。千斤顶分为竖向千斤顶及水平千斤顶，分别进行顶落梁和纵横移操作。鉴于钢梁跨度大，在温差作用下易产生较大的纵向位移，需在竖向千斤顶下面布置四氟滑板滑动面。纵横移操作时，将钢梁置于墩顶临时支座上滑动，以四氟滑板作滑动面。

2）墩顶布置

根据设计及架梁总体方案，主墩支座在架梁前直接安装到位，钢梁架设后不再进行起落梁调整，因此主墩顶不设竖向千斤顶，但由于在主跨合龙时，钢梁受水平力较大，因此在主墩 27 号、28 号墩设置纵向限位措施，同时还可以兼顾 27 号墩进行纵移。其余墩顶均布置纵、横、竖可移动的三项设施。除主墩纵向水平千斤顶采用 600t 外，其余墩纵横移千斤顶选 200t，竖向顶采用自锁式 650t、800t 千斤顶。该设施在每个支座附近上、下游各布置一套。

（1）墩顶布置操作注意事项

①墩顶布置安装前，在每一节点位置提前标示出杆件内箱隔板位置以保证抄垫位置准确。

②工钢组、钢垫块、千斤顶等布置均按施工设计图进行。工钢组及钢垫块应平整，尤其是滑板上下的不平整度控制在 1mm 以内。

③墩顶布置中的钢垫块、千斤顶与钢梁之间的接触面之间均应加垫 3mm 厚的石棉板，以防止出现打滑现象。

④垫座中心、千斤顶中心、起顶中心应重合，偏差不应大于 5mm。并不得随意更改。

⑤钢垫板与四氟乙烯板，不锈钢板接触面要除锈；不锈钢板与四氟板安装前应用棉纱将灰尘擦净，并在滑动面涂黄油或二硫化钼作为润滑剂；上层钢垫板安装后将滑动面用塑料布包好，防止灰尘进入滑动面而增加摩阻力。

⑥顶落梁使用的油压千斤顶，必须带顶部球形支承垫及保险垫块，每个桥墩上共同作用的多台千斤顶必须选用同一型号，用油管并联。油压千斤顶、油泵、压力表、油管长度力求一致。为准确掌握支点反力，应对千斤顶、压力表一并配套校正，并注意定期检查。

为了防止万一，千斤顶、油管、油泵均要留有备用。

（2）顶落梁注意事项

①顶落梁工作必须在各大节点、上下平联、断面联结系等处高强螺栓全部终拧后方可进行。

②顶落梁时，必须确保墩旁塔式起重机与钢梁和扣塔之间的连接解除，或采用软连接。

③顶落梁施工应按设计文件办理，对顶落高程、支点反力、支点位移、跨中挠度等变化，应进行观测和记录。

④顶落梁时应随时进行抄垫，作为保险支承。同时在千斤顶起顶时，随时安装千斤顶上的保险垫块（注意不要划伤油缸）。在施顶过程中，每起落 5cm 高度要停顿一下，测量桁间高差（最大高差不大于 5mm），进行下一次顶落。

⑤使用千斤顶必须遵守下列原则：

a. 油泵尽量摆在中间，使油管长度大致相等。

b. 尽可能使用锭子油。

c. 千斤顶起顶时，一定要随时安装保险垫块，千斤顶的上、下各垫石棉板。

d. 落梁时保险垫块不能一次全部取走，亦不能顶死，需与缸体顶面保留 5~10mm 空隙，随时预防万一。

e. 严禁在施工过程中无意碰坏或碰断油泵供油系统。

（3）纵横移注意事项

①纵横移工作必须在各大节点、上下平联、断面联结系等处高强螺栓全部终拧后方可进行。

②纵横移操作时，必须确保墩旁塔式起重机与钢梁和扣塔之间的连接解除，或采用软连接。

③在进行纵横移前，先检查滑动面情况：滑动面不锈钢板和聚四氟乙烯板要先用机油清洗干净，再涂一层硅脂或二硫化钼润滑剂，切忌有沙粒尘埃附在板面；滑动面上下的钢垫板必须平整，不得有错台。

④开动水平千斤顶进行纵横前移，要详细检查支点附近有无障碍物。为观测横移距离，可在横梁中点处挂上线锤，随时读取与桥墩中心的偏距。为观测纵移距离，可在节点中点处挂上线锤，随时读取与垫石中心的偏距。

⑤纵横移快到位时，应放慢速度，精确调整位置。

⑥纵横移时仅需开动偏移侧的千斤顶，另一侧作为保险。纵横移应使用同类型的千斤顶，且应并联，在操作过程中，三桁千斤顶要保持同步。

4.3 施工方法及操作要求

4.3.1 钢梁架设准备

1）主要技术资料

（1）钢梁结构设计图、杆件应力表、杆件质量表、钢梁安装计算资料。

（2）水文气象资料。

（3）桥墩竣工里程、高程、中线、跨度等测量资料。

（4）钢梁制造厂提供的杆件加工资料，主要包括：

①钢材质量证明书、主要焊缝检验报告及焊缝重大修补记录。

②钢梁试拼记录：包括钢梁轮廓尺寸及主桁拱度、工地栓孔重合率、磨光顶紧及板层间缝隙等。

③钢梁杆件（包括支座）编号、质量、杆件发送表及拼装部位图。

④杆件出厂检验合格证及制造过程中变更设计的杆件竣工图、工厂制造图。

⑤工地栓接板面经处理后出厂时的摩擦系数试验资料和摩擦系数工地试验板。

2）编制施工细则

（1）架梁工艺细则；

（2）起重机使用细则；

（3）架梁施工技术安全细则；

（4）其他根据现场需要编制的关键工艺施工细则。

4.3.2 杆件进场、存放、预拼

1）杆件的进场检查

每一批杆件进场以后，都应该按照设计文件及相关规范对出厂提供的技术资料和实物进行检查核对，应对杆件的基本尺寸、偏差、杆件扭曲、焊缝开裂以及由于运输和装卸不当造成的损伤，油漆、摩擦面的缺损等进行详细检查登记造册，经监理签认后，由钢梁制造厂家按规定处理。

钢梁杆件质量检查主要内容：

①钢梁试拼记录。

②焊缝检查记录（包括杆件冷热矫后无裂缝的检查资料）。

③主桁弦杆、斜杆、大竖杆及纵、横梁外形尺寸公差，并对弦杆端头（节点板和拼接板覆盖范围）的宽度、杆件边缘和孔边飞刺、磨光顶紧部件公差、节点连接板面出厂时的摩擦系数做重点检查；应对焊缝开裂以及由于运输和装卸不当造成的损伤、摩擦面的缺损

和油漆进行详细检查，并填写检查记录，钢桁梁杆件基本尺寸允许偏差见表 4-5。

钢桁梁杆件基本尺寸允许偏差（单位：mm） 表 4-5

杆件	简图	允许偏差	
		H	长度
主桁杆件		±1	±5
纵、横梁		±1	连接角背至背±1
连接系		±1.5	±5
隔板		−1 −2	±5

④箱形弦杆对拼接头，因板厚及制造公差可能造成拼接板与被拼装板间出现间隙，对拼接板的抗疲劳性能影响极大，应在预拼场对杆件事先逐根检查，记载并对号入座处理，当间隙大于 1mm 时，可将较厚被拼装板端打磨成 1：10 斜坡，以利拼接板的匀顺过渡；当间隙大于 2mm 时，应用工厂制造经板面处理的填板垫在弦杆外侧的拼接面。

⑤竖杆、斜杆与整体节点系插入式拼装，应有出厂合格签证，在预拼场应对整体节点板被插入部位的深部间距及杆件两端插入部位的高度逐个测量造册登记，同类型杆件与节点板进行优化匹配，以减少处理数量，出现损伤或超标的缺陷须应在预拼场进行处理。

2）杆件存放

（1）杆件堆放场地应平整稳固，排水良好。

（2）杆件底应与地面留有 10～25cm 的净空。

（3）杆件支点应设于在自重作用下杆件不致产生永久变形处，同类杆件多层堆放不宜过高，各层间垫块应在同一垂直线上，斜杆叠放不宜超过三层，平联或横联杆件最多不得超过五层。

（4）放置主桁弦杆、斜杆、大竖杆应将其主桁面内的板竖立，放置纵、横梁应将腹板竖立，多片排列时，应设置支撑，用螺栓把各杆件彼此联结。

(5)摩擦面拼接板应竖直存放,两板间应留有缝隙通风,节点板和小部件也应分类堆放整齐,便于选用。

(6)带有整体节点的上、下弦杆不得叠放,存放场应有翻身设备。

(7)吊装作业时,应防止碰撞钢梁杆件,不得损伤杆件边棱及焊缝,不得油污摩擦面。

(8)为防止整体节点杆件在装卸、倒运、翻身过程中,因操作不当引起杆件变形,须有专门的吊具,严格执行操作细则。

①吊耳的选用

小吊耳:针对厂内制造分段,吊耳材料20mm厚的钢板,长度200mm。两侧有200mm的翼板。吊耳板与箱梁顶板采用部分熔透焊缝,探伤合格后方可使用,吊耳大样图如图4-28所示。

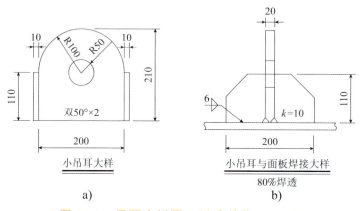

图4-28 吊耳大样图(尺寸单位:mm)

②吊耳的位置设置

钢梁安装吊耳设置在钢梁杆件螺栓孔上,与钢梁腹板和横隔板结构相交位置对应,每节钢梁设置四个吊耳。另外还应该考虑2个制造分段组拼成吊装分段后,原来的吊耳位置便于使用且承载力足够。

针对杆件吊装,最大起重量G为46t,吊装采用四根钢丝绳的四点吊法,钢丝绳夹角通过钢丝绳的长度控制在60°以内。计算时考虑到可能出现一个吊点不受力的情况,每个吊点的受力按照1/3的吊重计算。

a. 焊缝强度计算

熔透焊焊脚有效高度:

部分熔透焊的对接焊缝,由于他们未焊透,只起角焊缝的作用。V形坡口夹角$a = 50° < 60°$,$h_{e1} = 0.75S = 0.75 \times 21 = 15.75\text{mm}$。

角焊缝有效高度:

$$h_{e2} = 6 \times \sqrt{2}/2 = 4.24 \text{(mm)}$$

$$N = G/4 \times \sin\theta = 600/3 \times \sin 60° = 173 \text{(kN)}$$

$$V = G/4 \times \cos\theta = 600/3 \times \cos 60° = 100 \text{(kN)}$$

$$\sigma = \frac{N}{(h_{e1}\sum l_{w1} + h_{e2}\sum l_{w2})} = 173 \times 1000/[15.75 \times 200 \times 2 + 4.24 \times 2 \times (200 + 170)]$$
$$= 18.36 (\text{N/mm}^2) < f = 200 (\text{N/mm}^2)$$

$$\tau = \frac{V}{(h_{e1}\sum l_{w1} + h_{e2}\sum l_{w2})} = 100 \times 1000/[15.75 \times 200 \times 2 + 4.24 \times 2 \times (200 + 170)]$$
$$= 10.59 (\text{N/mm}^2) < f = 200 (\text{N/mm}^2)$$

$$\sqrt{\sigma^2 + \tau^2} = \sqrt{18.36^2 + 10.59^2} = 21.2 (\text{N/mm}^2) < f = 200 (\text{N/mm}^2)$$

所以焊缝强度满足要求。

b. 吊耳强度计算

吊耳本身最不利时有：

$$\sigma = \frac{N}{A} = \frac{172 \times 1000}{2 \times 50 \times 30} = 57.77 (\text{N/mm}^2) < f = 295 (\text{N/mm}^2)$$

$$\tau = \frac{V}{A} = \frac{100 \times 1000}{2 \times 50 \times 30} = 33.33 (\text{N/mm}^2) < f_v = 170 (\text{N/mm}^2)$$

$$\sqrt{\sigma^2 + 3\tau^2} = \sqrt{57.77^2 + 33.33^2} = 66.7 (\text{N/mm}^2) < 1.1f = 324.50 (\text{N/mm}^2)$$

所以吊耳强度满足要求。

③钢丝绳的选择

钢丝绳的选择最大吊装重量为46t。

吊装工况均按照60°夹角，4根吊绳起吊的方式进行计算。钢丝绳类型选择参照《建筑施工起重吊装安全技术规范》（JGJ 276—2012）中所附的钢丝绳规格表，见表4-6。

6×37 钢丝绳的主要数据　　　　表4-6

直径		钢丝总截面积（mm²）	线质量（kg/100m）	钢丝绳容许拉应力[F_g]/A（N/mm²）				
钢丝绳（mm）	钢丝（mm）			1400	1550	1700	1850	2000
				钢丝破断拉力总和				
				不小于（kN）				
8.7	0.4	27.88	26.21	39.0	43.2	47.3	51.5	55.7
11.0	0.5	43.57	40.96	60.9	67.5	74.0	80.6	87.1
13.0	0.6	62.74	58.98	87.8	97.2	106.5	116.0	125.0
15.0	0.7	85.39	80.57	119.5	132.0	145.0	157.5	170.5

续上表

直径		钢丝总截面积（mm²）	线质量（kg/100m）	钢丝绳容许拉应力$[F_g]/A$（N/mm²）				
钢丝绳	钢丝			1400	1550	1700	1850	2000
（mm）				钢丝破断拉力总和				
				不小于（kN）				
17.5	0.8	111.53	104.8	156.0	172.5	189.5	206.0	223.0
19.5	0.9	141.16	132.7	197.5	213.5	239.5	261.0	282.0
21.5	1.0	174.27	163.3	243.5	270.0	296.0	322.0	348.5
24.0	1.1	210.87	198.2	295.0	326.5	358.0	390.0	421.5
26.0	1.2	250.95	235.9	351.0	388.5	426.5	464.0	501.5
28.0	1.3	294.52	276.8	412.0	456.5	500.5	544.5	589.0
30.0	1.4	341.57	321.1	478.0	529.0	580.5	631.5	683.0
32.5	1.5	392.11	368.6	548.5	607.5	666.5	725.0	784.0
34.5	1.6	446.13	419.4	624.5	691.5	758.0	825.0	892.0
36.5	1.7	503.64	473.4	705.0	780.5	856.0	931.5	1005.0
39.0	1.8	564.63	530.8	790.0	875.0	959.5	1040.0	1125.0
43.0	2.0	697.08	655.3	975.5	1080.0	1185.0	1285.0	1390.0
47.5	2.2	843.47	792.9	1180.0	1305.0	1430.0	1560.0	
52.0	2.4	1003.80	743.6	1405.0	1555.0	1705.0	1855.0	
56.0	2.6	1178.07	1107.4	1645.0	1825.0	2000.0	2175.0	
60.5	2.8	1366.28	1234.3	1910.0	2115.0	2320.0	2525.0	
65.0	3.0	1568.43	1474.3	2195.0	2430.0	2665.0	2900.0	

钢丝绳类型：

每根吊绳承担的拉力大小S为：

$$S = 460/(4 \times \sin 60°) = 133.9(\text{kN})$$

按照安全系数$n = 6$选用钢丝绳，采用的钢丝绳最小破断力F_0不小于$n \times S = 799.8\text{kN}$，选用$6 \times 37$规格直径34.5mm的钢丝绳，破断力不小于$825\text{kN} > 799.8\text{kN}$，满足要求。

④卸扣选用

卸扣的选用参考《一般起重用D形和弓形锻造卸扣》（GB/T 25854—2010）规范进行，针对上面所述的工作状况选用卸扣。

一般吊装分段，重量46t，单绳受力133.9kN，卸扣选用S-DW13.5，卸扣型号标准见表4-7。

卸扣型号标准表　　　　　　　　　　　表 4-7

型号	额定载荷（t）	A（mm）	B（mm）	D（mm）	F（mm）	G（mm）	M（mm）	自重（kg）
S-DW12	12	52	35	32	76	100	161	4.48
S-DW13.5	13.5	57	38	35	94	111	176	6.46
S-DW17	17	60.5	42	38	92	122	189.5	7.65
S-DW25	25	73	51	44.5	106.5	146	232	12.48
S-DW35	35	83	57	51	122	171.5	264	18.63
S-DW55	55	105	70	66.5	144.5	203	332	36.02

卸扣示意图

3）钢梁杆件的预拼

钢梁预拼的主要目的是在预拼场内按设计图准确无误地将接头所有拼接板事先带在构件上随杆件一起吊装，以便杆件对接时尽量一次性完成各拼接面的连接，避免桥上二次吊装，防范吊装安全风险（图 4-29）。

a)

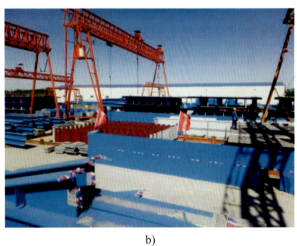
b)

图 4-29　钢梁杆件预拼场存放

（1）预拼准备

根据设计图绘制预拼图，预拼单元质量不得超过起重机机额定起重质量。图内应绘出杆件平立面，注明组拼在一起的各部件位置、编号和数量，并标示出组拼后的质量和重心位置以便装吊。

复查栓焊梁弦杆、斜杆、竖杆两端拼接部分宽度，用卡具测量相邻两根弦杆的宽度，偏差达到 2mm 时，应在宽度较小的杆件表面加垫经喷砂处理过的薄钢板。

根据杆件预拼图，清查预拼杆件的编号和数量。

根据设计图和工厂提供的技术资料，注意识别钢梁部件特征，逐件校核弦杆、竖杆、节点板等编号是否正确。应特别注意加工预拱度要求导致下弦节点板和拼接板有正常、伸长、缩短等类型。下弦节点系统成一折线的，要分清弦杆拼接板的上下方，注意折线是上拱或是下垂。此外还要分清左右，避免用错。对下弦与竖杆构成左右不同交角的钢梁，要复查杆件上的方位标记是否正确，缺少标记的要补充。

拼装冲钉的公称直径宜小于设计孔径 0.1～0.2mm，应与工厂试拼中所用冲钉直径相同。冲钉圆柱部分的长度应大于板束厚度，冲钉采用 45 号碳素钢制作，进场检查验收合格后方能使用。冲钉使用多次后，经检查如因磨耗直径偏小时应予更换。

（2）预拼工艺

待安装的钢梁杆件组合单元，应在节点板和拼接板位置标出桥上安装的螺栓长度、数量、拼装方向、质量和重心位置，但标示线不得侵入高栓垫圈范围。

杆件组拼成单元栓合后，均应经值班技术人员检查，填写组拼杆件登记卡，须经质检人员检查安装位置的匹配尺寸和连接处摩擦面质量等，并验收签证后方可上桥安装。

预拼前应复验节点表面摩擦系数。

4.3.3 钢梁架设步骤

步骤一：施工准备。

（1）搭设万顷沙侧和南沙侧栈桥，进行全桥基础、墩身施工。

（2）施工 1 号—9 号临时墩及主墩墩旁托架，主墩顶支座安装等。

（3）主墩 27 号、28 号处塔式起重机 1、2 拼装（图 4-30）。

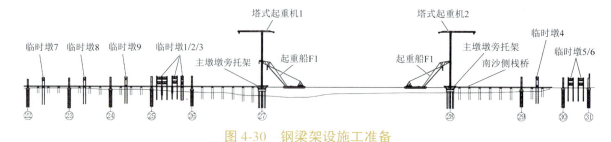

图 4-30 钢梁架设施工准备

步骤二：起始两节间钢桁梁架设。

（1）25 号墩：利用起重船 F1 在临时墩 1、2 顶拼装两节钢梁（A3→A5），并调整、定位。

（2）31号墩：利用履带起重机在临时墩5、6上拼装两个节间钢梁（YA2→YA4）。

（3）27号、28号墩：以塔式起重机1（2）为主、起重船F1（F2）为辅分别架设主墩27号、28号顶2节钢梁（A21←A22→A23），并调整定位。（27号墩边跨侧临时支点预抬21mm，中跨侧临时支点预降21mm；28号墩边跨侧临时支点预抬46mm，中跨侧临时支点预降46mm）（图4-31）。

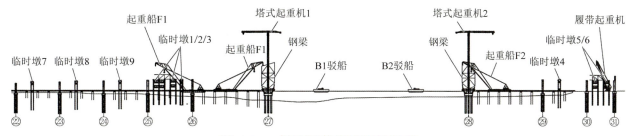

图4-31　起始两节间钢桁梁架设

步骤三：J1～J4架梁起重机拼装。

（1）利用起重船F1在已拼钢梁（A3—A5）上拼装J1架梁起重机。

（2）利用塔式起重机1、2分别在已架钢梁（A21—A23）上拼装J2、J3架梁起重机。

（3）利用履带起重机在31号墩已架钢梁（YA2→YA4）上拼装J4架梁起重机（图4-32）。

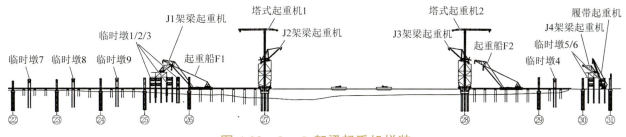

图4-32　J_1～J_4 架梁起重机拼装

步骤四：钢梁架设。

（1）架梁起重机J1向前架设4个节间钢梁（A5→A9）至26号墩顶后调头向边跨方向架设2个节间钢梁（A3→A1）至25号墩顶，再调头移至26号墩顶，然后将支点顶至设计高程。

（2）F1、F2起重船分别由27号、28号墩向边跨架设5个节间钢梁（A21→A16）至边跨合龙口，同时J2、J3架梁起重机分别由27号、28号墩向中跨架设4个节间钢梁（A23→A27）（钢桁拱架至A26，系杆梁架至A27）。

（3）J4架梁起重机架设两个节间钢梁（YA2→YA0）至31号墩顶，然后调头架设1个节间钢梁至30号墩顶（YA4→YA5），并将支点顶至设计高程（图4-33）。

（4）拆除临时墩5和6。

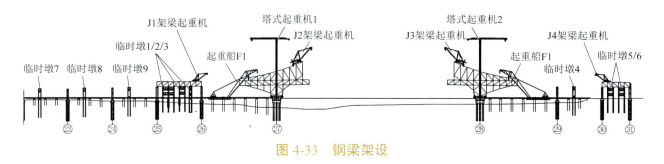

图4-33 钢梁架设

步骤五：边跨压重、钢梁架设。

（1）31号墩顶进行压重，Y1压重长度12m，重量899t。

（2）J1架梁起重机继续向前架设6节钢梁（A9→A15）至边跨合龙口（A14—A15节间桥面板暂不架），然后拆除临时墩1号、2号、3号。

（3）J4架梁起重机向中跨方向架设8个节间钢梁（YA5→A9）至29号墩（上墩前A7—A9节间只安装主桁杆件，上墩支承后再安装剩余杆件），然后拆除临时墩5号、6号及压重Y1。

（4）架梁起重机J4继续向前架设6个节间钢梁（A9→A15）至边跨合龙口（A14—A15节间桥面板暂不架，（图4-34）。

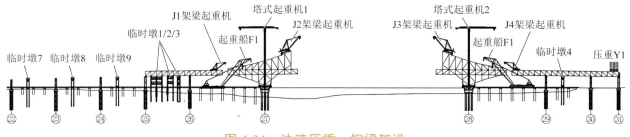

图4-34 边跨压重、钢梁架设

步骤六：边跨合龙，解除墩旁托架约束、拆除J4架梁起重机。

（1）万顷沙侧边跨合龙（25号墩支点回落150mm，26号墩支点起顶600mm）。

（2）南沙侧边跨合龙（31号墩回落300mm，29号墩起顶421mm，主梁纵移135mm）。

（3）南沙侧边跨合龙后，在28号墩顶安装纵向限位装置。

（4）万顷沙侧边跨合龙后，已架钢梁向大里程整体纵移400mm后，再在27号墩顶安装纵向限位装置。

（5）解除主墩墩旁托架与钢梁间的约束。

（6）架梁起重机J1调头移至25号墩处，准备开始架设边跨钢梁；架梁起重机J4退回至31号墩处后进行拆除（图4-35）。

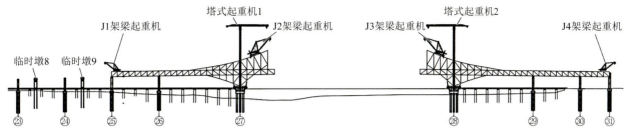

图 4-35 边跨合龙，解除墩旁托架约束

步骤七：钢梁架设、提升站、26号、29号墩顶压重、扣塔1、2拼装。

（1）将 25 号墩主桥侧支点垫高 600mm（+32.658m），引桥侧支点垫高 607mm（+32.525）、临时墩 9 垫高 450mm，J1 架梁起重机向 24 号墩方向架设 5 个节间钢梁（N29→N24）至 9 号临时墩（25 号墩主桥与水中引桥进行临时连接，形成连续梁结构）。

（2）J2、J3 架梁起重机向前架设 5 个节间钢梁（A27→A31）。

（3）在 26 号、29 号墩顶进行压重（26 号墩顶 Y2 压重长度 18m，压重量 1350t；29 号墩顶 Y3 压重长度 18m，压重量 1347t）。

（4）拼装扣塔 1、2 及提升站（图 4-36）。

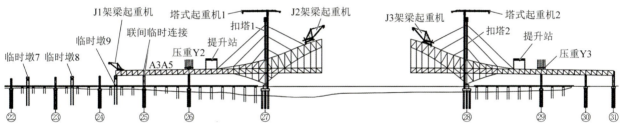

图 4-36 钢梁架设、提升站、26号、29号墩顶压重、扣塔1、2拼装

步骤八：钢梁架设，第一层扣索挂设张拉。

（1）将 24 号墩垫高 300mm（+31.045m）、临时墩 8 垫高 382mm，架梁起重机 J1 继续向前架设 8 个节间钢梁（N24→N16）至临时墩 8。

（2）主桥挂设第一层扣索并张拉（前索张拉力为 856t，后索张拉力为 900t）（图 4-37）。

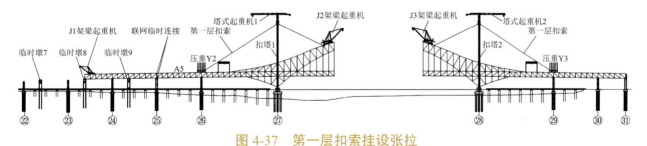

图 4-37 第一层扣索挂设张拉

步骤九：钢梁架设、主桥边墩压重，第二层扣索安装张拉。

（1）将 23 号墩垫高 350mm（+28.863m）、临时墩 7 垫高 433mm，J1 架梁起重机向前架设 8 个节间钢梁（N16→N8）至临时墩 7。

(2)万顷沙侧在 25 号墩顶进行压重 Y4(压重长度 21m,压重量 1570t)。南沙侧在 A2—A4 节间进行压重 Y5(压重长度 24m,压重量 1795t)。

(3)压重完成后,架梁起重机 J2、J3 继续向前架设 3 节钢梁(A32→A35)至 A35 节点(钢桁拱架设至 A34,系杆梁架设至 A35)。

(4)第二层扣索并张拉(前索张拉力为 1101t,后所张拉力为 1186t)(图 4-38)。

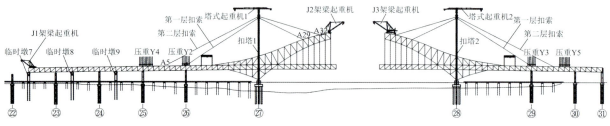

图 4-38　第二层扣索安装张拉

步骤十：水中引桥钢梁架设完成、水中引桥钢梁调整、架梁起重机 J1 拆除；第三层扣索安装、张拉。

(1)将 22 号墩垫高 350mm(+25.865m),J1 架梁起重机向前架设 8 个节间钢梁(N8→N0),完成水中引桥钢桁梁架设。然后拆除 J1 架梁起重机。

(2)调整水中引桥各墩位处钢梁至设计高程。

(3)J2、J3 架梁起重机向中跨架设 3 个节间钢梁(A35→A38)。

(4)第三层扣索并张拉(前索张拉力为 1388t,后索张拉力为 1444t)(图 4-39)。

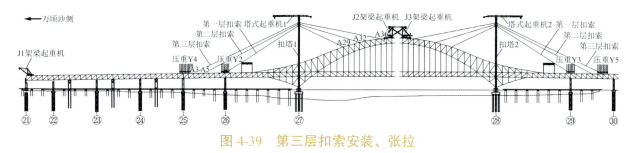

图 4-39　第三层扣索安装、张拉

步骤十一：钢梁架设,第三层扣索张拉。

(1)钢桁拱合龙。26 号墩落 308mm,29 号墩落 290mm,万顷沙侧钢梁向跨中纵移 64mm。

(2)拆除 27 号、28 号主墩顶纵向限位装置。

(3)调整第三层扣索索力：前索 1154t,后索 1311t(此时第一层前索 779t,后索 850t;第二层前索 1122t,后索 1128t)。

(4)系杆梁合龙。

(5)逐步释放扣索索力,拆除扣索及压重,架梁起重机 J2、J3 退回至 27 号、28 号主墩附近,用塔式起重机进行拆除。

（6）拆除扣塔、塔式起重机及提升站（图 4-40）。

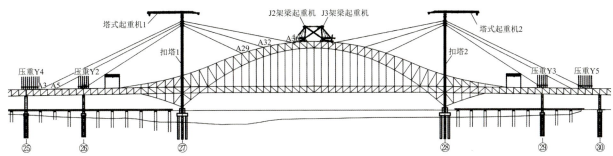

图 4-40　第三层扣索张拉

步骤十二：解除两联间临时连接，体系转换，桥面系施工。

（1）解除 25 号墩顶主桥及引桥的临时连接。

（2）钢梁调整，永久支座安装。

（3）拆除剩余临时墩。

（4）调整主跨吊杆，使主桥线形达到设计要求。

（5）桥面系施工（图 4-41）。

图 4-41　解除两联间临时连接

4.3.4　钢梁安装原则

（1）严格按照安装顺序施工。弦杆一般不得长时间处于悬臂状态，应尽快形成闭合三角形。

（2）架设过程中要确保栓孔重合率。遇有错孔，要查明原因再行处理，不得随意扩孔或用大锤强行通过。

（3）钢梁悬臂架设过程中的抗倾覆稳定系数应大于 1.3。采用压重进行配重平衡，满足主桥及水中引桥钢梁悬臂拼装需要。

（4）在临时支墩上拼装钢梁时，除保证支墩有足够的承载力外，还应预留压缩下沉量。

（5）钢梁拼时，在设计无要求的情况下，一般主桁下一节间拼装时应在自由状态下进行。即下弦杆前端拼至前一支墩的支点时，不得受力，与支墩支点保持 2~3cm 空隙。主桁杆件闭合，节点高强度螺栓 100% 终拧后，下弦杆前端节点底面与支墩支点垫块之间才能用垫块抄紧。垫块尺寸规格必须经计算确定。

（6）悬臂架设过程中，为保证钢梁线形，主桁终拧进度不落后于拼装的 2 个节间。同时主桁节点高强度螺栓按规定施拧后，方可前移架梁起重机。

（7）每架设完成一个节间，即应测量钢桁梁中线及预拱度是否符合要求，根据需要再调整。如钢桁梁悬臂拼装过程中，当发现拼梁前端主桁偏向一侧时，可采用先拼装另一侧弦、斜、竖杆方法进行纠正。

（8）在支架上拼装钢梁时，冲钉和普通螺栓总数不得少于孔眼总数的 1/3，其中冲钉不得多于 2/3。孔眼较少的部位，冲钉和普通螺栓总数不少于 6 个或将全部孔眼插入冲钉或普通螺栓。用悬臂或半悬臂法拼装钢梁时，联结处所需冲钉数量应按所承受荷载计算决定，但不得少于孔眼总数的 50%，其余孔眼布置高栓。

（9）高强度螺栓施拧脚手架，应做到既要拆装方便，又要安全可靠，紧跟架梁进度安装脚手架，使用前，必须经值班技术人员和安全检查人员检查认可，在悬臂过程中，高栓经检查合格，并获监理认可后，应立即涂油漆，脚手架随即拆除。

（10）钢梁架设时，所有桥面板均采用先栓后焊的方式安装，焊接不得落后钢梁架设 5 个节间，并在焊接时，先焊接横缝再焊接纵缝，桥面板焊缝坚持对称焊接。

钢梁安装工地焊缝以桥面板的纵、横向焊缝为主（上弦杆件上表面包含于横缝中），采用单面焊双面成型工艺保证焊缝熔透。钢梁的焊缝尤其是坡口熔透焊，应按相关规范的要求，经过严格的探伤检查。对于主桁节点板和桥面板焊连部位以及受拉上弦杆与平联节点板焊连的特殊结构细节，应加以锤击工艺，提高结构的抗疲劳承载能力。

4.3.5 钢梁安装要点

（1）下弦杆、部分上弦杆、下拱肋、竖杆及桥面板均采用专用吊耳式吊具吊装，其余杆件均采用专用的捆吊吊具吊装（图 4-42）。

a)   b)

图 4-42 钢梁杆件吊装实景图

（2）对孔杆件起吊就位后对孔时，在栓孔基本重合的瞬间（相错在 10mm 以内）将小撬棍插入孔内拨正，然后微微起落吊钩，使杆件转动对合其他孔眼。弦杆及拱肋先对近端孔眼，竖杆先对下端孔眼，斜杆先吊成较陡状态，待下端对合后再徐徐降低吊钩对合上端。

对合弦杆时，可用扁铲式小撬棍引导，必要时用牵引器或导链滑车拉入节点板内。

（3）穿入钉栓对好孔眼后，先在栓孔群四周打入四个定位冲钉，随即安装4~6个普通螺栓（两侧带垫圈），确认板缝间无任何杂物时，即拧紧螺栓，同时安装其余栓孔的冲钉和螺栓。

杆件悬臂拼装时，需按孔眼总数的50%均匀分布打入冲钉和上足25%~30%的普通螺栓，螺栓拧紧后方能松钩。

（4）高强度螺栓施工时严格按下列步骤进行：

第一步：安装既没有打入冲钉，又没有安装普通螺栓的栓孔相应高强度螺栓，安装顺序由节点中心向四周扩散，用梅花扳手将其拧紧。

第二步：逐个将普通螺栓更换为高强度螺栓，更换顺序由节点中心向四周扩散，用梅花扳手同时将其拧紧。

第三步：对已用梅花扳手拧紧的高强度螺栓用标定好的初拧扳手进行初拧，并做初拧标记，施拧顺序由节点中心向四周扩散。

第四步：分批将冲钉退出，更换成高强度螺栓，并进行初拧，并做初拧标记。一次卸下的冲钉数量，最多不超过冲钉总数的20%。

第五步：对所有初拧后高强度螺栓进行终拧，施拧顺序由节点中心向四周扩散，同时用红色油漆做好终拧标记。一般初拧、终拧应在同一个工作日内完成。

当主桁下弦拼装距墩顶最后一个节间时，将中桁杆件尽快拼装到墩顶，单桁呈闭合稳定结构状态，但不搁置，与支点保持2~3cm间隙，立即拼装两边桁及其他杆件。待整体形成稳定结构及各处节点高强度螺栓终拧50%后，才将空隙抄实，但不允许起顶。等到再悬臂拼出3个节间，使加劲弦杆件全部闭合，并将主桁大节点螺栓全部终拧后，此桥墩支点才允许起顶调梁，支点处桥门架，起顶横梁亦应在起顶前将螺栓终拧完毕。

（5）爬坡架梁起重机在钢梁上拱肋每隔12m或14m移动一次，起重机前轮中心应位于设计要求的位置。吊装时必须保持吊机转盘水平。

（6）悬臂安装时，应根据悬臂端的最大挠度和工厂制造拱度、钢梁坡度及墩顶设备高度等因素确定前方墩顶支座高程。临时支座应设有良好的顶落及纵横移设备，后者应设置双向顶架，任一面均可施顶，一面顶移一面制动保险。临时支座和保险支座不宜过高，设置时要考虑支座在温度、风力、静力、动力作用下的稳定性，主要受力支点临时支撑在工钢束、钢垫块、钢轨束等组成的支座上时，应考虑因钢梁转角产生的偏心反力对支座和钢梁节点的影响。

（7）钢梁悬臂安装采用起重船时，应按规定进行试吊。起重船在上、下游侧，必须具有可靠的锚碇设备。

（8）扣索张拉时，防止扣塔扭转，应严格执行"平衡、对称、同步、分级"的原则。

（9）钢梁架设时，首先通过对架梁所用爬坡起重机支腿支承位置、支腿反力大小设计进行理论把控；其次，通过架梁过程中在三桁上加载的施工荷载进行限制；最后，在施工中严格执行钢梁线形控制不达标不准向前架设的原则要求，以加强对钢梁架设安装过程中三桁间挠度差的控制，避免出现挠度差过大情况（图4-43）。

图4-43 爬坡起重机钢桁拱悬臂拼装架设

4.4 主桥钢梁架设

4.4.1 边跨合龙前边跨钢梁架设

1）万顷沙侧钢梁架设

根据钢梁总体架设方案，万顷沙侧边跨钢梁共14个节间，节点号为A1—A15，万顷沙侧A1—A15节间钢梁立面示意图如图4-44所示。其架设顺序为：起始两节间（A3→A5）→架梁起重机拼装→钢梁架设至26号墩顶（A5→A9）→架梁起重机调头移至A3节间→钢梁架设至25号墩顶（A3→A1）→架梁起重机调头移至26号墩处→架梁至合龙口（A9→A15）→拆除临时墩1号、2号、3号。

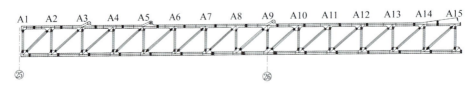

图4-44 万顷沙侧A1—A15节间钢梁立面示意图

（1）起始两节间（A3—A5）钢梁架设

钢梁杆件设计由 25 号墩向边跨合龙口逐节间架设,因此从第三个节间开始架设时,由于杆件节点位置的限制,每桁第二、三节间的上、下弦杆需在预拼场提前预拼好后运至现场整体吊装。起始杆件安装示意图如图 4-45 所示,边跨 25 号—26 号墩 A3—A5 节间钢梁架设起重船站位示意图如图 4-46 所示,部分较重杆件参数统计见表 4-8。

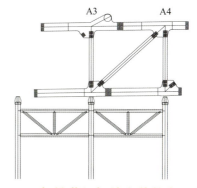

图 4-45　起始节间杆件安装状态示意图

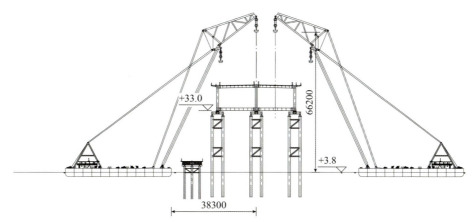

图 4-46　边跨 25 号—26 号墩 A3—A5 节间钢梁架设浮吊站位示意图（尺寸单位：mm）

部分较重杆件参数统计　　　　表 4-8

杆件编号	杆件重（t）	高度（距离水面）(m)	备注
SA2SA3 + SA3SA4	40.9	41.3	
SE2SE3 + SE3SE4	31.5	29.2	
桥面板	40	41.3	

起始节间（A3→A5）拼装顺序：

第一节间拼装顺序：中桁下弦→栈桥侧下弦→栈桥侧下弦平联→另一侧下弦→另一侧下弦平联→中桁竖杆、斜杆及上弦→栈桥侧竖杆、斜杆及上弦→栈桥侧桥面板→另一侧竖杆、斜杆及上弦→另一侧桥面板。

第二节间参照第一节间即可。具体拼装顺序如图 4-47 所示。

（2）A5—A9、A3—A1 节间钢梁架设

架梁起重机拼装完后,先向前逐节间架设 A5—A9 节间钢桁梁,每个节间无特殊要求时架设顺序为：中桁桁架→下游侧边桁桁架→下游侧下弦平联→下游侧桥面板→上游侧下弦平联→上游侧桥面板。桁架拼装顺序为：下弦杆→斜杆→竖杆→上弦杆。

在 26 号墩顶抄垫好之后,架梁起重机调头移至 A3 节点处,依次架设 A3、A2、A2、A1 节间钢桁梁,杆件架设顺序与 A5—A9 节间一致。

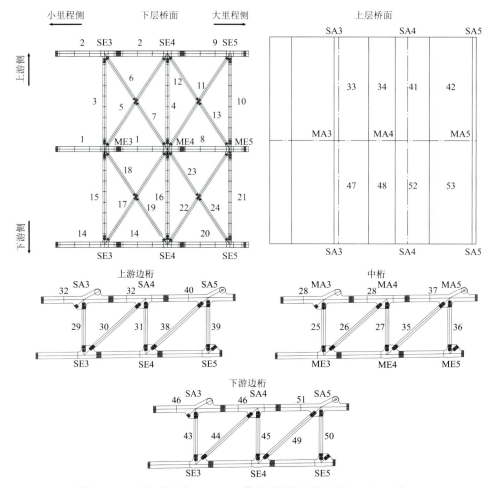

图 4-47 万顷沙侧 A3—A5 节间单片主桁架梁顺序示意图

每个墩顶钢梁架设前,必须提前按设计要求做好墩顶布置。

(3) A9—A15 节间钢梁悬臂架设

25 号、26 号墩顶钢梁高程调整到位,即可利用架梁起重机逐节间全悬臂架设 A9—A15 节间钢桁梁,架设顺序参照 A5—A9 节间的架设。

2) 南沙侧钢梁架设

根据钢梁总体架设方案,南沙侧边跨钢梁共 19 个节间,节点号为 YA0—A15,具体见图 4-48 南沙侧 YA0—A15 节间钢梁立面示意图如图 4-48 所示。其钢梁架设顺序为:起始两节间 (YA2→YA4)→架梁起重机拼装→钢梁架设至 31 号墩顶 (YA2→YA0)→架梁起重机调头架设钢梁至 30 号墩顶 (YA4→YA5(A1))→拆除临时墩 5 号、6 号→边跨压重 (记为 Y1)→钢梁架设至 29 号墩 (A1→A9)→拆除临时墩 4 号及压重 Y1→钢梁架设至边跨合龙口 (A1→A15)。

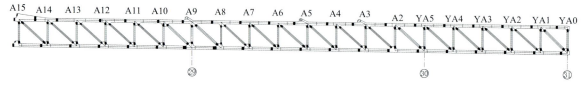

图 4-48 南沙侧 YA0—A15 节间钢梁立面示意图

（1）起始 YA2—YA4 节间钢梁架设

钢梁杆件设计由 31 号墩向边跨合龙口逐节间架设，因此从第三个节间开始架设时，与 25 号—26 号跨起始两节间顺序及方法相同，不同之处采用吊装设备不同。本节间采用履带式起重机架设。中桁及其上游杆件吊装时，履带式起重机位于桥址线上游侧，其余杆件吊装时履带式起重机位于桥址线下游侧，架设顺序参照 25 号—26 号跨起始节间架设顺序。部分杆件参数见表 4-9，南沙侧 YA2—YA4 节间履带式起重机架设站位示意图如图 4-49 所示。

部分杆件参数统计　　　　　　表 4-9

杆件编号	杆件重	杆件高度	SCC3200C 履带起重机参数			备注
			吊幅	臂长	吊重	
YMA2YMA3 + YMA3YMA4	35.8t	33.6m	30m	78m	40t	杆件最高
YSA2YSA3 + YSA3YSA4	31.7t	33.6m	28m	78m	44.2t	
YME2YME3 + YME3YME4	33.2t	23.5m	30m	78m	40t	
YSE2YSE3 + YSE3YSE4	30.8t	23.5m	28m	78m	44.2t	
桥面板	40t	33.6m	28m	78m	44.2t	杆件最重
架梁起重机	30t（13.5t）	—	30m（46m）	78m（84m）	40t（19t）	最重/最高

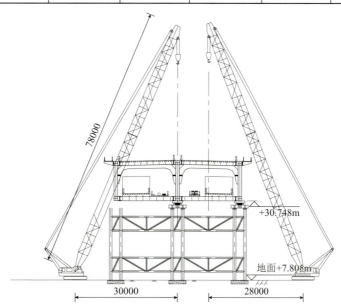

图 4-49　南沙侧 YA2—YA4 节间履带式起重机架设站位示意图（尺寸单位：mm）

（2）YA2—YA0、YA4—YA5 节间钢梁架设

该节间钢梁架设可参照万倾沙侧钢梁架设方案。

（3）YA5—A15 节间钢梁悬臂架设

30 号墩顶钢梁高程调整到位，31 号墩处压重完成后，即可利用架梁起重机逐节间悬臂拼装架设 YA5—A9 节间钢桁梁。架设顺序与万倾沙侧相同。

4.4.2 主墩钢梁双悬臂架设

根据钢梁总体架设方案，27号、28号两主墩钢梁在边跨合龙前不对称双悬臂架设，即利用塔式起重机为主，起重船辅助架设墩顶两个节间（A21—A23），然后拼装架梁起重机，再利用架梁起重机向中跨拼装 A23—A27 四节间钢梁；同时利用塔式起重机和起重船向边跨架设 A21—A16 五个节间钢梁。主墩顶 A16—A27 节间钢梁立面示意图如图 4-50 所示。

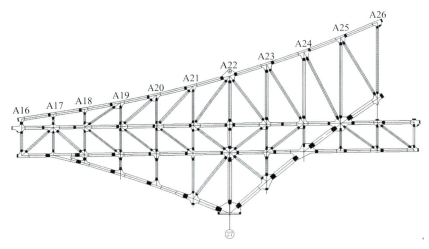

图 4-50　主墩顶 A16—A27 节间钢梁立面示意图

（1）主墩顶两节间（A21←A22→A23）钢梁架设

主墩钢梁由布置于主墩承台上的 D1500 塔式起重机为主，一台 350t 起重船辅助进行架设。350t 主墩 A21—A23 节间起重船吊装杆件统计表见表 4-10。

主墩 A21—A23 节间起重船吊装杆件统计表　　表 4-10

序号	节间	杆件号		重量（t）	备注
1	21→22	SG21SG22	下游	55.6	
2		MG21MG22		58	
3		QM6-2（7m）	下游	40	
4	22→23	SA22SA23	下游	36.6	
5		SG22SG23	上游	68.6	
6			下游	68.6	
7		MG22MG23		71.4	
8		QM9（8.25m）	下游	40	
9		QM8（10.2m）	下游	48	
10	22	SG22	上游	89.9	
11		SG22	下游	89.9	
12		MG22		95.1	

主墩顶钢梁复杂，要严格按照架梁施工顺序图执行，确保架设过程力矩平衡的原则。

根据总体架梁方案，主墩顶钢梁架设前将正式支座装到位，在前两个节间钢梁安装完后，调整纵横向偏位，使其满足设计要求，同时使27号墩边跨侧在墩旁托架处预抬21mm，中跨侧在墩旁托架处预降21mm；28号墩边跨侧在墩旁托架处预抬46mm，中跨侧在墩旁托架处预降46mm。然后将墩旁托架上、下支架采用焊接固定牢固。

（2）A21—A16、A23—A27节间钢桁梁架设

在主墩顶两节间钢梁架设完成，墩旁托架上、下支架焊接固定好之后，利用墩旁塔式起重机在已拼两节间钢梁上拼装爬坡架梁起重机，随后采用起重船架设A21→A16节间钢梁，采用架梁起重机架设A23→A27节间钢梁。架设顺序为先中桁，再边桁；先下部，再上部。总的原则为先安装的杆件不影响后吊装的杆件的安装。

架设SG18SE18、MG18ME18、SG19SE19、MG19ME19杆件时应根据设计要求先安装腹板螺栓，待全桥杆件安装完成后再安装对应翼缘板上螺栓。

由于两侧墩旁托架支点间距较小，施工期间应严格控制两侧的不平衡力矩，避免一侧支点反力过大，另一侧支点反力过小或脱空。因此该部分钢梁架设时必须严格按照"主墩顶钢梁双悬臂架梁施工顺序图"进行。

钢梁架设时A23—A27节间杆件由舶船运送至架梁位置，由架梁起重机直接从船上提取架设。A21—A16节间小于40t的杆件由起重船直接从栈桥上提取架设。大于40t的杆件由船舶直接运至待架点，由架梁设备起吊架设。

4.4.3 边跨合龙段施工

主桥边跨共计2个合龙段，分别设在两侧26号—27号边跨和28号—29号边跨间的A15—A16节间。边跨合龙段立面示意图如图4-51所示。

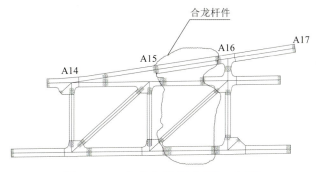

图4-51 边跨合龙段立面示意图

合龙段施工包括以下几步：

第一步：合龙段杆件安装；

第二步：合龙；

第三步：合龙段剩余杆件下弦平联、桥面板安装；

第四步：拆除墩旁托架。27号墩侧钢梁纵移就位，并临时约束。

（1）合龙段杆件安装

在合龙段杆件安装前，应先精确测量A15、A16两节点的距离，若在最高温度下节点距离小于A15—A16上、下弦杆的长度时，必须通过边墩墩顶的纵移设备将边跨钢梁纵移，使架梁杆件能自由安装。

安装顺序：中桁→边桁。

每桁安装顺序：下弦杆→斜杆→上弦杆→上拱肋

杆件通过边跨平行弦架梁起重机吊装，与A15节点先连接，在A16节点进行合龙。待合龙后，由底向上依次安装下弦平联、桥面板。

（2）边跨合龙

合龙原则：主墩墩顶钢梁保持固定不动，通过调整边跨钢梁X（纵向）、Y（横桥向）、Z（竖向）三项向值进行合龙。

合龙一般顺序：中桁→边桁。

每桁合龙顺序：下弦杆→上弦杆→斜杆→上拱肋。

每根杆件合龙调整一般顺序：Z（竖向）→Y（横桥向）→X（纵向）。

合龙分粗调和精调。根据设计计算和现场实测的结果，找出针对X、Y、Z方向最有效的调整值。并灵活选择调整方法及工具。一般如下：

X向：合龙口尺寸大于设计尺寸20mm时，采用布置在25号、26号墩（29号—31号墩）顶水平千斤顶调整，否则利用温差或微调整装置调整，合龙口微调装置示意图如图4-52所示。

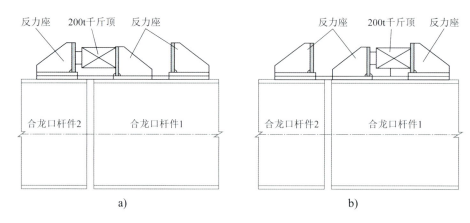

图4-52 合龙口微调装置示意图

Y向：采用布置在25号、26号墩（29号—31号墩）顶水平千斤顶或导链调整。

Z向：通过布置在25号、26号墩（29号—31号墩）顶竖向千斤顶调整。

经计算边跨合龙各墩调整值见表 4-11。

边跨合龙时调整数据统计表（单位：mm） 表 4-11

名称	25 号墩	26 号墩	29 号墩	30 号墩	31 号墩	合龙口位置	边跨钢梁纵移量
万倾沙侧	落 300	顶 153				高 106	78
南沙侧			顶 421	不动	落 300	高 273	135

（3）合龙调整时注意事项

（1）合龙前要与气象部门取得密切联系，准确掌握合龙前后的气象资料。应尽量选择良好的天气，合龙时钢梁梁体温度差最小或无温差。

（2）合龙工作开始后，应不间断地尽快完成合龙。

（3）合龙前应连续几天测量温度变化对钢梁的影响，找出合理的调整方法。

（4）合龙口需要微调时，应详细计算出微调装置的顶拉力。

（5）墩顶布置及纵、横移、起落梁应严格按相关要求执行。

（6）合龙时，主墩顶钢梁不动，通过调整边跨钢梁进行合龙。

4.4.4 边跨合龙后主跨悬臂架设

边跨合龙，拆除墩旁托架，28 号墩侧钢梁不动直接安装墩顶纵向限位装置，27 号墩侧钢梁向大里程纵移 500mm，联纵移动速度控制在每分钟不超过 10mm 量级，然后安装墩顶纵向限位装置，进行纵向临时固定。70t 爬坡架梁起重机在吊索塔架的配合下，拱梁同步向主跨跨中逐节间架设钢桁梁，共 13 个节间（节点号为 A26—A39），主跨 A26—A39 节间钢梁立面示意图如图 4-53 所示。

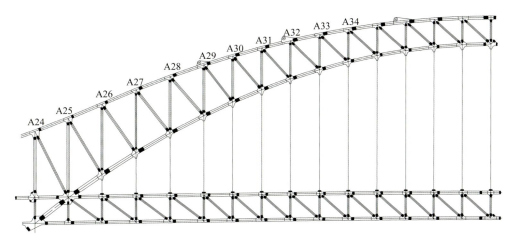

图 4-53 主跨 A26—A39 节间钢梁立面示意图

其钢梁架设顺序为：A26—A32 节间钢桁梁架设→第一层扣索安装、张拉→边墩处压重（记为 Y2）→A32—A35 节间钢桁梁架设→第二层扣索安装、张拉→A35—A38 节间钢桁梁架设→第三层扣索安装、张拉。

杆件全部通过栈桥运至提升站下，由提升站提升上桥，通过桥面运梁小车运至待架点下方，由爬坡架梁起重机直接从前端提取架设。钢梁架设时，为吊装方便，系杆梁的架设必须提前拱肋一个节间（为减少边跨压重，架设至 A30—A31 节间时系杆梁与拱肋同步架设），故架梁顺序为：系杆梁→拱肋→吊杆。吊杆安装时，先安装上端，再安装下端，并在下端张拉。

4.4.5 主跨合龙

根据设计及总方案主跨设一个合龙段，即在中间 A39 节点，中跨合龙段立面示意图如图 4-54 所示。

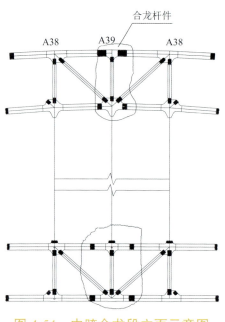

图 4-54 中跨合龙段立面示意图

合龙段施工包括以下几步：

第一步：合龙段拱肋杆件安装；

第二步：拱肋合龙；

第三步：解除 27 号墩支座处纵向临时约束，拆除主墩顶纵向限位装置；

第四步：调整索力；

第五步：系杆件梁合龙段杆件安装；

第六步：系杆梁合龙；

第七步：合龙段剩余杆件，即系杆梁下弦平联、桥面板、吊杆、拱肋连接系等安装。

（1）合龙段拱肋杆件安装

在合龙段拱肋杆件安装前，应先精确测量合口 A39 节点的距离，若在最高温度下节点距离小于杆件上、下弦杆的长度时，可通过墩顶的纵移设备将小里程钢梁纵移调整，或通过扣索进行调整，使待架杆件能自由安装。

安装顺序：中桁→边桁。

每桁安装顺序：下拱肋→竖杆→上拱肋。

杆件通过爬坡架梁起重机安装，使中桁杆件与大里程A38节点杆件连接，边桁杆件与小里程A38节点杆件连接，使合龙杆件接头交错布置，重量平均分摊在合龙口两端。

（2）拱肋合龙

合龙调整原则：

①大里程钢桁梁先调整到位，小里程钢桁梁迎合大里程钢桁梁进行调整合龙。

②大里程钢桁梁不进行X（纵向）调整，只进行Y（横桥向）、Z（竖向）调整；小里程钢桁梁进行X（纵向）、Y（横桥向）、Z（竖向）三项调整。

③合龙调整时，以索力调整为主，顶落梁调整为辅进行。

合龙一般顺序：中桁→边桁。

每桁合龙顺序：下弦杆→上弦杆→斜杆。

每根杆件合龙调整一般顺序：Z（竖向）→Y（横桥向）→X（纵向）。

合龙分粗调和精调。根据设计计算和现场实测的结果，找出针对X、Y、Z方向最有效的调整值。并灵活选择调整方法及工具。一般如下：

X向：合龙口尺寸大于设计尺寸40mm时，采用布置在小里程各墩顶水平千斤顶调整，否则利用温差或微调整装置调整（参见图4-52）；

Y向：采用布置在各墩顶水平千斤顶或导链调整。

Z向：通过以调整扣索索力为主，布置在各墩顶竖向千斤顶调整为辅的调整方式。

（3）系杆梁杆件安装

在拱肋合龙后，合龙段系杆梁杆件安装前，先精确测量合口A39节点的距离，若在最高温度下节间间距小于杆件上、下弦杆的长度，可通过调整扣索索力以增大合龙口距离，使架梁杆件能自由安装。

安装顺序：中桁→边桁。

每桁安装顺序：下弦杆→竖杆→上弦杆→吊杆。

杆件通过爬坡架梁起重机安装，合龙时所有杆件均与大里程A38节点杆件连接。为方便合龙口杆件吊装，A38—A39节间拱肋平联先不安装，在系杆梁全部杆件安装完后，再进行安装。

（4）系杆梁合龙

合龙原则：两侧钢桁梁不动，通过调整扣索索力及吊杆拉力进行合龙。

合龙一般顺序：中桁→边桁。

每桁合龙顺序：下弦杆→上弦杆→斜杆。

每根杆件合龙调整一般顺序：Z（竖向）→Y（横桥向）→X（纵向）。

合龙分粗调和精调。根据设计计算和现场实测的结果，找出针对 X、Y、Z 方向最有效的调整值。并灵活选择调整方法及工具。一般如下：

X 向：通过调整扣索张力、吊杆拉力及进微调装置进行实现。

Y 向：通过导链实现。

Z 向：通过调整扣索张力及吊杆拉力实现。

（5）合龙段剩余杆件安装

在系杆梁合龙后，通过爬坡架梁起重机安装剩余的全部杆件，安装顺序为：系杆梁下弦平联→桥面板→拱肋平联。

（6）合龙调整时注意事项

①索力调整时，同排索力要尽量同步，防止扣塔发生扭转。

②参照边跨合龙的相关要求。

4.4.6 扣索挂设及张拉

根据设计 27 号、28 号主墩上各布置一座三层固定式（铰接式）扣索塔架，每座扣索塔架共 3 桁，每桁 3 层（从内向外分别为第一层、第二层、第三层），单桁单层由 4 根吊索组成，吊索采用平行钢丝索，每根吊索两端均设冷铸锚，上端（塔架端）为锚固端，下端（钢梁端）为张拉端。扣索布置示意图及扣索布置实景图如图 4-55 和图 4-56 所示。

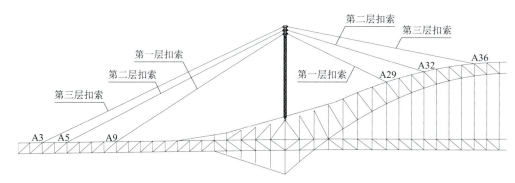

图 4-55 扣索布置示意图

图 4-56 扣索布置实景图

（1）扣索挂设顺序

①挂索总顺序：先第一层索，再第二层索，最后第三层索。

②对于同层索，先同步挂设中桁索，再挂设两边桁索。

③对于同桁4根索，按对角分两次同步完成。

④对于单根索，先放索，然后锚固端锚头挂设，最后再张拉端锚头挂设。

（2）放索

①单根扣索最大重量约20t，采用墩旁塔式起重机吊装上桥，安装在桥面上布置的专用的放索架上。

②将张拉端锚头牵出放于"锚头小船"上并固定。在张拉端锚头上安装放索锚座，用10t卷扬机配合20t滑车组索引锚座放索。

（3）锚固端锚头挂设

①扣索沿放索滑道全部展开后，在锚固端锚杯上安装锚杯牵引接头，并在靠近锚固端锚杯位置的扣索上安装缆索夹具。

②由墩旁塔吊提升锚固端锚头，倒链配合将锚头喂入锚箱，直至锚固端锚头戴帽，并旋紧螺帽至设计位置。

③锚固端锚头挂设完毕后，利用倒链将锚箱调整至设计角度，然后进行张拉端锚头挂设。

（4）张拉端锚头挂设

①锚固端戴帽至设计位置后，用锚头小船将张拉端锚杯牵引至指定位置，安装缆索夹具，将锚头临时打梢。

②在张拉端锚杯上安装张拉杆和张拉杆牵引锚座及牵引头，采用20t滑轮组牵引张拉杆直至戴帽，拧紧张拉杆螺母，然后再安装硬牵引撑脚和650t穿心千斤顶。

③在硬牵引施工时，必须保证650t穿心千斤顶在工作时受力均匀，不发生偏载。挂索过程中，要同步观测塔顶变位，塔顶上下游扭转量小于5cm。

（5）扣索张拉

①张拉端锚头戴帽后，利用650t穿心千斤顶配张拉杆张拉索力至设计吨位，拧紧锚固端螺母。

②扣索张拉作业遵循"平衡、对称、同步、分级"的原则。

③一层24根扣索需同步张拉至设计吨位，因此张拉过程应分级加载，不得一步到位。分级值为50t，张拉结束后各扣索索力误差值控制在5%以内。

④张拉时要统一指挥，所用千斤顶、油表和油泵配套标定。

⑤扣索张拉时，采用伸长量和张拉力双控，以索力为主，伸长量校核的方法进行。

（6）扣索卸载及拆除

①在主跨拱肋合龙之后，系杆合龙之前，根据计算放松第三层扣索，使系杆合龙口逐步张开至理论设计长度，安装合龙口杆件。

②主跨钢桁拱合龙之后，分层分级卸载吊索索力。先第三层，之后第二层，最后第一层吊索索力。吊索卸载作业遵循"平衡、对称、同步、分级"的原则，分级原则同挂索张拉过程。

③吊索解除索力过程要加强观测钢桁拱跨中挠度和各锚点位移变化及塔顶位移。

④吊索塔架在拆除第一层扣索之前挂设临时缆风绳，之后方可卸除第一层吊索。

⑤吊索塔架各部分拆除顺序与安装时相反。

4.4.7 体系转换及附属结构施工

主跨合龙后，先后拆除第三层、第二层、第一层扣索后，架梁起重机退至主墩附近，利用塔式起重机拆除架梁起重机后，分别拆除扣塔、塔式起重机及桥面压重等。

利用边墩竖向顶将钢梁顶起并锁定，安装永久支座，随后调整吊杆，使系桥梁高程满足设计要求，核定吊杆力复核设计要求后，最后转入附属结构施工。

4.4.8 线形控制

线形控制主要是在施工过程中严格按照设计、监控要求把控主桁杆件的安装位移，以确保成桥后主梁的高程满足设计高程要求。

钢桁梁架设前，对主桥控制网进行检测，并联测南沙侧及万顷沙侧用于架设钢桁梁所涉及到的控制点。平面控制点主要采用全站仪测边测角进行联测，高程点的联测应选择成像清晰的天气下进行，对控制网进行检测的精度应与原网定测精度相同。

主梁线形控制是内容包括高程线形测量，中线线形测量等，其中高程线形测量必须是监控单位在对主梁进行监控测量，提供必要的理论主梁拼装线形后，施工单位据此为依据才能对主梁拼装实施线形控制。监控测量内容不仅包括高程线形测量，中线线形测量，还要同步对主桥墩和临时墩进行位移和沉降测量。

拱肋高程观测采用自动安平水准仪或全站仪测量；中线偏位是根据已架设梁段的中线标志，直接采用全站仪测量其坐标。主桁线形断面测点根据架设钢梁横断面布置6～12个测点，钢梁上弦杆高程测点布置在节点中心，在桥门架处作适当调整；拱肋线形测点布置，在每一节段的杆件端点处设置观测点，同时测点数量需根据现场架设实际情况进行增加调整，但不得减少。

（1）中线线形测量

在钢桁梁进入施工现场后，吊装之前在每一节间钢桁梁两端桥面钢板上用冲钉作好中

4 施工工艺技术

心控制点（横桥向结构中），在主梁架设同时观测中心控制点点位坐标与设计坐标比较进行调整。由于钢桁梁受温度影响横桥向方向上易摆动，对正在拼装的钢桁梁前端中线调整测量应安排在日出前大气温度变化小，气温稳定的时间内快速完成。为保证钢桁梁架设的顺直，避免两相邻节间拼装出现折线，两相邻节间的钢桁梁中线控制可采用方向线顺延的办法进行检核。

（2）高程线形测量

架设钢桁梁最重要的一项测量内容，就是高程线形测量。这项工作也要安排在日出前大气温度变化小，气温稳定的时间内快速完成。良好的拼装线形，不仅其高程绝对值与设计值相差不大，而且应呈现出一条顺滑曲线，而不应出现折线形的突变点。由于钢桁梁架设过程中高程线形是一种动态曲线，温度、边跨中跨两侧重量不平衡等因素影响，不同时间段不同工况节间两端的高程绝对值不同。为防止钢桁梁出现折线形的突变点，使钢桁梁线形按设计状态延伸，能够在任意时间段对拼装的钢桁梁高程线形进行复核，可采用"相对高差法"，即对相邻已拼装好的钢桁梁复核其相对线形。高程线形测量的测点位置，可设在钢桁梁顶面的上、中、下游对称位置上，常以最外侧的铆钉头或在顶板面上用红漆画上置尺点标记点为准。

观测仪器采用精密自动安平水准仪，取位至毫米。线形观测采用几何水准测量方法，组成附合水准线路或闭合水准线路。每个测点均应观测两次，两次读数误差不得超过2mm，并取其平均值。对每节间钢桁梁端头的测点，分别在每节间钢桁梁拼装前后进行测量。

（3）主桥墩和临时墩位移和沉降测量

在观测主梁线型的同时，同步进行主桥墩和临时墩位移和沉降测量。观测点按要求布设，用全站仪和水准仪观测位移和沉降量，比较相邻两次工况观测的变化值，分析主桥墩和临时墩偏移和沉降的情况。

4.5 水中引桥钢梁架设

4.5.1 总体架设方案简述

26号27号边跨合龙后，平行桁架梁起重机调头移至25号墩附近，准备水中引桥钢桁梁架设。水中引桥钢桁梁与主桥钢桁梁在25号墩顶临时连接成一个整体，使引桥钢梁与主桥钢梁临时形成连续梁结构，然后架梁起重机向21号墩方向逐节间半悬臂架设，在22号—25号墩每跨设一临时支墩，减小悬臂长度。待主跨钢梁合龙后，再拆除25号墩顶的临时连接。

水中引桥钢梁架设时永久支座先临时摆放在垫石顶作为临时垫块用，待钢梁架设完成后，调整就位再正式安装。钢桁梁架设顺序与主桥边跨节间钢梁架设顺序一致。

架设时钢桁梁先在预拼场预拼合格后，再通过平板车沿栈桥运至待架点附近，由架梁起重机直接从栈桥上提取架设。钢梁拼装架设过程中桥面板安装原则、时机及步骤同主桥钢梁架设相同。

4.5.2 水中引桥钢梁架设步骤

步骤一：悬臂架设 5 个节间至临时墩顶（A24 节点）（图 4-57）。

（1）主桥边跨合龙后，架梁吊机调头移至主桥 A2—A3 节间；

（2）悬臂架设 5 个节间至 24 号—25 号跨临时支墩上（与主桥临时连接，形成连续梁结构）；

（3）临时墩顶钢梁支承。

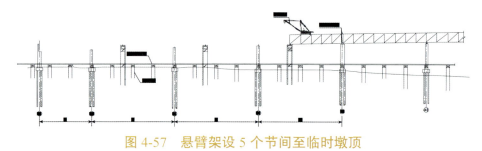

图 4-57　悬臂架设 5 个节间至临时墩顶

步骤二：钢梁架设至 24 号墩顶（图 4-58）。

（1）钢梁桥面板架设过临时墩 1 个节间，即至 A23 节间，杆件架设过临时墩 2 个节间，即 A22 节点；

（2）架梁起重机移至 A23—A24 节间；

（3）架设 A21—A22 节间下弦杆及斜杆，使其形成稳定结构；

（4）在 24 号墩顶对已架杆件进行支承。

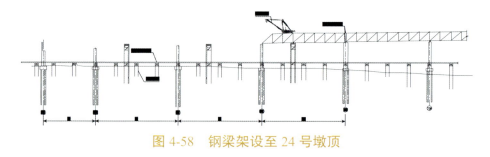

图 4-58　钢梁架设至 24 号墩顶

步骤三：完成 24 号—25 号跨钢梁架设（图 4-59）。

（1）架设 A21—A23 节间剩余杆件；

（2）拆除 24 号—25 号跨临时支墩；

（3）24 号墩顶至预抛高位置，25 号墩回落至设计位置。

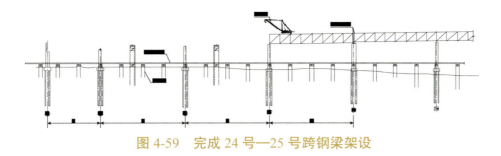

图 4-59 完成 24 号—25 号跨钢梁架设

步骤四：参照步骤一至步骤三钢梁架设至 22 号墩顶（图 4-60）。

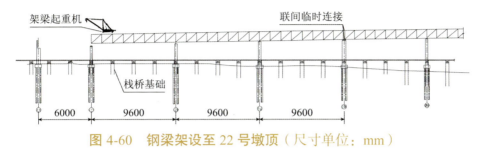

图 4-60 钢梁架设至 22 号墩顶（尺寸单位：mm）

步骤五：水中引桥钢梁架设完成，体系转化，支座安装，桥面系施工（图 4-61）。

（1）钢梁直接由 22 号墩悬臂架设到 21 号墩；

（2）待 25 号墩顶临时连接拆除后，钢梁调整就位；

（3）支座安装；

（4）桥面系施工。

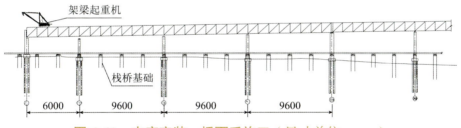

图 4-61 支座安装，桥面系施工（尺寸单位：mm）

4.5.3 水中引桥钢梁架设支点抛高

根据计算，水中引桥钢梁架设时，为保证每跨悬臂端能够上墩（永久墩），后支点处（永久墩）需进行预抛高，具体见表 4-12。

水中引桥各支点预抛值　　表 4-12

工况	支点抛高值（mm）	临时墩垫高（mm）	上墩前悬臂端高（mm）
25—24 悬臂	主桥边、中桁：600 引桥边、中桁：607	450	220
24—23 悬臂	边、中桁：300	382	320
23—22 悬臂	边、中桁：350	433	320
22—21 悬臂	边、中桁：350	—	330

4.6 高强度螺栓施工

高强度螺栓施工需加强过程管控，高强度螺栓连接副必须按照《钢结构用高强度大六角头螺栓、大六角螺母、垫圈技术条件》（GB/T 1231—2006）要求加工制造。由于本地区空气潮湿，容易导致高强度螺栓连接副扭矩系数发生明显变化，影响高强度螺栓施工质量，因此高强度螺栓加工过程中必须按照规范要求采取合理的表面处理工艺，起到隔绝空气的作用，以降低由于空气湿度变化对高强度螺栓施工的影响。从高强度螺栓入库验收、存放、复验、领用、发放、回收、施拧、检查等各项工序中建立完善的台账制度，高强度螺栓施工用扳手按照规定做好班前、班后校订、发放回收记录以备查验。高强度螺栓施工结合本桥施工环境、桥梁结构特点编制专项方案。

高强度螺栓施拧采用扭矩法施工，紧扣法检查。施工前进行工艺试验，测量扭矩系数、预拉力损失、温度与湿度对扭矩系数的影响，调整扭矩，确定施拧扭矩，紧扣检查扭矩，复验每批板间滑动摩擦系数等工作。高强度螺栓施拧完毕后，用环氧磷酸锌封孔剂封孔后加涂相应的配套涂料。

4.6.1 机具准备

初拧：M24、M30 高强度螺栓初拧采用 PID-1000J 型扭矩扳手。

终拧：M24 高强度螺栓采用 PID-1500 型扭矩扳手；M30 高强度螺栓采用 PID-2000 型扭矩扳手。

不能使用电动扳手施拧的部分螺栓，可用 1000（N·m）、2000（N·m）的带响扳手施工，电动扭矩扳手及扭矩测试仪如图 4-62 所示。

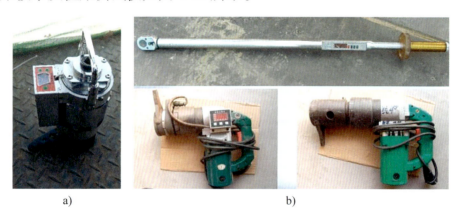

图 4-62　电动扭矩扳手及扭矩测试仪

4.6.2 高强度螺栓验收及储存管理

高强度螺栓质量复验：生产厂以批为单位，提供产品质量检验报告（含扭矩系数）及出厂合格证，施工现场根据《钢结构高强度螺栓连接技术规程》（JGJ 82—2011）的规定，对高强度螺栓连接副，进行外形尺寸、形位公差、表面缺陷、螺纹参数、机械性能、螺纹脱炭、扭矩系数、标记与包装等检查和复验，并做好记录，不合格产品不得使用。

高强度螺栓、螺母、垫圈按包装箱上注明的批号、规格分类保养，并做好防潮、防尘工作，下面以木板垫高通风，防止锈蚀和表面状况改变，入库后建立明细存表、发放登记表，加强管理（图4-63）。

图4-63　高强度螺栓连接副仓库分类存放

每个螺栓需经过外观检查，有严重庇病影响使用者、用肉眼和低倍放大镜检查发现有裂纹者，须予挑出，不能使用；有轻微锈蚀者，可用钢丝刷刷除后，检验合格后方可使用；有污垢者可用棉纱擦净，必要时用轻柴油洗净，然后用棉纱擦一遍并晾干，检验合格后方可使用。

螺栓清理后，成套配好，每套为一个螺杆、一个螺母、二个垫圈。垫圈放置时将45°斜坡面贴近螺杆头和螺母支承面，螺母旋入几扣，并在每个螺栓端部注明其长度。

库房值班人员按技术人员签字的螺栓领料单发料。螺栓要轻拿轻放，防止螺纹损坏。

领用高强度螺栓，严格按节点图上实际需用规格、数量领取。

4.6.3　高强度螺栓施拧及检查

（1）施拧方法

高强度螺栓施拧采用扭矩法，施工前做好施拧工艺性试验。其内容见表4-13。

施拧工艺性试验　　　　　　　　　　　　　　　　表4-13

序号	试验内容
1	高强度螺栓扭矩系数的测定
2	施拧扭矩及检查扭矩的测定
3	温度与湿度对扭矩系数的影响试验
4	复合应力作用下屈服轴力和破坏轴力试验
5	板面滑动摩擦系数试验及群栓试验

高强度螺栓发运工地时，制造厂方应按国标分批提供产品质量检验报告书（含扭矩系数）。工地按批号进行抽样复验。扭矩系数试验通过扭矩、轴力仪进行，该设备能同时提供施拧扭矩、轴力值，从而计算出扭矩系数（图4-64）。

a)   b)

图4-64　扭矩扳手标定仪及扳手班前（班后）标定

板面之间的摩擦系数是影响栓接强度的一个重要因素。架梁前在工地要对板面进行摩擦系数试验，满足 $f \geqslant 0.45$ 才能架梁。试件随钢梁杆件发运到工地后，立即取一组进行复验，在架梁前夕取另一组进行复验。

（2）施拧检查方法

采用紧扣法对高强度螺栓施拧检查验收。

（3）高强度螺栓拧紧

高强度螺栓拧紧分两步进行，即初拧和终拧。初拧值取终拧值的50%，初拧后对每个螺栓用敲击法进行检查，终拧采用扭矩法，采用电动扳手（不能用电动扳手的部位可用带响扳手）将初拧后的螺栓拧紧到终拧值，考虑到螺栓预拉力的损失及误差，实际使用扭矩，按设计预拉力提高10%确定。扭矩值按下式计算：

$$M = K \cdot N \cdot d \tag{4-1}$$

式中：M——扭矩值（N·m）；

K——扭矩系数（按试验的数理统计值）；

N——螺栓的施工预拉力（kN）（设计预拉力的1.1倍）；

d——螺栓的公称直径（mm）。

上式扭矩系数值，随各种自然及人为因素的变化，跟踪取得试验资料作相应修改，做好各类螺栓在不同温度、湿度情况下的扭矩系数记录，施工过程中按工艺要求做好施工记录。

（4）高强度螺栓的施拧管理

初拧与终拧：初拧扭矩值为终拧扭矩值的50%，初拧完毕，逐一敲击检查，初拧时螺栓头用工具卡住防止转动，否则影响扭矩值而超拧。检查无漏后即进行终拧，终拧后螺栓端部涂上红色油漆标记。

施拧顺序：无论使用电动扳手、表盘扳手或带响扳手，均从螺栓群中心向外扩展逐一拧紧，否则影响螺栓群的合格率。

对桥上施拧用的各种扳手进行编号建档，设专人管理。每日上桥前对各种使用扳手进行标定，下桥后进行复验，造册登记校正和复验记录，发现异常或误差大于规定值的3%时停止使用。

当班施拧的螺栓要全部进行复检。使用完的带响扳手，检查后即放松弹簧，特别注意的是电动扳手的输出扭矩随拧紧时间的增长有逐渐增大的趋势，因此在标定电动扳手前空转几分钟或先拧若干个旧螺栓，使其恢复正常输出扭矩，高温季节要限定电动扳手的连续使用时间，控制箱要遮阴，以消除其输出扭矩的误差。

（5）高强度螺栓施拧的质量检查

高强度螺栓施拧质量检查按《钢结构高强度螺栓连接技术规程》（JGJ 82—2011）规定进行，并经监理工程师上桥复检签证验收。

设专职人员进行高强度螺栓施拧质量检查，当天拧好的螺栓在4~24h内检查完毕。

初拧检查：采用0.3kg小锤敲击螺母一侧，手按住相对的另一侧，如颤动较大者为不合格，应再初拧，同时用0.3mm塞尺插入杆缝，插入深度小于20mm者为合格，合格后划线。

终拧检查：根据试验资料，首先检查初拧划线，在终拧后检查螺母的转动角度，即可判断是否漏拧，同时也可发现垫圈、螺杆是否转动，然后利用扭矩测试仪进行高强度螺栓终拧检查。超拧、欠拧值均不大于设计规定值的10%，高强度螺栓检查部位、数量、方式必须按规范执行。

对高强度螺栓加强管理，同一批号的高强度螺栓、螺母、垫圈使用于一个部位，不得混用，在一个节点上不同时使用两个生产厂家生产的同一直径的螺栓。

为便于施拧和检查，在钢梁拼装时，螺栓插入方向以便于施拧为主，还要考虑到全桥螺帽方向的一致性，在螺栓施拧施工工艺中将列出具体规定。

电动扳手电源设专线并配稳压器保证电压稳定（图4-65）。

温度与湿度对扭矩系数影响很大，当温度与湿度变化较大时，可利用当天上桥的高强度螺栓，在扭轴力仪测试系统上标定电动扳手时所得的扭矩系数平均值，调整终拧扭矩。按照高强度螺栓在不同温度、湿度情况下扭矩系数的修正及高强度螺栓质量检验、施工过程控制等工艺要求编制专项施工方案。

图 4-65　电动扳手电源检查

4.6.4　常见问题防范与处理

（1）螺栓使用批次与扳手标定用栓批次不匹配

原因：提报计划不准，与实验室沟通不畅；提料单错误；发货错误；未履行核实环节。

防范措施：螺栓扭矩系数控制在 0.12～0.14 范围，避免或缩小扭矩系数对螺栓扭矩值的影响；严格执行领用料签认核实制度，加强过程控制，防止出错；如发现存在不匹配情况，已使用的该批螺栓返工，更换重拧。

（2）螺帽、垫圈方向装错

原因：作业人员未掌握作业标准和要求，随意施工造成；责任心差，未落实检查把关制度。

防范措施：对高强度螺栓作业人员进行岗前培训，经考核合格后方准上岗；做好技术交底，使所有高强度螺栓作业人员了解技术标准和施工要求，杜绝出错；严格执行检查把关制度，加强过程检查，做到 100%检查，及时发现并纠正问题；制定奖惩考核制度，并严格执行。

（3）螺栓漏拧

原因：未按规定顺序进行高强度螺栓施拧，造成遗漏；施拧完成的高强度螺栓未及时做标识造成遗漏；节点高强度螺栓施拧完成未 100%进行复查。

防范措施：班前交底，提出施工要求，严格执行；严格按作业指导书和标识规定及时对已施拧高强度螺栓划线标识；严格按施拧顺序和要求进行高强度螺栓施拧；加强过程控制，做到 100%复查。

（4）螺栓超拧或欠拧

原因：高强度螺栓进场扭矩系数不稳定；施拧完成的高强度螺栓未及时做标识造成遗

漏；开箱后未用完的螺栓未及时回收装箱密封造成扭矩系数变化；施拧扳手出现故障或电压不稳；扳手未标定或当天标定扳手使用扭矩系数与螺栓批号不匹配；螺栓未分批经初拧环节直接终拧。

防范措施：控制螺栓厂家进场高强度螺栓扭矩系数在 0.12～0.14 之间；施拧扳手必须严格执行班前标定班后复查，有异常者该扳手当天施拧螺栓返工；严格按施拧顺序和要求进行高强度螺栓施拧，施拧完成的螺栓及时划线标识；扳手标定用螺栓与当天桥上施拧螺栓配套；潮湿有雾天气不进行高强度螺栓施拧；配备高强度螺栓施拧专用电源。

（5）不按规定顺序施拧

原因：责任心差，施工随意；未经培训岗前，班前未进行技术交底；过程管理控制失效。

防范措施：挑选责任心强、技术水平高的人员进行高强度螺栓施拧；岗前培训考核，合格后方准从事高强度螺栓施拧作业，班前进行技术交底；建立完善奖惩制度，严格执行，屡教屡犯者严厉处罚并予辞退。

（6）悬拼过程中冲钉、螺栓数量不足

原因：冲钉数量准备不足；作业人员图省事偷懒，少打冲钉或未及时穿施高强度螺栓造成；作业指导书未规定明确或交底不清楚；钢梁杆件栓孔制造精度不足；管理不严，过程控制不到位。

防范措施：根据施工方案事前加工足够冲钉；进场螺栓数量、规格满足施工进度需要；编制详细可行的作业指导书，架梁前进行全员技术交底；加强钢梁制造质量控制，确保加工精度，不合格杆件严禁进场；加强过程控制，严格按工艺要求进行施工。

4.7 钢梁支座安装

主桥钢桁梁结构在主墩及边墩均设置支座，为六跨连续钢桁拱体系，支座采用摩擦摆减隔震支座。水中引桥钢桁梁在每个墩顶均设置支座，为四跨连续钢桁梁体系，支座采用钢球形支座。

4.7.1 支座质量检查

支座材质和制造精度符合设计要求，有制造厂的成品合格证，并附近有铸件探伤记录和缺陷焊补记录及支承密贴性检查记录。同时在现场作外观检查和对组装后的轮廓尺寸进行复核。

4.7.2 钢梁支座安装前准备

支座进场时上、下支座板应临时锁定，钢梁支座安装采用后灌浆法，为保证大吨位支座下砂浆（或混凝土）承载力，支座灌浆采用自流混凝土。

钢梁支座安装前先将支承垫石表面凿毛凿平，同时采取措施，防止沙子掉入锚栓孔内。支座垫石与支座下底板之间预留 20～50mm 的缝隙，以保证自流平混凝土灌注的质量。

4.7.3 支座安装

主墩支座在钢梁架设前安装就位，其余墩支座在钢梁调整到位后，采用灌浆法安装就位。架梁时采用临时支墩支撑钢梁。

固定支座安装应按设计里程及钢梁各墩跨平差后确定固定支座中心里程，调整一联钢梁时，应首先使固定支座对位。固定支座安装时误差控制在±1mm 之内。

固定支座定位（即钢梁定位）后，活动支座底板安装应根据设计文件并结合实测梁跨进行办理，以钢梁温度为准。当钢梁二期恒载未上足或施工气温不同于设计温度时，应按设计图提供的资料进行计算，确定支座的安装位置。底板顺桥方向的安装容许偏差为±3mm。其余部位偏差根据设计文件规定确定。

正式支座安装完毕后，应立即设置密封性良好的配有拉门的透明防尘围罩。

4.7.4 支座灌浆

钢梁调整就位后，将支座通过上支座板螺栓直接与钢桁梁连接，顶起钢梁使支座比设计高程高 2mm，经全面检查验证后可进行灌浆。灌浆采用自流平灌浆料，待灌浆料强度达到设计要求后方可落梁，拆除油顶。

4.8 钢梁涂装

根据《公路桥梁钢结构防腐涂装技术条件》(JT/T 722—2008) 规定，钢结构采用以下防腐体系。

钢梁主体杆件、栏杆外表面采用 S09 涂装体系，其主要用于酸雨、沿海等腐蚀性环境严重、紫外线辐射强、有景观要求的地区。

杆件拼装完成后，所有隅角部位及拼接板间缝隙的两端，都必须用以聚硫橡胶为基料的阻蚀型防腐密封腻子填实后再做涂装。

高强度螺栓施拧完毕后，用环氧磷酸锌封孔剂封孔后加涂相应的配套涂料。

4.8.1 现场涂装部位

杆件拼装完成后，所有隅角部位及拼接板间缝隙的两端，都必须用聚硫橡胶腻子填实后再做涂装。

桥面铺装结构施工前，两侧挡水板范围的钢板表面清理达到相关标准的 Sa 2.5 级，涂装完成后施工桥面铺装层。

杆件因运输、安装等原因造成涂装破坏的，现场要按设计要求补涂。根据设计要求，钢梁安装完成后，现场须进行最后一道面涂。

4.8.2 现场涂装工艺

工地使用的钢梁面漆与工厂油漆相配套，涂装所用涂料应有产品合格证和出厂日期，进场后按规定进行取样，对黏度、干燥时间、耐水性和柔韧性进行物理性能检验，合格后方进行使用。钢梁涂装施工要点如下：

工厂制造的钢梁杆件运抵工地后，应及时检查涂装质量和了解涂装日期。

钢梁杆件油漆前，应用棉纱布清理杆件表面的污尘，积水、雨、露及油脂物等。

钢梁杆件在运输过程中，发现工厂油漆被碰坏、风化变质或有锈斑情况，应彻底清除表面风化层，打磨清理灰粉，将生锈部位清理至显出金属光泽再按修补工艺补涂。若锈蚀严重或小面积破损可用刮刀、钢丝刷、破布清除铁锈，再用软毛刷或压缩空气吹净后补漆。发现其他严重缺陷时，应由工厂负责处理。

对杆件摩擦部分的防滑涂料，要严加保护，不得脚踩磕碰、染上污泥、油漆等，以免降低摩擦系数。若发现有脱皮、开裂、碰损、锈蚀等，应处理合格后方能拼装。

杆件栓接面防滑涂料层破损后要求喷砂除锈，再重新喷涂。

在钢梁涂装过程中，对可能积水的缝隙应按施工规范要求进行填封后方可继续涂装。

油漆喷涂应由上至下，由内到外，先难后易。

喷漆时可以横喷或竖喷，但要注意喷涂均匀，每次压叠一半，不易喷到的地方必要时用刷涂补足。喷涂时不得出现缺漏、皱纹、流淌现象。

在预拼场涂装的油漆未干透前不得吊运、翻身和组拼。

钢梁涂装宜在天气晴朗，无三级以上大风和温暖天气进行，在夏季应避免阳光直射，可在背阳处或早晚进行。涂漆间隔时间：底漆与中间漆涂装时间间隔为 24~168h，不允许超过 168h。中间漆与第一道面漆涂装时间间隔为 24~168h，超过 168h 表面应清理，必要时涂装面漆前表面应用细砂纸打磨，再行涂装。

4.8.3 油漆喷涂质量检查

每道油漆涂装过程中，应用滚轮式或梳式湿膜测厚仪测量湿膜厚度，以控制干膜厚度。干膜厚度应按设计文件及其相关规定进行控制。棱角、死角部分应加大检查力度，不合格处应补涂涂料。对涂层外观目测进行检查，涂层基本无流挂，有一定光泽。

按《色漆和清漆膜厚度测定》（GB/T 13452.2—2008）的规定用磁性测厚仪法或杠杆千分尺法测量涂料涂层厚度。钢梁主要杆件抽检 20%，次要杆件抽检 5%，每件构件测三处，每一处取 10cm×10cm 测五点，同时涂装质量需按照规范要求进行涂层基体附着力和层间附着力检查。涂层厚度平均值应在标准规定厚度 90%，其最低值在标准规定厚度 80%，测点厚度差不得超过平均值30%。

钢梁涂装完成后，应颜色均匀，不允许有露底、漏涂、涂层脱落、漆膜破裂、起泡、划伤及咬底等缺陷。手工涂刷的不得显有刷痕。涂料屑料和尘土微粒所占涂装面积不得超过10%。桔皮、针孔和流挂在任一平方米范围内，小于3cm×3cm面积的缺陷，不得超过两处；小的凸凹不平不得超过四处。

4.8.4 钢梁涂装防护

（1）施工过程中做好成品保护，人行道道砖应铺设彩条布防止油漆污染；景观照明灯具灯面应用塑料布或彩条布包裹覆盖防止油漆污染。

（2）在现场涂装保证施工作业时不洒落任何废弃物到水中，防止漆雾等有毒有害物质污染江水和大气环境；现场作业人员养成良好的作业习惯，严禁向河水中扔杂物。

（3）做好涂装垃圾、空漆桶及其他废弃物的及时回收处理工作，喷枪冲洗用水不得随意冲洗排放，应排入桥面排水孔。

4.9 检查要求

4.9.1 材料进场检验要求

（1）自行采购的材料，必须在供货质量、信誉、供货能力等方面进行评价，在有保证持续供货能力的厂方采购。

（2）原材料按技术质量要求由专人负责采购与管理，采购人员和施工人员之间对各种原材料认真做好交接记录。

（3）做好材料进货的检验和标识工作。按质量体系标准和要求，在进货、检验、试验、进仓、登记、标识、使用等全过程中，都必须严格执行"进货检验和试验控制程序"文件要求，从采购的第一程序开始，层层把关，确保材料质量。

（4）原材料进场后，对原材料的品种、规格、数量以及质量证明书等进行验收核查，并按有关标准的规定取样和复验。经检验合格的原材料方可进场。对于检验不合格的原材料，按有关规定清除出场。

（5）原材料进场后，及时建立"原材料管理台账"，内容包括材料名称、品种、规格、数量、生产单位、供货单位、"质量证明书"编号、"复试检验报告"编号、检验结果以及进货日期等。"原材料管理台账"应填写正确、真实、齐全。

4.9.2 验收检查要求

1）作业平台安装验收要求

（1）作业平台材料钢管型钢质量满足规范验收要求。

（2）作业平台构件无变形，焊接质量满足相关规范要求。

（3）防护栏杆等附属设施质量满足方案及设计要求

（4）方案编制、审批、安全技术交底满足要求。

（5）安全技术措施落实情况。

（6）周围环境核查及保护措施落实情况。

（7）应急预案编制和救援物资储备情况。

（8）法规、标准、合同约定的其他情况。

（9）安全警示标志齐全。

2）设备验收要求

（1）设备三证证书齐全有效。

（2）设备调试、联合运行满足要求。

（3）设备在允许使用年限范围内。

（4）设备性能满足施工要求。

（5）特种设备经过特检所检测并出具相关合格证明。

3）临时支架结构验收

（1）施工单位应根据工程实际编制支架施工技术安全专项方案，经企业技术负责人审核签字后，提交监理工程师审查。未经审查或审查未通过的支架方案不得实施。

（2）监理工程师应对施工单位提交的支架施工技术方案从人员、资质、材料质量、安装设备、搭设工艺、设计方案、计算依据、安全性能、质量及安全保证措施、技术及安全交底情况等方面进行认真审查，并将审查结果报业主确认，危险性较大工程项目支架的审查结果应报质量监督部门备案。

（3）施工单位在支架施工后需对支架进行验收，包括焊接质量、型材尺寸规格、数量、结构形式等。

（4）支架所用材料、构配件必须有产品合格证、法定检测单位的检测检验报告，生产厂家必须具有技术质量监督部门颁发的生产许可证。监理单位应对材料、构配件质量进行抽样检测。

（5）项目部技术负责人应按照安全专项施工方案中的搭设要求，向支架搭设作业人员进行安全技术交底，搭设施工中应安排专人对材料质量、搭设工艺、施工质量、操作人员安全防护措施进行全过程管理。

（6）监理单位应按照监理规范要求对支架搭设进行定期巡查，检查作业人员岗位资格、材料质量、搭设工艺、施工安全等各方面情况，发现问题及时督促施工单位落实整改。

（7）监理单位接到验收申请应及时组织验收，出具验收报告。

4）钢梁验收

（1）钢梁钢种、规格、尺寸等满足要求。

（2）钢梁焊接、高栓质量合格。

（3）钢梁安装高程、线型满足要求。

（4）钢梁防腐涂装材料及工艺满足要求。

5 施工保证措施

5.1 组织保障措施

5.1.1 安全组织机构

为确保本工程的安全施工，实现安全目标。项目部成立安全生产工作领导小组，设立安全管理部及专职安全员，施工队同时成立安全工作领导小组设专职安全员和兼职安全员，形成自上而下的安全管理机构，做到纵向到底、横向到边的安全管理体系。

安全生产组织机构图如图 5-1 所示。

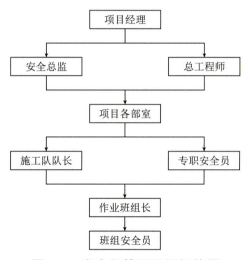

图 5-1 安全保管理组织机构图

5.1.2 安全保证体系

为了加强安全生产工作的管理，保证安全组织机构的正常运转，促进项目安全管理工作规范有序的开展，确保工程项目安全管理目标的落实，结合本项目工程的特点，建立项目安全保障体系，从思想上、组织上、制度上、技术上、经济上进行全面管理。

以项目经理为核心，安全工作由项目总工和安全总监具体主管，具体负责安全生产全面工作；建立安全领导小组，设立专职安全员，全面负责安全事故预防工作。为保证施工安全，所有施工作业人员都必须佩戴安全帽。开工前，做好现场施工安全技术交底工作，交底对象具体至每个施工人员和作业人员。

切实做好安全保障措施，是现场施工中的重点，由于现场作业，环境多变，有时受环境，场地因素的限制，各施工作业队在施工中切实做好安全防护工作。注意提高本作业队人员的安全意识，切忌松懈，疏忽大意。切实贯彻落实"安全第一，预防为主"的方针，把安全放在首位。施工中各施工作业队将切实做好以下几点：

（1）建立健全安全管理组织机构和安全生产规章制度。

（2）进入施工现场人员，必须正确佩戴安全防护用品。

（3）现场施工机械起重机停放位置必须满足安全要求。

（4）临时支撑结构必须经计算满足结构承载力、刚度、稳定性要求。

（5）支架、吊梁、焊接、顶推施工中配备专职安全员全程跟踪检查，对作业区随时可能出现的安全隐患进行观察及排除、处置、报告。

（6）做好现场的安全防护设施的搭设，专职安全员检查、指导。

（7）严格上、下班交接制度，做好现场施工记录。

（8）检查监督本作业队人员劳保用品的佩戴情况，并做好记录备查，负责检查施工现场的安全防护措施，督促作业队长及时排除隐患，并做好记录。

（9）组织夜间施工，现场的灯光布置一定要清晰明亮，要能达到一定的能见度，水上夜间作业还要开设警示灯方可施工，在施工过程中，要互相配合，相互照应。

（10）现场施工各道工序要严格把关，保证了质量和安全，才能保证施工的顺利进行。

（11）架梁前首先确认周边机械、船舶情况，确保施工区域影响范围内安全后方可进行后续施工操作。

5.1.3 安全生产领导小组职责

（1）负责安全生产职责分工，并按时检查其安全生产职责履行情况，积极组织开展安全生产工作；分析研究项目部安全生产形势。

（2）计划、布置、检查、总结、评比安全生产工作。

（3）组织领导安全生产大检查，做到检查有记录，隐患有通知，整改有回单，复查有结论。危险性较大的关键设备和操作场所、重大隐患要组织人员现场研究，及时整改。重大隐患未整改以前，应有可靠的临时安全生产措施。领导、协调全局所属各单位的安全生产工作。认真贯彻"安全第一、预防为主"的方针，落实国家、集团公司以及地方政府有关安全生产的政策、法令、法规、标准、指示和规定等。

（4）督促项目部各部室、工段认真执行上级各阶段部署的有关安全生产的具体工作要求，并按要求收集、汇总情况上报；发生影响、损失较大的生产事故，组织力量按"四不放过"的原则进行调查处理。

5.1.4 施工管理人员的安全职责

（1）项目经理

对本标段工程安全生产的组织和实施负责，为安全生产第一责任人，全面履行一岗双责制度。

组织审批安全技术措施、计划，贯彻实施组织并参加定期和不定期安全生产大检查，确保安全生产万无一失。

组织对事故隐患进行认真仔细调查研究，及时组织整改并制定防范措施。

负责组织召开安全生产交接班会。

（2）总工程师

对本标段工程的安全生产负有技术、教育方面的直接责任，履行一岗双责。

认真组织编制和审查施工组织设计及施工方案，采用新技术、新工艺、新设备时要贯彻"安全第一、预防为主"的思想，安全措施渗透到施工组织设计和施工方案各个环节中，使施工组织方案成为科学全面指导施工的依据，并检查执行情况。

负责项目经理部安全培训计划的制定和实施。

负责编制提高改善劳动条件实施措施，并付诸实行。

参加安全生产大检查，参加安全交接班会，对发现的事故隐患提出改进措施。

（3）安全总监

对本标段工程的安全管理制度、安全管理措施和特殊过程安全生产措施的落实、检查工作负主要责任。

负责进行本标段工程沿线施工现场施工生产安全的检查，对存在安全隐患的部位和违反安全操作规程的行为有权处置，并按安全处罚条例给施工作业队和个人予以处罚。并负责检查改正情况。在施工生产全过程中负责组织和实施对参建管理人员及职工进行的安全培训和考核，填写培训表并签认，考核试卷存档备查。

参与本标段工程的施工组织设计的编制工作，负责施工方案安全技术措施的审批工作，并在实际工作中积极检查各项措施实施情况。

负责安全生产状况报告、事故调查处理意见等安全部门文件的编制工作。

（4）技术人员

对本标段工程的安全管理制度、安全管理措施和特殊过程安全生产措施的落实、检查工作负主要责任。

负责进行本标段工程沿线施工现场施工生产安全的检查，对存在安全隐患的部位和违反安全操作规程的行为有权处置，并按安全处罚条例给施工作业队和个人予以处罚。并负责检查改正情况。

在施工生产全过程中负责组织和实施对参建管理人员及职工进行的安全培训和考核，填写培训表并签认，考核试卷存档备查。

参加本标段工程的施工组织设计的编制工作，负责施工方案安全技术措施的审批工作，并在实际工作中积极检查各项措施实施情况。

负责安全生产状况报告、事故调查处理意见等安全部门文件的编制工作。

（5）作业队安全主管

贯彻执行项目经理部制定的安全生产管理制度和安全管理措施，对所管辖施工现场的安全管理负全责。

加强对本施工队施工区域的安全检查，发现存在的不安全隐患和违反操作规程的行为及时制止，并在需要时及时向上级领导汇报。

定期或不定期组织召开本施工队安全专题会议，总结前期安全生产工作，分析不稳定因素，布置近期安全生产工作。

关键工序及易出安全事故的工序必须亲临现场指挥，严格执行各种安全操作规程。

落实监督班前安全交底制度的执行。

（6）施工安全员

认真执行安全生产规章制度，对班组施工人员的安全生产和健康负责。

经常组织班组人员学习操作规程，督促穿戴好个人防护用品，不断提高施工人员的个人自我保护能力。

认真落实班前安全交底制度，工中检查、工后讲评，不违章指挥。

认真收集施工过程中的各种原始资料，全面提高班组管理水平。

5.2 技术措施

5.2.1 安全保证措施

针对本工程钢梁架设的特点，应对所有从事管理和生产的人员进行全面的安全教育，重点对专（兼）职安全员、领工员、班组长、从事特种作业的装吊工、起重工、张拉工、电工、电焊工、机械操作司机，以及新工人上岗、工人变岗等进行安全培训教育。

对从事施工管理和生产的人员，未经安全教育并考试合格的不准上岗；新工人（含民工、临时工）未进行三级教育并考试合格的不准上岗；变换工种或采用新技术、新工艺、新设备、新材料没有进行培训不准上岗。

特种工种的操作人员的安全教育、考核、复验，严格按照"特种作业人员安全技术考核管理规定"执行。经过培训考核，获取操作证方能持证上岗，对已取得上岗证的特种作业人员，要进行登记存档，对上岗证要按期复审，并设专人管理。

通过安全教育，增强职工安全意识，树立"安全第一、预防为主"的思想；掌握基本生产知识和安全操作技能；提高职工遵守施工安全纪律的自觉性，认真执行安全操作规定，做到：不违章指挥、不违章操作、不伤害自己、不伤害他人、不被他人伤害，达到提高职工整体安全防护意识和自我防护能力。

实行逐级安全技术交底制，由项目部组织有关人员对钢梁架设进行书面详细安全技术交底，凡参加安全技术交底的人员要履行签字手续，并保存资料。项目部专职安全员要对安全技术措施的执行情况进行监督检查，并作好记录。

针对高空作业，项目部制定严格作业要求，针对作业人员定期检查身体条件，工装是否符合要求。

凡是离地面2m以上的作业必须遵守下列规定：

（1）作业人员必须定期进行体检，对不适宜高处作业的人员，不得从事此项工作。

（2）高处作业人员必须系好安全带、戴安全帽、穿防滑鞋，禁止打赤脚或穿拖鞋作业。

（3）作业人员上下脚架要安设爬梯，不得攀登支架上下，更不允许乘坐非乘人的升降设备上下，发现违规者，立即制止。

（4）支架临空应设置栏杆，要接安全网等防护设施，并设置警示标语，已吊装顶推的钢箱梁段需要安装封闭式防护栏杆。

（5）安全网在使用前，应按规定进行试验，合格后方准使用。

（6）高空作业区的风力5级以上时，应停止作业。

（7）吊装作业配备专业资质驾驶员，每台吊装设备配备专业指挥员，操作前后都必须严格检查设备运转情况，钢丝绳的安全可靠性，在保证安全条件下方可操作。

（8）因违反安全管理规定，造成人员受伤或死亡，必须视情节严重程度严厉处罚。

发现工作人员在工作前饮酒、精神不振时，禁止高处施工。

在临边作业和吊篮作业等高处作业，必须扎好安全带。

凡参加的作业人员必须经过身体检查，合格方可上高处施工。

安全带在使用前必须经过试验，合格方可使用，安全带的绳子或挂钩应挂在牢固的构件上或专为挂安全带的钢丝绳上。

不准将工具及小型构件材料上下抛掷，要用绳系牢后往上或往下吊送，以免打伤下方工作人员引起坠落。

在六级及以上的大风或暴雨、打雷、大雾等恶劣天气下，停止露天高处作业。

在悬吊式脚手架或吊篮上工作，钢丝绳的直径和安全系数应满足工作要求。现场必须设有专职安全员，专职安全员不得随意离开作业现场。

操作平台防护栏四周设置照明设施，照明覆盖率达到100%。

重点检查操作平台焊接质量、临边防护、警示牌、踢脚板，施工过程人员全员佩戴安全带及救生衣。

5.2.2 质量技术保证措施

钢梁安装过程的主要质量控制措施有：对所有施工用的仪器和仪表，按计量要求定期到指定单位进行校定，施工过程中，如发现仪器误差过大，应立即送去修理，并重新校定，满足精度要求后方可使用。

对进场的所有材料必须有生产厂的出厂质量证明书。在技术证件审查合格后，按照设计要求及其相应规范对钢材、焊接材料等进行抽样检验。

悬臂拼装过程中，主桁杆件应采用先中桁后边桁左右对称拼装，并尽快拼成闭合的稳定体系，到达前方墩顶时，单桁三角形一个节间先行闭合以作保险。

悬臂架设过程中，主桁高强度螺栓终拧进度不得落后拼装部位两个节间，上、下平联、横向联结系不得落后两个节间，以保证钢梁的拱度和钢梁的中线及架设的横向稳定性。

每架设一个节间，进行一次中线和挠度测量。并对控制杆件的应力、吊索拉力的增量等进行全面的检测，并与计算资料对比。

钢梁拼装时主桁杆件对位后先在四角部分用螺栓把板缝夹紧再打入冲钉，防止先打冲钉后将板缝撑开，拧紧螺栓时要防止板层无法靠紧，影响工程质量。

对电动扳手，为避免起动时电压波动影响电动扳手输出扭矩的准确性，在桥上铺设专用线路，使其与大型机具电源分开，并配置稳压器。

三层扣塔的作业遵循"平衡、对称、同步"的原则；在扣索的张拉作业中严格保持平衡和对称。

认真检查清理扣索锚头及其配件，扣索预紧和初张拉时，保证拉伸机张拉轴线与扣索锚具轴线在同一轴线上，不得存在偏差。

5.2.3 文明施工保证措施

认真贯彻执行业主施工现场文明施工的要求以及广州市关于扬尘整治6个100%有关文明施工要求，不断提高文明施工水平，推行现代管理方法，科学组织施工，使文明施工规范化、标准化、制度化，做好现场文明施工的各项管理工作。

积极开展文明施工窗口达标活动，对所有施工人员进行文明施工教育，建立健全文明施工岗位责任制，签订文明施工责任书，把文明施工责任落到实处，提高全体施工人员文明施工自觉性，增强文明施工意识，树立企业文明施工形象。

在工程施工中对施工现场各生产要素所处状态不断地进行整理、整顿、清扫、清洁，并按照文明施工标准检查、评比与考核，坚持 PDCA 循环，不断提高施工现场管理水平。

按照施工组织设计的平面布置要求，认真搞好生产及生活场地的规划，做到布局合理，井然有序，符合消防、环保和卫生等要求。各项福利设施、活动场所设施齐全并有专人管理，为参建职工提供良好的娱乐和休息环境。

施工现场及时完成"三通一平"并设置工点标牌，标明工程概况、施工负责人、技术负责人等。现场施工材料、机具设备堆放整齐、标识清楚，施工便道、管路、电力线、通信线等各种管、线、路布置整齐美观，做到施工场地平整、排水畅通。

施工现场的设备、场地勤加打扫，保持施工现场环境卫生、干净整齐、无垃圾、无污物并使设备运转正常。施工现场的临时用电和排水设施，规范安全可靠，施工现场设置醒目的安全警示标志、安全标语，创造良好施工环境，建设安全、文明、标准工地。

施工和管理人员实行挂牌上岗制度，做到言行举止文明，严格按照有关规范和标准要求进行施工操作，严禁违反操作规程施工。

对施工便道经常洒水，防止尘土飞扬，并做好材料外包装的处理工作，确保工地清洁不受污染。

工程竣工后，认真清理施工现场，恢复周边地貌及植被，文明撤离。与当地政府和群众广泛开展共建活动，尊重当地沿线居民的风俗习惯，搞好团结工作，积极推进两个文明建设。

承担施工安全保卫工作及非夜间施工照明的责任和要求。按照国家、广东省、广州市建设主管部门和其他相关部门的有关要求和规定提供和维护夜间施工使用的照明、看护、围栏和安全保卫工作，并自费承担这些工作（如警卫）和提供相应设施（如护板、围栏、安全网、指示牌等）。满足安全保卫工作及非夜间施工照明的需要为施工现场提供一切方便。制定安全保卫制度，工程安全制度，工地出入管理制度，防火制度及周围环境保护规则。

5.2.4 环境保护措施

坚持"少破坏、多保护，少扰动、多防护，少污染、多防治"原则，使环境保护监控项目与监控结果达到设计文件及有关规定，做到环保设施与工程建设"三同时"。

根据工程沿线的环境特点，本着预防为主，保护优先，开发和保护并重的原则，指挥部成立环保水保领导小组，设立安全质量部，配专职环保管理干部，各施工队分级管理，并配专职管理人员，负责检查、监督各项环保工作的落实。分级管理，负责检查、监督各项环保、水土保持工作的落实。

指挥部环保水保领导小组的职责是在施工过程中，有计划地保护和改善环境，预防环境质量的恶化，制定环保、水土保持措施，控制环境污染，减少和消除有害物质进入环境，创造适宜的劳动和生活环境，保护自然生态和人身健康（图5-2）。

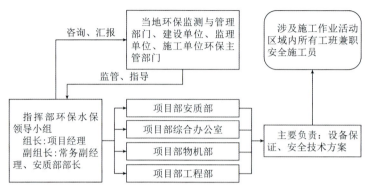

图 5-2　项目部环保水保组织机构图

加强施工人员的教育与管理，使人人心中都明确环保工作的重大意义，积极主动地参与环保水保工作，自觉遵守环保水保的各项规章制度，提高全员的环境保护和水土保持意识，加强监督管理。

5.2.5　季节性及防台风施工保障措施

以项目经理为现场防台风责任人，建立现场安全防台风领导小组。防台风小组职责为制定防台风预案及防台风检查制度，教育现场每个施工人员要认真执行各项防台风安全管理制度。在气象部门每次台风预警信息发布后，项目经理要立即组织防台风小组成员开会，进行防台风工作布置及组织各项防台风措施落实。组织措施是其他各类措施的前提和保障，而且一般不需要增加什么费用，运用得当可以收到良好的效果，因此应予以足够的重视。由防台风小组提出多个不同的防台风方案及预案，然后对技术方案（预案）进行技术经济分析，优选适合的技术方案。组织防台风小组全体成员学习该方案。

落实钢梁架设所用塔式起重机、吊篮、电器等防台风措施。塔式起重机、吊篮、脚手架、工地围墙等易兜风的设施要按相关技术要求进行防大风处理，多加侧面支撑，防止倒塌和脱落；作业吊篮要落地；用电设施和线路要逐一检查，防止漏电和短路，对松散线路进行绑扎加固。

当天气预警有台风灾害天气时，采取以下安全措施：

加强钢梁架设所用大型机械设备安全管理。排查所有塔式起重机、架梁起重机、扣塔等大型机械设备，重点检查大型机械设备的基础、附墙、拉结点、缆风绳等涉及结构稳定的关键设施。对存在问题的，及时采取加固措施；四级风时，一律停止大型设备拆装作业；六级风或暴雨时，一律停止大型垂直运输设备作业，保证大型机械设备安全。

加强高处作业安全管理。排查高处作业情况，重点检查建筑工地"三宝"使用情况和临边洞口的防护情况。对存在问题的，立即予以整改。遇暴雨、六级以上强风，一律禁止进行攀登、悬空露天作业，确保人员安全。

加强工地应急处置准备管理。做好建筑工地应急处置的准备用工作，储备应急物资、检查应急设备，组织应急队伍，要确保排水设施、机电设备的安全正常运行，确保垂直运输设施的稳固和防风安全，确保临时用电设施防水防触电安全措施落实到位。

注意及时收听收看气象灾害预警信息，本市气象台、电视台、广播电台、12121气象专线等媒体发布的台风、暴雨等气象灾害预警信息，根据天气变化及时做好工地防汛防台风工作，根据气象信息的预警信号，工地各相关部门依据防台方案、应急预案做好响应行动。

台风到来前严格按规定停止作业。台风橙色预警信号发布后，要停止施工和高空作业。作业人员要减少户外停留时间，特别注意不可在工地围墙下躲风避雨。

特殊情况下在高空作业突然来大风或台风来临时，施工人员不能及时下来躲避，要充分利用好安全带，把安全带牢牢系挂在牢固的结构上面，确保安全帽的紧固性，必要时双手紧抱钢构件或躲在设备挡风侧系挂好安全带，一定要就近寻找避风点，没有经历过台风的施工人员千万不要过于慌乱，要保持镇定。

为确保各结构使用安全，钢梁架设方案编制时，所涉及的所有重大临时结构及钢梁杆件均依照抗台所要求风力标准进行的施工工况检算，委托具有资质单位进行钢梁架设过程中的抗台专项研究并形成报告指导现场防台、渡台，同时编制安全专项方案及防台应急预案，进行防台应急演练，在现场施工时按照各方案（含计算书、报告）落实各项防台、渡台措施。

广州地区夏季气温高，且空气湿度大，给工程质量、安全带来很大的隐患。因此夏季施工应以安全生产为主题，以防暑降温为重点，切实抓好安全生产，确保工程质量和施工人员的生命健康。

（1）在现场开展防暑降温保健、中暑急救等卫生知识的宣传工作。

（2）调整作息时间，避开中午高温时间作业，严格控制工人加班加点，高空作业的人员工作时间适当缩短，保证工人有充足的休息和睡眠时间；保证工人们的身心健康；加强对工人身体状况的检查工作，搞好医疗保健。

（3）采用多种形式，对施工人员进行防暑降温知识的宣传教育，使施工人员知道中暑症状，学会对中暑人员采取应急措施。

（4）对处于高温、高处作业的工人，经常进行健康检查，发现作业禁忌者，及时调整其高温及高处作业岗位。

（5）日最高气温达到39℃以上时，当日停止作业。

（6）现场配备中暑急救药品。

5.2.6 水上作业安全技术措施

任何情况下都要按照"既要修建，又要通航"的原则，根据不同时期施工特点、水位条件，采取不同的对策来兼顾两者要求。在考虑开工顺序、施工方案的同时，要主动考虑航道问题。

桥墩防撞设施施工前编制专项施工方案报批后再施工。

遵守水上施工纪律。水上施工手续齐备，先报告，后施工，大型单项工程办理施工许可证。桥区水域范围内，施工水域范围外的其他作业，在向海事部门书面报告征得同意后再进行。

对工程船舶，租用铁驳和长期外协船队进行安全教育。不侵占航道，并按要求在必要位置设置信号灯，以标示航道及施工范围。

掌握当天的天气预报，收听气象预报，分析气象资料，选择在风速、水流速度较小的时段进行作业，根据设计，起重船作业时风力不能大于6级，如超过6级则要停止作业，且择地抛锚避风。

施工作业前制定详细的施工组织方案，绘制施工作业区的平面布置图，申请施工作业许可证，提供给海事部门审阅，以便协调施工中可能存在的安全问题。

晚间各施工作业点按规定显示警戒灯标或灯光照明，避免航行船舶碰撞水中建筑物，在安装灯光照明时应避免强光直射江面，影响船舶驾驶人员的瞭望。

施工选择持有船舶登记证书的船舶进行施工，施工船舶和船上有关航行安全的重要设备必须具有船舶检验部门签发的有效技术证书。按规定配齐合格人员、船机、通信、消防、救生、防污等各类设备，且必须安全有效，船长、轮机长、驾驶员、轮机员、话务员必须持有合格的专业证书，并通过海事局的安全检查。

应按照项目部调度室指定的航行线路、停靠站点和时间航行，定点靠泊。

装载设备及材料运输船舶，必须按核定吨位装载，不得超载和偏载。装载的设备、料具摆放平稳均匀，并捆绑牢靠。

船舶上设有安全应急通道，船舱两侧通道通畅，并严禁堆放任何物品。

施工船舶上严禁装运和携带易燃易爆、有毒有害等危险品，如因工作需要携带者应事先与船长联系并进行妥善处理，严禁人货混装。

船长、轮机长应经常检查、保养和维修船舶的机械设备和安全设施，确保运行安全。夜间航行应有足够的照明和信号显示。

施工船舶上的油污水必须经分离装置处理后再集中处理，并有书面记录。

遇有六级以上大风、雷雨、风暴等恶劣天气时，禁止施工船舶进行水上作业和运行，并到指定点处锚泊。

确定水上施工船舶和水上起重设备的作业范围，依据作业范围编制出相应的水上交通组织方案，定出各种船舶航行路线和施工周期，并报海事局审批、备案。临时航道的设计必须取得有关部门批准，在办理相关许可后，方可改变航道。

向当地人员了解和掌握施工和航道水域内的各种障碍物情况。

制定施工船舶航行线路计划，并交海事局审阅，通过后严格执行。航行中须不断测量实际船位，校正航线，以利安全。

定期向海事局汇报施工作业区，已建桥桩、作业区内施工船舶的抛锚等情况，以避免发生施工船舶间锚链缠绕、碰撞等事故。

经常进行航道维护，与施工作业无关的船舶严禁进入施工作业区，严禁施工船舶进入、穿越其他作业区。

施工船舶应按照海事局提供的桥区作业图进出作业区，并加强值班瞭望，谨慎航行。

对已建施工平台在夜间悬挂规定的信号，设置规定的灯标，以起到警示作用。

按照航道助航标志的要求，设置好工程段内的航标，并落实定期保养，以保障通航船舶和施工的安全。

做好施工船舶的安全教育工作，施工船舶严禁驶入禁航区域，并设置水上交通指挥船，指挥施工船舶的航行路线。

5.2.7 施工期通航安全措施

（1）预留船舶通航通道

根据施工前、后期占用不同的施工水域，预留不同的船舶通航通道（图5-3和图5-4）。

在施工前期，在两座大桥主墩中间水域预留192m的船舶通航通道。

在施工后期，在施工占用的192m施工水域与大桥主墩间各预留一条92m的船舶通航通道。

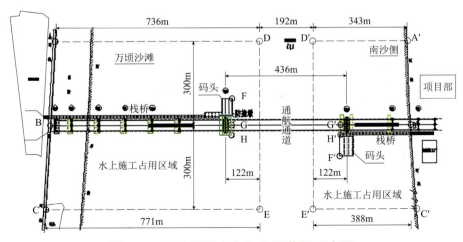

图5-3 施工前期安全作业区范围示意图

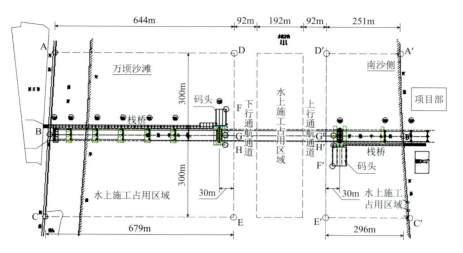

图 5-4 施工后期安全作业区范围示意图

（2）设置临时助航标志

在施工前期，在两座大桥主墩中间水域预留 192m 的船舶通航通道，在通道上下游各设置两对临时助航标志（图 5-5 和图 5-6）。

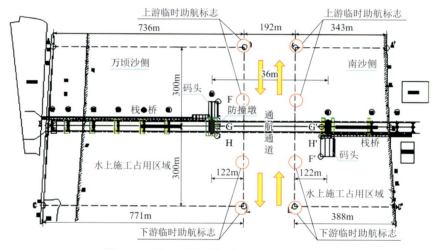

图 5-5 施工前期临时助航标志示意图

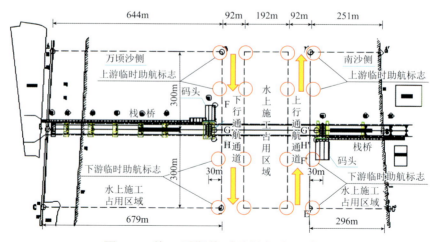

图 5-6 施工后期临时助航标志示意图

在施工后期，在施工占用的 192m 施工水域与大桥主墩之间各预留一条 92m 的船舶通航通道，在通道上下游各设置两对临时助航标志。

5.2.8 起重吊装安全保证措施

钢梁吊装开始前，对吊梁使用的工具、吊具、脚手板、梯子、安全带、安全网等应验收合格后方能允许使用，并配齐、配足数量。装吊时使用的各种钢丝绳、卡环、手拉葫芦应认真检查，有缺陷者一律不得使用。

在架梁过程中，水上应配备足够必要的救生设备、消防器、通信设施。

各项大临设施和重要临时设施（架梁起重机、安全网以及墩顶布置等）必须经有关部门检查验收合格后，方能使用。架梁作业过程中各种通道、施工平台应焊接牢固，作业人员应戴好安全帽、系好安全带。

夜间作业应配备足够的照明设施，夜间禁止高空作业。

钢梁杆件起吊时，应确认杆起吊件的重量和重心位置，必须捆绑牢固，吊具的夹角不应超过60°，并应拴上溜绳。

起吊杆件的吊具与杆件棱角接触处应用胶皮垫好。

起吊杆件时必须有固定的信号指挥，信号员应事先检查场地周围有无障碍，杆件拼装对孔时各相关人员应密切配合，指挥得当操作准确，严禁吊物下站人。

门式起重机司机起吊杆件重量、安装部位和看到明确的指挥信号后，方能起吊。起重机司机上班后必须首先检查电力、机械、钢丝绳、限位器等是否准确可靠、先进行空车运转，符合要求后，方能开始，应做好使用记录。

吊装脚手架、紧固螺栓等工作，不能上下交叉进行，避免双层作业。

拼装脚手架机构必须牢固，连接螺栓必须拧紧，并设有栏杆。

5.3 监测监控措施

桥梁的施工监控是一个预测→施工→观测→识别→反馈→调整的循环过程。施工监控最重要的目的是确保施工中结构的安全，具体表现为：结构的内力合理，变形控制在允许范围内，并保证有足够的稳定性。施工监控主要分为几何线形和杆件内力（应力）监控两大部分，全桥整体及构件局部的稳定性控制也主要通过内力控制来实现，详见"明珠湾大桥钢梁架设专项监控方案"。

5.3.1 监测意义

该桥钢梁采用吊索塔架辅助悬拼施工，在施工过程中结构体系随施工阶段的改变而不断变化，而结构的实际参数（如材料属性等）与设计值会存在一些差异，加上现场施工荷载及环境变化的不确定性将有可能使结构的应力状态和线形偏离设计值，严重时会影响主拱的合龙和安全。因此，要求在安装施工中对重要的结构的参数进行监控和测量，以获取反映桥梁实际情况的数据和信息，发现问题及时反馈、及时纠正，使施工状态始终处于监控范围之中，钢梁监控（温度、应力）元件如图 5-7 所示。

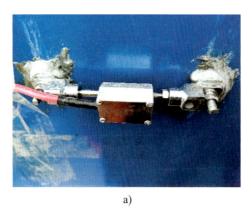
a)
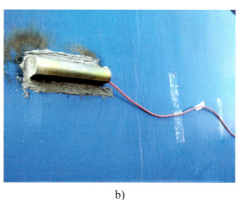
b)

图 5-7　钢梁监控（温度、应力）元件

5.3.2　监测内容

具体监测内容包括钢桁梁和钢桁拱控制杆件应力；钢桁梁和钢桁拱杆件温度场；扣塔垂度、高程、应力及扭转；扣索索力；临时支墩、墩旁托架的应力、沉降和变位；钢桁梁和钢桁拱杆件线形（包括桥面高程、拱轴线、拱脚位移）；吊杆内力；钢桁拱肋悬臂前端、系梁悬臂前端及扣塔顶端风速。

具体监控实施细则、要求及布置安排详见"广州明珠湾桥钢梁架设施工监控监测专项方案"。

6 施工管理及作业人员配备和分工

主桥钢梁架设施工为广州明珠湾大桥桥控制性工程，在组织、技术、资源等方面予以重点保证。

实行质量管理体系。本施工组织设计体现了 ISO9001 要求，在工程施工过程中完全按照 ISO9001 及本公司"质量手册"和"程序文件"建立并运行本合同段质量管理体系。

以积极负责的精神为业主提供全过程、全方位的管理服务。特别抓好在施工中提出合理化措施以保证工期和质量。

积极配合业主做好整个工程的项目管理，主动协调与地方单位、设计单位、监理单位的关系，保证整个施工过程顺利进行。

按项目法施工原理组织施工。采用先进的管理方法和技术，特别是 BIM 技术，对钢梁架设施工全过程实施全方位动态控制。

管理模式：实施项目经理负责制，按项目法施工要求组建工程指挥部，本项目现场实施机构采用分级管理模式，即工程指挥部→分部→施工作业队三级管理。工程指挥部及分部所有管理人员均为本项目的专职人员，不兼任公司其他任何职务。

按照"集中领导、职责明确、提高效率、有利协调"的原则，组建"中国铁建大桥工程局集团有限公司广州明珠湾大桥工程指挥部"，主要人员选调符合招标文件要求的任职资格，由经验丰富的技术人员和工程管理人员担任指挥长、项目经理、副经理、总工程师、安全总监、生产副经理等，指挥部下设管理层六部一室一中心（队），结合广州明珠湾大桥总体组织机构，由一分部（同样下辖各职能部门等）对南沙侧钢梁架设施工队及万顷沙侧钢梁架设施工队进行管理。

6.1 施工管理人员

为优化人员安排，提高人员组织配合能力。在项目里选取具丰富管理经验的管理人员，对施工现场进行全方面的管理和指导。同时在施工前对施工工人进行施工技术交底，做到施工工人熟悉施工方法，主要施工管理人员工作内容见表 6-1。

施工管理人员名单   表 6-1

序号	职务	工作内容	备注
1	项目经理	项目施工总负责	
2	总工程师	项目技术总负责	
3	安全总监	安全总负责	
4	项目生产经理	现场施工负责人	
5	项目生产经理	现场施工负责人	
6	分部总工程师	现场技术负责人	
7	分部总工程师	现场技术负责人	
8	安质部长	现场安全负责人	
9	工区调度长	现场施工调度	
10	质检员	现场施工质量检查管控	
11	技术员	现场技术把控	
12	安全员	现场施工，安全检查，安全监督	
13	测量员	钢梁架设过程线形监控	
14	施工队负责人	负责具体施工	
15	班组长	架梁施工过程把控	
16	班组长	现场施工组织协调	

6.2 专职安全人员

专职安全生产管理人员有以下职责：

（1）组织或者参与拟订安全生产规章制度、操作规程和生产安全事故应急救援预案。

（2）组织或者参与安全生产教育和培训，如实记录安全生产教育和培训情况。

（3）督促落实重大危险源的安全管理措施。

（4）组织或者参与应急救援演练。

（5）检查安全生产状况，及时排查生产安全事故隐患，提出改进安全生产管理的建议。

（6）制止和纠正违章指挥、强令冒险作业、违反操作规程的行为。

（7）督促落实本单位安全生产整改措施。

6.3 特种作业人员

6.3.1 特种作业人员职责

（1）学习并熟悉本工种安全技术操作规程，遵守国家法律、法规、规范和企业规章制度。

（2）积极参加本工种专业技能培训，提高自身操作技术水平，并严格持证上岗制度，严禁无证上岗。

（3）服从管理，自觉遵守现场安全纪律，接受安全教育和安全技术交底，提高安全作业意识。

（4）严格使用安全防护及劳动保护用品，增强自我保护能力。

（5）严格执行安全技术操作规程，不违章冒险作业，并有权拒绝违章的指令，做到"三不伤害"（即：不伤害自己，不伤害别人，不被别人伤害），确保作业安全。

（6）随时检查与本工种作业有关的机电设备、设施，消防设施及现场临边、洞口防护设施的完好与可靠性，发现隐患即作整改。

（7）发现重大安全隐患，要立即停止作业并向项目部有关人员报告，必要时有权越级上报。

6.3.2 特种作业人员配备

本工程特种作业人员主要为电工、焊工、起重机司机、司索工等，特种作业人员持证上岗，具体名单略。

6.4 其他作业人员

开工后，按照拟定的进度计划，陆续地组织施工人员进场，以满足施工的需要。拟投入本项工程的其他施工人员配备表见表 6-2。

其他施工人员配备表　　表 6-2

序号	工种	人数	备注
1	技术人员	6	
2	工长	4	
3	钢结构作业人员	60	
4	杂工	30	
	合计	106 人	

7 验收要求

7.1 验收标准

（1）施工现场严格按照专项施工方案组织施工，不得出现擅自修改施工方案的情形。

（2）严格按照《危险性较大的分部分项工程安全管理规定》有关问题的通知（建办质〔2018〕31号）和《危险性较大的分部分项工程安全管理规定》（住建部〔2018〕37号）相关要求组织危大工程验收。

（3）验收根据专项施工方案逐项进行，不得遗留。验收结果必须符合相关规范及规定要求，验收未通过的，不得进行相应重要部位和环节的施工。

（4）在检查验收中发现不安全因素，必须做到"三定"（定整改措施、定整改责任人、定整改期限）并由各级安全管理人员列出明细，逐个消号。

（5）钢桁架结构工程安装应满足《钢结构安装及验收规范第3部分：桁架结构》（Q/JG 0102.3—2012）的相关规定，钢桁架安装完成后，其安装尺寸偏差应符合表7-1的规定。

钢桁梁验收标准　　　　　　　　　　表7-1

项目		允许偏差（mm）	检验方法	图例
框架最外端或两端支承面最外侧距离	$l \leq 24m$	+3.0，-7.0	用拉线、钢尺检查	
	$l > 24m$	+5.0，-10.0		
桁架支座偏移	跨向	$l/3000$，5.0		
	开间向	$l/1000$，5.0		
相邻支座高差		$l/800$，5.0		
桁架上弦顶面高程		±15.0		
桁架间距		±15.0		
桁架跨中高度		±15.0		
跨中垂直度		$H/250$，且不应大于15	吊线、钢尺、经纬仪	
桁架跨中拱度	设计要求起拱	$±l/5000$	用拉线、吊线和钢尺检查	
	设计未要求起拱	10.0 -5.0		
相邻节点弦杆弯曲（受压除外）		$l/1000$		

续上表

项目	允许偏差		检验方法	图例
侧向弯曲矢高	$L \leqslant 30\mathrm{m}$	$L/1000$，且不大应大于10.0	吊线、钢尺、经纬仪、拉线	
	$30\mathrm{m} < L \leqslant 60\mathrm{m}$	$L/1000$，且不大应大于30.0		

（6）钢桁架结构工程安装可按变形缝、施工段或空间刚度单元划分成一个或若干个检验批。

（7）钢桁架安装检验批应在进场验收和焊接连接、制作分项工程验收合格的基础上进行验收。

（8）验收时应提供的资料：

①构件出厂合格证明文件。

②钢材、钢铸件等原材料进场质量合格证明文件及检查记录。

③钢屋（托）架、桁架、梁及受压杆件垂直度和侧向弯曲安装几何尺寸检查记录。

④桁架结构安装定位轴线、基准高程和支座位置等有关项目几何尺寸检查记录。

⑤隐蔽工程验收记录。

⑥在钢桁架结构施工安装过程中产生的其他相关技术文件资料。

7.2 验收程序及人员

验收程序包括以下几点：

（1）项目部根据工程特点制定验收工作内容，明确需进行验收的重要部位、内容和要点。

（2）项目部根据所确定的项目内容逐项进行自检自评。自检自评合格后向监理单位提出验收申请。

（3）监理单位收到验收申请后，应对验收项目进行预审，预审符合要求的，总监理工程师组织各方成立验收组进行专题验收。

（4）验收组按照所确定的验收项目内容逐项进行验收，并形成书面验收结论。

（5）项目部需按照验收组意见进行整改。未进行验收或验收未通过的，不得进行相应重要部位和环节的施工。

验收人员包括以下单位：

（1）施工单位

总承包单位和分包单位技术负责人或授权委派的专业技术负责人、项目负责人、项目技术负责人、专项施工方案编制人员、项目专职安全生产管理人员及相关人员。

（2）监理单位

监理单位项目总监理工程师及专业监理工程师。

（3）其他单位

有关勘察、设计和监测单位项目技术负责人。

7.3 验收内容

7.3.1 钢梁主体验收要求

不同类型和层次的安全检查监督应有其各自的内容和重点，安全检查验收内容见表7-2，质量检查验收内容见表7-3，具体按监督检查计划执行，安全检查包括以下内容：

（1）材料进场验收。

（2）方案评审程序：项目自审、工程公司审查、集团公司审查、监理审查、专家评审、现场施工。

安全检查验收内容　　　　　　　　　　　表7-2

序号	检查项目	检查验收内容	验收结果
1	施工方案	①方案编制、审批情况 ②施工交底、监督检查情况	
2	施工机具	①是否有日常巡检及维修保养记录 ②电线、配电箱及控制箱是否符合安全用电规范 ③传动部位是否有保护罩	
3	安全用电	①电工是否持证上岗 ②配电箱、开关箱及用电设备是否设置接地保护 ③电线是否存在老化破皮、私拉乱扯现象	
4	吊装作业	①起重机司机、信号工持证上岗 ②钢丝绳磨损、断丝、变形、锈蚀程度是否达到报废标准 ③地基承载力符合要求 ④吊点是否焊接饱满 ⑤吊物是否存在安全隐患 ⑥周围环境状况是否符合安全要求 ⑦起重设备按时维修保养，性能正常	
5	高空作业	①作业前检查安全绳的牢固程度、不准使用不合格的安全绳 ②操作平台安全牢固 ③禁止同时使用吊篮吊运人员和材料	
6	消防	①灭火器、消防桶等器材是否缺失、状态正常 ②氧气瓶与乙炔瓶安全距离是否满足要求 ③动火、动焊周围是否存放易燃、可燃材料	

续上表

序号	检查项目	检查验收内容	验收结果
7	其他	①有无人员溺水救生措施 ②现场警示标志是否齐全 ③临边防护搭设是否符合要求	

质量检查验收内容　　表 7-3

序号	验收项目	具体内容	检查要求	验收结论
1	材料质量	钢梁	根据设计图和工厂提供的技术资料,注意识别钢梁部件特征,逐件校核弦杆、竖杆、节点板等编号是否正确	
			注意加工预拱度要求导致下弦节点板和拼接板有正常、伸长、缩短等类型	
		高强度螺栓	生产厂以批为单位,提供产品质量检验报告(含扭矩系数)及出厂合格证,施工现场根据《钢结构高强度螺栓连接技术规程》(JGJ 82—2011)的规定,对高强度螺栓连接副,进行外形尺寸、形位公差、表面缺陷、螺纹参数、机械性能、螺纹脱炭、扭矩系数、标记与包装等检查和复验,并做好记录,不合格产品不得使用	
			检查验收方法:采用紧扣法检查及验收	
		支座	支座材质和制造精度符合设计要求,有制造厂的成品合格证,并附有铸件探伤记录和缺陷焊补记录及支承密贴性检查记录。同时在现场作外观检查和对组装后的轮廓尺寸进行复核	
2	施工质量	支座安装	钢梁调整就位后,将支座通过上支座板螺栓直接与钢桁梁连接,顶起钢梁使支座比设计高程高 2mm,经全面检查签证后可进行灌浆	
		钢梁架设	每架设一个节间,进行一次中线和挠度测量	
		高强度螺栓	高强度螺栓施拧质量检查:设专职人员进行检查,当天拧好的螺栓 4~24h 内检查完毕	
			初拧检查:采用 0.3kg 小锤敲击螺母一侧,手按住相对的另一侧,如颤动较大者为不合格,应再初拧,同时用 0.3mm 塞尺插入杆缝,插入深度小于 20mm 者为合格,合格后划线	
			终拧检查:根据试验资料,首先检查初拧划线,再检查终拧后螺母的转动角度,即可判断是否漏拧,同时也可发现垫圈、螺杆是否转动,然后利用扭矩测试仪进行高强度螺栓终拧检查。超拧、欠拧值均不大于设计规定值的 10%,高强度螺栓检查部位、数量、方式必须按规范执行	
		油漆涂装	每道油漆涂装过程中,应用滚轮式或梳式湿膜测厚仪测量湿膜厚度,以控制干膜厚度。干膜厚度检查应按设计文件及其相关规定进行。棱角、死角部分应加大检查力度,不合格处应补涂涂料。对涂层外观进行目测检查,涂层基本无流挂,有一定光泽	

续上表

序号	验收项目	具体内容	检查要求	验收结论
2	施工质量	油漆涂装	按《色漆和清漆膜厚度测定》（GB/T 13452.2—2008）的规定用磁性测厚仪法或杠杆千分尺法测量涂料涂层厚度。钢梁主要杆件抽检20%，次要杆件抽检5%，每件构件测三处，每一处取10cm×10cm测五点，同时涂装质量需按照规范要求进行涂层基体附着力和层间附着力检查。涂层厚度平均值应在标准规定厚度90%以上，其最低值在标准规定厚度80%以上，测点厚度差不得超过平均值30%	
			钢梁涂装完成后，应颜色均匀，不允许有露底、漏涂、涂层脱落、漆膜破裂、起泡、划伤及咬底等缺陷。手工涂刷的不得有刷痕。涂料屑料和尘土微粒所占涂装面积不得超过10%。桔皮、针孔和流挂在任一平方米范围内，小于3cm×3cm面积的缺陷，不得超过两处；小的凸凹不平不得超过四处	

7.3.2 作业平台安装验收要求

1）质量控制及检验标准

（1）作业平台材料钢管型钢质量满足规范验收要求。

（2）作业平台构件无变形，焊接质量满足相关规范要求。

（3）防护栏杆等附属设施质量满足方案及设计要求。

2）安全验收要求

（1）方案编制、审批、安全技术交底满足要求。

（2）安全技术措施落实情况。

（3）周围环境核查及保护措施落实情况。

（4）应急预案编制和救援物资储备情况。

（5）法规、标准、合同约定的其他情况。

（6）安全警示标志齐全。

7.3.3 设备验收要求

（1）设备三证证书齐全有效。

（2）设备调试、联合运行满足要求。

（3）设备在允许使用年限范围内。

（4）设备性能满足施工要求。

（5）特种设备经过特检所检测并出具相关合格证明。

7.3.4 临时支架结构验收

（1）施工单位应根据工程实际编制支架施工技术安全专项方案，经企业技术负责人审核签字后，提交监理工程师审查。未经审查或审查未通过的支架方案不得实施。

（2）监理工程师应对施工单位提交的支架施工技术方案从人员、资质、材料质量、安装设备、搭设工艺、设计方案、计算依据、安全性能、质量及安全保证措施、技术及安全交底情况等方面进行认真审查，并将审查结果报业主确认，危险性较大工程项目支架的审查结果应报质量监督部门备案。

（3）施工单位在支架施工后需对支架进行验收，包括焊接质量、型材尺寸规格、数量、结构形式等。

（4）支架所用材料、构配件必须有产品合格证、法定检测单位的检测检验报告，生产厂家必须具有技术质量监督部门颁发的生产许可证。监理单位应对材料、构配件质量进行抽样检测。

（5）项目部技术负责人应按照安全专项施工方案中的搭设要求，向支架搭设作业人员进行安全技术交底，搭设施工中应安排专人对材料质量、搭设工艺、施工质量、操作人员安全防护措施进行全过程管理。

（6）监理单位应按照监理规范要求对支架搭设进行定期巡查，检查作业人员岗位资格、材料质量、搭设工艺、施工安全等各方面情况，发现问题及时督促施工单位落实整改。

（7）监理单位接到验收申请应及时组织验收，出具验收报告。

7.3.5 吊索塔架验收

（1）塔架拼装完成后，组成检查验收小组，进行全面系统地检查验收工作。检查的主要项目内容为：

①全部杆件与节点拼装是否正确。

②螺栓是否上满拧紧。

③塔架垂直度及位移。

④施工作业指导书及交底文件是否齐全。

（2）检查方法手段：杆件间及杆件与节点板间拼接密贴与否可用塞尺检查；螺栓拧紧与否可用塞尺检查或手锤敲击；塔架垂直度及位移检查施工过程监测量测数据的真实有效性。检查结果应做好详细记录，以便针对问题及时处理，在检验小组发现检验结果不符合规范或设计文件要求的，应书面责成项目部进行整改并对整改情况进行复查。

8 应急处置措施

8.1 应急救援领导小组组成与职责

应急救援领导小组由项目经理部应急救援领导小组（以下简称领导小组）和工区救援队伍及社会力量构成。领导小组由项目经理部相关领导、部门负责人及各工区负责人组成，工区救援队伍由各相关工区组织，社会力量含地方消防、医疗救护等力量。

（1）组长职责：全面组织指挥事故的应急救援工作。

（2）副组长职责：协助组长负责指挥应急救援的具体工作。

（3）组长及副组长职能：

①加强现场检查，督促工区编制和演练相应的应急预案。

②事故发生后协调现场进行救助，在紧急状态结束后，组织人员参加事故的分析和处理。

③通知并联络应急领导小组有关成员，做好应急准备后立即投入救援。

④配合上级部门进行事故调查处理工作，并统计事故损失。

⑤成员为工区负责人时，在应急救援初期代表领导小组处理该工区应急救援事项。

（4）联络组职责：

①了解掌握事故情况，事故发生后第一时间向领导小组汇报。

②负责协调应急救援相关方的联络及信息传输。

（5）疏散组职责：

发生事故时，负责人员的疏散、逃生和引导消防车辆和救灾人员进入施工现场。

（6）抢险组职责：

①事故发生后，抢险小组成员要立即到位，及时组织救援队伍及社会力量开展救援工作。

②在救援行动中听从上级指挥，统一协调行动。

③在抢救行动中要尽心尽责，将人员伤亡和物资损失降到最低。

后勤组职责：为事故现场紧急调用各类物资、设备、人员。

工区救援队伍及社会力量职责：按照救援组的要求实施现场救援工作。

8.1.1 处置程序

（1）事故报告程序

①事故发生后，施工单位项目经理第一时间（5分钟内）报告业主代表及监理单位。

②业主代表接到信息报告后，第一时间（5分钟内）向该部门负责人（或分管负责人）报告；该建设项目部负责人（或分管负责人）根据情况，向市级行业主管部门报告，并按预案组织抢险。同时通知各部门负责人赶赴现场，支援抢险工作。

严禁迟报、遗漏、谎报或者瞒报等情况的发生。

（2）报告的主要内容

①事故发生单位概况。

②事故发生的时间、地点以及事故现场情况。

③事故发生原因的初步分析。

④事故的简要经过、伤亡人数（包括下落不明的人数）和初步估计的直接经济损失。

⑤已经采取的防范、补救措施和事故的控制情况。

（3）应急响应程序

①领导小组立即启动事故应急救援预案，并赶赴事故现场进行应急救援，同时向建设单位报告。

②先期处置队伍赶到事故现场后，采取措施防止事故扩大，保护事故现场。需要移动物品时作出标记和书面记录，妥善保管有关证物等。

③封锁事故现场。严禁一切无关的人员、车辆和物品进入事故区域，开辟应急救援人员、车辆及物资进出的安全通道，维持事故现场秩序。

④控制危险源。根据发生事故的类别，迅速展开必要的技术检验、检测工作，确认危险物源的类型和特性，制定抢险救援的技术方案，并采取有针对性的安全技术措施，及时有效地控制事故的扩大，消除事故危害和影响，防止可能发生的次生灾害。

⑤建立现场工作区域。应当根据事故的危害、天气条件等因素，设立现场抢险救援的安全工作区域。

⑥抢救受害人员。及时、科学、有序地开展受害人员的现场抢救或者安全转移，尽最大可能降低人员伤亡、减少事故所造成损失。设立人员疏散区。根据事故的类别、规模和危害程度，果断迅速地划定危险波及范围和区域，组织相关人员和物资安全撤离危险波及的范围和区域。清理事故现场。针对事故已经造成和可能造成的危害，迅速采取封闭、隔离等技术措施进行事故后处理，防止危害的继续。

8.1.2 处置措施

（1）触电处置措施

确定触电人员位置→分析电线走向→关闭电源，或用不导电物体移动触电者→观察触电人员伤情→及时拨打120急救电话。

（2）物体打击处置措施

物体打击包括高空坠落打击及周围材料倒塌打击。立即观察伤者受伤位置，明确伤情，若有出血情况及时用绷带包扎止血，同时拨打120急救电话。

（3）溺水处置措施

确定落水地点→分析目前溺水人员位置→组织拦打捞营救→实施营救→必要时向当地政府部门请求救援。

（4）支架倒塌、起重机倾覆处置措施

分析确定现场是否有再次倒塌、倾倒等危险→对危险设施、建筑物要进行支撑和加固→分析和确定受害人员和重要物资设备的位置或范围→如为机电设备事故，要立即制动和切断电源→进行挖掘、拆除等活动→抢救伤员和财物→在人员被挤、压、卡、夹住无法脱开情况下，采取进行切割、抬起重物等救援措施→如有可能，立即将伤者由事故现场转移至安全区域，防止伤者受到二次伤害。

（5）高空救援程序

分析危险→确定营救方法（拉网铺垫、架梯登高救援）→实施营救→必要时向当地政府部门请求救援。

（6）起重吊装等机械安全控制设备失灵或损坏、作业中突然停电救援程序

操作人员要立即停止施工操作，保持镇定、服从抢险指挥，进行抢修救援，必要时启动备用电源，恢复供电。

（7）防汛以及处置措施

专人负责收听天气气象预报，及时预警，将机械车辆、可移动物资设备、人员等撤离到安全地带，对不能移动的机械车辆、物资设备、房屋、临时设施进行固定、保护和加固，进行防雨淋、防雷、防坍塌、防触电、防雨水倒灌等现场防护和排水工作，坚持巡查看守制度，设置安全警戒标志，进行抢险救援，必要时向当地政府发出救援信息。

（8）台风应急处置措施

专人负责收听天气气象预报，及时预警，对不能移动的机械车辆、物资设备、房屋、临时设施进行固定、保护和加固，对现场进行清理防护，进行抢险救援，必要时向当地政府发出救援信息。

（9）高温中暑应急处置措施

中暑常发生在高温和高湿环境中，对高温、高湿环境的适应能力不足是致病的主要原因。在气温大于32℃、湿度大于60%的环境中，由于长时间工作或强体力劳动，又无充分防暑降温措施时，极易发生中暑。为了避免中暑，在高温天气，对施工人员进行高温季节施工措施，提高对先兆中暑的认识，一旦出现头昏、头痛、口渴、出汗、全身疲乏、心慌等症状，应立即脱离中暑环境，及时采取纳凉措施。

高温中暑急救方法：

①立即将病人移到通风、阴凉、干燥的地方。

②使病人仰卧，解开衣领，脱去或松开外套。若衣服被汗水湿透，应更换干衣服，同时开电扇或开空调（应避免直接吹风），以尽快散热。

③意识清醒的病人或经过降温清醒的病人可饮服绿豆汤、淡盐水，或服用人丹、十滴水和藿香正气水（胶囊）等解暑。

④用湿毛巾冷敷头部、腋下以及腹股沟等处，有条件的话用温水擦拭全身，同时进行皮肤、肌肉按摩，加速血液循环，促进散热。

⑤一旦出现高烧、昏迷抽搐等症状，应让病人侧卧，头向后仰，保持呼吸道通畅，同时立即拨打120电话，求助医务人员给予紧急救治。

8.2 应急事件（重大隐患和事故）及其应急措施

8.2.1 物体打击事故救援措施

（1）发生物体打击事故，应马上组织抢救伤者脱离危险现场，以免再发生损伤。

（2）在移动昏迷的伤员时，应保持头、颈、胸在一直线上，不能任意扭曲。若伴有颈椎骨折，更应避免头颈的摆动，可用"颈托"围住颈部，以防引起颈部血管、神经及脊髓的附加损伤。

（3）观察伤者的受伤情况、部位、伤害性质。如伤员有出血，应立即止血。遇呼吸、心跳停止者，应立即进行人工呼吸，胸外心脏按压，胸部伤的胸骨、肋骨骨折、四肢的骨折也要包扎固定。处于休克状态的要让其安静、保暖、平卧、少动，并将下肢抬高约20度，尽快送医院进行抢救治疗。

（4）出现颅脑损伤，必须维持呼吸道通畅。昏迷者应平卧，面部转向一侧，以防舌根下坠或分泌物、呕吐物吸入，发生喉阻塞。遇有凹陷骨折、严重的颅底骨折及严重的脑损伤症状出现，创伤处用消毒的纱布或清洁布等覆盖伤口，用绷带或布条包扎后，及时送就近有条件的医院治疗。

（5）防止伤口污染：在现场，相对清洁的伤口，可用浸有双氧水的敷料包扎；污染较重的伤口，可简单清除伤口表面异物，剪除伤口周围的毛发。但切勿拔出创口内的毛发及异物、凝血块或碎骨片等，再用浸有双氧水或抗生素的敷料覆盖包扎创口。

（6）在送运伤员到医院就医时，昏迷伤员应仰卧偏头，以防止呕吐后误吸。对烦躁不安者可因地制宜地予以手足约束，以防伤及开放伤口。脊柱有骨折者应用硬板担架运送，伤者要固定勿使脊柱扭曲，以防途中颠簸使脊柱骨折或脱位加重，造成或加重脊髓损伤。

（7）项目负责人组织人员对出事地点进行现场保护及安排人员警戒。

8.2.2 高处坠落事故救援措施

（1）发生高处坠落事故，应马上组织抢救伤者，首先观察伤者的受伤情况、部位、伤害性质。如遇呼吸、心跳停止者，应立即通畅气道进行人工呼吸，胸外心脏按压。伤员发生休克，应先处理休克，要让其安静、保暖、平卧、少动，并将下肢抬高约20度。

（2）遇有创伤性出血的伤员，应迅速包扎止血，使伤员保持在头低脚高的卧位，并注意保暖。正确的现场止血处理措施：

①一般伤口小的止血法：先用生理盐水（0.9%NaCl溶液）冲洗伤口，涂上红汞水，然后盖上消毒纱布，用绷带较紧地包扎。

②加压包扎止血法：用纱布、棉花等做成软垫，放在伤口上再加包扎，来增强压力而达到止血。

③止血带止血法：选择弹性好的橡皮管、橡皮带或三角巾、毛巾、带状布条等，上肢出血结扎在上臂上 1/2 处（靠近心脏位置），下肢出血结扎在大腿上 1/3 处（靠近心脏位置）。结扎时，在止血带与皮肤之间垫上消毒纱布棉垫。每隔25～40min放松一次，每次放松0.5～1min。

（3）出现颅脑损伤，必须维持呼吸道通畅。昏迷者应平卧，面部转向一侧，以防舌根下坠或分泌物、呕吐物吸入，发生喉阻塞。遇有凹陷骨折、严重的颅底骨折及严重的脑损伤症状出现，创伤处用消毒的纱布或清洁布等覆盖伤口，用绷带或布条包扎后，及时送就近有条件的医院治疗。

（4）发现脊椎受伤者，创伤处用消毒的纱布或清洁布等覆盖伤口，用绷带或布条包扎。搬运时，如颈椎骨折，要用"颈托"围住颈部；将伤者平卧放在帆布担架或硬板上，以免受伤的脊椎移位、断裂造成截瘫，招致死亡。抢救脊椎受伤者，搬运过程，严禁只抬伤者的两肩与两腿或单肩背运。

（5）发现伤者手足骨折，不要盲目搬动伤者。应在骨折部位用夹板把受伤位置临时固定，使断端不再移位或刺伤肌肉、神经或血管。固定方法：以固定骨折处上下关节为原则，可就地取材，用木板、竹头等，在无材料的情况下，上肢可固定在身侧，下肢与健侧下肢缚在一起。

（6）项目安全负责人组织人员对出事地点的范围进行现场保护及安排人员警戒。

8.2.3 溺水应急措施

在场人员必须立即采取有效措施对溺水人员进行打捞，同时派人呼叫救援。成功打捞上岸后，立刻对溺水人员利用人工呼吸进行自救，情况严重的以最快速度将伤员救离现场，送医院紧急救治。

8.2.4 倾覆、坍塌应急措施

首先将信息传递给应急救援领导小组，同时组织人员抢救伤员，能够移动的伤员送医院就医，不能移动的伤员通知120派车接伤员，同时保护好事故现象，对事故现场移动过的地方做好标记，以利于事故调查。

8.2.5 触电应急措施

使触电人员脱离带电体的方法：如在附近有电源开关，应首先采用切断电源的方法；如附近无电源开关，应寻找干燥木方、木板等绝缘材料，挑开带电体。

当触电者摆脱带电体后，应根据触电者的具体情况，立即就地对其进行急救，若周围狭窄、潮湿，不具备抢救条件，可将其转移到另外的地方。

8.3 周边建（构）筑物等产权单位各方联系方式、救援医院信息（略）

8.4 应急物资准备

项目部根据主要应急物资及装备清单配备相应物资设备和救生设备，设立应急救援及防洪防汛专用物资贮备仓库，并对物资进行逐一落实到位，建立专用台账，定期对应急救援物资设备进行专项检查。

（1）救护人员的装备：安全带、安全帽、救生衣、救生圈等。

（2）简易急救设施：担架、医药箱（止血绷带、急救药品等）。

（3）交通船一艘、救援车辆若干。

（4）通信器材：移动电话（每名管理人员配备一部）、对讲机若干。

（5）其他应急物资：绳索、照明手电、应急灯等若干。

主要应急物资及装备清单见表 8-1。

主要应急物资及装备清单　　　　　　　　　　　　　　表 8-1

序号	物资设备名称	数量	备注
1	安全带	4	
2	安全帽	10	
3	救生衣	6	
4	急救药箱	2	
5	担架	3	
6	对讲机	5	
7	交通船	1	
8	救援车辆	3	
9	其他设备（绳索、手电等）	若干	

9 计算书及相关图纸

9.1 计算书（见二维码）

（1）明珠湾大桥上部钢结构安装分析计算
（2）主墩墩旁托架计算
（3）扣塔计算
（4）钢梁架设临时支墩计算

9.2 附表（见二维码）

（1）附表一：明珠湾大桥钢梁架设工期计划表
（2）附表二：明珠湾大桥钢梁架设横道图

9.3 附图（见二维码）

（1）附图一：临时支墩图
（2）附图二：主墩墩旁托架图
（3）附图三：墩顶布置图

（4）附图四：吊索塔架设计

中国铁建大桥工程局集团有限公司
CHINA RAILWAY CONSTRUCTION BRIDGE ENGINEERING BUREAU GROUP CO.,LTD.

斜拉桥钢箱梁安装及顶推

专项施工方案标准范本

（以李家沱长江复线桥为例）

目 录
CONTENTS

1 工程概况 265

2 编制依据 284

3 施工计划 288

4 施工工艺技术 291

5 施工保证措施 334

6 施工管理及作业人员配备和分工 361

7 验收要求 364

8 应急处置措施 367

9 计算书及相关图纸 375

1 工程概况

1.1 工程地质地貌及其他特点

1.1.1 工程基本情况

（1）工程规模

重庆轨道交通 18 号线李家沱长江复线桥为公轨同层非对称布置的大跨度斜拉桥，位于既有李家沱长江大桥上游，距离老桥最小距离 16.92m。起止桩号为 DK22+036.958～DK23+343.158，全长 1306.2m，主桥长 991.7m，跨径布置为（68.4+150.8+454+161.3+102.2+50）m，采用主跨 454m 双塔双索面斜拉桥，主梁采用钢箱梁，梁宽 33.95m，钢箱梁高 4m，布置如图 1-1 所示。

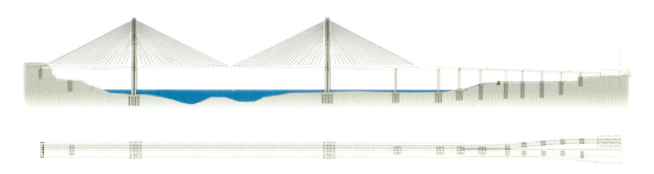

图 1-1 李家沱长江复线桥布置示意图

（2）塔柱结构形式

桥塔形式为花瓶形结构，P2 和 P3 桥塔均由上、中、下三个塔柱和上、下两道横梁组成，下横梁为预应力混凝土结构，混凝土强度等级为 C50，下横梁顶设置垫石及支座，作为上部结构的承载面。主塔结构布置如图 1-2 所示。

（3）钢箱梁的纵向分段

主桥钢箱梁共分 94 个节段（含纵向压重段和合龙段），具体分段为：13.9m（纵向压重段，含 46cm 伸缩缝）+10.5m（锚固段）×19+11.6（P2 墩 0 号段）+10.5×20（标准梁段）+（9.2×2+4.0）（合龙段）+10.5×20（标准梁段）+11.6（P3 墩 0 号段）+10.5×28（标准梁段）+13.7（边跨合龙段，含 71cm 伸缩缝）=991.7m。

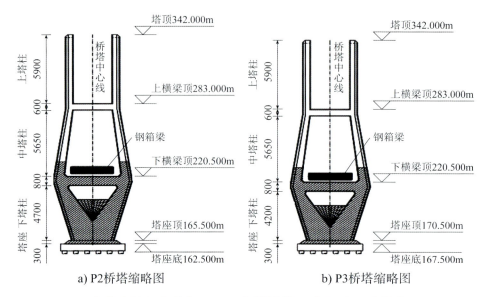

图 1-2　李家沱长江复线桥 P2、P3 主塔结构示意图（尺寸单位：cm）

钢箱梁最大起重量 407.9t（NA20），钢箱梁在工厂制造，用驳船运输到桥位处，部分钢梁用架梁起重机原位吊装，其余采用顶推方法架设。钢箱梁各节段长度和重量详见表 1-1。

钢箱梁节段长度划分及质量表　　　　表 1-1

节段编号	节段类型	节段长度（m）	节段质量（t）	顶推施工	节段编号	节段类型	节段长度（m）	节段质量（t）	顶推施工
NA20	G	13.9	407.9	是	NA6	A3	10.5	247.6	NA6
NA19	A1′	10.5	239.1	是	NA5	A3	10.5	247.6	NA5
NA18	A1′	10.5	239.1	是	NA4	A3	10.5	247.6	NA4
NA17	A1′	10.5	239.1	是	NA3	A3	10.5	247.6	NA3
NA16	A1′	10.5	239.1	是	NA2	A3	10.5	247.6	NA2
NA15	A1′	10.5	239.1	是	NA1	B	10.5	229.9	NA1
NA14	C	10.5	239.1	是	N0	F	11.6	337.5	N0
NA13	A1′	10.5	239.1	是	NJ1	B	10.5	229.9	NJ1
NA12	A1′	10.5	239.1	是	NJ2	A3′	10.5	247.6	NJ2
NA11	A1	10.5	239.1	是	NJ3	A3′	10.5	247.6	NJ3
NA10	A1	10.5	230.7	是	NJ4	A3′	10.5	247.6	NJ4
NA9	A1	10.5	230.7	是	NJ5	A3′	10.5	247.6	NJ5
NA8	A1	10.5	230.7	是	NJ6	A3′	10.5	247.6	NJ6
NA7	A3	10.5	230.7	是	NJ7	A3	10.5	247.6	NJ7

续上表

节段编号	节段类型	节段长度（m）	节段质量（t）	顶推施工	节段编号	节段类型	节段长度（m）	节段质量（t）	顶推施工
NJ8-14	A2	10.5	237.6	是	SJ3	A3′	10.5	247.6	是
NJ15	A1	10.5	237.6	是	SJ2	A3′	10.5	247.6	是
NJ16	A1	10.5	237.6	是	SJ1	B	10.5	229.9	是
NJ17	A1	10.5	237.6	是	S0	F	11.6	337.5	是
NJ18	A1	10.5	237.6	是	SA1	B	10.5	229.9	是
NJ19	A1	10.5	237.6	是	SA2	A3′	10.5	247.6	是
NJ20	A1	10.5	230.7	是	SA3	A3′	10.5	247.6	是
NJ21	D	10.5	230.7	是	SA4	A3′	10.5	247.6	是
KZ	E	10.5	230.7	是	SA5	A3′	10.5	247.6	是
SJ21	D	10.5	230.7	是	SA6	A3′	10.5	247.6	是
SJ20	A1	10.5	230.7	是	SA7	A3′	10.5	247.6	是
SJ19	A1	10.5	230.7	是	SA8	A1′	10.5	230.7	是
SJ18	A1	10.5	230.7	是	SA9	A1′	10.5	230.7	是
SJ17	A1	10.5	230.7	否	SA10	A1′	10.5	230.7	是
SJ16	A1	10.5	230.7	否	SA11	A1′	10.5	230.7	是
SJ15	A1	10.5	230.7	否	SA12	A1′	10.5	230.7	是
SJ14	A2	10.5	237.6	否	SA13	A1′	10.5	230.7	是
SJ13	A2	10.5	237.6	否	SA14	A1′	10.5	239.1	是
SJ12	A2	10.5	237.6	否	SA15	C	10.5	361.1	是
SJ11	A2	10.5	237.6	否	SA16-21	A1′	10.5	230.7	是
SJ10	A2	10.5	237.6	否	SA22	I	10.5	230.7	是
SJ9	A2	10.5	237.6	否	SA23	I	10.5	230.7	是
SJ8	A2	10.5	237.6	否	SA24	I	10.5	230.7	是
SJ7	A3	10.5	247.6	否	SA25	H	10.5	230.7	是
SJ6	A3	10.5	247.6	否	SA26-28	I	10.5	230.7	是
SJ5	A3	10.5	247.6	否	SA29	J	13.7	209.6	是
SJ4	A3	10.5	247.6	否					

通过统计得知，北岸钢箱梁共计 27 个梁段需要顶推，南岸钢箱梁共计 33 个梁段需要顶推。

（4）钢箱梁的横向布置及截面构造

主梁宽度 33.95m，高度 4m，桥面采用正交异性板构造，桥面板厚 16~24mm，局部有加厚，其下部设置 U 型纵肋和板肋，U 型纵肋板间距 600mm，厚 8mm，高 300mm、顶宽 320mm、底宽 180mm；板肋位于风嘴位置处，厚 10mm，高 120mm；底板厚 16~30mm，水平底板与斜底板等厚，与风嘴底板于边腹板处断开，U 肋间距 800~820mm，U 肋厚度 8mm，高 260mm、顶宽 250mm、底宽 400mm；边腹板厚度 30mm，在拉索处加厚为 60mm，其道路中心线侧设置加劲肋，加劲肋厚 24mm，中腹板厚 18mm，其加劲板厚度 16mm，高度 160mm。

标准节段长 10.5m，隔板分为拉索隔板和构造隔板两种，每节段设两道构造横隔板，一道拉索隔板，隔板间距均为 3.5m，拉索隔板厚 16mm，加劲肋厚度 14mm；构造隔板厚 12mm，加劲肋厚度 12mm；竖向加劲肋间距均为 1.2~1.3m，隔板处设置 3 个人孔，人孔高度 1600~1700mm，宽度 704~1100mm，设置一设备电力孔，高度 400mm，宽度 740mm。钢箱梁截面如图 1-3 所示。

（5）钢箱梁压重段结构

钢箱梁压重段分为纵向平衡压重和横向平衡压重，纵向平衡压重：A0 处压重纵向长度 11.9m，压重均布荷载为 1305.59kN/m，混凝土高度 2.054m，P1 处压重纵向长度为 21m，压重均布荷载为 725kN/m，混凝土高度 1.2m，P4 处压重纵向长度为 21m，压重均布荷载为 830kN/m，混凝土高度 1.35m，横向平衡压重 49.54kN/m，全桥纵向混凝土填充高度为 0.4182m，横向压重图如图 1-4~图 1-6 所示。以上重量及高度计算均以 C25 混凝土重度为 25kN/m^3 为基准，支座处压重混凝土应设置钢管以保护支座螺栓不被封堵，考虑后期可更换，钢管应比压重混凝土面高 15cm，锚跨与锚固段梁体结构图如图 1-7 所示。

1.1.2 地形地貌情况

李家沱长江复线桥横跨长江，其 P2 号主塔行政区划为九龙坡区，P3 号主塔行政区划为巴南区，两岸主塔均位于长江河道浅滩范围。

1.1.3 工程地质情况

P2 主塔位于长江主航道左侧，地面高程 163.2~165.5m，地形平缓，一般 0~5°。上覆层为第四系冲洪积卵石土，地表靠近李家沱大桥侧散布有大块径的混凝土和孤石，土层厚度一般 0~0.6m。下基岩为侏罗系中统下沙溪庙组砂质泥岩、砂岩互层；砂质泥岩为软岩，岩体基本质量等级为Ⅳ级；砂岩为较软岩，岩体基本质量等级为Ⅳ级。场地水文地质条件简单，水量及水位受江水影响大，随季节动态变化，水量丰富，受长江江补给，主塔范围无不良地质现象，工程地质条件简单。

1 工程概况

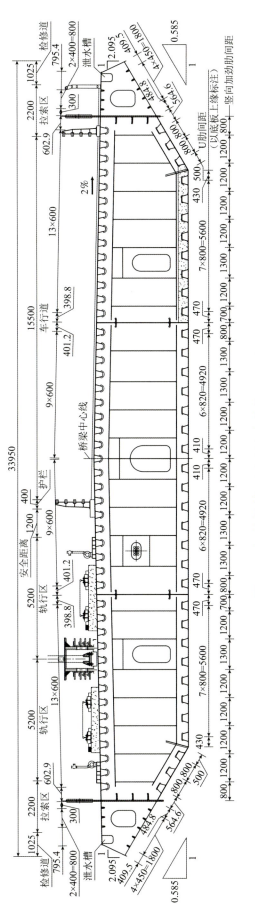

图1-3 钢箱梁截面图（尺寸单位：mm）

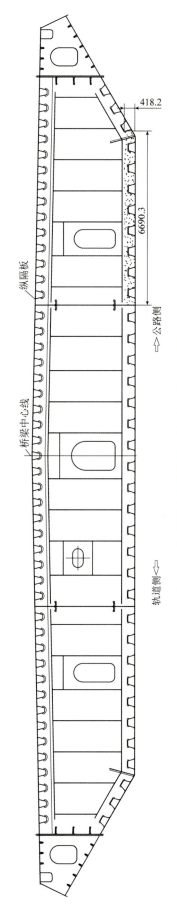

图1-4 全桥横向压重图（尺寸单位：mm）

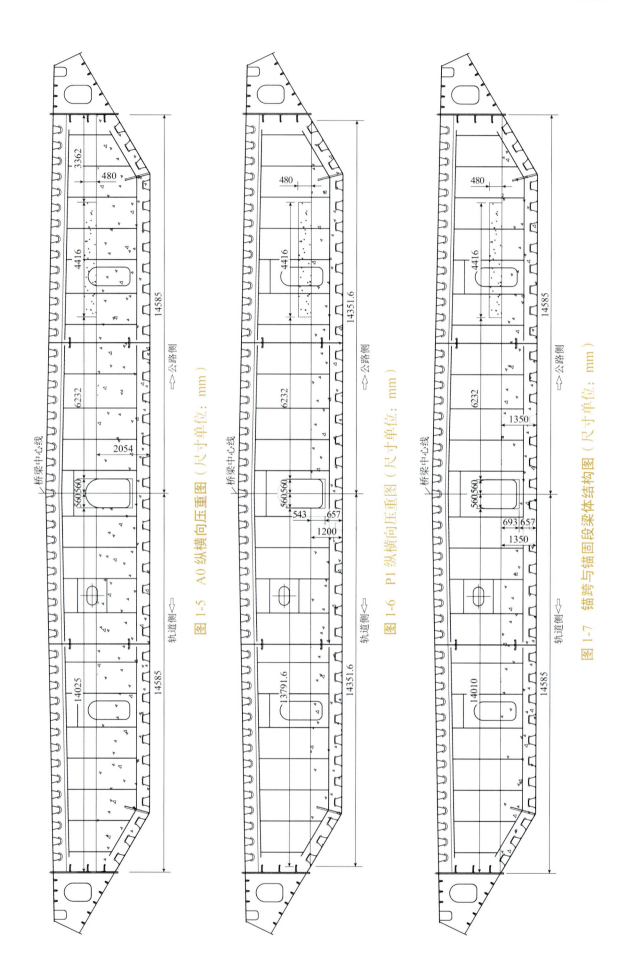

图 1-5　A0 纵横向压重图（尺寸单位：mm）

图 1-6　P1 纵横向压重图（尺寸单位：mm）

图 1-7　锚跨与锚固段梁体结构图（尺寸单位：mm）

P3 主塔场地为长江河谷侵蚀、堆积阶地地貌区，地貌形态较简单，无区域性断裂通过。本区海拔高程 150～220m，河槽呈宽缓的"U"形河谷，河床及河漫滩宽约 900～1000m，河道较顺直，地面高程 166.7～168.7m，地形平缓，覆盖层为卵石土，厚 9.2～11.2m，下部为砂质泥岩、砂岩，承台位于卵石层中；通过搜集前人的研究成果及本次地面地质调查，本工程范围内未见断层通过，未发现崩塌、泥石流等不良地质现象，无不良地质现象。

P4 辅助墩处场地地貌形态简单，表层主要以卵石层为主，杂色，松散～中密，很湿，卵石含量 50%～85%，分布不均，粒径 20～200mm，个别粒径超过 500mm，主要成分为花岗岩、玄武岩等火成岩变质岩，呈浑圆～圆状，磨圆度较好，颗粒级配差；空隙填充物以粉细砂为主，偶有泥块。

1.1.4 水文地质情况

李家沱长江复线桥线路所属流域为长江上游流域，其水位受三峡影响较大，根据资料，长江近几年以来百年一遇洪水位为 196m，枯水期水位最低达到 164m，三峡蓄水期常水位稳定在 172m。目前收集李家沱 2015 年至 2018 年每月最高及最低水位，具体数据见表 1-2 和表 1-3。

李家沱大桥历年最高水位统计表　　　　　　　　　　　　　　　表 1-2

月份	1月	2月	3月	4月	5月	6月	7月	8月	9月	10月	11月	12月
2015年最高水位（m）	170.39	169.59	167.59	168.39	167.09	171.59	174.49	175.19	177.79	175.39	174.39	173.09
2016年最高水位（m）	172.49	169.89	167.89	168.29	168.89	173.49	175.69	174.99	174.69	174.59	174.89	173.69
2017年最高水位（m）	170.99	168.19	167.79	168.89	167.69	173.29	172.59	177.09	175.49	176.69	174.29	172.79
2018年最高水位（m）	172.49	170.99	166.29	166.39	172.59	172.99	185.09	181.39	174.29	176.49	174.69	173.39

李家沱大桥历年最低水位统计表　　　　　　　　　　　　　　　表 1-3

月份	1月	2月	3月	4月	5月	6月	7月	8月	9月	10月	11月	12月
2015年最低水位（m）	169.591	167.491	165.891	166.791	165.691	165.891	168.091	167.991	170.391	172.291	172.291	172.491
2016年最低水位（m）	169.891	167.791	166.691	166.191	166.291	167.691	170.391	169.091	168.091	169.491	172.691	170.991

续上表

月份	1月	2月	3月	4月	5月	6月	7月	8月	9月	10月	11月	12月
2017年最低水位（m）	168.391	167.091	166.191	164.791	165.791	165.991	169.291	169.091	169.491	170.691	172.991	171.491
2018年最低水位（m）	171.191	165.791	164.691	164.691	165.291	166.891	173.291	171.191	169.691	173.991	172.591	172.691

1.1.5 气候特征和季节性天气

根据重庆市气象局提供的重庆主城区气象资料，重庆轨道交通 18 号线李家沱长江复线桥沿线气象资料如下：

气温：多年平均气温 18.3℃，月平均最高气温在 8 月为 28.1℃，月平均最低气温在 1 月为 5.7℃。极端最高气温 43℃，出现日期：2006 年 8 月 15 日；极端最低气温−1.8℃，出现日期：1955 年 1 月 11 日。

湿度：年蒸发量 1079.2mm；最大年蒸发量 1347.3mm；年平均相对湿度 79%；年平均绝对湿度 17.7hPa；最热月份相对湿度 70%左右，最冷月份相对湿度 81%左右。

降水量：多年平均降水量 1082.6mm，降雨多集中在 5～9 月，其降雨最高达 746.1mm 左右，日降雨量大于 25mm 以上的日数占全年降雨日数的 62%左右，小时最大降雨量可达 62.1mm。

风：全年主导风向为北，频率 13%左右，夏季主导风向为北西，频率 10%左右，年平均风速为 1.3m/s，最大风速为 26.7m/s。

1.1.6 交通运输条件

桥址区域，北岸邻近成渝铁路，南岸邻近巴滨路，且桥梁处为长江主航道，有关交通运输条件便利，水运陆运皆适用。

1.1.7 施工用水条件

桥址区域生活区用水为市政自来水接入，施工用水则直接从长江中抽取至水箱，用水后排入市政排水管网。

1.1.8 施工用电条件

桥址区域用电皆从国家电网接入，项目办理相关用电手续，并在两岸各设置 1 台变压器。

1.1.9 施工重难点分析及应对措施

李家沱长江复线桥为主跨 454m 的双塔双索面钢箱梁斜拉桥，主梁为公轨同层非对称布置，本工程主要特点如下：

（1）本桥设计为公轨层布置，钢箱梁宽度33.95m，高度4m，钢箱梁梁体刚度大，单位面积重量大，单节段重量大，需结合大型设备进行安装。

（2）顶推支墩最高高度为51m，吊装、顶推为高空作业，水流流速大，确保顶推施作业安全是本桥施工的难点，须加强现场安全防护措施的制定及落实。

（3）李家沱长江复线桥施工条件复杂，北岸顶推需跨成渝铁路，同时钢箱梁运输、吊装难度极大。

（4）本桥施工经历枯水和洪水两个季节，并且三峡蓄水对长江水位有较大影响，航运繁忙、钢箱梁的运输、施工作业与航运之间的矛盾较为突出，钢箱梁架设难度大，必要时需对相关运输航线进行疏浚处理。

（5）钢梁重量大，起重机的选型以及吊具的选择、顶推设备的选型及数量配备要保证施工安全。

（6）本桥钢箱梁具有部分板件较厚、箱梁截面大的特点，焊接材料的质量要求高，现场焊接工艺繁杂，质量控制要求高。

（7）本桥焊接工作量大，焊接工艺复杂，焊接质量及控制精度难度大，必须严格选择焊材料及焊接工艺须。

（8）钢箱梁吊装、顶推涉及钢箱梁的线型调整，起落梁的工序协调、顶推行程控制、第三方检测单位的指令指示等，需加强现场施工协调及质量管控。

（9）本桥工期紧，钢箱节段多，体量大，钢箱梁快速架设施工工艺难度大，安全风险高。需对提前谋划制定相关技术措施，并严格按照方案执行。

1.2 施工平面及立面布置

根据用地红线，结合施工方案，坚持合理用地、方便施工、避免干扰、确保文明施工和环境保护的原则，进行施工场地的平面布置。李家沱长江复线桥施工总平面布置示意图如图1-8所示。

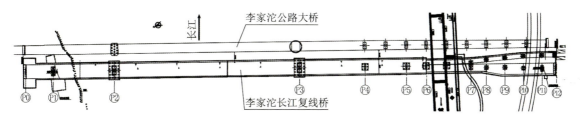

图1-8 李家沱长江复线桥施工总平面布置示意图

（1）施工栈桥

为保证汛期连续施工，在南岸及北岸均设置设置栈桥及平台，连接主桥和陆地，作为施工便道，栈桥顶高程分别为190.6m和192.5m，长分别为147m和457.8m，北岸及南岸钢栈桥及平布置示意图如图1-9～图1-12所示。

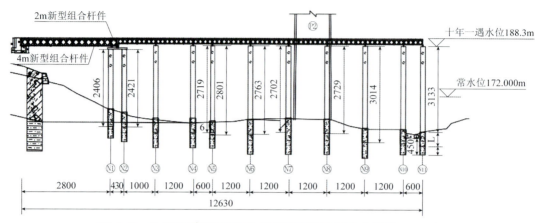

图1-9　北岸钢栈桥及平台立面布置图（尺寸单位：cm）

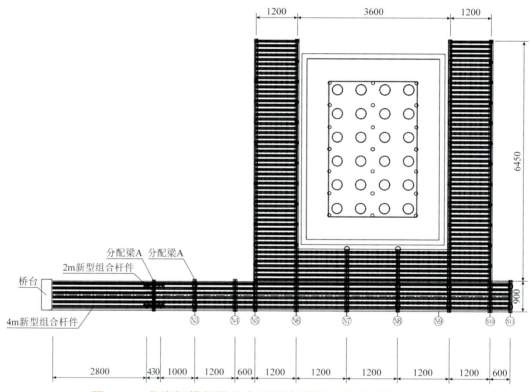

图1-10　北岸钢栈桥及平台平面布置图（尺寸单位：cm）

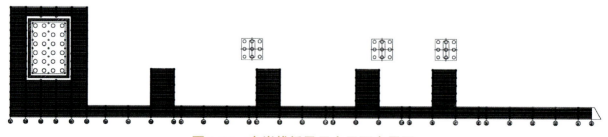

图1-11　南岸栈桥及平台平面布置图

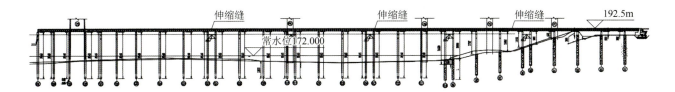

图 1-12　南岸栈桥及平台立面布置图

（2）顶推支架

为满足边跨钢箱梁顶推施工需设置顶推支架，通过在顶推支架上布置的顶推器配合钢导梁将钢箱梁顶推到位，北岸及南岸顶推支架立面、平面布置示意图如图 1-13 和图 1-14 所示。

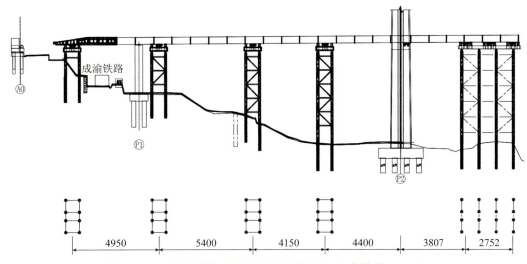

图 1-13　北岸顶推支架立面布置图（尺寸单位：cm）

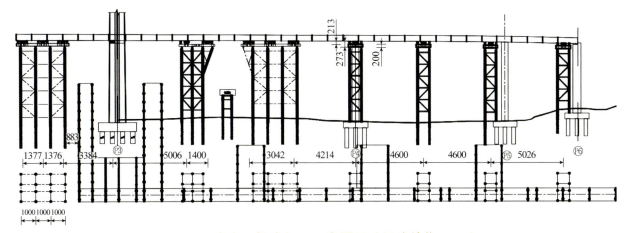

图 1-14　南岸顶推支架平面布置图（尺寸单位：cm）

1.3　周边环境条件

（1）李家沱长江复线桥位于老桥上游，新、老桥位置关系图如图 1-15 所示。

（2）经现场调查，李家沱复线桥周边地势较空旷，除李家沱老桥外，无其他建（构）

筑物，岸滩附近无地下及架空管线，施工条件较为良好。

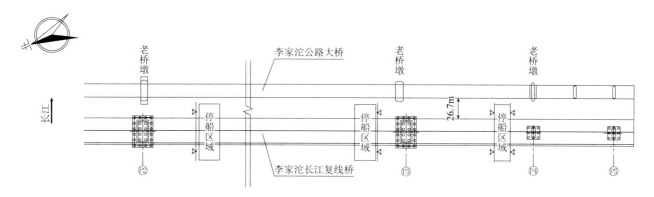

图 1-15　南岸顶推支架平面布置图

（3）李家沱长江复线桥上跨长江主航道，北岸 P2 主塔承台边缘距主航道边线 228m；南岸 P3 承台边缘距航道边线 105m，滑坡处治工程抗滑桩结构稳定，周边环境对施工安全影响较小。

（4）李家沱长江复线桥位处航道复杂，有多处礁石区域，且下游设置多处水坝，水运条件复杂，安全风险高，施工中物资运输中采用水上运前需加强与航运部门的沟通联系，确保航运安全。

（5）经与海事及航道部门沟通调查，结合施工图发现，北岸 P2 墩停船区域江底原地面高程平均为+161.5m，南岸 P3 墩停船区域江底原地面高程平均为+166m，P4 墩原地面由于前期筑岛施工，原地面平均在+174m，因此为了满足运梁条件，需要根据吊梁时段及水位条件对 P3、P4 墩停船区域及航运范围进行疏浚，保证运梁、就位条件。

（6）P4 辅助墩距离老桥距离为 32m，距离较近，在运输钢箱梁过程中需加强安全监控，依据特定航道行驶船舶，确保施工安全。

1.4　施工要求

1.4.1　质量目标

工程实体质量满足国家有关标准、规范、规定及设计文件要求，其施工过程或实体工程满足如下要求：

（1）各检验批、分项、分部工程质量检验合格率达到 100%，单位工程一次检验合格率 100%。

（2）在合理使用和正常维护条件下，桥梁工程结构的施工质量，满足设计使用寿命期内正常运营要求。

（3）杜绝工程质量等级事故。

1.4.2 安全目标

（1）杜绝死亡事故，杜绝重大机械设备、交通和火灾事故。

（2）减少轻伤事故。

（3）避免重伤事故。

（4）重大危险源得到有效控制或消除。

（5）企业负责人、项目经理和安全生产专职管理人员符合国家规定的上岗条件。

（6）特种作业人员符合上岗条件。

（7）工作环境、劳动防护符合规定，减少职业病的发生。

（8）施工前对施工人员进行技术交底和安全交底。

（9）坚持"安全第一、预防为主、综合治理的方针"，认真执行《危险性较大的分部分项工程安全管理规定》建质〔2018〕31号文件，提高施工现场安全生产和文明施工的管理水平，预防事故的发生，实现安全工作的标准化、规范化、制度化，根据国家有关法律、法规和规定，结合全省建设工程实际，实现安全生产零事故的目标。

1.4.3 工期目标

开始时间2021年11月10日，完成时间2022年4月1日。

1.5 技术保证条件

（1）编制安全专项施工方案，严格执行现行的规范、标准和规程，并严格按专项施工方案进行施工，在施工前认真进行技术及安全交底。

（2）施工过程中，项目部以项目总工领导的技术部门及相关部门对出现施工技术问题进行解决，并与设计、地勘保持良好联系，随时进行技术咨询或现场技术指导。

（3）采取平行组织，流水作业，科学合理安排主次施工顺序。

（4）根据基础的施工特点，结合其他工程项目施工经验，制定科学合理工艺流程，通过精细管理，提高主体施工质量，确保安全生产，并配置相应的人力、设备、材料资源。

（5）坚持专业化施工，安排经验丰富的专业化施工队伍。

（6）坚持高起点、高标准、高质量、高效率、严要求的标准化施工管理，强化工程施工质量。

（7）采用三级安全技术交底措施，保障施工管理人员和作业人员充分了解水上基础施工危险作业工序和正确施工方法，保证作业安全。

（8）按临时用电施工组织设计做好临时用电安装、调试。

1.6 风险辨识与分级

本工程易产生的事故类型有：高处坠落、物体打击、起重伤害、触电伤害、机械伤害、溺水伤害、火灾伤害、坍塌、中暑、爆炸、中毒窒息。

（1）钢梁吊装顶推施工中由于施工人员未系安全带、安全带佩戴不规范、钢梁临边防护不规范、吊装钢梁人员跟随钢梁一同吊装等导致的高处坠落伤害。

（2）钢梁吊装顶推或临时支撑钢结构安装过程中材料、小型工具和机具掉落引起的物体打击、起重伤害等安全风险。

（3）由于桥面起重机、汽车起重机、履带式起重机或塔式起重机等起重设备和相配套使用的钢丝绳、卸扣等工具发生故障或者破损、断裂引起的机械伤害、起重伤害、物体打击、高处坠落、坍塌等安全风险。

（4）由于钢梁环向焊接施工过程中，因搭设的梯道、操作平台或者安装操作平台的设施使用不当，造成高处坠落等安全风险。

（5）施工过程中临时用电不规范、用电设备或线路破损，导致的触电风险。

（6）焊接或者切割过程中，发生灼烫、爆炸等安全风险。

（7）由于结构设计不达标、施工质量不合格、顶推施工操作不当造成单个支架受力超过限制应力等因素造成的结构物坍塌安全风险。

（8）由于靠近江边施工、运输钢箱梁过程，人员及安全防护不到位，导致人员落水，出现淹溺安全风险。

（9）夏季高温作业产生灼烫、中暑等安全风险。

（10）施工用电不规范、焊接或切割导致的现场火灾等安全风险。

（11）运输船舶操作不当与既有结构进行碰撞导致的坍塌、倾覆事故。

（12）高空施工中遭遇雷暴导致的触电伤亡事故。

（13）两台塔式起重机的相互碰撞导致的伤亡以及塔式起重机与周围建（构）筑物的碰撞导致的伤亡。

（14）钢箱梁内腔内进行钢梁焊接时候通风不畅，导致有毒有害气息无法排出造成人员中毒窒息。

根据《城市轨道交通地下工程建设风险管理规范》（GB 50652—2011），采用LECD法进行风险识别，评估结果见表1-4。

1 工程概况

危险源风险评估标准及等级划分　　　　　表1-4

施工可能性（L）		暴露频率（E）		后果严重性（C）	
分数值	事故或危险情况发生可能性	分数值	暴露于危险环境的频率程度	分数值	发生事故产生的后果
10	完全可能预料	10	连续暴露	100	大灾难，许多人死亡
6	相当可能	6	每天工作时间暴露	40	灾难，数人死亡
3	可能，但不经常	3	每一次或偶然地暴露	15	非常严重，一人死亡
1	可能性小，完全意外	2	每月一次暴露	7	严重致残
0.5	很不可能，可以设想	1	每年几次暴露	3	一般伤害
0.2	极不可能	0.5	罕见暴露	1	轻微伤害
0.1	实际上不可能				

危险等级划分（D）			
分数值（D）	危险程度	危险等级	风险评价
>320	极其危险，不能继续作业	I	不可接受的风险
160~320	高度危险，要立即整改	II	
70~160	显著危险，需要整改	III	
20~70	一般危险，需要注意	IV	可接受的风险
<20	稍有危险，可以接受	V	
风险性分值（D）＝事故可能性（L）×暴露频率（E）×后果严重性（C）			
说明：根据计算所得的风险性分数值（D）的大小，进行风险等级划分，共分5级，级数越小，反映作业的风险性越严重			

李家沱长江复线桥钢箱梁吊装及顶推施工风险辨识与风险描述见表1-5。

李家沱长江复线桥钢箱梁吊装及顶推施工风险辨识与风险描述　　表1-5

序号	作业活动	安全隐患	危险、危害因素评价				危险等级	可能引起的事故	预控措施
			L	E	C	D			
1	材料与加工构件运输	1. 材料运输时，司机未正规操作，造成事故	1	6	7	42	IV	人员伤亡	司机必须正规操作，严禁疲劳作业、酒后作业
		2. 分块加工的成品运输时，未固定牢靠，导致滑落伤人	1	6	7	42	IV		平板车上材料使用钢丝绳固定牢固，运输前仔细检查
		3. 运输前未规划路线并提前探路，导致车辆倾覆	1	6	7	42	IV		提前将运输路线和路况规划好，防止出现事故
		4. 平板车上装运的材料超限，运行时损坏栈桥或便道，造成事故	1	6	7	42	IV		严格按照通行限载规定装运材料，禁止超载运输

续上表

序号	作业活动	安全隐患	危险、危害因素评价				危险等级	可能引起的事故	预控措施
			L	E	C	D			
1	材料与加工构件运输	5. 运输过程中，由于超载、超速、路况恶劣或固定不当等原因，导致材料滑落伤人	1	6	7	42	IV	人员伤亡	运输前检查确定司机按规驾驶、构件绑扎牢靠、路况符合运输要求
		6. 材料装卸时不按照顺寻进行，材料掉落砸伤人	1	6	7	42	IV		多个材料需要装卸时，应严格按照安全顺序，严禁胡乱抽取
2	起重吊装作业	1. 起重吊装时人员站立吊装区域或从吊物下行走	1	6	7	42	IV	人员伤亡、设备损坏	加强对现场作业人员安全教育，杜绝在起重吊装旋转臂下站立或行走
		2. 人员无证上岗、无证操作、违章指挥	1	6	7	42	IV		上岗培训制度，起重作业持证上岗
		3. 履带式起重机、汽车起重机或塔式起重机违反"十不吊"原则	1	6	7	42	IV		加强对起重机司机与司索工的安全教育，遵章守纪
		4. 起重吊装无安全限位等装置或安全装置失效	1	6	7	42	IV		进场前进行验收和试吊，并定期做维修保养
		5. 吊具、卡环、钢丝绳磨损、断丝超标	1	6	7	42	IV		班前进行检查，及时发现进行更换
		6. 起重吊装时固定不稳或基础承载力不够导致起重机倾覆	1	6	7	42	IV		履带吊、汽车起重机必须停在牢固可靠的基础上起吊作业
		7. 起重重量与作业半径超过允许范围，发生危险	1	6	7	42	IV		起重作业严格对起重机的吊重、吊高、吊幅进行复核，选择合适的起重机
3	施工临时用电	1. 施工现场未采用TN-S接零保护系统，实行"三相五线"制施工用电	1	6	15	90	III	触电事故	1. 编制临时用电方案；2. 严格执行施工临时用电规范；3. 做好各类电动机械和手持电动工具的接地或接零保护，防止发生漏电；4. 严禁执行"三相五线"和"一机、一闸、一漏"配置要求；5. 损坏元件实施进行更换；6. 电工必须每天检查、记录，上交给安质部
		2. 施工现场、钢筋加工厂电线架设、埋线不规范，不符合现场安全生产要求	1	6	15	90	III		
		3. 手提电动工具没有绝缘手柄	0.5	6	7	21	IV		
		4. 临时用电存在乱拉乱接，未遵守"一机、一闸、一漏"和"三相五线"配置	1	6	15	90	III		

续上表

序号	作业活动	安全隐患	危险、危害因素评价				危险等级	可能引起的事故	预控措施
			L	E	C	D			
3	施工临时用电	5. 电闸箱内元件损坏而引发漏电保护器失灵，发生触电事故不能在规定时间内起到保护作用	1	6	15	90	III	触电事故	1. 编制临时用电方案；2. 严格执行施工临时用电规范；3. 做好各类电动机械和手持电动工具的接地或接零保护，防止发生漏电；4. 严禁执行"三相五线"和"一机、一闸、一漏"配置要求；5. 损坏元件实施进行更换；6. 电工必须每天检查、记录，上交给安质部
		6. 电工经常不对临时用电设备设施进行检查	3	2	7	42	IV		
4	电焊、气焊作业	1. 小型机具设备老化、线路老化	3	6	1	18	V	人员伤亡、设备损坏、物资损坏	对电焊机等小型机具根据老化程度进行报废处理
		2. 焊接或切割点与气瓶或其他易燃易爆品安全距离不够	3	6	1	18	V		气瓶存放和使用到达安全距离
		3. 气瓶在高温天气无防护，导致温度过高，发生危险	3	6	1	18	V		将气瓶存在阴凉处，设置专门的防护棚
		4. 气瓶管路老化，压力表等保护装置损坏	3	6	1	18	V		定期对气瓶的管路和安全保护装置进行检查，及时更换
		5. 现场无消防设施或消防设施失效	3	6	1	18	V		在现场布置有效的消防设施
		6. 使用人员违规操作	3	6	1	18	V		进行班前教育，特种人员持证上岗
5	钢箱梁吊装	1. 在高处作业时未系安全带	3	6	15	270	II	人员伤亡	施工作业人员 2m 以上在高处作业必须系挂安全带
		2. 恶劣天气作业踩空、滑倒	3	6	15	270	II		高处作业时必须穿绝缘防滑鞋，对上下爬梯和临边安装栏杆
		3. 身体有隐疾的施工人员进行高处作业	3	6	15	270	II		高处作业人员确保无隐疾，身体健康
		4. 设备故障	1	6	3	18	V		操作人员应穿戴劳保用品，遵守操作规程，保持一定的安全距离

续上表

序号	作业活动	安全隐患	危险、危害因素评价				危险等级	可能引起的事故	预控措施
			L	E	C	D			
5	钢箱梁吊装	5. 不按操作规程使用机械	1	6	3	18	V	人员伤亡	不可随意压盖、拖拽电线，经常检修
		6. 设备电线破损或断裂，电路保护装置失效，导致人员触电	3	6	1	18	V		不可随意压盖、拖拽电线，经常检修
		7. 桥面起重机倾覆	1	1	100	100	III		施工前检查桥面起重机后锚点
		8. 水上作业未穿救生衣	1	6	1	42	IV		施工前对作业人员进行安全交底，水上作业必须穿救生衣
		9. 水上作业平台无水上救生器材	1	6	1	42	IV		根据水上作业区域合理设置水上救生器材
		10. 水上作业平台无防止溺水警示牌	1	6	1	42	IV		在施工现场及栈桥护栏设置防止溺水警示牌
6	钢箱梁顶推	1. 顶推设备故障	1	6	3	18	V	人员伤亡、设备损坏	定期对设备检查
		2. 不按操作规程使用机械	1	6	3	18	V		操作人员应穿戴劳保用品，遵守操作规程，保持一定的安全距离
		3. 设备电线破损或断裂，电路保护装置失效，导致人员触电	3	6	1	18	V		不可随意压盖、拖拽电线，经常检修
		4. 顶推支架坍塌	3	6	3	54	IV		施工过程中做好支架监控
7	不良天气	1. 未断电闭锁	3	1	7	21	IV	人员伤亡、物资损坏、设备损坏	不良天气无法进行施工的情况下，所有用电设备应该断电闭锁
		2. 高处落物	1	1	15	15	V		对于放置高处的材料和工具要及时清理
		3. 未穿救生衣	1	1	15	15	V		水上作业必须穿戴救生衣
8	其他	结构拆除违章操作	3	3	1	9	V	人员伤亡、支架坍塌	制定规章制度措施
		结构拆除无方案	1	3	40	120	III		严禁违章操作

李家沱长江复线桥钢箱梁吊装、顶推施工作业危险源分布表见表1-6。

李家沱长江复线桥钢箱梁吊装、顶推施工作业危险源分布表　　表 1-6

类别	施工类别	危险源分布	风险因素	分布场所
梁部	钢梁船舶运输	上部结构施工区	起重伤害、物体打击、淹溺、倾覆	吊装顶推施工区
	钢梁桥位修补涂漆	上部结构施工区	起重伤害、物体打击、高处坠落、中暑、触电、容器爆炸、淹溺	吊装顶推施工区
	钢梁吊装	上部结构施工区	物体打击、坍塌、倾覆、起重伤害、高处坠落、淹溺	吊装顶推施工区
	钢梁焊接	上部结构施工区	物体打击、中暑、窒息中毒、倾覆、坍塌、淹溺、火灾	吊装顶推施工区
	钢梁顶推	上部结构施工区	机械伤害、物体打击、坍塌、淹溺	吊装顶推施工区
	桥面起重机走行	上部结构施工区	高处坠落、倾覆、物体打击、淹溺	吊装顶推施工区
	施工设备拆除	上部结构施工区	机械伤害、触电、淹溺、高处坠落、物体打击	吊装顶推施工区

1.7 参建各方责任主体单位

建设单位：重庆轨道交通十八号线建设运营有限公司。

勘察、设计单位：林同棪国际工程咨询（中国）有限公司。

施工单位：中国铁建大桥工程局集团有限公司。

工程监理单位：重庆市建筑科学研究院有限公司。

2 编制依据

2.1 法律依据

2.1.1 法律法规

（1）《中华人民共和国安全生产法》；

（2）《中华人民共和国消防法》；

（3）《中华人民共和国建筑法》；

（4）《中华人民共和国特种设备安全法》；

（5）《中华人民共和国突发事件应对法》；

（6）《中华人民共和国职业病防治法》；

（7）《建设工程安全生产管理条例》（国务院令第393号）；

（8）《特种设备安全监察条例》（国务院令第373号）；

（9）《生产事故应急条例》（国务院令第708号）；

（10）《建设工程质量管理条例》（国务院令第279号）；

（11）《生产安全事故报告和调查处理条例》（国务院令第493号）；

（12）《生产经营单位安全培训规定》（总局令第3号）；

（13）《特种作业人员安全技术培训考核管理规定》（总局令第30号）；

（14）《安全生产培训管理办法》（总局令第44号）；

（15）《安全生产事故隐患排查治理暂定规定》（总局令第16号）；

（16）《安全生产事故应急预案管理办法》（总局令第88号）；

（17）《安全生产事故信息报告和处置办法》（总局令第21号）；

（18）《建设工程消防监督管理规定》（公安部令第106号）；

（19）《建设项目安全设施"三同时"监督管理办法》（总局令第36号）；

（20）《工贸企业有限空间作业安全管理与监督暂行规定》（总局令第59号）；

（21）《建筑起重机械安全监督管理规定》（建设部令第166号）；

（22）《建筑施工企业主要负责人、项目负责人和专职安全生产管理人员安全生产管理规定》（住房和城乡建设部令第17号）；

(23)《建筑施工特种作业人员管理规定》(建质〔2008〕5号);

(24)《城市轨道交通工程安全质量管理暂行办法》(建质〔2010〕5号);

(25)《实施工程建设强制性标准监督规定》(建设部第81号令);

(26)《建筑工程预防高处坠落事故若干规定》(建质〔2003〕82号);

(27)《建筑工程预防坍塌事故若干规定》(建质〔2003〕82号);

(28)《危险性较大的分部分项工程安全管理规定》(住房和城乡建设部令第37号);

(29)《住房城乡建设部办公厅关于实施危险性较大的分部分项工程安全管理规定有关问题的通知》(建办质〔2018〕31号);

(30)《危险性较大的分部分项工程专项施工方案编制指南》(建办质〔2021〕48号);

(31)《危险性较大分部分项工程安全管理细则(2019年版)》(渝建安发〔2019〕27号)。

2.1.2 设计标准及规范

(1)《工程结构通用规范》(GB 55001—2021);

(2)《工程结构可靠性设计统一标准》(GB 50153—2008);

(3)《建筑结构可靠性设计统一标准》(GB 50068—2018);

(4)《建筑结构荷载规范》(GB 50009—2012);

(5)《钢结构通用规范》(GB 55006—2021);

(6)《钢结构设计标准》(GB 50017—2017);

(7)《公路工程技术标准》(JTG B01—2014);

(8)《公路钢结构桥梁设计规范》(JTGD 64—2015);

(9)《公路桥涵设计通用规范》(JTG D60—2015);

(10)《城市桥梁设计规范》(CJJ 11—2011);

(11)《公路桥涵地基与基础设计规范》(JTG 3363—2019);

(12)《桥梁用结构钢》(GB/T 714—2015)。

2.1.3 施工及验收标准及规范

(1)《建设工程项目管理规范》(GB/T 50326—2017);

(2)《工程测量标准》(GB 50026—2020);

(3)《工程测量通用规范》(GB 55018—2021);

(4)《建筑物变形测量规范》(JGJ 8—2016);

(5)《城市轨道交通工程测量规范》(GB 50308—2017);

(6)《国家一、二等水准测量规范》(GB 12897—2006);

(7)《公路工程技术标准》(JTG B01—2014);

（8）《建筑与桥梁结构监测技术规范》(GB 50982—2014)；

（9）《钢结构工程施工规范》(GB 50755—2012)；

（10）《钢结构焊接规范》(GB 50661—2011)；

（11）《钢结构工程施工质量验收标准》(GB 50205—2020)；

（12）《公路桥涵施工技术规范》(JTG/T 3650—2020)；

（13）《铁路桥涵工程施工质量验收标准》(TB 10415—2018)；

（14）《城市桥梁工程施工与质量验收规范》(CJJ 2—2008)；

（15）《公路工程质量检验评定标准》(JTG F80-1—2017)；

（16）《预应力筋用锚具、夹具和连接器》(GB/T 14370—2015)；

（17）《桥梁工程防雷技术规范》(GB 31067—2014)；

（18）《公路桥梁钢结构防腐涂装技术条件》(JT/T 722—2008)（现行规范已更新为2023年版）；

（19）《铸钢件 超声检测 第一部分：一般用途铸钢件》(GB/T 7233.1—2009)（现行规范已更新为2023年版）；

（20）《铸钢铸铁磁粉检测》(GB/T 9444—2019)；

（21）《铁路钢桥制造规范》(Q/CR 9211—2015)；

（22）《重庆市城市桥梁工程施工质量验收规范》(DBJ 50-086—2016)；

（23）《城市轨道交通工程测量规范》(GB 50308—2017)；

（24）《钢结构高强度螺栓连接技术规程》(JGJ 82—2011)；

（25）《建筑工程施工质量验收统一标准》(GB 50300—2013)；

（26）《钢结构用高强度大六角头螺栓》(GB/T 1228—2006)；

（27）《铁路钢桥保护涂装及涂料供货技术条件》(Q/CR 730—2019)；

（28）《大跨度斜拉桥平行钢丝拉索》(JT/T 775—2016)。

2.1.4 施工安全规范

（1）《施工企业安全生产管理规范》(GB 50656—2011)；

（2）《建筑施工安全检查标准》(JGJ 59—2011)；

（3）《市政工程施工安全检查标准》(CJJ/T 275—2018)；

（4）《公路工程施工安全技术规范》(JTG-F 90—2015)；

（5）《建设工程施工现场供用电安全规范》(GB 50194—2014)；

（6）《建筑施工高处作业安全技术规范》(JGJ 80—2016)；

（7）《高处作业吊篮标准》(GB 19155—2017)；

（8）《建筑机械使用安全技术规程》（JGJ 33—2012）；

（9）《建筑施工起重吊装工程安全技术规范》（为 JGJ 276—2012）；

（10）《起重机械安全规程》（GB 6067—2010）；

（11）《建筑施工模板安全技术规范》（JGJ 162—2008）。

2.2 项目文件

（1）项目招标文件及工程承包合同文件；
（2）"重庆轨道交通 18 号线李家沱长江复线桥施工图设计文件"；
（3）本单位施工工法及施工工艺标准；
（4）勘察设计单位提供的地质、气象、水文资料；
（5）工程建设法律、法规和有关规定文件；
（6）本单位类似施工项目经验资料。

2.3 施工组织设计

已批复的"李家沱长江复线桥总体施工组织设计"。

3 施工计划

3.1 施工进度计划

北岸采用 1 处吊梁点（既 N5 临时支墩处单点顶推），南岸采用两处吊梁点（既 S1 和 S4 顶推支墩处双点顶推），其中北岸涉及 27 个梁段，S1 墩涉及到 15 个梁段，S4 墩涉及 18 个梁段，结合施工条件总结施工进度计划见表 3-1。

边跨钢梁吊装顶推施工进度计划表　　　表 3-1

部位		施工内容	进度指标	计划开始时间	计划完成时间	总工期
南北岸	钢箱梁	N5 墩吊装顶推	起始：1 节/15d 标准：1 节/6d	2021 年 11 月 10 日	2022 年 5 月 10 日	182
		S1 墩吊装顶推		2021 年 11 月 31 日	2022 年 3 月 10 日	
		S4 墩吊装顶推		2021 年 12 月 10 日	2022 年 4 月 1 日	

3.2 材料计划

（1）钢箱梁加工及现场施工主要涉及钢板及混凝土。具体材料详见表 3-2。

主体工程数量表　　　表 3-2

部位	型号	单位	钢箱梁	备注
混凝土	C25 素混凝土	m³	3878.3	
钢材	Q235B	kg	315.1	
	Q345qD	kg	20467491.1	
	Q420qD	kg	1349188.8	
	Q420qD-Z25	kg	1201061	
	不锈钢（06Cr18Ni11Ti）	kg	149357.4	
高强度螺栓	M24×80	套	52452	
涂装	钢结构外表面涂装	m²	37996.1	
	钢结构内表面涂装	m²	347911.5	

材料根据上部结构施工设计图与专业分包厂家签订合同，施工材料及加工组拼设备均由专业分包厂家采购。进场材料要求按照实际情况配套产品合格证、材质书及检验合格证，

项目驻场质检人员、驻场专业监理工程师对进场材料外观质量进行检查，并在监理见证下复检，主体材料合格后出具检测报告方可使用。

钢箱梁出厂前在厂家由第三方完成各项检查试验并涂刷底层漆，达到要求后方可运送至桥址处，现场施工安全防护材料见表3-3。

现场施工安全防护材料表　　　表3-3

序号	项目名称	单位	数量	备注
1	安全带	个	150	
2	安全帽	个	150	
3	安全网	m²	1000	
4	探照灯	个	10	探照灯
5	消防灭火器	支	40	
6	反光背心	件	150	
7	急救箱	个	10	
8	救生圈	个	20	
9	防坠器	套	50	

（2）本工程所需混凝土均采用商品混凝土。

3.3 劳动力计划

按照拟定的进度计划，陆续地组织施工人员进场，以满足施工的需要，现场拟定进场吊装人员、焊接作业人员、顶推施工人员等共计120人（表3-4）。

施工人员配备表　　　表3-4

序号	名称	数量	备注
1	钢梁运输人员	10	
2	吊装作业人员	30	
3	焊接作业人员	50	
4	顶推作业人员	30	

3.4 机械设备投入计划

本项工作设备投入较多，主要含施工设备、测量设备、检测设备、监控设备、交通运输设备等。对于检测和监控设备，我项目将委托给其他具有相关资质的单位检测，以保证本工程的施工需要。

根据本项工程的施工特点、工程量和工期要求，配备足够的施工机械、设备，并充分考虑设备的使用率因素，确保工程各项目在施工阶段中所需的设备均能得到充分的保障。

根据架梁施工要求及辅助性生产设施布设情况。主要机具采用的机械设备见表3-5。

施工主要机具设备表   表 3-5

序号	名称	型号	单位	数量	备注
1	塔式起重机	TC630-32	台	2	
2	塔式起重机	QTZ125	台	7	
3	施工电梯	SC200/200	部	8	
4	顶推器	单套顶升力720t	组	58	每套4个千斤顶组成
5	桥面起重机	单台吊重225t	台	6	每2台为一组，共3组
6	船舶	105×16.2×6.2m	艘	1	满载吃水5.3m
7		110×19.2×6.6m	艘	1	满载吃水5.3m

塔式起重机主要性能见表3-6。

塔式起重机主要性能表   表 3-6

ZQT125-10	幅度（m）	15	25	35	45	55	65
	吊重（t）	10	5.9	3.88	2.78	2.08	1.6
TC630-32	幅度（m）	15	25	30	35	40	45
	吊重（t）	32	29.29	23.57	19.56	16.59	14.3

顶推器主要性能见表3-7。

顶推器主要性能表   表 3-7

每组顶推器	竖向顶升		纵向顶进		横向顶进		备注
	顶升力	单次最大行程	顶升力	单次最大行程	顶升力	单次最大行程	
	720t	25cm	160t	35cm	80t	5cm	

桥面起重机主要性能见表3-8。

桥面起重机主要性能表   表 3-8

额定起吊能力	起吊高度	吊幅	起重机自重	备注
450t	65m	7.5～9.5m	200t	

4 施工工艺技术

4.1 技术参数

李家沱长江复线桥主梁边跨钢箱梁宽度为33.95m，梁高为4m；桥面采用正交异性板构造，其下部设置U形纵肋和板肋。主桥钢箱梁共分94个节段（含纵向压重段和合龙段），具体分段为：13.9m（纵向压重段，含46cm伸缩缝）+10.5m（锚固段）×19+11.6m（P2墩0号段）+10.5m×20（标准梁段）+（9.2×2+4.0）（合龙段）+10.5m×20（标准梁段）+11.6m（P3墩0号段）+10.5m×28（标准梁段）+13.7m（边跨合龙段，含71cm伸缩缝）=991.7m，钢箱梁最大重量407.9t（NA20）。

李家沱长江复线桥主梁边跨采用顶推方式施工。在北岸搭设5个顶推临时支墩，布设12组步履式顶推器，自P2主塔处N5顶推支架向边跨进行钢箱梁顶推施工，顶推距离287.5m，顶推重量共6868t；在南岸搭设7个顶推临时支墩，布设17组步履式顶推器，自P3主塔处S1及P4辅墩处S4顶推支墩向边跨进行钢箱梁双点顶推施工，顶推距离350m，顶推重量共8408t（含钢导梁）顶推到位后进行边跨合龙，合龙梁段为SA12。

边跨钢箱梁顶推施工需设置顶推支架，通过在顶推支架上布置的顶推器配合钢导梁将钢箱梁顶推到位。钢箱梁通过驳船运输至架梁起重机下方，利用布置于钢导梁或钢箱梁上的架梁起重机吊装梁段。钢箱梁吊装到位与其前方的钢箱梁焊接后顶推一个节间，如此往复完成边跨钢箱梁的顶推施工。

4.1.1 主要临时结构及施工设备如下：

1）顶推支架

在顶推过程中设置顶推支架作为钢箱梁中间支撑点，在北岸设置5个临时墩。临时墩高17.35~47.68m，在临时墩顶安装顶推设备（图4-1）。主塔处N5临时墩兼做导梁、桥面起重机和钢箱梁的拼装平台。

南岸设置7个顶推支架（图4-2）。临时墩高39.7~48.7m，在临时墩顶安装顶推设备（图4-3）。主塔处S1临时墩及S4临时墩兼做导梁、桥面起重机和钢箱梁的拼装平台。

停船吊点区域设置防护靠船钢管柱，其目的是为靠船及防护作用，防止在运梁过程对支墩造成碰撞。

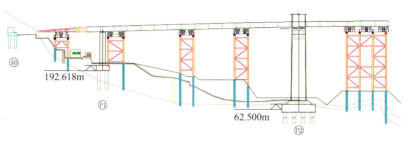

图 4-1 北岸顶推支架布置图

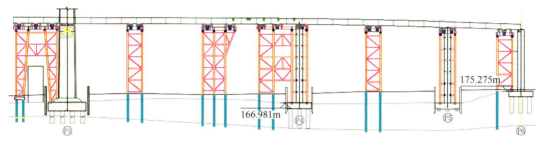

图 4-2 南岸顶推支架布置图

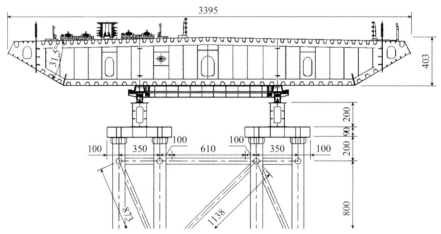

图 4-3 顶推支架标准横向布置（尺寸单位：cm）

2）钢导梁

标准导梁长 38m，重约 178t，纵向分为 5 节，横向为两根，在导梁前段 14m 范围内采用加强型截面，保证起重机站位，导梁与钢箱梁腹板连接。导梁相邻节段之间均采用高强螺栓连接。

导梁采用变高度工字形断面，梁高 1.5～4.2m，标准段梁宽 0.6，起重机底部范围宽 3.2m，顶、底板采用 20mm 厚度钢板，腹板采用 16mm 厚钢板，钢导梁结构示意图如图 4-4～图 4-7 所示。

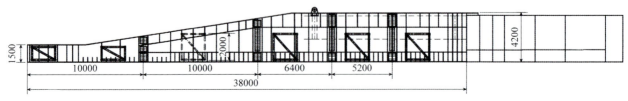

图 4-4 钢导梁结构立面示意图（尺寸单位：mm）

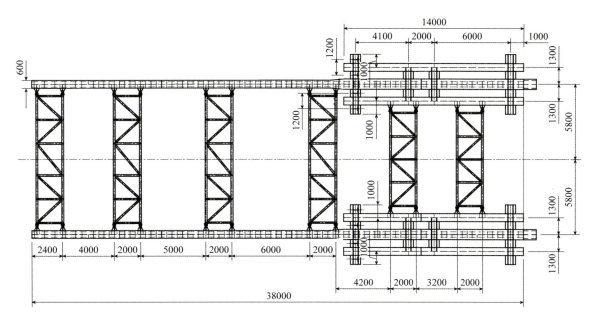

图 4-5 钢导梁结构平面示意图（尺寸单位：mm）

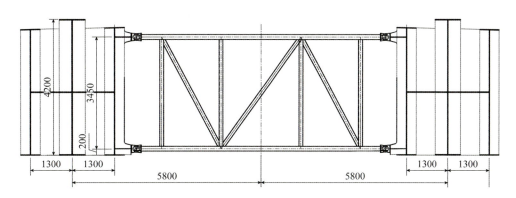

图 4-6 钢导梁断面示意图（起重机站位处，尺寸单位：mm）

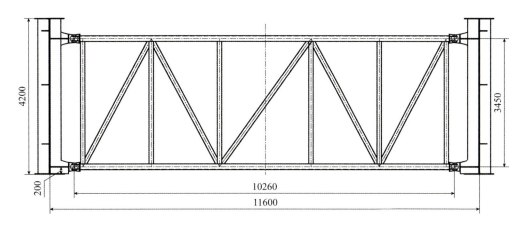

图 4-7 钢导梁断面示意图（尺寸单位：mm）

3）架梁起重机

起重机额定起吊能力为 2×225t，采用双机抬吊，起重机起吊高度 65m，吊幅 6.1m～8.7m，起重机自重约 100t。单台桥面起重机的起升系统为一个单独的系统，工作时可以单控，也可以联控，架梁起重机结构示意图如图 4-8 所示。

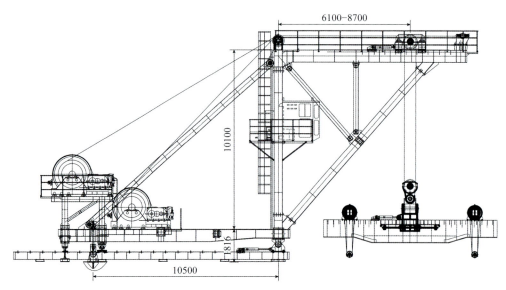

图 4-8　架梁起重机结构图（尺寸单位：mm）

（1）起升系统

起升系统安装在两片竖直平面桁架的上纵梁前端的中间部位，吊点能实现钢梁节段的起升、横移微调对位、纵横坡调整等功能。

整个起升系统共配有 2 台卷扬机作为起升动力，2 台卷扬机共用一条钢丝绳来实现单吊点，每台卷扬机单绳拉力达到 18.8t，8 倍率，合计 16 倍率，钢丝绳采用高强度不旋转钢丝绳，规格：32NAT35W×K7-1960，强度级别 1960MPa，破断拉力达到 847kN，起升系统缠绕图如图 4-9 所示。

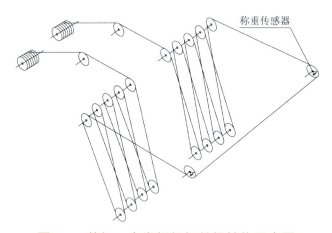

图 4-9　整机 2 台卷扬机钢丝绳缠绕示意图

变幅及横移机构控制着节段的纵向水平移动、横向水平移动、水平旋转三个自由度的动作。主要由变幅液压缸、横移液压缸、小车架、定滑轮组等构成。

动滑轮组在小车架上由横移液压缸推拉实现横移，小车架在桥面吊上纵梁上由变幅液压缸推拉实现纵移变幅。纵移变幅范围为 6.1～8.7m，变幅量为 2.6m，采用行程 0.65m 的变幅液压缸，能够实现吊装钢梁节段一次变幅到位的目标，不需要频繁拆装变幅液压缸固定座的安装位置。横移范围为±150mm。所有滑动副均采用 MGE 滑板和不锈钢钢有油润滑的方式，变幅及横移机构如图 4-10 所示。

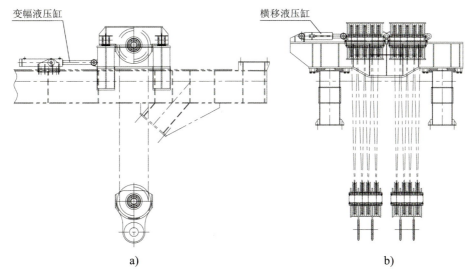

图 4-10　变幅及横移机构（单侧）

（2）吊具

吊具由动滑轮组、反勾座、纵坡调节液压缸、吊具主梁、分配梁、扁担梁、吊绳等组成，结构材料均为 Q355C，销轴采用 40Cr。整机共配置 1 套吊具，吊具结构示意图如图 4-11 所示。

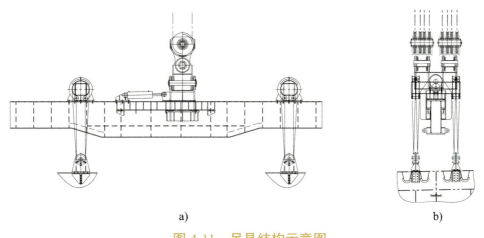

图 4-11　吊具结构示意图

吊具上面的两个分配梁左右能横移安装，通过位置调整可以实现吊装 10.5m 标准节和其他非标准节段。通过吊具主梁、分配滑轮组和吊绳将吊重均匀分配给 4 个节段吊耳。钢梁节段每组吊耳上预先安装好吊装滑轮，吊具上装配的吊绳往吊装滑轮上一套，安装好挡板，就可以起吊，采用此种方法吊装，对位方便且定位精度要求不是很高，而且稳定性好，承载能力强，采用吊绳起吊工人操作轻便，而且有效的抵消吊耳位置误差，连接、拆除方便。吊具上设置有 1 套调整液压缸，用于节段的纵坡调整，最大调整能力±4%。

在吊装合龙段时，吊具需要将动滑轮组、分配梁、扁担梁这三个部件通过拉板和销轴连接起来，不再需要吊具主梁，工作示意图如图 4-12 所示。

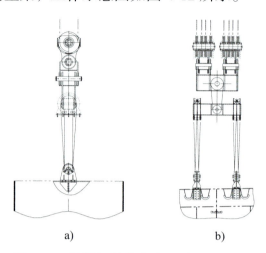

图 4-12　吊具吊装合龙段时的组合示意图

4）顶推器

根据每个顶推点顶推反力大小进行设备配置，如图 4-13 和图 4-14 所示。

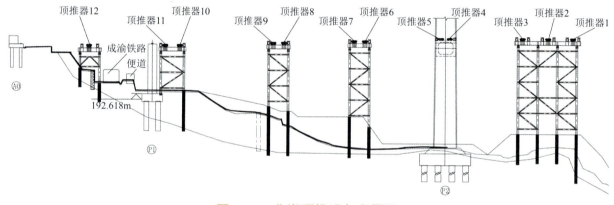

图 4-13　北岸顶推设备布置图

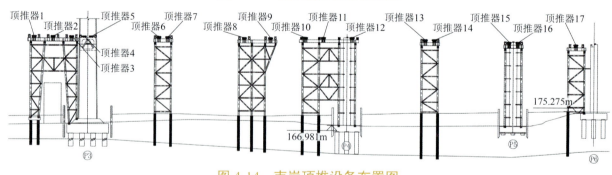

图 4-14　南岸顶推设备布置图

说明：设备储备系数均满足大于 1.25 要求。顶推器为步履式平移顶推器，布置三向千斤顶（图 4-15）。

（1）竖向千斤顶

4 台 180t 千斤顶，顶升力 720t，单次最大顶升行程 25cm。

4 施工工艺技术

（2）纵向千斤顶

2台80t千斤顶，最大顶推力80t，单次最大顶推行程35cm。

（3）横向千斤顶

每侧两台，共四台，最大横向调整力40t，单次调整行程5cm。

（4）步履式平移顶推器工作性能

竖向调节能力≤25cm；横向纠偏能力≤5cm；最大顶推速度为2m/h。

图 4-15　步履式千斤顶三维图

4.2 钢箱梁运输

4.2.1 运输线路

制造完成的钢箱梁采用船舶水路运输的方式，从靖江桥梁科技产业园码头通过大型起重船吊装装船运往施工地大桥桥址（图 4-16 和图 4-17）。

图 4-16　产业园运输码头　　　　图 4-17　钢箱梁起重船吊装示意图

船舶运输航线长江下游835km、长江中游626km、长江上游下段658km、长江上游上段181km，共计航程约2300km。

一个航次（去回）约需要25d，人为不可抗因素除外。

4.2.2 运输船的选择

李家沱长江大桥计94个钢箱梁梁段，标准节段尺寸宽度33.95m、高4m、长10.5m，单节段重量约 240t。本项目钢箱梁的运输采用 5000～9000 吨级的普通深舱船，船总长 90～110m，型宽 16～20m，型深 6.2m，空载吃水约 0.96m，满载吃水约 5.3m。

4.2.3 装船运输

采用液压平板车将钢箱梁段从存放区移运至码头预设好的支撑墩上，将大型起重船调整到吊装位置，钢箱梁吊起后移动起重船让出运输船的位置，再将运输船舶停靠到起重船让出的位置与码头固定好。再次调整起重船，将钢箱梁吊装到运输船舶设置好的墩位上，待钢箱梁落位好后将钢箱梁进行刚性连接固定，船舶驶离码头，水上运输流程如图 4-18 所示，钢箱梁吊装装船示意图如图 4-19 所示。

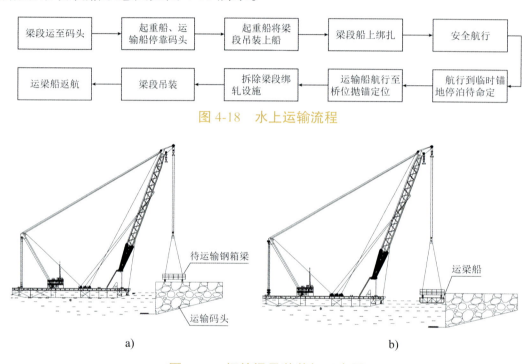

图 4-18　水上运输流程

图 4-19　钢箱梁吊装装船示意图

4.3　钢箱梁吊装及操作步骤

4.3.1　施工工况

梁段通过驳船运输至架梁点正下方，由架梁起重机取梁吊装，吊装之前先将起重机的吊具下放至船位处作为停船调整位置的导向，调整好角度后将船定位。钢箱梁顶面设置吊点，标准梁段吊点纵向间距 7m，横向间距 1.4m，每台起重机设置 4 个吊点，每片梁共 8 个吊点；起重机尾端设置后锚点，使起重机锚固在钢箱梁上，防止起重机在起吊钢箱梁时倾覆，起重机前支点与后锚点标准间距 10.5m，标准梁段后锚点与吊点共用，非标准梁段单独设置后锚点，锚点结构与吊点结构一致，吊点示意图如图 4-20 所示，吊耳布置示意图如图 4-21 所示。

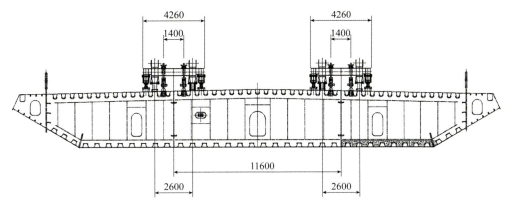

图 4-20 吊点示意图（尺寸单位：mm）

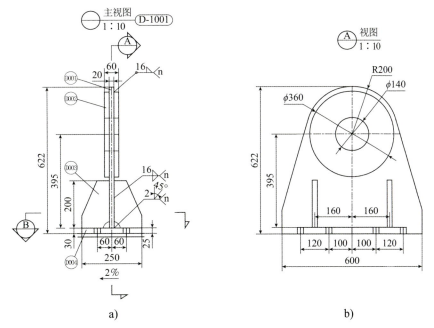

a)　　　　　　　　　　　　b)

图 4-21 吊耳布置结构图（尺寸单位：mm）

具体架梁起重机吊装各梁段的站位工况如图 4-22～图 4-28 所示。

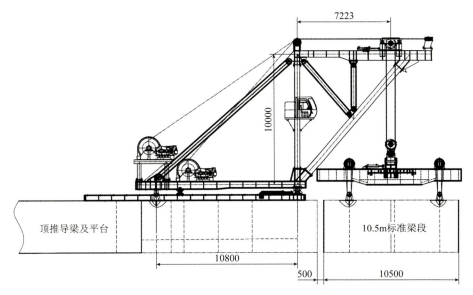

图 4-22 吊装标准梁端站位图（尺寸单位：mm）

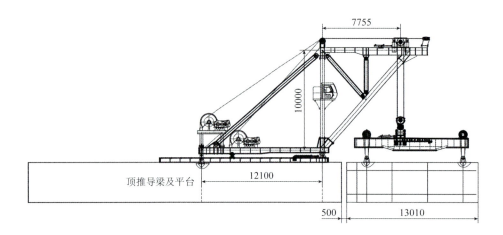

图 4-23　吊装 J 梁端站位图（尺寸单位：mm）

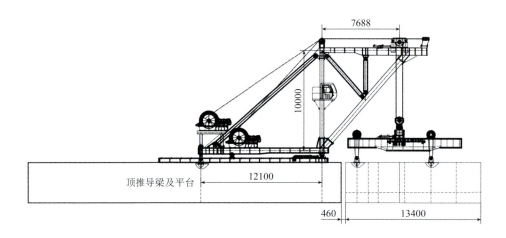

图 4-24　吊装 G 梁段站位图（尺寸单位：mm）

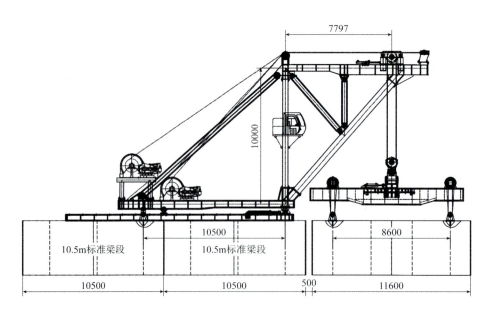

图 4-25　吊装 F 梁段站位图（尺寸单位：mm）

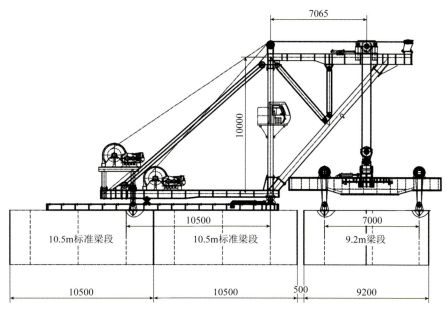

图 4-26 吊装 D 梁段站位图（尺寸单位：mm）

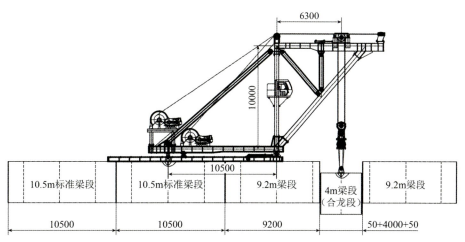

图 4-27 吊装合龙段站位图（尺寸单位：mm）

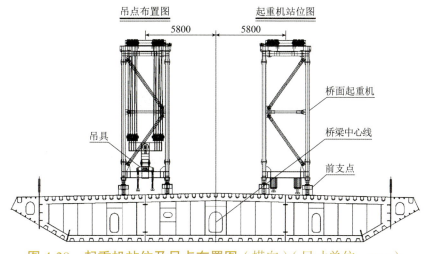

图 4-28 起重机站位及吊点布置图（横向）（尺寸单位：mm）

根据各起重机各站位及吊重，计算得到起重机前后支腿反力见表 4-1。

起重机支腿反力 表 4-1

序号	吊装工况	起重机支反力（t）		备注
		前支腿	后支腿	
1	锚在钢导梁上吊装 G 梁段	229×2	−76×2	
2	锚在 G 节段上吊装 NA19	160.9×2	−46×2	
3	吊装 A1、A1′、A3、C、H 和 I 节段；其中 H 节段重点考虑。	236.3×2	−78.8×2	
4	锚在 B 节段吊 F 节段	213.5×2	−71.6×2	
5	锚在 F 节段吊 B 节段	153.2×2	−41×2	
6	锚在 F 节段吊 A3 节段	171.1×2	−54×2	
7	吊装中跨 10.5m 节段（包含 A3、A2 和 A1 节段）	173.5×2	−56.4×2	

4.3.2 钢箱梁试吊

1）一般要求

（1）起重机安装在导梁上，安装必须满足拼装要求，严格控制误差范围，根据起重机试验前检查检验验收。

（2）现场试验的主要场地在钢导梁上，以吊装 G 梁段作为试吊，梁段顶放置堆载型材，保证达到 2×225t 材料重量；试验时起重机的吊幅为 7.69m。

（3）试验前，对临时支架及导梁进行全面的检查，临时支架及导梁的焊缝与设计图纸对照检查，焊缝大小不得小于设计值；对照设计图纸检查螺栓等连接件情况，螺栓数量及直径必须与设计图纸一致，并确保每个螺栓已拧紧。

（4）试验前，确认导梁上的压重块安装就位；复核压重块能否满足试验要求，且必须保证 1.5 以上的抗倾覆安全系数。

（5）试验场地作业范围之内需进行清理，不得有障碍物（包括空中），试验场地以上无障碍物。

（6）现场环境不得有易燃、易爆及腐蚀性气体，场地周围应当设置安全警戒线和警示标志，试验场内有安全保证措施。

（7）做荷载试验时，前支点下方的钢垫板须安装好，按设计图纸按照后锚固点系统。

（8）试验荷载必须在起重机的吊距范围内（吊重物放置在起重天车的正下方）。

2）安全要求

（1）起重机的卷扬机都通过生产厂家的重载试验合格。

（2）起重机装有重量限制器，综合误差为 5%。当起重量达到额定起重量的 90%时，发出提示性报警信号；当起重量达到额定重量时，限动并切断向危险方向的动作，同时发出声光报警信号。

（3）起重机设有风速报警仪，报警仪在风速超过 13.8m/s（六级风）时报警。

（4）起重机各卷扬机设有双制动器并调试合格。

（5）起重机设有电气过、欠压保护和过流保护，电气柜及外部操作部位应装有急停按钮。

（6）起重机设有各机构动作联锁安全装置。

3）试验操作注意事项

（1）试验时风力不大于 6 级，雷雨天应停止作业。

（2）试验工作应尽可能避免夜间作业，如夜间作业时，试验场地必须有足够的照明。

（3）起重司机必须选拔技术熟练的司机操作，司机上岗前应对本起重机性能进行了解。指挥人员必须指定专人担任，试验前指挥人员应与司机统一信号。指挥信号明确，哨音响亮、手势规范。

（4）操作司机应执行起重作业安全技术操作规程。

（5）试验前应对全体参加试验人员进行技术安全交底和培训，并简要阐述应急预案。

（6）所有试验作业人员和在试验作业区域的人员，必须佩戴安全帽、防滑鞋，着装正确。

（7）试验前，装载配重时，配重物应在钢箱梁上放置稳妥，配重物的重心位置应处于四个吊点的交叉点附近。

（8）试验过程中，随时监测并记录试验基础的沉降或变形，后锚固点的锚固情况，有情况及时汇报。

（9）试验过程中，所有参与人员应随时注意各部位的异常情况，并及时和现场技术人员联系，试验前应事先做好应急措施，以确保整个试验工作顺利进行。

（10）起升试验时，吊重物脱离地面 300mm 后，通过调试吊具纵移液压缸，直至配重物重心与起升动滑轮组中心一致（即钢箱梁底面与地面平行），方可继续做起升试验。

（11）在完成每一种试验时，所有紧固件需重新检查拧紧。

4.3.3 吊梁操作步骤

（1）待钢箱梁运至桥下对应位置附近，下放吊具至桥下，微调船位；用拉板连接吊具与钢箱梁，并穿上销轴。

（2）吊起钢箱梁约 200mm，使钢箱梁脱离甲板。

（3）用液压操作手柄来调节吊具分配梁上的调整液压缸，将钢箱梁重心调至平衡状态。

（4）按额定起升速度起升至大致的设计高度，再用低速档点动调整梁段高度；再调节天车上的纵横移液压缸，使钢箱梁纵横向位置精确对位。

（5）进行钢箱梁的环焊缝焊接。

4.3.4 走行操作步骤

起重机走行方式为步履式走行,分别利用液压缸的推力和拉力向前移动起重机和轨道。

(1)操作天车纵移液压缸,将天车拉回至最小工作幅度。

(2)通过顶升支腿上的顶升液压缸,将整机(轨道除外)顶起至脱离轨道约 50mm。

(3)缩回行走液压缸,拉着轨道行走 1m;再拔掉液压缸与轨道之间的连接销轴,伸出行走液压缸,用销轴连接行走液压缸与轨道的另一个销孔,再次缩回行走液压缸,拉着轨道行走 1m。反复以上操作,将轨道往前拉 5m。

(4)缩回顶升液压缸,使起重机落在轨道上,反复操作行走液压缸对起重机进行步履式顶推,使起重机向前行走 5m。

(5)根据工况需要,重复步骤 3 和步骤 4,使起重机行走至下一吊点位置。

(6)行走到位后,及时对起重机进行锚固。

4.4 钢箱梁桥位施工

钢箱梁的桥位拼装与栓焊(工地连接)系指钢箱梁吊装就位后,在形成整体钢箱梁过程中完成的焊接、栓接及相关作业。主要包括钢箱梁节段间环口处顶、底、腹板的对接及底板 U 肋嵌补件的焊接、顶板 U 肋的栓接及补涂装最后一道面漆等工作。具体流程如图 4-29 所示。

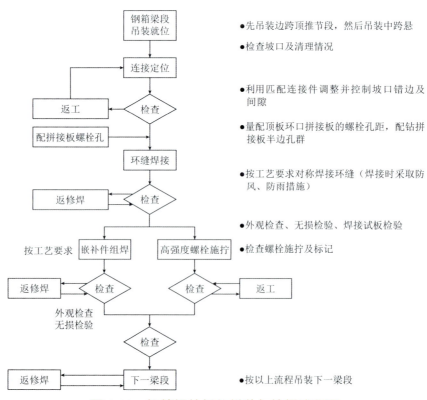

图 4-29 钢箱梁的桥位拼装与栓焊流程图

4.4.1 桥位施工准备

（1）根据桥位焊接工程总量和施工进度要求，在每一吊装焊接作业面配置容量为200kVA 的焊接电源。

（2）施工前安装、调试好配电设备、焊接设备、通风排尘设备、CO_2 焊所需防风棚架、除锈机具、气刨工具、火焰切割工具、防水防潮设备、焊接材料烘干箱，并设立专职维护管理人员。

（3）施工前安装好工作平台，工作平台安装在顶推支架上，操作平台示意图如图 4-30 所示。

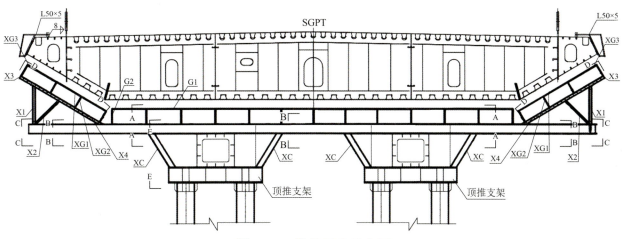

图 4-30　操作平台示意图

（4）提前采购好施工所用焊接材料并做好复验工作。

（5）建立健全桥位施工岗位责任制度、安全制度、供电制度、通风排尘制度等规章制度，在桥位设置用电安全告示及用电安全设施。将各种制度落实到责任人，保证施工安全。

4.4.2 调整就位

（1）精密设置测量监控点，全面控制成桥线形。

梁段匹配制作时，在钢箱梁顶板上好桥位安装测量控制点（图 4-31），作为梁段桥位安装时高程、里程及桥轴线偏差的监测点，采用全站仪等测量工具来确定各点的位置，从而控制钢箱梁的成桥线形，由于顶推设备的千斤顶为三相千斤顶，可用于调整钢箱梁整体的高程及平面位置，钢箱梁吊装过程中焊接之前通过第三方监控单位给予的指令用桥面起重机调整钢箱梁衔接线形。

（2）梁段吊装就位后，调整线形，在检测点的桥梁高程达到设计精度要求后，连接临时连接件，

图 4-31　监测点布置示意图

检查箱口对接偏差，控制梁段安装间隙，钢梁对接匹配件示意图如图 4-32 所示。

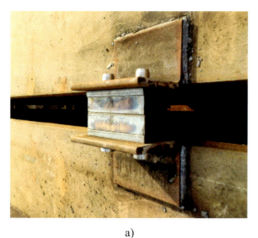
a)

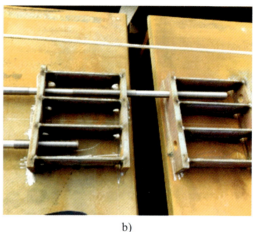
b)

图 4-32 钢梁对接匹配件示意图

4.4.3 桥位焊接

施工前对桥位焊接进行焊接工艺评定，总结经验，获取相关参数。同时电焊工均需持证上岗，并对作业人员进行桥位焊接质量考评，合格后方可施工作业。

桥位节段间为栓接和焊接结合方式连接，其中顶板 U 肋为栓接连接，其余顶、底、纵腹板及风嘴等均为焊接连接，桥位焊接需严格按照"钢箱梁桥位焊接工艺规程"中相关要求执行。

1）一般要求

（1）工地焊接质量是全桥的关键，而制作加工与安装更是基础，必须确保工程质量。制作加工单位应与安装单位密切配合共同完成钢结构安装架设任务，并将安装公差调整在设计允许的范围之内。

（2）在节段制作加工时必须根据预先工艺评定的参数，预留一定的变形量和收缩量，确保结构"三维"尺寸及精度，防止钢结构出现难以拼装或无法合龙的现象。

（3）根据本桥钢箱梁构造和施工上的特点，提前进行工地焊接工艺试验评定，取得重要参数和经验，并经业主、监理、设计和专家组审查、批准后方可实施。实施工地焊接工艺必须严格，不可任意修改。

（4）工地焊接必须采取措施对母材焊接部位进行有效的保护，配置合适的防风、防潮设备和预热去潮的设施，在符合工艺的条件下，方可进行焊接。严禁在无任何防护措施下，在雨、雪天及母材表面潮湿或大风天气进行露天焊接。

（5）工地焊接环境条件：风力 < 5 级（施焊部位），温度 ≥ 5℃，湿度 ≤ 80%。

（6）工地现场施焊前，检查对接钢结构节段接头焊口状况。其中包括接头坡口角度间隙尺寸、错边等是否符合要求。

（7）对接接头焊缝两侧 50mm 范围内用钢丝砂轮除锈、清理表面。

（8）清理接头后，一般应在 24h 之内完成焊接，以防接头再次生锈或被污染。

（9）对焊缝母材实施预热，预热范围为焊缝中心两侧各 100mm。

（10）如定位焊缝出现裂缝或其他严重缺陷时，缺陷清除后再行焊接。

（11）为减少因焊接而产生的附加应力、焊缝残余应力及边缘材料局部应力，消除或减少构件不规则变形。对各类钢结构工地焊接顺序作出严格规定并切实执行。

（12）各类构件节段施焊顺序对称于桥轴线，并对称于构件自身的对称轴，均匀、对称、同步协调地实施。

（13）对各类加劲连接的补偿段，可在接头环缝施焊后，再予以实施焊接。

（14）高空作业防风防雨：节段间环缝在焊接过程中必须采取有效的防风措施使整体焊缝处于保护状态下焊接以免影响 CO_2 保护气体保护效果。针对本桥的结构特点环口采用在支架护栏上围上帆布（或彩条布）使焊接区域形成相对封闭的空间，对焊缝进行保护。防风棚根据现场的实际情况采用钢筋或型材搭设，大小以覆盖整条焊缝及满足人的焊接为宜，焊接操作示意图如图 4-33 所示。

图 4-33 焊接操作示意图

（15）高空作业施工安全

①电焊机安设在干燥、通风良好的地点，周围严禁存放易燃、易爆物品。电焊机设置单独的开关箱，高空作业时穿好戴防护用品，系好安全带，施焊完毕，拉闸上锁。遇雨雪天，停止露天作业。

②在潮湿地点工作，电焊机放在木板上，操作人员站在绝缘胶板或木板上操作，并减少和钢构件的接触。

③严禁在无防坠落措施的位置施焊。焊接带电设备时，必须先切断电源。

④在高空作业施焊时，必须开设安全网、固定在结构上的脚踏板，钢结构上的照明电压不得超过 36V。焊工身体应用绝缘材料与结构隔离开。

⑤地线不得在搭易燃、易爆和带有热源的物品上，接地线不可连在建筑金属构件上。

⑥高空焊接，必须系好安全带。焊接周围应备有消防设备。

⑦电弧焊烧焊现场的 1m 范围内，不得堆放氧气瓶、乙炔瓶、木材等易燃物。

⑧高处焊接事先要检查脚手架是否牢固，在 2m 以上高度作业时，作业人员必须配备和正确使用安全带和安全绳。

⑨在钢梁上焊接、补焊和气刨作业时，派瞭望员进行警戒，监控施工下方人员及设备，

确认安全后方可作业。

⑩在高处焊接作业时，剩下的焊条头、焊渣不许向下乱扔，应集中存放在焊条筒内。

⑪遇雨雪天气或六级以上大风天气，应停止高空作业。

⑫采用CO_2气体保护焊接时，要严格遵守操作工艺，装有液态CO_2气瓶，不得放在阳光下暴晒、火烤和猛烈撞击，以防爆炸，使用时应放在安全妥善位置。

⑬半封闭棚内施工时要设置良好的通风设备，保证节段内通风，施焊人员要穿着阻燃工作服和绝缘鞋，佩戴防护罩和长臂手套。

⑭悬空作业处应有牢靠的立足处，并必须视具体情况、配置防护网、栏杆或其他安全设施。悬空作业所用的索具、脚手板、吊篮、吊笼、平台等设备，均需经过技术鉴定或检验方可使用。

⑮在钢结构吊装时，为防止人员、物料和工具坠落或飞出造成安全事故，需铺设安全网，吊装过程中构件上及构件附近严禁焊接作业。

⑯施工用的电焊机械和设备均须接地，绝对不允许使用破损的电线和电缆，严防设备漏电，施工用的电焊机械、设备和机械的电缆，须集中在一起，并随施工高度而逐节升高。

2）焊接顺序及焊接方法

钢箱梁节段接口焊缝焊接方向及焊接顺序如图4-34所示，图中序号表示焊接顺序，箭头指向表示焊接方向。劲板嵌补段在顶、底板及斜底板、腹板等对接焊缝无损检测合格后方可进行组焊。嵌补段焊接必须在下个接口环缝焊接完成之前进行。

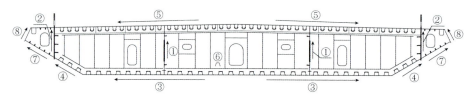

图4-34 钢箱梁断面焊接方向及焊接顺序示意图

（1）从下往上对称焊接钢箱梁中间腹板对接焊缝①；

（2）从下往上对称焊接钢箱梁边腹板对接焊缝②；

（3）从中间往边对称焊接钢箱梁底板对接焊缝③；

（4）对称焊接钢箱梁斜底板对接焊缝④；

（5）从中间往两边对称焊接顶板对接焊缝⑤；

（6）焊接底板U肋嵌补段焊缝⑥；

（7）焊接风嘴处焊缝⑦⑧；

3）焊缝检验

（1）焊缝及产品试板的各项力学性能指标必须满足设计及相关规范要求。

（2）焊缝的外观质量和内部质量满足《钢结构工程施工规范》（GB 50755—2012）要求，不得有裂纹、未熔合、焊瘤、夹渣、未填满弧坑等缺陷。

（3）工地连接焊缝的无损检测位置及比例需满足建造验收规则要求。

（4）不合格焊缝返修的次数不宜多于2次，焊缝返修应编制返修方案报监理工程师同意后方可进行，若第二次返修后仍不合格，焊缝返修方案经项目总工批准，并报监理工程师同意后方可进行第三次返修。经返修的焊缝应随即打磨匀顺，并按原质量要求复检，焊缝缺陷修补办法按表4-2执行。

焊缝缺陷修补办法　　　　表4-2

缺陷种类	修补办法
切除临时连接板时留下的缺陷	伤及钢材表面深度大于0.1mm且小于1mm的缺陷应用砂轮磨平；深度超过1mm时，手工补焊后用砂轮修磨平顺
咬边	深度小于0.5mm的用砂轮磨顺； 深度大于0.5mm的手工补焊后用砂轮修磨匀顺
焊缝裂纹或热影响区裂纹	应查明原因，用碳弧气刨清除缺陷，提出防止措施。返修焊预热100～150℃，用原焊接方法进行返修焊（焊缝长度小于200mm可用手工焊）
气孔、夹渣、未熔透、凹坑等缺陷	用碳弧气刨清除缺陷，手工焊返修，预热50～100℃，焊后磨顺
自动焊、半自动焊起弧或落弧的凹坑	如要继续施焊或补焊时，必须将原来弧坑部分或被清除部位的焊缝两端刨成不陡于1:5的斜坡，再继续焊接

4.4.4 高强度螺栓施拧及检验

1）一般要求

（1）本桥所使用的高强度螺栓连接副应符合《钢结构用高强度大六角头螺栓》（GB/T 1228—2006）的规定，并应保证扭矩系数合格。高强度螺栓连接副到货后应及时复验，复验批次、数量及检验项目应符合相关标准的规定，合格的产品方许使用。

（2）高强度螺栓连接副的紧固采用扭矩法，施拧工具为扭矩扳手或电动扳手。

（3）高强度螺栓连接副必须按批号配套发运和使用，必须有出厂质量保证书，不得改变螺栓的出厂状态。

（4）高强度螺栓连接副不得重复使用。

（5）雨雪天气不得进行螺栓施拧作业。雨雪后施工，应保证栓接板面干燥。

（6）每套螺栓为一根螺杆、一个螺母、两个垫圈，并应配套使用。

2）高强度螺栓连接副和构件栓接面的保护、保管

（1）高强度螺栓连接副在搬运过程中，应轻装、轻卸、防止损伤。按工厂标明的批号、规格分类保管，室内架空存放，严禁露天存放。

（2）高强度螺栓连接副在保管期内不得任意开箱，防止生锈和沾染脏物，使用中应做到按照使用的数量进行开箱和领取。

（3）在吊装运输、存放过程中，应防止栓接面沾染脏物和油污。

（4）栓接面和拼接板涂装前应去除毛刺、飞边，确保栓接面平整。

3）栓接摩擦面的处理

（1）高强度螺栓栓接面应平整，无焊接、热切割飞溅物、无加工飞刺、无油污。

（2）栓接面处理采用喷砂后喷涂防滑涂料处理。

（3）随梁提供抗滑移系数试件。施工前必须进行随梁抗滑移系数试验。抗滑移系数试件应与梁段同工艺、同批制造，并在相同条件下运输、存放。抗滑移系数试件按25个环口为一批，每批制作6组（厂内和桥上各3组）；

（4）抗滑移系数试验方法应符合现行《铁路钢桥栓接面抗滑移系数实验方法》（TB/T 2137）的规定。出厂时高强度螺栓栓合面抗滑移系数不低于0.55，梁段安装前的复验值不得小于0.45。出厂时抗滑移系数试验报告应报送监理工程师备查。

4）施工前准备

（1）对本桥所用高强度螺栓应做扭矩系数复验，按工厂出厂的批号每批螺栓随机抽取8套，按施工条件测取扭矩系数，扭矩系数平均值应在0.110~0.150范围内，其标准偏差应不大于0.010，同时应记录测试环境温度等相关数据。

（2）栓接前应除去构件上的毛刺、飞边，并用铜丝刷或干净棉丝清除栓接面和栓孔内的脏物。对沾有油污处，应用汽油或丙酮擦净。

（3）对于损伤严重的栓接板面，应按相应的涂装工艺重新处理。

5）施工扳手的标定与校正

（1）标定扳手应具有检定合格证。

（2）使用前必须对扭矩扳手进行标定和校正，未经标定合格的扳手不得使用，扭矩扳手应编号使用，防止混淆。

（3）使用过程中，扭矩扳手每班操作前必须标定一次，其扭矩误差不得大于使用扭矩的±5%。

（4）在收工后扳手复验时，若发现扭矩超差，则该扳手紧固的螺栓全部用检查扳手检查，不合格的螺栓应作如下处理：

①对于初拧不合格的，可在扳手校正后重新初拧。

②对于终拧，应补拧欠拧的螺栓，更换超拧螺栓并重新终拧。

（5）扭矩扳手标定应作好记录。

6）高强度螺栓连接副的安装

（1）安装时，严禁强行穿入高强度螺栓，严禁磕碰螺纹。

（2）不得用高强度螺栓兼做临时螺栓，防止损伤螺纹引起扭矩系数的变化。

（3）螺栓穿入方向应符合图纸规定，高强度螺栓穿入方向应全桥一致。

（4）在构件位置调整正确后，按图纸要求的规格穿入高强度螺栓，穿入螺栓时注意在螺栓头一侧和螺母一侧各配置垫圈一个，垫圈有内倒角的一侧必须朝向螺栓头和螺母支承面（均朝向板束外侧）。穿入的螺栓可用短臂扳手预紧。

（5）高强度螺栓紧固分初拧、终拧两步进行，紧固时应从中间向两端对称施拧。

（6）初拧、终拧应在同一工作日完成。

（7）紧固螺栓副时（紧固螺栓副应从孔群中间部分向边缘进行），应通过螺母施加扭矩。施力应连续、平稳，保证螺杆和垫圈不得随螺母一起转动，若垫圈发生转动，应更换螺栓重新施拧。

（8）初拧扭矩宜为终拧扭矩的50%。

（9）初拧后应用白漆标明螺栓与螺母、垫圈与钢板间的相对位置，经初拧检查合格后方许终拧。

（10）每批高强度螺栓连接副的终拧扭矩由下式计算确定：

$$T_C = K \times D \times P_C \tag{4-1}$$

式中：T_C——终拧扭矩（N·m）；

K——扭矩系数平均值，由试验确定；

D——螺栓直径（mm）；

P_C——施工预拉力（kN）。

M24高强度螺栓预拉力230kN。

（11）终拧完成后，用红色油漆及时做标记，但不得覆盖初拧标记。

（12）终拧时要作好每把扳手的施工记录。

7）质量检查

（1）高强度螺栓连接副施工质量应有专职质量检查员进行检查。

（2）检查扳手在使用前必须进行检定，其扭矩误差不得大于检查扭矩的±3%。

（3）初拧检查

①检查螺栓规格、安装是否正确，板层密贴程度。

②用质量0.3kg小锤敲击螺母检查螺栓是否漏拧。

③检查范围为全部初拧螺栓。

（4）终拧检查

①对全部终拧后的高强度螺栓连接副检查初拧后的油漆标记是否发生错动，以判断终拧时有无漏拧。

②终拧扭矩检查应在终拧后 4～24h 内完成。

③检查终拧扭矩的方法优先选用紧扣法：即先将被检螺栓副划线作标记，然后将螺母拧松约 30°，再用检查扳手把螺母拧到原来位置，记录此时的扭矩值。若该扭矩值在 0.9～1.1TCh 范围内，则为合格，否则不合格。检查扭矩由下式计算确定：

$$T_{Ch} = K \times D \times P \tag{4-2}$$

式中：T_{Ch}——检查扭矩（N·m）；

K——扭矩系数平均值，由试验确定；

D——螺栓直径（mm）；

P——设计预拉力（kN）。

（5）对每螺栓群高强度螺栓连接副总数的 5%，但不少于 2 套进行终拧扭矩检查，每个栓群检查的螺栓，其不合格者不得超过抽检总数的 20%，如超过，应继续抽查直至累计总数 80%的合格率为止。

（6）抽检不合格的螺栓，要区别对待：对欠拧者补拧，超拧者更换螺栓重拧。

（7）终拧检查合格的螺栓，应按规定做标记，并在螺栓、螺母、垫圈的外漏部分立即涂上油漆。

4.4.5 桥位涂装

钢箱梁防腐涂装体系见表 4-3。

主桥钢箱梁防腐涂装体系　　　　表 4-3

防腐方案	涂层	涂料品种	道数/干膜厚度（μm）
钢箱梁外表面暴露于大气的部分	除锈等级、表面粗糙度		Sa2.5（Rz50～80）
	底漆	无机富锌底漆	2/40
	封闭漆	环氧封闭漆漆	1/30
	中间漆	环氧云铁中间漆	2/60
	面漆（第一道、厂内）	丙烯酸脂肪族聚氨酯面漆	1/40
	面漆（第二道、桥位）	丙烯酸脂肪族聚氨酯面漆	1/40
	总干膜厚度		310
钢箱梁密封区域的内表面	除锈等级、表面粗糙度		Sa2.5（Rz50～80）
	底-面合一	环氧（厚浆）漆（灰色）	2/80
	总干膜厚度		160

续上表

防腐方案	涂层	涂料品种	道数/干膜厚度（μm）
车行道钢桥面		除锈等级、表面粗糙度	Sa2.5（Rz50～80）
		环氧富锌底漆	1/80
		总干膜厚度	80
高强度螺栓摩擦面	防滑层	除锈等级、表面粗糙度	Sa3.0（Rz60～100）
		无机富锌防锈防滑涂料（无机富锌底漆）	1/100
		总干膜厚度	100
检修道及轨行区（铺装未覆盖部分）		除锈等级、表面粗糙度	Sa2.5（Rz50～80）
		丙烯酸底漆	1/80
		总干膜厚度	80

现场吊装安装完毕后，首先对所有焊缝、涂层破损部位涂层按其所在部位修补要求进行修补（外表面修补至第一道面漆）。

1）涂层损伤的修复

运输及安装过程中的摩擦、碰撞等机械因素造成的涂层损坏应根据损坏的面积及损坏的程度按其所在的涂装体系的要求进行修复，经修复的涂层其各项性能应与周围其他涂层相近，如图4-35所示。

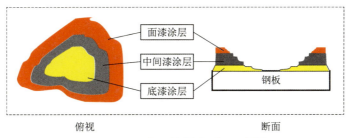

图4-35　涂层修补打磨示意图

对损伤涂层进行修补时，可使用手工或动力清洁工具，修补前应打磨成阶梯状，阶梯尺寸宽度为50mm。

现场吊装安装完毕后，首先对所有焊缝、涂层破损部位涂层按其所在部位修补要求进行修补（外表面修补至第一道面漆），修补合格后，对外表面整体清洁、拉毛，经现场监理工程师及检验员检验合格后，喷涂最后一道面漆，干膜厚度40μm，使其自然干燥。

2）桥位涂装的环保措施

（1）在水面上方施工时采取恰当的遮挡措施，防止沙尘、油漆等污染水体。

（2）桥面进行手工喷砂时，可采用图4-36的封闭式循环喷砂机，以避免钢砂飞溅和粉尘污染。

图 4-36 封闭式循环喷砂机示意图

（3）油漆涂装采用辊涂或刷涂方法施工，避免漆雾对周围环境造成污染；并在施工点下方设临时平台接住滴落的油漆，防止油漆滴落到海水中污染江水。

4.5 顶推施工

4.5.1 顶推施工步骤

边跨钢箱梁采用顶推施工方案，具体顶推步骤以南岸边跨为例进行说明。

（1）步骤一：施工主塔及下横梁；搭设顶推支架、安装顶推设备；S1 墩和 S4 墩上安装钢导梁；拼装桥面起重机（图 4-37）。

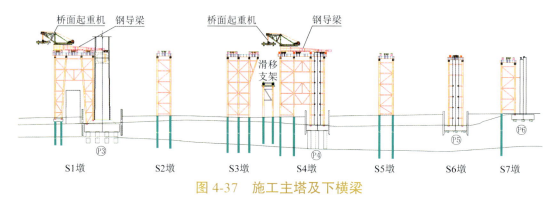

图 4-37 施工主塔及下横梁

（2）步骤二：在导梁前端配重 100t（钢型材）（图 4-38）。

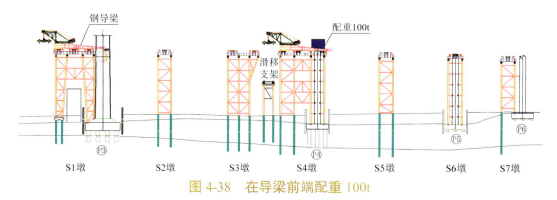

图 4-38 在导梁前端配重 100t

（3）步骤三：锚固桥面起重机，起吊 SY29 号钢箱梁（图 4-39）。

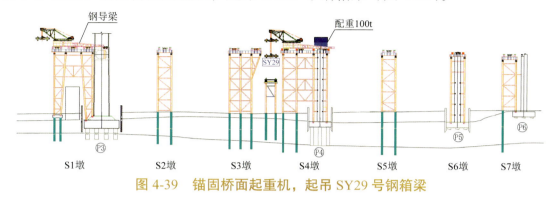

图 4-39　锚固桥面起重机，起吊 SY29 号钢箱梁

（4）步骤四：将 SY29 号钢箱梁与钢导梁连接（图 4-40）。

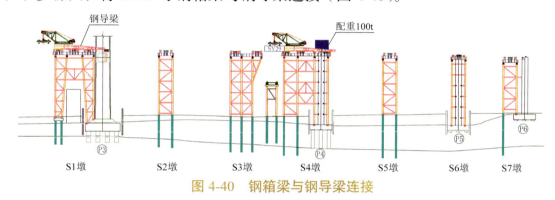

图 4-40　钢箱梁与钢导梁连接

（5）步骤五：将 SY29 号钢箱梁与钢导梁向边跨顶推一个梁段距离（图 4-41）。

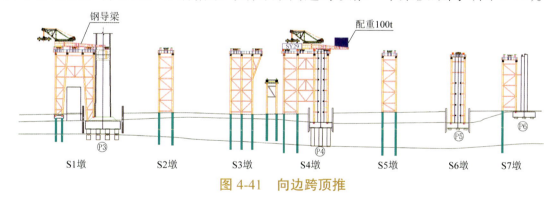

图 4-41　向边跨顶推

（6）步骤六：解除起重机锚固，将起重机向前移动一个梁段，然后锚固起重机，起吊 SY28 号钢箱梁（图 4-42）。

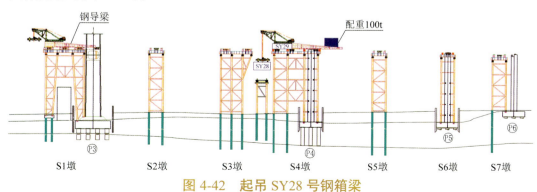

图 4-42　起吊 SY28 号钢箱梁

(7)步骤七：将SY28号钢箱梁与SY29号钢箱梁焊接（图4-43）。

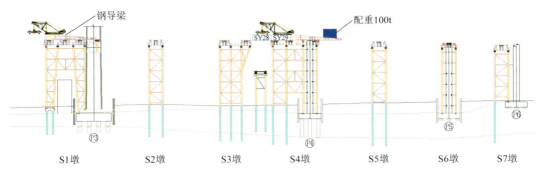

图4-43　SY28号钢箱梁与SY29号钢箱梁焊接

(8)步骤八：将钢箱梁向边跨顶推一个梁段距离（图4-44）。

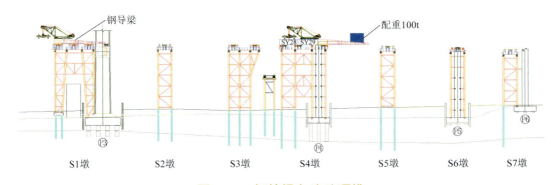

图4-44　钢箱梁向边跨顶推

(9)步骤九：解除起重机锚固，将起重机向前移动一个梁段，然后锚固起重机，起吊SY27号钢箱梁（图4-45）。

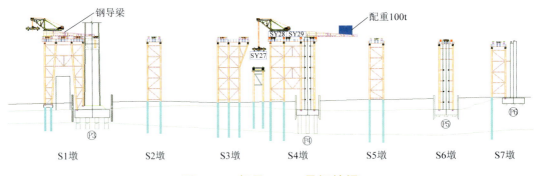

图4-45　起吊SY27号钢箱梁

(10)步骤十：将SY27号钢箱梁与SY28号钢箱梁焊接并向边跨顶推一个梁端距离（图4-46）。

(11)步骤十一：拆除导梁前端100t配重，解除起重机锚固，将起重机向前移动一个梁段，然后锚固起重机（图4-47）。

(12)步骤十二：重复上述步骤进行边跨钢箱梁顶推；主塔下横梁施工完成后，主塔处按此顶推步骤开始钢箱梁顶推施工（图4-48）。

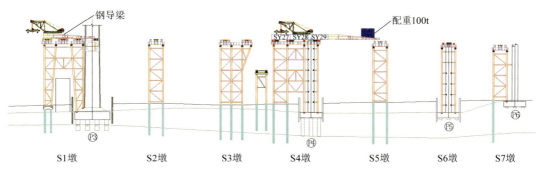

图4-46　SY27号钢箱梁与SY28号钢箱梁焊接

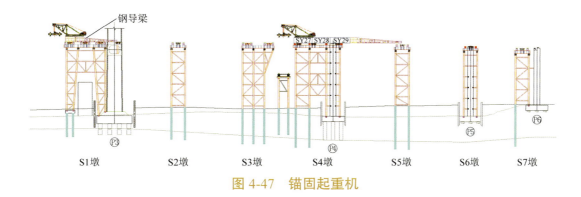

图4-47　锚固起重机

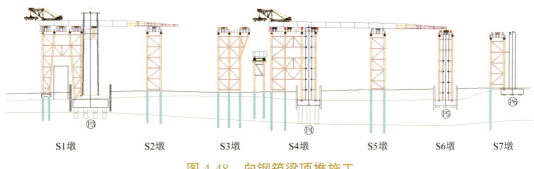

图4-48　向钢箱梁顶推施工

（13）步骤十三：按上述步骤依次完成钢箱梁顶推施工，过程中拆除钢导梁，直至边跨钢箱梁顶推到位，按监控要求调整桥面线形；进行边跨合龙（图4-49）。

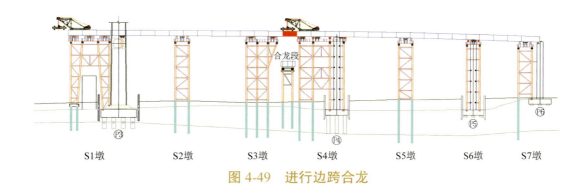

图4-49　进行边跨合龙

（14）步骤十四：拆除边跨桥面起重机，完成边跨钢箱梁顶推施工（图4-50）。

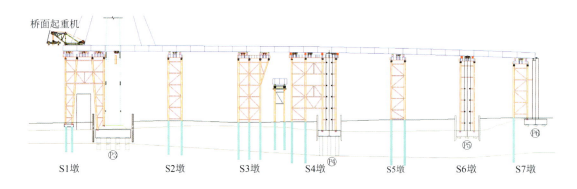

图4-50 完成边跨钢箱梁顶推施工

4.5.2 顶推原理

1）顶推操作工序

顶升液压缸顶起需要移运的构件，纵移液压缸使纵移滑块连同其上顶起的构件一起向前平移，纵移液压缸一个行程到位后，顶升液压缸回收，将构件搁置于垫梁上，纵移液压缸回收完成一个行程的移运工作。构件移运过程中是一个自平衡的运动动作过程，现按照如下步骤对其动作原理进行说明：就位—起顶、触梁—顶起桥梁—平移1个顶推行程—落梁—脱离—平移顶回程，具体步骤见表4-4。

顶推器顶推步骤　　　　　　　　　　　　　　　　　　　　　表4-4

步骤	示意图
就位	
起顶、触梁	

续上表

步骤	示意图
顶起桥梁	(顶升)
平移1个顶推行程	(平移)
落梁	(落梁)
脱离	(落梁)
平移顶回程	(回程)

2）横向调整原理

横向调整原理与顶推原理类似，其唯一不同在于横移时采用的是横移液压缸，推动的滑块是横移滑块，其调整步骤如下：

顶升液压缸顶起需要移运的构件，横移液压缸使横移滑块连同其上顶起的构件一起向前平移，横移液压缸一个行程到位后，顶升液压缸回收，将构件搁置于垫梁上，横移液压缸回收完成一个行程的移运工作。

横移调整动作既可在50mm范围内进行微调，也可像顶推运动一样进行多次步履式移运，以调整大型构件的左右偏差。

3）压力控制原理

在顶升液压缸无杆腔设置压力传感器，将压力传感器信号换算成液压缸无杆腔的油压，根据该油压与顶升液压缸的活塞面积可计算出液压缸的顶升力F_n。在该顶升力的作用下，顶推动工作时纵移滑块与滑道之间会产生一个摩擦力f，经实验测得纵移滑块与滑道间的摩擦系数μ，因此$f = \mu \times F_n$，要使得纵移液压缸推力与摩擦力相平衡，则可需根据该摩擦力与纵移液压缸的活塞面积，反算出顶推时纵移液压缸需要的油压$P = f/A$。该油压可比例溢流阀实时控制，在实际使用中，考虑到系统压力损失以及为大型构件提供加速度的力，比例溢流阀的设定压力为$P = f/A + 2$（Mpa）。

因此，纵移液压缸推力只比摩擦力稍大，两者相平衡下，支撑点所受水平力极小。

4）位移同步控制原理

液压缸的位移通过位移传感器检测，液压缸的压力通过压力传感器反馈，所有的传感器信号通过总线传送给主控计算机进行分析和处理，然后根据控制软件输出电信号，调节液压缸的动作、速度和压力，从而实现各个桥墩上面的顶推系统同步上升或者同步下降，也可对单个液压缸调整高差。

5）高程调节原理

竖曲线较大的大型构件顶推过程中，需根据构件线形不断调整各支承点顶部高程。高程调整作业利用支承平台上预先布置的高度调节垫座及移运设备配合进行。如图4-51所示，内侧垫座组成主支墩，移运设备设置在主支墩上，作为大型构件顶推施工过程中的主支承点，外侧垫座组成副支墩，副支墩顶部设置垫梁，作为大型构件顶推施工过程中的临时支承点，主、副支墩均由高20cm的高度调整垫座组成。

以增加高程为例，详细说明调节高程的操作步骤，降低高程的原理与增加高程相类似，见表4-5。

4 施工工艺技术

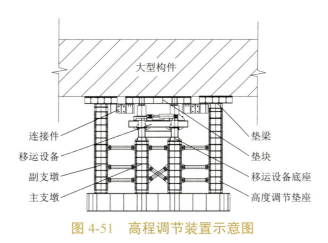

图 4-51 高程调节装置示意图

顶推器高程调整步骤图 表 4-5

步骤	示意图
利用连接件将移运设备上的垫块与两侧副支墩上的垫梁连成整体，拆除副支墩垫梁与下部高度调整垫座的连接螺栓，顶升液压缸伸出，将大型构件顶起，同时也会将副支墩的垫梁托起	
直至垫梁与副支墩分离高度达到 25cm 时,顶升液压缸停止伸出	
在每个副支墩上增加 20cm 高的高度调整垫座，并用螺栓将其连接紧固然后顶升液压缸缩回，大型构件与垫梁一起下降	

|321|

续上表

步骤	示意图
直至副支墩垫梁与副支墩接触时，顶升液压缸停止缩回，利用螺栓将垫梁与副支墩连接紧固。将移运设备各部分临时用螺栓连成整体，拆除移运设备底座与主支墩间的连接螺栓，然后顶升液压缸继续缩回，使整个移运设备被拉起，其底座与主支墩分离	
直至移运设备底座与主支墩的分离高度达到25cm，顶升液压缸停止缩回	
在每个主支墩上增加20cm高的高度调整垫座，并用螺栓将其连接紧固，然后顶升液压缸伸出，移运设备整体下降	
直至移运设备底座与主支墩接触，顶升液压缸停止伸出，利用螺栓将移运设备底座与主支墩连接紧固。重复上述步骤，可多次叠加垫座，在3m范围内增加高程	

4.5.3 钢箱梁顶推

1）顶推设备调试

顶推设备安装完成后，连接好系统的油路及电路，进行调试以保证在手动、自动模式运行下，执行元件按设定的运动方式运行。联机调试时，启动泵站，选择手动运行模式，在主控台操作面板上控制执行元件伸缸或缩缸动作，检查其进行的动作是否正确，调节行程检测装置的检测元件，使检测装置的接触及检测正常。

系统手动试机完成后，选择自动模式系统，检查系统各千斤顶的动作协调性及同步性。如不满足设计要求，应认真查找原因，排除故障，待系统的动作完全协调后方表明系统调试正常合格。

2）顶推施工

主桥顶推首先选择手动模式，检查油泵，顶升顶、纠偏顶、顶推顶，压力表，传感器等是否异常。

启动各墩上的顶推设备，由配在顶升系统上的压力传感器检测到的压力值转换成支反力值，然后由该值的换算值给顶推液压缸设定压力，顶推液压缸在要求的压力下提供顶推力，并且控制临时墩上两侧顶推液压缸同步顶推。这里实时检测顶升支撑液压缸的支反力，一方面保证顶推液压缸顶推力的实时精确性，另一方面通过调节顶升支撑液压缸保证行进过程中钢箱梁的受力均衡，保证钢箱梁单点单侧最大允许支反力不超过设计最大反力。完成推进一个行程之后，所有顶推液压缸缩回至下一个行程的起点，随后可以进行下一个行程的顶推。

手动操作顶推系统牵引主梁滑移启动后，转换至自动运行模式，进行主梁的自动连续顶推。自动顶推过程中，应注意记录顶推过程中的油压最大、最小值。

为避免顶推过程中箱梁的横向偏移超差，控制系统结构上集成了主动式中轴线监控系统，顶推过程中对钢箱梁的中轴线进行实时监控及时调整限位装置使箱梁的偏移始终被限制在误差范围内。

3）竖向调整

顶推过程中钢箱梁的受力状态与成桥时受力状态完全不同，整个顶推过程的监控应以支反力控制为主，高程控制为辅的原则进行。因此每轮顶推前依据监控指令，明确该轮顶推钢箱梁所经墩台的竖曲线变化范围（即高程变化值）及箱梁许用支反力（即墩台的许用压应力）变化范围。

4.5.4 顶、落梁施工

1）顶梁施工

钢箱梁顶推过程中，需根据主桥钢箱梁线形不断调整各临时墩墩顶高程。顶落梁作业利用临时支墩、主塔、辅墩、交界墩上预先布置的高度调节支座及步履式顶推系统配合进行。

2）支垫布置

以临时支墩墩顶布置为例，顶推支墩顶设置纵梁，纵梁上设置顶推装置，作为钢梁顶推施工过程中的主支承点，顶推器两侧设置支垫梁，作为钢梁顶推施工过程中的临时支承点，支垫梁均由厚度为20mm的Q345B型钢板组焊而成的140mm×130mm×140cm钢箱结构，其上主要采用型钢和20mm厚钢板进行抄垫；而顶推器竖向千斤顶底部采用由厚度为20mm的Q345B型钢板组焊而成的120cm×100cm×40cm箱型垫块和10cm高的ϕ820mm钢管混凝土垫块组成，顶推设备布置示意图如图4-52所示，支垫梁结构示意图如图4-53所示，垫块布置示意图如图4-54所示。

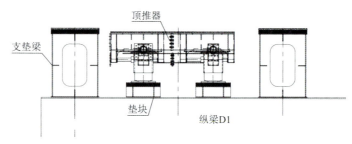

图4-52 顶推设备布置示意图

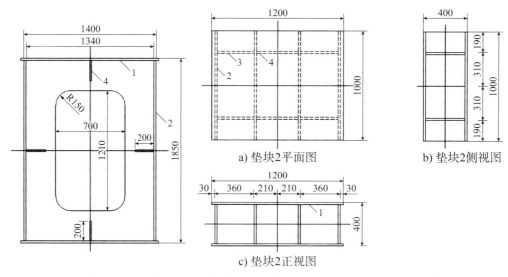

图4-53 支垫梁结构示意图　图4-54 垫块布置示意图（尺寸单位：mm）

3）顶推支垫

钢箱梁顶推过程中，根据钢箱梁线型及高程调整情况，及工人作业的劳动程度，顶进过程每2m就对支垫梁进行一次抄垫，抄垫材料采用20mm厚钢板以及200mmH型钢。当临时支垫梁抄垫高度到达300mm时，停止顶推，同时对顶推器底部液压支腿进行抄垫，抄垫材料为ϕ820mm钢管混凝土，混凝土强度等级为C55。

按照以上步骤进行循环施工至一个梁段顶推就位。

4）落梁施工

将顶推装置各部分临时捆成整体，顶推装置上的顶升千斤顶回油，钢梁落在支垫梁上，利用临时连接件将顶推装置上的垫块与两侧支垫梁连成整体，顶升千斤顶继续收缸，使顶推装置底部与垫块分离，此时可从垫块顶部将高度调整垫座抽掉一部分；顶升千斤顶伸缸，直至顶推装置底部与垫块接合，拆除支垫梁与下部高度调整支座的连接螺栓，千斤顶继续顶升将钢梁顶起，同时也会将支垫梁的垫梁托起，此时可从支垫梁顶部将高度调整垫座抽掉一部分；如此反复循环，直至将钢梁调整至设计高程。

根据钢箱梁结构，起顶点作用在支座或滑道位置，通过逐步调减高度调整垫，达到落梁的目的。起顶及落梁时，为保证安全，利用钢箱梁的弹性变形，一次只起落一个墩顶支点，逐墩起顶落梁，同墩顶支点同步起落，每次落梁的高度控制在5cm左右。

4.5.5 顶推器拆除

（1）在地面上固定好卷扬机，在钢箱梁斜腹板边缘焊好吊耳。解体顶推设备中间的连接板和前后部分的连接螺栓。解体后的顶推设备如图4-55所示。

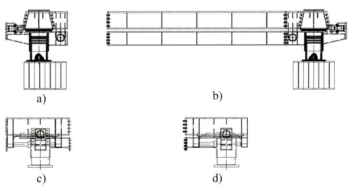

图4-55 滑移设备解体图

将解体后需要吊下来的设备降至拆除平台上，用钢丝绳把解体下来的设备捆好，防止吊装过程中有部件滑落下来。通过手拉葫芦把被吊件拉至平台前端，连接卷扬机钢丝绳和塔式起重机钢丝绳，如图4-56所示。

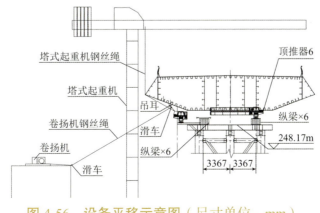

图4-56 设备平移示意图（尺寸单位：mm）

（2）在设备后面用手拉葫芦拉紧，然后缓慢启动卷扬机，同时缓慢放松手拉葫芦，使设备平稳脱离拆除平台，直至设备处于吊耳正下方时才能彻底松开设备后面的手拉葫芦，如图 4-57 所示。

（3）摘除设备后面的手拉葫芦以后，继续缓慢下放卷扬机钢丝绳，同时逐渐收紧塔式起重机钢丝绳至设备重力完全转移到塔式起重机钢丝绳上面，此时卷扬机钢丝绳不再受力，如图 4-58 所示。

（4）转动塔式起重机，且卷扬机钢丝绳同时持续放松钢丝绳，直至将设备吊装到卷扬机平台，如图 4-59 所示。

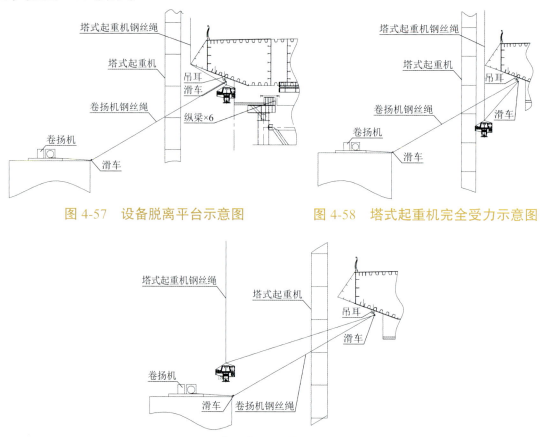

图 4-57　设备脱离平台示意图　　图 4-58　塔式起重机完全受力示意图

图 4-59　塔式起重机转移设备示意图

注意：①地面卷扬机端导向点若无固定点，可采用钢筋混凝土地面植入化学锚栓安装吊耳或吊装配重作为导向受力点。②由于钢丝绳悬空长度长，受自重影响，解除设备与钢丝绳连接时需要在钢丝绳上增加配重。

4.6　支座施工

4.6.1　支座简介

本桥主桥竖向支座采用球形钢支座，具体型号见表 4-6。

4 施工工艺技术

表 4-6 主塔支座型号统计表

位置	型号	H	A	B	A1	A2	B1	C	D	C1	D1	D2	n	d	L	备注
A0	CLQZ-12000ZX-e180/E300	210	1600	1220	1480	495	1100	985	769	855	645	215	16	80	290	上锚固螺栓 M42 建议螺栓孔径φ45
A0	CLQZ-12000SX-e180/E300	210	1600	1220	1480	495	1100	985	769	855	645	215	16	80	290	上锚固螺栓 M42 建议螺栓孔径φ45
P1	CLQZ-24000ZX-e180/E300	255	2000	1560	1870	625	1430	1375	1088	1205	915	305	16	105	390	上锚固螺栓 M56 建议螺栓孔径φ60
P1	CLQZ-24000SX-e180/E300	255	2000	1560	1870	625	1430	1375	1088	1205	915	305	16	105	390	上锚固螺栓 M56 建议螺栓孔径φ60
P2	CLQZ-20000ZX-e180/E300	245	1890	1565	1740	580	1415	1270	1000	1110	840	280	16	95	360	上锚固螺栓 M52 建议螺栓孔径φ55
P2	CLQZ-20000SX-e180/E300	245	1890	1565	1740	580	1415	1270	1000	1110	840	280	16	95	360	上锚固螺栓 M52 建议螺栓孔径φ55
P3	CLQZ-20000GD-E300	255	1890	1565	1740	580	1415	1270	1000	1110	840	280	16	95	360	上锚固螺栓 M52 建议螺栓孔径φ55
P3	CLQZ-20000HX-e50/E300	250	1890	1565	1740	580	1415	1000	1065	840	795	265	16	95	360	上锚固螺栓 M52 建议螺栓孔径φ55
P4	CLQZ-24000ZX-e180/E300	255	2000	1560	1870	625	1430	1375	1088	1205	915	305	16	105	390	上锚固螺栓 M56 建议螺栓孔径φ60
P4	CLQZ-24000SX-e180/E300	255	2000	1560	1870	625	1430	1375	1088	1205	915	305	16	105	390	上锚固螺栓 M56 建议螺栓孔径φ60
P5	CLQZ-21000ZX-e180/E300	245	1970	1495	1820	610	1345	1290	1022	1130	870	290	16	95	370	上锚固螺栓 M52 建议螺栓孔径φ55
P5	CLQZ-21000SX-e180/E300	245	1970	1495	1820	610	1345	1290	1022	1130	870	290	16	95	370	上锚固螺栓 M52 建议螺栓孔径φ55
P6	CLQZ-7500ZX-e180/E300	185	1550	1080	1420	475	950	780	608	680	510	170	16	60	230	上锚固螺栓 M36 建议螺栓孔径φ38
P6	CLQZ-7500SX-e180/E300	185	1550	1080	1420	475	950	780	608	680	510	170	16	60	230	上锚固螺栓 M36 建议螺栓孔径φ38

球形钢支座竖向示意图如图 4-60 所示。

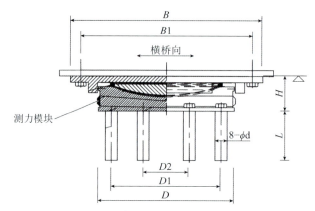

图 4-60 球形钢支座竖向示意图

本桥抗风支座具体型号见表 4-7。

抗风支座型号统计表　　　　　　　表 4-7

安装位置	型号	A	B	C	D	H	A1	B1	C1	D1	Mt	d	L	梁侧孔径
A0	QZ-KF-10SX-e480	1605	745	760	760	255	1500	640	640	640	M36	60	300	38
P2	QZ-KF-20SX-e480	1855	995	1050	1050	280	1710	855	900	900	M52	90	425	55
P3	QZ-KF-20SX-e480	1855	995	1050	1050	280	1710	855	900	900	M52	90	425	55
P6	QZ-KF-10SX-e480	1605	745	760	760	255	1500	640	640	640	M36	60	300	38

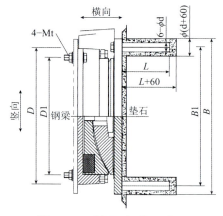

图 4-61 抗风支座示意图

抗风支座示意图如图 4-61 所示。

4.6.2 垫石、支座施工方法

1）支座垫石施工

支座垫石施工之前，应做好支座垫石位置处混凝土的凿毛及清理工作。

2）施工要点

（1）计算复核支座垫石的设计高程（尤其是弯、坡），调节定型钢模四角顶面高程，严格控制支座垫石顶面高程，保证其在规范允许的误差范围之内。

（2）盆式支座的支座垫石，按盆式支座底板地脚螺栓的间距及规格预留螺孔，预留螺孔直径宜为地脚螺栓的 3 倍，深度宜为地脚螺栓长度 $L + 50$mm。

（3）在施工过程中，应严格控制支座垫石位置处预埋钢筋的数量与预埋位置。

3）钢筋施工

（1）垫石钢筋顶层钢筋在盖梁施工时预埋。支承垫石钢筋在钢筋加工厂集中加工成型，用汽车运至现场，按设计图纸绑扎。

（2）施工时注意控制好垫石钢筋位置，采取有效措施防止钢筋偏位，并保证钢筋有足够的保护层。

4）模板施工

立模前应确保模板底部平整，不平整时用打磨机打磨平整，并对模板清洁、校正、涂脱模剂，安装时用双面胶带堵塞板缝，保证浇筑混凝土时不漏浆。按测量人员定出的垫石轮廓边线安装模板。模板安装就位后，测量人员必须检查模板平面位置和顶面高程，调整模板使平面位置准确，在模板上定出垫石顶面高程，在模板的两头和中间做好标志，用墨线弹出高程控制线。模板加固需牢固可靠，加固可采用在垫石钢筋周边焊钢筋头来固定模板方法进行加固。

5）支座锚栓孔的预留

支座锚栓必需按图纸进行设置，预留孔洞定位必须准确，安装必须牢固。预埋钢筋位置相冲突，可适当调整钢筋位置。

6）混凝土浇筑

（1）支座垫石混凝土浇筑前，应采用水充分湿润支座垫石位置处，施工中应采取可靠措施保证混凝土振捣密实，同时应做好垫石混凝土表面的收浆抹面工作，保证表面平整。

（2）支座垫石宜采用细石混凝土进行施工，混凝土的强度应满足设计要求。

（3）垫石采用起重机加料斗进行浇筑，混凝土振捣采用小型插入式振动器振捣密实。振捣时与模板保持5～10cm的间距，防止碰撞模板、钢筋及预埋件。振捣混凝土不再下沉、不再冒气泡、表面泛浆良好为准。混凝土浇筑完毕应及时检查模板顶面高程，如模板高程有变动，需及时调整并对混凝土表面高程进行相应调整。混凝土浇筑完后，采取二次压光收面的方法避免混凝土顶面干缩裂缝的产生。

7）拆模及养护

（1）支座垫石在收浆抹面结束后宜采用潮湿土工布覆盖，尽量减少暴露时间，防止表面水分蒸发。滴灌养生时间应不少于7d。支座垫石不宜在冬季浇筑施工，必须在冬季浇筑施工时，应对混凝土采取严格的保温措施。

（2）支座垫石不应出现露筋、空洞、蜂窝及裂缝，预埋钢板（如有）不能出现悬空现象。对有裂缝、高程或几何尺寸偏差超过允许值，以及混凝土强度不满足要求的支座垫石，现场应一律作返工处理，不得进行修补或加固。

4.6.3 支座安装

支座在钢箱梁顶推完成，落梁之前安装完成。

（1）支座安装前，应对支座垫石进行复测，放出支座纵横向十字中线，标出支座安放的准确位置。支座不得发生偏歪、不均匀受力和脱空现象。

（2）安装前应检查支座的型号、规格及外观，滑动支座应检查滑动面上的聚四氟乙烯板和不锈钢板是否有划痕、碰伤等；盆式橡胶支座应检查橡胶块与盆底间有无压缩空气，若有，应排除空气，保持紧密。

（3）安装前，应将墩、台支座垫石顶面和梁底面清理干净并进行风干，应尽可能地保证梁底与支座垫石顶平整，使其与支座上、下面全部密合，支座中心应对准梁体设计位置，避免支座偏心、脱空，造成不均匀受力。

（4）若支座与梁之间存在间隙确实需要调整，可垫大于支座受压面积的钢板，所垫钢板应进行热浸镀锌处理，每个支座上最多只能垫一块钢板。

（5）板式橡胶（GYZ、GYZF4）支座安装要点

①固定支座安装时，确保其下表面与支座垫石顶面接触严密，支座高程及平整度满足要求。

②支座安装时，可采用钢筋或钢板将支座上、下钢板作临时固定，使落梁时支座上、下钢板不出现相对滑动。

（6）盆式橡胶支座安装要点：

①盆式橡胶活动支座的安装错位量和方向应由设计单位及厂家根据安装时气温条件提供相应数据。

②盆式橡胶活动支座安装前，宜采用丙酮或酒精仔细擦洗各相对滑移面，并在聚四氟乙烯板的储油槽内注入硅脂类润滑剂，滑动面上的四氟滑板和不锈钢板不得刮伤，安装前必须涂上硅脂油。

③盆式橡胶活动支座安装就位后，将支座上、下钢板之间采用钢筋或钢板联结，进行临时锁定，以防施工过程中发生错位，但锁定在预应力张拉前解除。

④盆式橡胶支座安装采用地脚螺栓连接时，支座纵横轴线位置对正后，将支座就位并调整水平。待复检合格后在螺栓的预留孔中灌入环氧树脂砂浆，环氧树脂砂浆完全凝固后再拧紧螺母。地脚螺栓露出螺母顶面的高度不得大于螺母的厚度。

⑤盆式橡胶支座安装采用焊接连接时，在支座顶板和底板相应位置处预埋钢板，支座就位后可采用跳跃式连续焊接法将支座上下钢板与预埋钢板焊接在一起。焊接时采取有效降温措施。

⑥支座安装后，及时清理杂物，并对支座所有外露钢结构部分进行防锈处理，及时加装支座防尘护罩。

4.6.4 质量控制

（1）顺桥向相邻墩台高程不同时，同一片梁两端支座垫石顶面高程相对误差不得超过3mm。

（2）支座垫石的混凝土强度必须满足要求，表面平整、无裂缝，高程、几何尺寸必须准确。

（3）梁、板底面和垫石顶面的钢垫板埋置稳固。垫板与支座间平整密贴，四周间隙不得大于0.3mm，并保持清洁。

（4）支座的材料、规格和质量必须满足设计和有关规范的要求，经验收合格后方可安装。

（5）支座底板调平砂浆性能符合设计要求，灌注密实，不得留有空洞。

（6）支座上下各部件纵轴线必须对正。当安装时温度与设计要求不同时，通过计算设置支座顺桥向预偏量，支座垫石实测标准见表4-8。

支座垫石实测标准　　　　　　　　　　　　　　　　　　　表4-8

序号	检查项目	规定或允许偏差	检查方法和频率
1	混凝土强度（MPa）	在合格标准内	按附录检查
2	轴线偏位（mm）	5	全站仪或经纬仪：支座垫石纵横方向检查
3	断面尺寸（mm）	±5	尺量：检查1个断面
4	顶面高程（mm）	±2	水准仪；检查中心及四角
	顶面四角高差（mm）	2	
5	预埋件位置（mm）	5	尺量：每件

（7）支座的规格型号正确、安装位置准确、滑动支座滑动方向正确、安装后支座能均衡受力。

（8）对支座的安装质量逐个进行检查，防止出现脱空、偏压、变形等问题，若有问题及时调整，支座安装实测标准见表4-9。

支座安装实测标准　　　　　　　　　　　　　　　　　　　表4-9

序号	检查项目		规定或允许偏差	检查方法和频率
1	支座中心与主梁中心线偏位（mm）		2	经纬仪、钢尺；每支座
2	支座顺桥向偏位（mm）		10	经纬仪或拉线检查；每支座
3	支座高程（mm）		±5	水准仪；每支座
4	支座四角高差（mm）	承压力≤500kN	1	水准仪；每支座
		承压力＞500kN	2	

4.7 检查要求

4.7.1 材料进场检验要求

（1）自行采购的材料，必须在供货质量、信誉、供货能力等方面进行评价，在有保证持续供货能力的厂方采购。

（2）原材料按技术质量要求由专人负责采购与管理，采购人员和施工人员之间对各种原材料认真做好交接记录。

（3）做好材料进货的检验和标识工作。按质量体系标准和要求，在进货、检验、试验、进仓、登记、标识、使用等全过程中，都必须严格执行"进货检验和试验控制程序"文件要求，从采购的第一程序开始，层层把关，确保材料质量。

（4）原材料进场后，对原材料的品种、规格、数量以及质量证明书等进行验收核查，并按有关标准的规定取样和复验。经检验合格的原材料方可进场。对于检验不合格的原材料，按有关规定清除出场。

（5）原材料进场后，及时建立"原材料管理台账"，内容包括材料名称、品种、规格、数量、生产单位、供货单位、"质量证明书"编号、"复试检验报告"编号、检验结果以及进货日期等。"原材料管理台账"应填写正确、真实、齐全。

4.7.2 验收检查要求

1）作业平台安装验收要求

（1）作业平台材料钢管型钢质量满足规范验收要求。

（2）作业平台构件无变形，焊接质量满足相关规范要求。

（3）防护栏杆等附属设施质量满足方案及设计要求

（4）方案编制、审批、安全技术交底满足要求。

（5）安全技术措施落实情况。

（6）周围环境核查及保护措施落实情况。

（7）应急预案编制和救援物资储备情况。

（8）法规、标准、合同约定的其他情况。

（9）安全警示标志齐全。

2）设备验收要求

（1）设备三证证书齐全有效。

（2）设备调试、联合运行满足要求。

（3）设备在允许使用年限范围内。

（4）设备性能满足施工要求。

（5）特种设备经过特检所检测并出具相关合格证明。

3）临时支架结构验收

（1）施工单位应根据工程实际编制支架施工技术安全专项方案，经企业技术负责人审核签字后，提交监理工程师审查。未经审查或审查未通过的支架方案不得实施。

（2）监理工程师应对施工单位提交的支架施工技术方案从人员、资质、材料质量、安装设备、搭设工艺、设计方案、计算依据、安全性能、质量及安全保证措施、技术及安全交底情况等方面进行认真审查，并将审查结果报业主确认，危险性较大工程项目支架的审查结果应报质量监督部门备案。

（3）施工单位在支架施工后需对支架进行验收，包括焊接质量、型材尺寸规格、数量、结构形式等。

（4）支架所用材料、构配件必须有产品合格证、法定检测单位的检测检验报告，生产厂家必须具有技术质量监督部门颁发的生产许可证。监理单位应对材料、构配件质量进行抽样检测。

（5）项目部技术负责人应按照安全专项施工方案中的搭设要求，向支架搭设作业人员进行安全技术交底，搭设施工中应安排专人对材料质量、搭设工艺、施工质量、操作人员安全防护措施进行全过程管理。

（6）监理单位应按照监理规范要求对支架搭设进行定期巡查，检查作业人员岗位资格、材料质量、搭设工艺、施工安全等各方面情况，发现问题及时督促施工单位落实整改。

（7）监理单位接到验收申请应及时组织验收，出具验收报告。

4）钢梁验收

（1）钢梁钢种、规格、尺寸等满足要求。

（2）钢箱梁焊接、高栓质量合格。

（3）钢箱梁安装高程、线型满足要求。

（4）钢箱梁防腐涂装材料及工艺满足要求。

5 施工保证措施

5.1 组织保障措施

5.1.1 施工安全组织管理措施

(1)针对钢箱梁边跨顶推施工建立严密的安全生产责任制和安全管理制度,成立以项目经理为首的安全领导小组,形成有效的安全生产管理体制,建立健全以项目经理为首的职能人员安全上岗责任制,做到分工明确,责任明确,层层压实责任。

(2)钢梁施工之前,项目部组织技术安全部门对钢梁施工中存在的安全隐患进行辨识,形成危险源辨识表,并制定相关预防及应急处置措施。

(3)严格执行国家颁布的《安全生产法》《文明施工十二条》和公司有关安全生产的具体规章制度,现场实行安全责任制,层层落实到人。

(4)建立安全管理网络图和消防安全管理图。项目经理应对施工现场的安全工作负全面责任。

(5)实际施工过程中坚持技术人员对施工作业人员进行三级安全技术交底,落实到人,并做好记录。

(6)施工现场的专职安全员负责对操作工人进行安全交底,并做好记录,每天安全员必须对现场所有安全设施进行检查,并做好记录。安全员深入工地进行安全检查,监督安全措施的执行,发现不安全因素和隐患因素及时报告施工员,并进行整改、纠正、发现违章作业有权制止。安全设施不经安全员检查合格不准工人进行操作。

(7)对所有参加施工的人员必须进行技术培训和安全教育,熟悉和掌握施工有关安全技术知识和平共处规范,合格后上岗。施工人员应相对固定。

(8)经常进行安全教育,牢固树立"安全第一,预防为主"的观念。

(9)工人变换工种前应进行工种安全教育并登记入册,未经安全教育不得上岗作业。

(10)分部分项工程施工前必须进行书面安全技术交底。交底的内容应有较强的可行性和针对性。并履行所有接受交底人员的签字手续。

(11)针对钢梁施工危险较大部位实行领导带班的制度。

5.1.2 项目部安全生产领导小组

为确保本工程的安全施工,实现安全目标。项目部成立安全生产工作领导小组,设立安全管理部及专职安全员，施工队同时成立安全工作领导小组设专职安全员和兼职安全员，形成自上而下的安全管理机构，做到纵向到底、横向到边的安全管理体系。

安全生产组织机构图如图 5-1 所示。

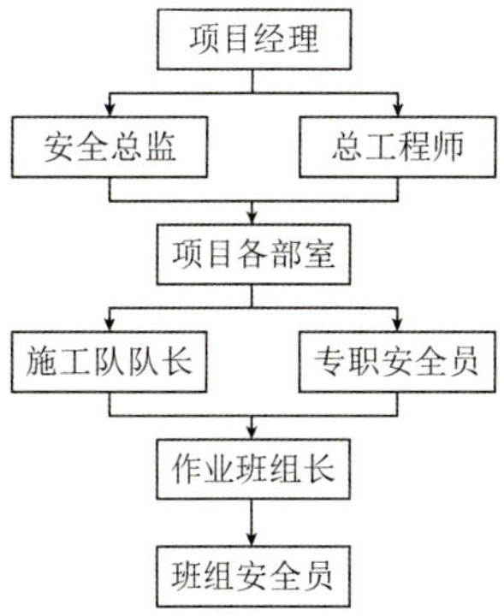

5.1.3 安全生产保证体系

为了加强安全生产工作的管理，保证安全组织机构的正常运转，促进项目安全管理工作规范有序的开展，确保工程项目安全管理目标的落实，结合本项目工程的特点，建立项目安全保证体系，从思想上、组织上、制度上、技术上、经济上进行全面管理。

图 5-1　安全生产管理组织机构图

（1）以项目经理为核心，安全工作由项目总工和安全总监具体主管，具体负责安全生产全面工作；建立安全领导小组，设立专职安全员，全面负责安全事故预防工作。为保证施工安全，所有施工作业人员都必须佩戴安全帽。开工前，做好现场施工安全技术交底工作，交底对象具体至每个施工人员和作业人员。

（2）切实做好安全保障措施，是现场施工中的重点，由于现场作业，环境多变，有时受环境，场地因素的限制，各施工作业队在施工中切实做好安全防护工作。注意提高本作业队人员的安全意识，切忌松懈，疏忽大意。切实贯彻落实"安全第一，预防为主"的方针，把安全放在首位。施工中各施工作业队将切实做好以下几点：

①建立健全安全管理组织机构和安全生产规章制度。

②进入施工现场人员，必须正确佩戴安全防护用品。

③现场施工机械起重机停放位置必须满足安全要求。

④临时支撑结构必须经计算，必须满足结构承载力、刚度、稳定性要求。

⑤支架、吊梁、焊接、顶推施工中配备专职安全员全程跟踪检查，对作业区随时可能出现的安全隐患进行观察及排除、处置、报告。

⑥做好现场的安全防护设施的搭设，专职安全员检查、指导。

⑦严格上、下班交接制度，做好现场施工记录。

⑧检查监督本作业队人员劳保用品的佩戴情况，并做好记录备查，负责检查施工现场的安全防护措施，发现隐患，督促作业队长及时排除，并做好记录。

⑨组织夜间施工，现场的灯光布置一定要清晰明亮，要能达到一定的能见度，水上夜间作业还要开设警示灯方可施工，在施工过程中，要互相配合，相互照应。

⑩现场施工各道工序要严格把关，保证了质量和安全，才能保证施工的顺利进行。

⑪吊梁前首先确认周边机械、船舶情况，确保施工区域影响范围内安全后方可进行后

续施工操作。

项目安全保证体系如图 5-2 所示。

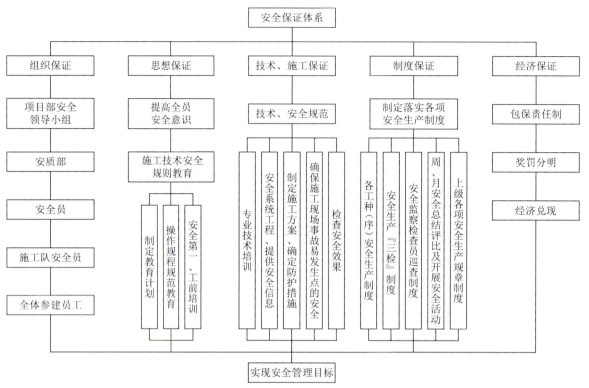

图 5-2 安全保证体系图

项目部安全管理流程如图 5-3 所示。

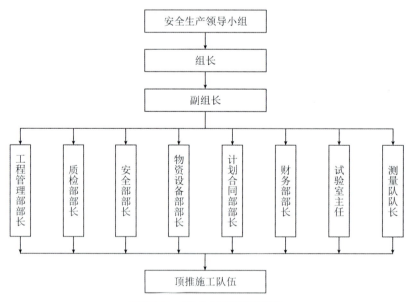

图 5-3 安全管理流程图

5.1.4 安全生产领导小组职责

（1）负责安全生产职责分工，并按时检查其安全生产职责履行情况，积极组织开展安全生产工作；分析研究项目部安全生产形势。

（2）计划、布置、检查、总结、评比安全生产工作。

（3）组织领导安全生产大检查，做到检查有记录，隐患有通知，整改有回单，复查有结论。危险性较大的关键设备和操作场所、重大隐患要组织人员现场研究，及时整改。重大隐患未整改以前，应有可靠的临时安全生产措施。领导、协调全局所属各单位的安全生产工作。认真贯彻"安全第一、预防为主"的方针，落实国家、集团公司以及地方政府有关安全生产的政策、法令、法规、标准、指示和规定等；

（4）督促项目部各部室、工段认真执行上级各阶段部署的有关安全生产的具体工作要求，并按要求收集、汇总情况上报；发生影响、损失较大的生产事故，组织力量按"四不放过"的原则进行调查处理。

5.1.5 施工管理人员的安全职责

（1）项目经理

对本标段工程安全生产的组织和实施负责，为安全生产第一责任人，全面履行一岗双责制度。

组织审批安全技术措施、计划，贯彻实施组织并参加定期和不定期安全生产大检查，确保安全生产万无一失。

组织对事故隐患进行认真仔细调查研究，及时组织整改并制定防范措施。

负责组织召开安全生产交接班会。

（2）总工程师

对本标段工程的安全生产负有技术、教育方面的直接责任，履行一岗双责。

认真组织编制和审查施工组织设计及施工方案，采用新技术、新工艺、新设备时要贯彻"安全第一、预防为主"的思想，安全措施渗透到施工组织设计和施工方案各个环节中，使施工组织方案成为科学全面指导施工的依据，并检查执行情况。

负责项目经理部安全培训计划的制定和实施。

负责编制提高改善劳动条件实施措施，并付诸实施。

参加安全生产大检查，参加安全交接班会，对发现的事故隐患提出改进措施。

（3）安全总监

对本标段工程的安全管理制度、安全管理措施和特殊过程安全生产措施的落实、检查工作负主要责任。

负责进行本标段工程沿线施工现场施工生产安全的检查，对存在安全隐患的部位和违反安全操作规程的行为有权处置，并按安全处罚条例给施工作业队和个人予以处罚。并负责检查改正情况。在施工生产全过程中负责组织和实施对参建管理人员及职工进行的安全培训和考核，填写培训表并签认，考核试卷存档备查。

参与本标段工程的施工组织设计的编制工作，负责施工方案安全技术措施的审批工作，并在实际工作中积极检查各项措施实施情况。

负责安全生产状况报告、事故调查处理意见等安全部门文件的编制工作。

（4）技术人员

对本标段工程的安全管理制度、安全管理措施和特殊过程安全生产措施的落实、检查工作负主要责任。

负责进行本标段工程沿线施工现场施工生产安全的检查，对存在安全隐患的部位和违反安全操作规程的行为有权处置，并按安全处罚条例给施工作业队和个人予以处罚。并负责检查改正情况。

在施工生产全过程中负责组织和实施对参建管理人员及职工进行的安全培训和考核，填写培训表并签认，考核试卷存档备查。

参加本标段工程的施工组织设计的编制工作，负责施工方案安全技术措施的审批工作，并在实际工作中积极检查各项措施实施情况。

负责安全生产状况报告、事故调查处理意见等安全部门文件的编制工作。

（5）作业队安全主管

贯彻执行项目经理部制定的安全生产管理制度和安全管理措施，对所管辖施工现场的安全管理负全责。

加强对本施工队施工区域的安全检查，发现存在的不安全隐患和违反操作规程的行为及时制止，并在需要时及时向上级领导汇报。

定期或不定期组织召开本施工队安全专题会议，总结前期安全生产工作，分析不稳定因素，布置近期安全生产工作。

关键工序及易出安全事故的工序必须亲临现场指挥，严格执行各种安全操作规程。

落实监督班前安全交底制度的执行。

（6）施工安全员

认真执行安全生产规章制度，对班组施工人员的安全生产和健康负责。

经常组织班组人员学习操作规程，督促穿戴好个人防护用品，不断提高施工人员的个人自我保护能力。

认真落实班前安全交底制度，工中检查、工后讲评，不违章指挥。

认真收集施工过程中的各种原始资料，全面提高班组管理水平。

5.2 技术措施

5.2.1 防止高处坠落的安全技术措施

（1）凡是离地面 2 米以上的作业必须遵守下列规定：

①作业人员必须定期进行体检，对不适宜高处作业的人员：不得从事此项工作。

②高处作业人员必须系好安全带、戴安全帽、穿防滑鞋，禁止打赤脚或穿拖鞋作业。

③作业人员上下脚架要安设爬梯，不得攀登支架上下，更不允许乘坐非乘人的升降设备上下，发现违规者，立即制止。

④支架临空应设置栏杆，要接安全网等防护设施，并设置警示标语，已吊装顶推的钢箱梁段需要封闭式安装防护栏杆。

⑤安全网在使用前，应按规定进行试验，合格后方准使用。

⑥高空作业区的风力 5 级以上时，应停止作业。

⑦吊装作业配备专业资质司机，每台吊装设备配备专业指挥员，操作前后都必须严格检设备运转情况，钢丝绳的安全可靠性，在保证安全条件下方可操作。

⑧因违反安全管理规定，造成人员受伤或死亡，必须视情节严重程度严厉处罚。

（2）发现工作人员在工作前饮酒、精神不振时，禁止高处施工。

（3）在临边作业和吊篮作业等高处作业，必须扎好安全带。

（4）凡参加的作业人员必须经过身体检查，合格方可上高处施工。

（5）安全带在使用前必须经过试验，合格方可使用，安全带的绳子或挂钩应挂在牢固的构件上或专为挂安全带的钢丝绳上。

（6）不准将工具及小型构件材料上下抛掷，要用绳系牢后往上或往下吊送，以免打伤下方工作人员引起坠落。

（7）在六级及以上的大风或暴雨、打雷、大雾等恶劣天气下，停止露天高处作业。

（8）在悬吊式脚手架或吊篮上工作，钢丝绳的直径和安全系数应满足工作要求。现场必须设有专职安全员，专职安全员不得随意离开作业现场。

（9）操作平台防护栏四周设置照明设施，照明覆盖率达到 100%。

（10）重点检查操作平台焊接质量、临边防护、警示牌、踢脚板，施工过程人员全员佩戴安全带及救生衣。

5.2.2 防止物体打击安全技术措施

（1）施工人员进入生产作业现场必须按规定配带安全帽。生产作业人员按生产作业安全要求在规定的安全通道内上下出入通行，不准在非规定的通道位置处通行走动。

（2）高处作业所用物料，均应合理分散堆放，平稳、牢固，不可放置在临边或升降机口附近，也不得妨碍通行和装卸。拆除下的物件应及时清理运走，不得随意乱置，严禁向下丢弃物料，传递物件时，不得抛掷。

（3）高处作业配备工具袋，防止各种工具、零件等物件坠落伤人。

（4）作业人员在上下交叉作业时，不得在同一垂直面上。下层作业位置应处于上层作业物体可能坠落的范围之外。当不能满足要求时，上下之间应设置隔离防护层。

（5）严禁将零部件放置在起吊物上，与起吊物同时起吊。

（6）操作人员进入高空作业，起重作业等有物体坠落危险的施工现场，必须按要求正确使用安全防护用品。高处作业点的下方必须设置安全警戒线，严禁在作业区下方逗留，以防物料坠落伤人。

（7）安全通道上方应搭设防护设施，防护设施使用的材料要能防止高空坠落物穿透，工作平台外侧应设置踢脚板。

（8）施工作业平台上堆放物料，应不超过平台的容许承载力。防止因平台承载力不足或物料叠垛倾斜而倒塌伤人。

（9）夜间施工必须配备足量的照明设施。

5.2.3 防止起重伤害的安全技术措施

（1）施工吊装起重作业繁忙，必须加强起重安全管理和对人员的教育。

（2）起重作业必须严格遵守起重机械安全操作规程，起重司机、司索工、指挥工均是特殊工种，必须经培训考试合格并取得相关证书后方能上岗作业。

（3）施工前，现场负责人必须向在场所有工作人员交代技术措施和安全注意事项。

（4）起重作业必须由指挥工负责指挥，使用统一的标准信号。起重司机必须集中精力，听从指挥工的指挥。

（5）严禁使用非起重用机械吊、运重物。

（6）防起重伤害的安全技术措施

①起重机械、起重索具，严禁超负荷使用。

②移动式起重机必须在平整、坚硬的路面上行走、起吊、停留。

③汽车式、轮胎式起重机，必须在支好支腿后才允许起吊重物。

④起重机工作结束后，臂杆、吊钩应置于规定方位，各控制操作杆拨回零位。轨道式起重机固定制动装置，切断电源。

⑤起重机械的刹车制动装置、限位装置、安全防护装置、信号装置应齐全灵活，不得使用极限位置的限制器停车。

⑥不得在有载荷的情况下调整起升、变幅机构的制动器。

⑦不得将被吊物件从人的上空通过，吊臂下不得有人。

⑧不得在起重设备工作时进行检查和维修作业。

⑨不得未经试吊便起吊与设备额定载荷接近的重物。

⑩有下列情况之一，不准起吊：

a. 起重设备、起吊索具未经检测合格或超过检测合格有效期。

b. 起重设备的结构或零部件有影响安全的缺陷或损伤：如制动器、安全装置失灵，吊钩螺母防送装置损坏，钢丝绳损伤达到报废标准，吊钩不安装防脱落装置等。

c. 遇有 6 级以上强风、暴雨、雷电等恶劣天气。

d. 指挥信号不明。

e. 吊物捆绑、吊挂不牢。

f. 吊物重量超过起重机、索具允许负载。

g. 重物棱角处与钢丝绳之间未加衬垫。

h. 臂架、吊具、辅具、钢丝绳、缆风绳、重物等，与电力线路的安全距离不足。

i. 起重机械安全装置不灵。

j. 吊物上有人或其他附着物。

k. 吊物埋在地下，情况不明。

l. 光线不足，视线不清。

m. 吊物边缘锋利，无防护措施。

n. 液体盛放过满。

o. 斜拉斜拽。

p. 法律法规及标准规定的其他情况。

⑪桥面起重机需进行试验检测，并测定杆件应力值，在满足规范要求下方可使用。

5.2.4 防触电安全保证措施

（1）施工必须配备专职电工，电工必须经过培训持证上岗，施工现场所有的电气设备的安装、维修和拆卸作业必须由电工完成。

（2）电缆线路采用 TN-5 系统，电气设备和电气线路必须绝缘良好，不得采用老化脱皮旧电缆。

（3）各种型号的电动设备按使用说明书的规定接地或接零。传动部位按设计要求安装防护装置。维修、组装和拆卸电动设备时，断电挂牌，防止其他人私接电动开关发生伤亡事故。

（4）现场的配电箱要坚固，有门、有锁、有防雨装置，设备实行一机一闸一漏一箱。

不得用一个开关直接控制二台及以上的用电设备。

（5）使用自备电源或与外电线路共用同一供电系统时，电气设备根据当地要求作保护接零或作保护接地，不得一部分设备作保护接零，另一部分设备作保护接地。

（6）变压器设接地保护装置，其接地电阻不大于4Ω，变压器设护栏，设门加锁，专人负责，近旁悬挂"高压危险、请勿靠近"的警示牌。

（7）施工现场临时用电定期进行检查，接地保护、变压器及绝缘强度，固定用电场所每月检查一次，移动式电动设备、潮湿环境和水下电气设备每天检查一次。对检查不合格的线路、设备及时予以维修或更换，严禁带故障运行。

（8）焊工坐靠在工件上施焊时，身体与工件间应采取可靠的绝缘措施，以防触电。

（9）雷雨天气，停止露天高处作业。

5.2.5 防止机械伤害安全技术措施

（1）提高操作者的安全素质，进行安全培训，提高辨别危险和避免伤害的能力，增强避免伤害的自觉性，对危险部位进行警示和标志。

（2）消除产生危险的原因，减少或消除接触机器的危险部位的次数，采取安全防护装置避免接近危险部位，注意个人防护，实现安全机械的本质安全。

（3）加强操作人员的安全管理，抓好三级安全教育和业务技术培训、考核。提高安全意识和安全防护技能。

（4）建立健全安全操作规程和规章制度。

（5）按规定进行安全检查或巡回检查，对机械进行保养和维修。

（6）严格遵守劳动纪律，杜绝违章操作或习惯性违章。

（7）施工现场，机械设备按照相关要求合理进行布局。

（8）提高机械设备零、部件的安全可靠性：

①合理选择结构、材料、工艺和安全系数；

②必须设置防滑、防坠落及预防人身伤害的防护装置，如限位装置、限速装置、防逆转装置、防护网等；

③必须有安全控制系统，如配置自动监控系统、声光报警装置等。

（9）施工人员应站在专用的操作平台上，吊梁时人不得站在桥面起重机下。

5.2.6 防止人员淹溺的安全技术措施

（1）水上施工前需对现场施工作业人员进行安全交底，告知现场危险源点和安全要求及注意事项。

（2）进入水上施工作业区域的所有施工作业人员必须按照项目部制定的安全生产管

理规定要求执行，穿戴好安全防护用品，如：安全帽、救生衣、高空作业系好安全带等。

（3）水上施工作业区域周边设置防护栏杆，并配备一定数量的固定式防水灯，保证夜间足够的照明，防止施工作业人员落水发生事故。

（4）施工作业时，禁止一人施工作业，施工作业必须两人及以上方可进行作业。

（5）水上施工区域部位及周边环境设置安全警示牌、警示灯和警示红旗，设置在醒目部位。

（6）沿河道设置围挡，将施工区域全部封闭，安排人员值班，防止人员在施工区域垂钓、游泳。

（7）人员上下通道必须设安全网，跳板要固定。作业平台应满铺脚手板，周边必须有栏杆和安全网等可靠的临边维护，并设置多条安全通道，以防不测时人员迅速疏散。

5.2.7 防止设备倾覆的安全保证措施

（1）所有起重吊装工及司索工进行安全技术教育培训，考核合格持证上岗。

（2）提高操作者的安全素质，进行安全培训，提高辨别危险和避免伤害的能力，增强避免伤害的自觉性，对危险部位进行警示和标志。

（3）消除产生危险的原因，减少或消除接触机器的危险部位的次数，采取安全防护装置避免接近危险部位，注意个人防护，实现安全机械的本质安全。

（4）加强操作人员的安全管理，抓好三级安全教育和业务技术培训、考核。提高安全意识和安全防护技能。

（5）建立健全安全操作规程和规章制度。

（6）按规定进行安全检查或巡回检查，对机械进行保养和维修。

（7）严格遵守劳动纪律，杜绝违章操作或习惯性违章。

（8）施工现场，机械设备按照相关要求合理进行布局。

（9）提高机械设备零、部件的安全可靠性。

（10）严禁违规操作，违章指挥，严禁超过起重设备吊重起吊设备。

（11）施工过程中检查起重设备的支撑点地基的承载力及稳定性。

（12）桥面起重机行驶前、顶推设备顶升前需对设备进行检查，到位后立即固定，防止设备倾覆。

5.2.8 防止火灾、爆炸事故的安全保证措施

（1）对施工人员进行消防培训，使其清楚发生火灾时所应采取的程序和步骤，掌握正确的灭火方法。

（2）在施工现场入口和现场临时设施处设立固定的安全、防火警示牌、宣传牌。配备

必要的消防器械和物资，确保现场配备的灭火器材在有效期内，注意日常维护，使其处于完好状态。

（3）油漆燃气瓶等易燃、易爆物资，应存放在专用库房内，随用随取，库房处设置醒目的禁火警示牌。

（4）施工现场用电，严格执行有关规定，防止发生电器火灾。

（5）在高处进行电焊作业时，作业点下方及周围火星所及范围内，必须彻底清除易燃、易爆物品。

（6）在焊接和切割作业过程中和结束后，应认真检查是否遗留火种。

（7）焊、割作业点与氧气瓶、乙炔气瓶等危险物品的距离不得少于5m，与易燃易爆物品的距离不得少于30m。

（8）加强对易燃、易爆及危险品的管理。机械设备使用的柴油、重油、汽油等易燃品，其采购、运输、贮存及使用各环节均严格按照有关安全操作规程执行，储料现场配备充足的消防灭火器材。

（9）要由合格电工安装线路，不可用废旧电线私拉乱接，穿管内导线不得有接头，电线连接处应包以绝缘胶布，不可破损裸露。

5.2.9 防临时结构坍塌安全保证措施

（1）材料必须符合国家标准，存在明显缺陷的材料禁止使用。

（2）施工过程中严格按照设计图及施工质量控制标准施工验收。

（3）所有临时支撑结构必须经结构设计计算，保证支架的整体强度、刚度稳定性。

（4）各构件严格按照设计要求安装，必要时必须增加构件的临时性稳定措施，在气割作业时不得损坏构件的截面。

（5）严格按照荷载标准施工，桥面起重机在吊装相关构件，严格按照额定起吊重量控制，防止超载，造成塔式起重机失稳。

5.2.10 高温季节防中暑安全保证措施

重庆地区夏季气温高，且空气湿度大，给工程质量、安全带来很大的隐患。因此夏季施工应以安全生产为主题，以防暑降温为重点，切实抓好安全生产，确保工程质量和施工人员的生命健康。

（1）在现场开展防暑降温保健、中暑急救等卫生知识的宣传工作。

（2）调整作息时间，避开中午高温时间作业，严格控制工人加班加点，高空作业的人员工作时间适当缩短，保证工人有充足的休息和睡眠时间；保证工人们的身心健康；加强对工人身体状况的检查工作，搞好医疗保健。

（3）采用多种形式，对施工人员进行防暑降温知识的宣传教育，使施工人员知道中暑症状，学会对中暑人员采取应急措施。

（4）对高温、高处作业的工人，经常进行健康检查，发现作业禁忌者，及时调整高温及高处作业岗位。

（5）日最高气温达到39℃以上时，当日停止作业。

（6）现场配备中暑急救药品。

5.2.11 钢栈桥使用安全管理方案

（1）钢栈桥搭设完成后，在钢栈桥侧面搭设检修通道，项目部安排专人定期对钢栈桥进行检修，保证钢栈桥各构件的安全稳定。

（2）钢栈桥在施工过程，在钢栈桥上部设置禁止超载、超速的警示标志，防止超载超速导致的栈桥失稳。

（3）钢栈桥在使用过程中委托第三方对钢栈桥进行监控。包括：①钢栈桥及钢平台使用阶段各工况下的结构受力情况和整体稳定性情况；②贝雷梁各杆件受力安全性监测；③分配梁的受力安全性监测；④钢管立柱的受力安全性监测；⑤稳定性监测。

（4）汛期将实行24h值班制度，密切与当地气象、水文部门联系，随时关注天气预报，掌握施工期间降雨情况，并加强钢栈桥的监测。

5.3 监测监控措施

5.3.1 监测项目

（1）施工过程中对塔式起重机的位移监测、电机系统监测以及限位制动系统的监控。

（2）对电梯升降系统及限位制动系统的监控。

（3）对钢栈桥及钢平台结构受力情况和整体稳定性监控，包括：①贝雷梁各杆件受力安全性监测；②贝雷梁各杆件受力安全性监测；③分配梁的受力安全性监测；④钢管立柱的受力安全性监测；

（4）钢箱梁施工过程中对临时支架的沉降及位移监测。

（5）施工期间对李家沱老桥的变形监测。

（6）施工期间对钢箱梁线型、高程进行监测。

（7）钢导梁变形及下挠监测。

5.3.2 测点布设

（1）在塔式起重机立柱角点或附墙位置设置位移观测点对塔式起重机位移进行监测，定期派人对塔式起重机牵引系统及限位自动系统进行检查（表5-1）。

（2）通过安排专职维管人员对电梯等升降设备进行检查。

（3）在钢栈桥桥面上纵向每3跨设置一个测量断面，每个断面上分别在左、中、右三处布设沉降位移观测点；在每跨左右两侧钢管立柱上分别设置一个沉降位移观测点。

（4）钢箱梁吊装前在钢箱梁梁端设置监测点，用来控制线和高程。

（5）在老桥位置设置沉降位移观测点，对老桥沉降进行观测。

（6）在钢箱梁安装时，对主塔进行监测。

（7）钢导梁主梁端头设置观测点。

（8）对顶推支架每班进行监测。

监测点布设情况 表 5-1

序号	监测项目	布点情况
1	竖向沉降	本桥顶推支架主要通过竖向沉降、水平位移变化进行监测，根据两岸顶推支架情况，监测点宜布设在顶推支架的转角点、位移变化敏感或预测变形较大部位
2	水平位移	本桥顶推支架主要通过竖向沉降、水平位移变化进行监测，根据两岸顶推支架情况，监测点宜布设在顶推支架的转角点、位移变化敏感或预测变形较大部位

5.3.3 监测方法及频率

（1）对于塔式起重机、电梯、支架、老桥等采用全站仪进行观测，每天观测一次跟初始值进行对比。

（2）对于钢栈桥使用全站仪和水准仪对高程及轴线进行检查，与初始值对比，计算沉降量与位移量。钢栈桥使用过程中前期每周观测一次，连续观测4周，若无变化，每月观测一次，遇到恶劣天气或大型机械过桥后应加大观测密度。

（3）对钢导梁焊缝、高强度螺栓连接情况、钢导梁端头下挠进行观测。

（4）在进行钢箱梁吊装及顶推时，针对涉及到的顶推支架每班进行监测。

5.3.4 报警值及处理措施

（1）老桥变形监控数据分析及处理。架梁顶推施工过程中由第三方监控单位对原李家沱公路大桥沉降及位移进行监控，当出现监控值超多变形值控制值之时要及时预警，停止主塔施工，采用一定防护措施并且监控数值趋于稳定后再施工。预警值见表 5-2。

既有桥监控预警值 表 5-2

监控项目	控制值	
	变化速率	累计变化量
引桥桥墩沉降	2mm/d	10mm

续上表

监控项目	控制值	
	变化速率	累计变化量
主桥差异沉降	1mm/d	2mm
引桥桥墩倾斜	2mm/d	0.005mm
主桥桥墩倾斜	2mm/d	0.005mm
主桥桥墩竖向位移	2mm/d	20mm
主桥桥墩水平位移	2mm/d	20mm

（2）根据测量数据，分析钢栈桥及钢平台受力沉降变形情况，确保栈桥及平台处于安全稳定状态，钢栈桥监测预警值见表5-3。

钢栈桥监测预警值　　表5-3

序号	检测项目	单次允许变化量	累计允许变化量
1	水平位移	8mm	20mm
2	竖向沉降	8mm	20mm

（3）根据测量数据，分析钢栈桥及钢平台受力沉降变形情况，确保栈桥及平台处于安全稳定状态，项目部测量人员及现场工程师负责对顶推支架行位移和沉降监测。使用全站仪和水准仪对高程及轴线进行检查，与初始值对比，计算沉降量与位移量。顶推支架使用过程中前期每周观测一次，连续观测4周，若无变化，每月观测一次，遇到恶劣天气应加大观测密度。（顶推支架监测具体按照第三方施工监控方案执行）根据测量数据，分析顶推支架受力沉降变形情况，确保支架处于安全稳定状态，顶推支架控制值及预警值统计见表5-4。

顶推支架控制值及预警值统计表　　表5-4

工点	监测项目	单次允许变化量	累计允许变化量
顶推支架	水平位移	15mm	35mm
	竖向沉降	15mm	35mm

5.3.5 其他监测

其他监控主要有以下内容：

（1）对使用的构配件材料的材质，使用的机械、工具、用具进行监控。

（2）加强安全管理，及时与水事部门沟通，对过往船只和附近水域进行监控。

（3）在汛期时，与水利防洪部门密切配合，对上游流域洪水进行监控。

5.3.6 信息反馈

建立监测结果信息反馈制度，每日按时将监测数据上报项目部，若发现异常情况，立即疏散相关人员，通知监测组长。

5.3.7 监测小组成员及监测仪器

（1）监测组长有项目经理担任，并配备一名测量主管及两名测量员。

（2）监测设备投入见表5-5。

监测设备投入情况表　　　　　　　　　　表 5-5

序号	设备名称	数量	备注
1	全站仪	1	
2	水准仪	2	
3	测斜仪	1	
4	应变仪	1	

5.4 其他保证措施

5.4.1 质量保证措施

（1）工程质量报验程序

工程质量报验程序如图5-4所示。

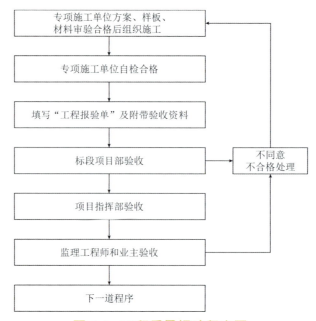

图 5-4　工程质量报验程序图

（2）隐蔽工程质量控制验收程序

隐蔽工程质量控制验收程序如图 5-5 所示。

（3）施工过程质量控制程序

施工过程质量控制程序如图 5-6 所示。

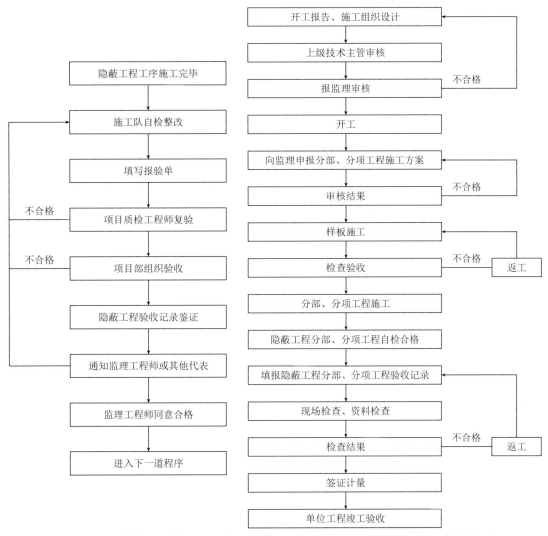

图 5-5　隐蔽工程质量控制验收程序图　　图 5-6　施工过程质量控制程序图

5.4.2 现场施工管理

根据施工任务需要，标段项目部配置足够的、能满足使用要求与测试精度的各种设备、工具、卡具、仪器仪表、计量器具。现场所用计量器具必须经过国家认可的有关部门或单位检定，并在检定合格证的有效期内使用。

5.4.3 夏期保证措施

（1）集料及其他组成成分的遮阴或围盖和冷却。

（2）在秤及浇筑时对配料、运送、泵送及其他设备的遮阴和冷却。

（3）与混凝土接触的模板、钢筋及其他表面，在浇混凝土前应冷却到 32 度以下，其方法有盖以湿麻布或棉絮、喷雾状水，用保护罩覆盖或其他认可的方法。

（4）混凝土浇注应解决施工冷缝和干缩裂缝。

（5）混凝土可选用水化热较低的水泥，如矿渣水泥、火山灰质水泥和粉煤水泥等。

（6）混凝土加减水缓凝剂，以延长初凝时间和减少水灰比，减少收缩裂缝。

（7）新浇好的混凝土表面用草垫遮盖，每隔1h左右洒一次水，晚上每3h洒一次水。

（8）高温期间，混凝土施工配合比要作适当调整，掺缓凝减水剂，延长终凝时间，克服坍落度损失，浇筑混凝土前对模板要充分浇水润湿，要特别注意加强保湿养护。

5.4.4 冬期保证措施

根据《（JGJ/T 104—2011）建筑工程冬期施工规程》，冬期施工时间界定原则为室外日平均气温连续5d稳定低于+5℃时，即进入冬季施工；当气温回升，连续5d高于+5℃时即可解除冬季施工。本工程冬施之前应提前做好冬季施工有关准备工作，一旦有寒流袭击，室外日平均气温连续5d稳定低于+5℃则随即进入冬季施工。

（1）冬季施工主要工序质量保证措施

为确保工程按期完成，保证工程均衡施工，需进行冬季施工，当室外平均温度低于5℃或最低气温低于-3℃时，应按冬季施工采取措施，确保施工质量。

冬季施工前，结合工程进度安排，组织有关技术人员编写冬季施工专项方案和各分项工程在不同的冬季施工阶段中的施工方法和技术措施，并进行论证，确保措施可靠、合理、节能降耗。

组织施工人员学习有关冬季施工技术、施工规范，掌握本工程的具体施工方法和措施。测温人员要掌握各种测温方法，深刻理解测温的意义和测温数据的重要性。

（2）混凝土冬季施工质量保证措施

针对不同结构混凝土和以往的冬季施工经验，做好混凝土的试配工作，确定水泥型号、外加剂型号、掺量，确定原材料的加热温度、混凝土的出罐温度、运输过程中的温度损失、入模温度、采取加热养护时的温度。

①技术准备

a. 对预拌混凝土站进行混凝土冬季施工方案的交底，要求混凝土标号不得低于P·O 42.5，混凝土到达现场后的出罐温度不得低于10℃，入模温度不低于5℃。如何保证商品混凝土到达现场后的出罐温度及确保冬季混凝土质量的措施，由商品混凝土供应商提供方案并审批，满足要求后严格按照方案实施。

b. 施工现场须准备好混凝土覆盖用保温材料，如塑料薄膜、阻燃毛毡、彩条布和草帘等。

c. 浇筑前，应清除模板和钢筋上的冰霜和污垢，但不得用水冲洗。不得在冻土层上进行混凝土浇筑，浇筑前，必须设法升温使冻土消融。

d.浇筑后，对混凝土结构易冻部位，必须加强保温，以防冻害。

②冬季混凝土浇筑的保证措施

a.混凝土浇筑尽量在保温棚内进行，必要时，浇筑前对模板、钢筋进行预热。

b.混凝土浇筑时，各项准备工作充分，并有应急保障措施。

c.混凝土采用机械振捣分层连续浇筑，分层厚度控制在20~30cm。

d.浇筑时，工地质检员应经常测量混凝土出罐温度和入模温度，每班不少于四次，主体结构混凝土浇筑每两小时一次，确保浇筑质量。

③冬季混凝土浇筑的测温措施

混凝土温度的测量：按要求布置测温孔并编号，按规定测量混凝土的入模温度，混凝土养护的初始温度，升温、恒温、降温过程中的混凝土的温度。根据养护测温记录，推算混凝土强度增长情况，决定同条件试块试压时间、混凝土拆模时间以及拆模后混凝土外表面的保温措施，拆模时混凝土表面温度和自然温度之差不能超过20℃。

④混凝土的养护措施

混凝土冬季施工养护方法有蓄热法、蒸气加热法、电热法、暖棚法以及掺外加剂法等。混凝土浇筑完毕后及时对混凝土进行保温覆盖，以保证混凝土初凝前不受冻，根据施工部位及气温情况，一般可参照如下数据覆盖：气温在0~5℃时盖一层草帘和一层塑料薄膜，气温在-10~0℃时盖三层草帘和一层塑料薄膜，低于-10℃时盖四层草帘和一层塑料薄膜；低于-15℃时应采用加温和其他材料（如岩棉、苯板等）进行保温。派专人负责测温并详细记录整个养护期的温度变化，发现问题及时采取措施补救。

（3）钢筋工程冬季施工质量保证措施

①钢筋在负温下下料、切割、尺寸和接头焊接构件下料，应分别考虑负温下钢材收缩的影响和预留焊缝收缩量。

②为防止接头热影响区的温度梯度突然增大，进行帮条电弧焊或搭接电弧焊时，第一层焊缝，先从中间引弧，再向两端运弧；立焊时，先从中间向上方运弧，再从下端向中间运弧。以使接头端部的钢筋达到一定的预热效果。在以后各层焊缝的焊接时，采取分层控温施焊。层间温度控制在150~350℃之间，以起到缓冷的作用。坡口焊的焊接，也分两层控温施焊。

③负温下焊接的需进行预热，其预热温度可由试验确定，或按相关标准规定执行。

④焊接接头：冬季在负温条件下焊接钢筋其环境温度不宜低于-20℃，同时有防雪挡风措施。焊后的接头，严禁立刻碰到冰雪。

⑤在负温条件下采用的钢筋，施工时应加强检验。钢筋在运输和加工过程中应防止撞击和刻痕。

⑥在负温下制作的钢结构进行检查验收尺寸时，应考虑当时检查温度的影响。

⑦钢筋冷拉温度不宜低于−20℃，预应力钢筋张拉温度不宜低于−15℃。

5.4.5 雨季施工保证措施

1）雨季施工安排

（1）编制雨季各施工项目的专项施工方案，严格按照审批方案要求备足雨季施工材料和防护物品。

（2）建立施工天气晴雨记录表，设专人负责每日更新最近天气情况及时掌握天气预报和气象动态，经常与当地气象部门联系，以利安排施工，做好预防工作。

（3）提前做好物资、设备的防淋、防湿工作，对钢筋和机电设备等做好覆盖。

（4）对深基坑加设挡板和支撑，坑外做好排水设施，备足排水设备，防止基坑边坡滑坍。

2）雨季施工主要工序保证措施

（1）准备工作

①成立抗洪防汛领导小组，建立雨季值班制度。在雨季来临之前，建立雨季施工领导小组，责任到人，分片包保。在雨季施工期间定期检查，严格雨季施工"雨前、雨中、雨后"三检制，对发现的问题及时整改。

②成立防洪抢险突击队，平时施工作业，雨时防汛抢险。每个施工现场均要备足防汛器材、物资，包括雨衣，雨鞋，铁锹，草袋，水泵等，做到人员设备齐整、措施有力、落实到位，防洪抢险专用物资任何人不得随意调用。

③雨季期间，与当地气象水文部门取得联系，及时获得气象预报，掌握汛情，合理安排和指导施工，做好施工期间的防洪排涝工作。建立雨季值班制度，专人负责协调与周边部门、企事业单位的防汛工作。

④编制雨季施工作业指导书，作为雨季施工中的强制性执行文件，严格执行。

⑤在雨季施工时，施工现场应及时排除积水，加强对支架、脚手架和土方工程的检查，防止倾倒和坍塌。

⑥现场大、中、小型设备必须按规定加防雨罩或搭防雨棚，机电设备要安装好接地装置，机电闸箱的漏电保护装置安全可靠；施工电缆、电线尽量埋入地下，外露的电杆、电线采取可靠的固定措施；雨季前对现场设备作绝缘检测。对易潮物资水泥等材料采取遮雨、防潮措施，现场物资的存放台等均应垫高，做好周围排水设施，防止雨水浸泡。

(2)雨季施工组织管理保证措施

项目经理部成立雨季施工领导小组，组长由项目经理兼任，各职能部门负责人为小组成员。制订和落实雨季施工工作制度。明确领导小组成员和各标段项目经理的责任分工，做到责任到人，各负其责。

实行雨季值班制度，与当地气象部门加强联系，遇有雨情及时通知有关单位做好预防工作。

岗位工作责任制：建立健全各岗位、工种施工操作责任制，实行包保结合，包保到人。

(3)雨季钢筋施工质量保证措施

①雨天施工时，加工钢筋在钢筋棚内进行，正在进行施工的钢筋骨架或已绑扎完准备浇注混凝土的，须用棚布、雨布加以覆盖，并把中间垫高，以利排水，防止雨水腐蚀钢筋。

②锈蚀严重的钢筋使用前要进行除锈。

③进现场的钢筋要堆码整齐，下雨时盖塑料布进行保护。加工钢筋尽量利用无雨天气施工。

(4)雨季混凝土质量保证措施

①混凝土浇筑前应及时了解天气预报，尽量利用非雨天气组织施工。如果在混凝土浇筑过程中遇雨，应及时用塑料布或雨布遮盖。

②混凝土浇筑前必须清除模板内的积水，混凝土浇筑前不得在中雨以上进行，遇雨停工时应采取防雨措施。待继续浇灌前应清除表面松散的石子，施工缝应按规定要求进行处理。

③混凝土初凝前，应采取防雨措施，用塑料薄膜保护。

④浇灌混凝土时，如突然遇雨，要做好临时施工缝，方可收工。雨后继续施工时，先对接合部位进行技术处理后，再进行浇筑。

⑤雨季施工及时调整各种配合比。混凝土浇筑过程中或浇筑完毕未达到初凝如遇下雨，立即用塑料膜或篷布覆盖，防止雨淋。

⑥雨后接缝时应凿掉被雨水浸泡冲刷过的松散混凝土，继续浇筑混凝土时应按施工缝处理。

⑦如果浇筑的混凝土在终凝前受到雨水冲刷或浸泡，使其表面遭到破坏，应将这部分混凝土及时砸至密实层，再进行修补处理。

5.4.6 环境、水土保护措施

(1)通过建立完善的环境保护组织体系，安排人员定期走访施工现场周围居民，妥善解决居民投诉。

（2）对环境保护敏感点加强监控，如居民集中区等，重点控制噪声和振动。环境保护的重点是渣土外运和处理、噪声、振动、废水、固体废弃物、扬尘、交通组织和出入方便。

（3）在施工前，充分做好各种准备工作，对施工范围内所涉及的道路和各种地下管线进行详细调查，并提前协同有关部门确定拆迁、改移方案，确保施工时迁移各种管线时，不致影响沿线地区水、电、气、通信等设施的正常供应和运行。

（4）为确保有序施工，并使对工程所在地区居民生活和城市交通影响程度降至最低程度，与交通管理部门协商，对施工机械及运输车辆走行路线进行统一安排，减少施工道路上的交通流量，以防止交通堵塞。

（5）防止运载物在行驶过程中抛洒。弃土和建筑垃圾的运输时间进行严格控制。

（6）做到文明施工，并切实美化、亮化工地。采用封闭式施工方法，用塑料制品或设置洁净围墙遮挡建筑工地，以减少施工期对城市景观的影响。

5.4.7 扬尘、烟尘防治措施

（1）严格遵守重庆市建筑工程渣土装运相关规定。

①运输车辆进出场时，派专人清洗轮胎和车厢挡板，防止污染城市道路和市区环境。

②废泥浆外运采用专用车辆，指定专人检查车辆的密封性能，并严禁在中途排放。

（2）合理组织施工、优化工地布局，使产生扬尘的作业、运输尽量避开敏感点和敏感时段（室外多人群活动的时段）。

（3）对易产生粉尘、扬尘的作业面和装卸、运输过程，制定操作规程和洒水降尘制度，在晴天和大风天气适当洒水，保持湿度。

（4）严禁在施工现场焚烧任何废弃物和会产生有毒有害气体、烟尘、臭气的物质，熔融沥青等有毒物质要使用封闭和带有烟气处理装置的设备。

（5）水泥等易飞扬细颗粒散体物料尽量安排库内存放，堆土场、散装物料露天堆放场要压实、覆盖。选择合格的运输单位，做到运输过程不散落。

（6）根据场地条件、施工安排、厂内运输组织做好临时设施、临时排水及道路的布置。厂区内的临时房屋、内外地坪、道路、仓库、加工场、材料与淤泥堆放场、基坑四周等均必须进行场地硬化。

5.4.8 噪声控制措施

（1）工程施工期间，噪声对环境的影响必须满足国家和重庆市有关法规要求。具体要求见表5-6。

施工阶段的噪声限值 表 5-6

施工阶段	主要噪声源	噪声限值	
		昼间（dB）	夜间（dB）
钢箱梁	焊接、吊装等	75	55

（2）不使用噪声大设备，机械设备作业时间控制进行严格控制。

（3）除抢险施工外，作业时间为七时至十二时和十四时至二十二时，工艺连续施工的办理夜间施工许可证，并对超标范围内的居民做好补偿。

（4）噪声超标时立即采取相应的降声措施，并按规定缴纳超标准排污费。

（5）在各施工阶段尽量选用低噪声的机械设备和工法。

（6）施工场地合理布局、优化作业方案和运输方案，保证施工安排和场地布局尽量减少施工对居民生活的影响，减少噪声的强度和敏感点受噪声干扰的时间，超标严重的施工场地安设必要的噪声控制设施。

（7）在施工过程中，在有规章规定的地方或在工程师的要求下，向劳动力提供听觉保护装置，并指导他们正确使用这些装置。

5.4.9 生活、生产污水排放控制措施

（1）废水排入城市污水管道及自然水体，悬浮物含量符合相关规范要求。

（2）所有废水、污水按经过批准的方法处理后排入排污系统，不得污染环境。

（3）在开工前完成工地排水和废水处理设施的建设，保证工地排水和废水处理设施在整个施工过程的有效性，做到现场无积水、排水不外溢、不堵塞、水质达标。

（4）回填土堆放场、泥浆水产生处设沉淀池，沉淀池的大小根据排水量和所需沉淀时间确定。

（5）施工现场设置拟用油漆油料库，库房地面墙面做防渗漏处理，储存、使用、保管由专人负责，防止油料跑、冒、滴、漏污染土壤、水体。

（6）及时处理施工及生活中产生的废弃物，运至监理工程师及环境保护部门同意的地点弃置，注意避免污染水源。如无法及时处理或运走，则必须设法防止散失。

（7）围护结构的渗漏水和施工作业废水等，要经过沉淀处理再排入城市下水道。

（8）进场后布设好场地内的排水系统，确保厂区内的施工、生活污水、雨水能顺利地疏排。

5.4.10 固体废弃物管理措施

减少回填土方的堆放时间和堆放量，堆土场周围加护墙护板。对作业面和土堆适当喷水，使其保持一定湿度，以减少扬尘量。制定泥浆和废渣的处理、处置方案，选择有资质的运输队伍，及时清运施工弃土和渣土，建立登记制度，防止中途倾倒事件发生并做到运

输途中不洒落。

依照重庆市相关规定,加强建设工程渣土装运管理,防止运输渣土洒漏,维护整洁的市容和道路环境,对建设工程渣土装运实施备案管理并作为开工验收条件。选择对外环境影响小的出土口、运输路线和运输时间。

剩余料具、包装及时回收、清退。对可再利用的废弃物尽量回收利用。各类垃圾及时清扫、清运,不随意倾倒,每班清扫、每日清运。

施工现场内无废弃砂浆和混凝土,运输道路和操作面落地料及时清运,砂浆、混凝土倒运时应采取防洒落措施。

5.4.11 水土流失防治措施

(1) 水土保持的原则:重规划、少占地、多利用、少弃渣、快恢复,严管理、少流失。

(2) 加强施工管理和临时防护措施,严格控制施工中可能造成的水土流失。做好水文地质资料调查,严格控制水资源漏失。

(3) 桥梁施工,特别是钻孔过程中会有大量的泥浆水排放,为防止污染水源,破坏环境,钻孔过程中的泥浆水先集中在沉淀池沉淀,符合要求后排放,严禁乱流乱淌。余土及废弃物等,严禁直接排入河中或遗弃于河床,在工程完工时进行清理,集中置于弃渣场。

(4) 委托具有相应监测资质的监测机构承担水土流失监测任务,并定期向有关水行政主管部门提交监测报告。

(5) 遵守国家和地方有关水土保持的规定,采取必要的措施防止施工中的燃料、油、污水、废料和垃圾等有害物质对水源的污染。

(6) 不破坏、占压、干扰河道、水道及既有灌溉、排水系统。必须占压的,首先征求主管部门同意,并采取必要的防护、替代措施。防止工程施工中开挖的土石材料对水道、灌渠等排水系统产生淤积或堵塞。

(7) 弃土场选址依据设计文件规划或与地方有关部门协商,结合当地土地利用规划,并对取弃渣场进行安全评估,做到万无一失。弃渣场选择在坡度较缓、易于形成坡度的开发山坡荒地处,避开大面积汇水地带的滞留谷地,并避免下游有重要设施或集中居民点。

5.4.12 职业健康保护措施

1) 劳动保护措施

(1) 接触粉尘、有毒有害气体等有害、危险施工环境的作业职工,按有关规定发放个人劳动保护用品,并监督检查使用情况,以确保正常使用;

(2) 加强机械保养,减少施工机械不正常运转造成的噪声;

(3) 对于噪声超标的机械设备,采用消音器降低噪声。洞内运输机械行驶过程中,只许按低音喇叭,严禁长时间鸣笛;

（4）对经常接触有噪声的职工，加强个人防护，佩戴耳塞消除影响；

（5）按照劳动法的要求，做好本工程的劳动保护装备工作，根据每个工种的人数以及劳动性质，由物资部门负责采购，配备充足而且必要的劳动保护用品。同时加强行政管理，落实劳动保护措施。

（6）劳动保护装备要符合以下要求：采购劳动保护用品时，必须审核产品的生产许可证、产品合格证和安全鉴定证，确保产品的质量和使用安全；对于未列入国家生产许可证管理范围的劳动防护用品，按路用劳动防护用品许可证制度进行质量管理。

2）医疗卫生保护措施

（1）医疗保障措施

联系医院，全面负责医疗卫生和传染病、地方病防治的监测监督工作，落实防治措施，做好职工的健康教育工作。对项目内出现的疫情信息，及时向上一级医疗卫生机构报告。对内规范管理、对外加强协调联系，营造一个良好的内外卫生防疫工作环境；

（2）卫生保证措施

工地卫生管理主要包括环境卫生、食堂卫生和个人卫生三大部分。①环境卫生保证措施工地配备一定数量的环境卫生清扫人员，每天对工地的环境卫生进行打扫，尤其是职工宿舍周围的环境卫生。②食堂卫生保证措施设立食堂卫生监督机制，由项目部综合部组织对食堂卫生进行不定期抽查，全体员工进行监督，确保食堂卫生；③个人卫生保障措施项目部将积极为职工搞好个人卫生创造条件，如修建洗澡堂、发放劳保用品等。

3）职业病防治措施

（1）严格执行《中华人民共和国传染病防治法》《中华人民共和国公众卫生法》及所在地政府有关职业病管理与疾病防治的规章制度。

（2）各单位配备应有的设施。负责职工的疾病预防及事故中受伤职工的抢救；

（3）邀请卫生防疫部门定期对工地及生活区进行防疫检查和处理，按时接种有关疫苗及消灭鼠害、蚊蝇和其他虫害，以防对职工造成任何危害。

（4）强化施工和管理人员卫生意识，杜绝疾病的产生，对已患传染病者及时隔离治疗。

（5）有针对性地进行职业病的检查，发现病情时，及时进行病情分析，寻找发病根源，加强和改进施工方法及工艺，消除发病根源，防止病情的蔓延。对特殊工种进行岗前培训，持证上岗，按规定采取防范措施，按规定进行施工操作。及时发放个人劳动保护用品，并监督检查正确使用。

（6）加强健身运动，增强体质，提高员工的抗病能力，积极开展各种文娱活动，丰富员工的业余生活，有效地消除员工的疲劳和工作压力，使员工在良好的心态下工作，有效防止职业病的发生。

（7）做好对员工卫生防病的宣传教育工作，针对季节性流行病、传染病等，要利用板报等形式向职工介绍防病、治病的知识和方法。

（8）保护工作环境，有效消除或控制环境毒源，做好自我防护工作，预防职业中毒事故。施工现场的各种机械排出的废气废物、材料装卸和搬运过程中产生的扬尘，被人体吸收后，对身体产生很大的危害，因此，施工人员一定要佩戴口罩进行自我防护，机械操作手要作好机械的维护工作，最大限度地减少机械的噪声和废气的排放量，材料装卸和搬运时应轻拿轻放，减少扬尘对环境的污染，从而有效地预防职业中毒事故。

（9）加强施工运输道路和防尘工作。搅拌站和预制场内的行车道路，均采用混凝土硬化处理，对粉尘较多的进场施工便道，采用填筑砂砾等材料铺设路面，以减少由于行车造成灰尘增多，指派专人对施工运输道路进行维护，并用洒水车经常洒水，保持道路湿润，最大限度地减少道路粉尘飞扬。

（10）保持作业场地、运输车辆以及其他各种施工设备的清洁。作业场地经常进行整理和清扫；运输车辆在运输飞扬性物资时，用彩篷布覆盖的维护措施，停运时注意冲洗，保持车辆干净卫生，施工区内的搅拌、运输设备、模板、输送泵等机械设备按"谁管理，谁负责保养"的原则，经常进行清洁，使机械在空闲时不产生扬尘。

（11）爱护环境，保护当地植被，防止水土流失。对工地外围的草皮、树木不得进行破坏，必要时对在施工环境中产生扬尘的地方进行绿化，以控制扬尘的产生。

（12）对施工场地固定的经常运转设备进行合理布置，分散安置，以分散振动和噪声源，有效避免各种振动和噪声产生共振，降低其危害程度。

（13）振动和噪声较大的大型机械布置，尽可能在离居民区及职工生活区较远的地方，并尽可能避免夜间施工，深夜必须停工，以免影响当地居民及员工的正常休息。

（14）在各种施工机械和经常运转设备中安装消音器来降低振动和噪声。

（15）对产生较大振动和噪声的常运转固定设备（如发电机、空压机等）采用搭设隔离音棚或修建隔音墙等措施来降低振动和噪声的危害。

（16）处于振动和噪声区的施工人员，合理佩戴手套、耳塞、耳罩等防护用品来减轻危害。

5.4.13 疫情防控措施

（1）施工现场准备

施工现场采用封闭式集中管理，严格进、出场实名制考勤。办公区、生活区、施工区、材料加工和存放区等区域分离，围挡、围墙确保严密牢固，实现人员在场内流动。分别在南北岸施工现场生活区设置隔离室，项目管理人员设在居住小区，由社区统一管理。

办公场所、会议室、生活区域及其他人员活动场所定期通风换气和清洁卫生，定期消毒，重点对人员密集场所宿舍、食堂和会议室进行消毒。加强施工现场环境卫生整治，消除卫生死角盲区，保证施工现场内洗手设施的正常使用，并配备肥皂或洗手液。在南北岸生活区域设置废弃防疫物资专用回收箱（垃圾桶），定期对专用垃圾桶进行消毒处理。

（2）防疫物资筹备

防疫物资筹备见表5-7。

防疫物资筹备 表5-7

序号	用品名称	用品数量	备注
1	一次性口罩	14000个	
2	消毒氯片	5000片	
3	红外测温仪	5个	
4	温度计	50支	
5	消毒酒精	50L	
6	医用手套	500副	
7	普通手套	300副	
8	84消毒液	30瓶	
9	连花清瘟颗粒、磷酸奥司他、双黄连口服液等防疫药品	若干	

目前防疫物资能够满足项目作业人员使用30天。除已采购的外，项目部根据需要陆续订购了更多的防疫物资，以保障使用等连续性。防疫物资管理由项目部防疫保障小组负责。

（3）施工组织

针对李家沱长江复线桥施工进行全桥施工分解，细化施工工期计划，减少人员聚集和交叉作业等具体措施。优化总体施工资源配置，合理确定施工组织方案，确保控制性工程满足全线工期目标。

优选精干的施工管理人员，进行本桥施工组织管理，部分专业性较强的专业选择专业队伍进行施工，保证施工质量、进度。严格遵守各项规章制度，加强项目安全质量管理，落实安全质量管理实体责任，对关键部位项目领导班子成员现场带班。切实保证工程安全质量，加强现场风险管控和隐患排查双控机制管理。

统筹规划全桥材料类型、数量及施工时间点，根据总体施工进度计划进行对应材料计划规划，保证材料供应，尽量避免中、高风险源区材料进场，确保施工进展有序进行。

本桥施工机械设备较多，要加强机械设备管理，定期维护检修，每天对密闭狭小操作室进行消毒处理，确保机械设备正常循环运行，疫情防控到位，保证施工安全及施工进度可控。

（4）施工区管理

每天对现场施工机械、起重机械驾驶室及操作室等密闭狭小空间及长期接触部位进行消毒，并形成台账。施工机械等采取专人专用的原则，同时优化施工现场的工序、工艺，并尽可能多地使用信息化技术手段，减少人员接触、聚集和交叉作业。需要进入施工现场的车辆，予以消毒。

加大施工现场巡查力度，检查作业环境是否满足疫情常态化防控要求，其中重点厨房、宿舍、会议室封闭空间区域是否消毒；检查施工人员防护防疫口罩是否佩戴。发现问题及时整改，第一时间消除防疫隐患。

（5）办公区管理

保持办公区环境清洁，定时通风，每次 20～30min，通风时注意保暖。人与人之间保持 1m 以上距离，多人办公时佩戴口罩。保持勤洗手、多饮水，坚持在进食前、如厕后按照六步法严格洗手。接待外来人员双方佩戴口罩。

（6）会议管理

佩戴口罩，进入会议室前洗手消毒。开会人员间隔 1m 以上。减少项目集中开会，控制会议时间，会议时间过长时，开窗通风 1 次。会议结束后场地、桌椅须进行消毒。茶具用品开水浸泡消毒。

（7）生活区管理

严管工地饮食卫生、个人卫生和居住卫生管理，保障饮用、洗漱等热水供应；严格做好宿舍、食堂等重点部位的清洁通风和消毒杀菌工作。保持施工现场（工地食堂、宿舍以及厕所等场所）的清洁卫生及室内空气流通，落实环境消毒制度，办公区、生活区、食堂、施工现场每天消毒。

项目食堂就餐，采用分餐进食，避免人员密集。严禁到未经许可的餐厅就餐。施工现场餐厅定期消毒，餐桌椅使用后进行消毒。餐具用品须高温消毒。操作间保持清洁干燥，严禁生食和熟食用品混用，避免肉类生食。建议营养配餐，清淡适口。

服务人员、安保人员、清洁人员工作时须佩戴口罩，并与人保持安全距离。食堂采购人员或供货人员须佩戴口罩和一次性橡胶手套，避免直接接触肉禽类生鲜材料，摘手套后及时洗手消毒。保洁人员工作时须佩戴一次性橡胶手套，工作结束后洗手消毒。安保人员须佩戴口罩工作，并认真询问和登记外来人员状况，发现异常情况及时报告。

严禁工地区域饲养、宰杀、食用野生动物，通过正规渠道购买食品物资，全力把好食品安全关；严禁垃圾偷倒乱倒现象，做好垃圾储运、污水处理、沟渠及下水道疏通等工作。

民工居住条件，生活用品应摆放整齐，环境卫生应良好；民工宿舍要严格杜绝大通铺现象，并每天做好通风、消毒防疫措施；外住宿的工人，要服从住宿社区的管理。

6 施工管理及作业人员配备和分工

6.1 施工管理人员

（1）为优化人员安排，提高人员组织配合能力。在项目里选取具丰富管理经验的管理人员，对施工现场进行全方面的管理和指导。同时在施工前对施工工人进行施工技术交底，要求施工工人熟悉施工方法。施工组织管理机构如图 6-1 所示。

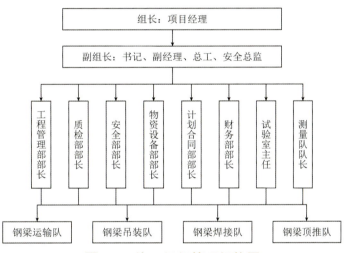

图 6-1 施工组织管理机构图

（2）主要工程管理人员安排见表 6-1

主要管理人配置员表　　　　　　表 6-1

序号	姓名	职务	工作内容	培训计划
1	×××	项目经理	项目总负责人	每月 1 次
2	×××	项目执行经理	项目总体安排协调	每月 1 次
3	×××	项目总工	负责总的技术指导	每月 1 次
4	×××	技术负责人	全面技术管理	每月 1 次
5	×××	安全总监	负责现场施工安全及环境监控	每月 1 次
6	×××	副经理	负责现场管理及试验检测工作	每月 1 次
7	×××	副经理	负责现场管理及测量监控工作	每月 1 次
8	×××	副总工程师	负责技术方案编制、实施	每月 1 次

续上表

序号	姓名	职务	工作内容	培训计划
9	×××	副总工程师	负责技术交底，工程质量检查及监控	每月1次
10	×××	工程部长	负责两岸技术管理及资料收集	每月1次
11	×××	主管工程师	负责现场技术管理及资料收集	每月1次
12	×××	主管工程师	负责现场技术管理及资料收集	每月1次
13	×××	安全员	负责P2主塔现场施工安全监护	每月1次
13	×××	安全员	负责P3主塔现场施工安全监护	每月1次

6.2 专职安全人员

本工程设4名专职安全生产管理人员，名单略。

6.3 特种作业人员

本工程特种设备作业人员主要为电工、焊工起重司机、司索工以及登高作业人员等，特种作业人员名单略。

6.4 其他作业人员

（1）重点按照拟定的进度计划，陆续地组织施工人员进场，以满足施工的需要。

（2）安全管理人员岗位职责

对现场管理人员每月进行一次培训考核。

①带班领导岗位职责

对本标段工程安全生产的组织和实施负责，为安全生产第一责任人，全面履行一岗双责制度。组织审批安全技术措施、计划，贯彻实施组织并参加定期和不定期安全生产大检查，确保安全生产万无一失。组织对事故隐患进行认真仔细调查研究，及时组织整改并制定防范措施；负责组织召开安全生产交接班会。

②现场管理人员岗位职责

履行一岗双责，负责本标段工程的施工生产及安全管理加强对本施工队施工区域的安全检查，发现存在的不安全隐患和违反操作规程的行为及时制止，并在需要时及时向上级领导汇报。定期或不定期组织召开本施工队安全专题会议，总结前期安全生产工作，分析不稳定因素，布置近期安全生产工作。关键工序及易出安全事故的工序必须亲临现场指挥，严格执行各种安全操作规程。落实监督班前安全交底制度的执行。

③安全监护人员职责

认真执行安全生产规章制度,对班组施工人员的安全生产和健康负责。经常组织班组人员学习操作规程,督促穿戴好个人防护用品,不断提高施工人员的个人自我保护能力。认真落实班前安全交底制度,工中检查、工后讲评,不违章指挥。监督落实现场安全管理制度及管理措施。

7 验收要求

7.1 验收标准

（1）施工现场严格按照专项施工方案组织施工，不得出现擅自修改、违规施工。

（2）严格按照《危险性较大的分部分项工程安全管理规定》有关问题的通知【建办质〔2018〕31号】、《危险性较大的分部分项工程安全管理规定》【住建部〔2018〕37号】和《重庆市危险性较大的分部分项工程安全管理实施细则》、重庆市城市轨道交通工程关键节点风险管控实施指南（试行）等相关标准及要求组织危大工程验收。

（3）验收根据专项施工方案逐项进行，不得遗留。验收结果必须符合相关规范及规定要求，验收未通过的，不得进行相应重要部位和环节的施工。

（4）在检查验收中发现不安全因素，必须做到"三定"（定整改措施、定整改责任人、定整改期限）并由各级安全管理人员列出明细，逐个消号。

7.2 验收程序

（1）项目部根据工程特点制定验收工作内容，明确需进行验收的重要部位、内容和要点。

（2）项目部根据所确定的项目内容逐项进行自检自评。自检自评合格后向监理单位提出验收申请。

（3）监理单位收到验收申请后，应对验收项目进行预审，预审符合要求的，总监理工程师组织各方成立验收组进行专题验收。

（4）验收组按照所确定的验收项目内容逐项进行验收，并形成书面验收结论。

（5）项目部需按照验收组意见进行整改。未进行验收或验收未通过的，不得进行相应重要部位和环节的施工。

7.3 验收人员

（1）施工单位

总承包单位和分包单位技术负责人或授权委派的专业技术负责人、项目负责人、项目技术负责人、专项施工方案编制人员、项目专职安全生产管理人员及相关人员。

（2）监理单位

监理单位项目总监理工程师及专业监理工程师。

（3）其他单位

有关勘察、设计和监测单位项目技术负责人。

7.4 验收内容

根据钢箱梁施工中不同的施工工序，进行质量安全检查与验收，施工过程中质量与安全检查包括以下内容：

根据施工中不同的施工工序，进行质量安全检查与验收，施工过程中质量与安全检查包括以下内容：

7.4.1 作业平台安装验收要求

1）质量控制及检验标准

（1）作业平台材料钢管型钢质量满足规范验收要求。

（2）作业平台构件无变形，焊接质量满足相关规范要求。

（3）防护栏杆等附属设施质量满足方案及设计要求

2）安全验收要求

（1）方案编制、审批、安全技术交底满足要求。

（2）安全技术措施落实情况。

（3）周围环境核查及保护措施落实情况。

（4）应急预案编制和救援物资储备情况。

（5）法规、标准、合同约定的其他情况。

（6）安全警示标志齐全。

7.4.2 设备验收要求

（1）设备三证证书齐全有效。

（2）设备调试、联合运行满足要求。

（3）设备在允许使用年限范围内。

（4）设备性能满足施工要求。

（5）特种设备经过特检所检测并出具相关合格证明。

7.4.3 临时支架结构验收

（1）施工单位应根据工程实际编制支架施工技术安全专项方案，经企业技术负责人审核签字后，提交监理工程师审查。未经审查或审查未通过的支架方案不得实施。

（2）监理工程师应对施工单位提交的支架施工技术方案从人员、资质、材料质量、安装设备、搭设工艺、设计方案、计算依据、安全性能、质量及安全保证措施、技术及安全交底情况等方面进行认真审查，并将审查结果报业主确认，危险性较大工程项目支架的审查结果应报质量监督部门备案。

（3）施工单位在支架施工后需对支架进行验收，包括焊接质量、型材尺寸规格、数量、结构形式等。

（4）支架所用材料、构配件必须有产品合格证、法定检测单位的检测检验报告，生产厂家必须具有技术质量监督部门颁发的生产许可证。监理单位应对材料、构配件质量进行抽样检测。

（5）项目部技术负责人应按照安全专项施工方案中的搭设要求，向支架搭设作业人员进行安全技术交底，搭设施工中应安排专人对材料质量、搭设工艺、施工质量、操作人员安全防护措施进行全过程管理。

（6）监理单位应按照监理规范要求对支架搭设进行定期巡查，检查作业人员岗位资格、材料质量、搭设工艺、施工安全等各方面情况，发现问题及时督促施工单位落实整改。

（7）监理单位接到验收申请应及时组织验收，出具验收报告。

7.4.4 钢梁验收

（1）钢梁钢种、规格、尺寸等满足要求。

（2）钢箱梁焊接、高栓质量合格。

（3）钢箱梁安装高程、线型满足要求。

（4）钢箱梁防腐涂装材料及工艺满足要求。

8 应急处置措施

8.1 应急领导小组组成与职责

8.1.1 应急指挥机构职责

应急指挥机构由项目经理部应急救援领导小组（以下简称领导小组）、各救援职能组、工区救援队伍及社会力量构成。领导小组由项目经理部相关领导、部门负责人及各工区负责人组成，工区救援队伍由各相关工区组织，社会力量含地方消防、医疗救护等力量。

应急领导小组分工如图 8-1 所示。

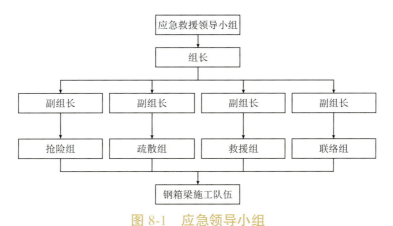

图 8-1　应急领导小组

（1）组长职责：全面组织指挥事故的应急救援工作。

（2）副组长职责：协助组长负责指挥应急救援的具体工作。

（3）组长副组长职能：

①加强现场检查，督促工区编制和演练相应的应急预案；

②事故发生后协调现场进行救助，在紧急状态结束后，组织人员参加事故的分析和处理。

③通知并联络应领导小组有关成员，做好应急准备后立即投入救援；

④配合上级部门进行事故调查处理工作，并统计事故损失。

⑤成员为工区负责人时，在应急救援初期代表领导小组处理该工区应急救援事项。

（4）联络组职责：

①了解掌握事故情况，事故发生后第一时间向领导小组汇报。

②负责协调应急救援相关方的联络及信息传输。

（5）疏散组职责：

发生事故时，负责人员的疏散、逃生和引导消防车辆和救灾人员进入施工现场。

（6）抢险组职责：

①事故发生后，抢险小组成员要立即到位，及时组织救援队伍及社会力量开展救援工作；

②在救援行动中听从上级指挥，统一协调行动；

③在抢救行动中要尽心尽责，将人员伤亡和物资损失降到最低；后勤组职责：为事故现场紧急调用各类物资、设备、人员；

工区救援队伍及社会力量职责：按照救援组的要求实施现场救援工作。

8.1.2 处置程序

1）事故报告程序

（1）事故发生后，施工单位项目经理第一时间（5min内）报告业主代表及监理单位。

（2）业主代表接到信息报告后，第一时间（5min内）向该部门负责人（或分管负责人）报告；该建设项目部负责人（或分管负责人）根据情况，向市级行业主管部门报告，并按预案组织抢险。同时通知各部门负责人赶赴现场，支援抢险工作。

严禁迟报、遗漏、谎报或者瞒报等情况的发生。

2）报告的主要内容

（1）事故发生单位概况。

（2）事故发生的时间、地点以及事故现场情况。

（3）事故发生原因的初步分析。

（4）事故的简要经过、伤亡人数（包括下落不明的人数）和初步估计的直接经济损失。

（5）已经采取的防范和补救措施和事故的控制情况。

3）应急响应程序

（1）领导小组立即启动事故应急救援预案，并赶赴事故现场进行应急救援，同时向建设单位报告。

（2）先期处置队伍赶到事故现场后，采取措施防止事故扩大，保护事故现场。需要移动物品时作出标记和书面记录，妥善保管有关证物等。

（3）封锁事故现场。严禁一切无关的人员、车辆和物品进入事故区域，开辟应急救援人员、车辆及物资进出的安全通道，维持事故现场秩序。

（4）控制危险源。根据发生事故的类别，迅速展开必要的技术检验、检测工作，确认危险物源的类型和特性，制定抢险救援的技术方案，并采取有针对性的安全技术措施，及时有效地控制事故的扩大，消除事故危害和影响，防止可能发生的次生灾害。

（5）建立现场工作区域。应当根据事故的危害、天气条件等因素，设立现场抢险救援的安全工作区域。

（6）抢救受害人员。及时、科学、有序地开展受害人员的现场抢救或者安全转移，尽最大可能降低人员伤亡、减少事故所造成损失。设立人员疏散区。根据事故的类别、规模和危害程度，果断迅速地划定危险波及范围和区域，组织相关人员和物资安全撤离危险波及的范和区域。清理事故现场。针对事故已经造成和可能造成的危害，迅速采取封闭、隔离等技术措施进行事故后处理，防止危害继续发生。

8.1.3 处置措施

（1）火灾处置措施

扑救初起火灾要分析确定起火物品的性质（可燃气体/液体/固体/电器/金属）→分析是否有发生爆炸的危险→确定灭火办法和器具（需要时报警）→灭火扑救和疏散救援→守护邻近建筑→设法隔离火情→无法控制时配合专业消防部门进行扑救。

（2）爆炸处置措施

判断现场是否有发生二次爆炸的危险→分析确定爆炸物品的性质→确定灭火办法和器具（需要时报警）→灭火扑救和疏散救援→守护邻近建筑→设法隔离火情→无法控制时配合专业消防部门进行扑救。

（3）溺水处置措施

确定落水地点→分析目前溺水人员位置→组织拦打捞营救→实施营救→必要时向当地政府部门请求救援。

（4）建筑构造物、设备、临时设施等倒塌、倾覆处置措施

分析确定现场是否有再次倒塌、倾倒等危险→对危险设施、建筑物要进行支撑和加固→分析和确定受害人员和重要物资设备的位置或范围→如为机电设备事故，要立即制动和切断电源→进行挖掘、拆除等活动→抢救伤员和财物→在人员被挤、压、卡、夹住无法脱开情况下，采取进行切割、抬起重物等救援措施→如有可能，立即将伤者由事故现场转移至安全区域，防止伤者受到二次伤害。

（5）高空救援程序

分析危险→确定营救方法（拉网铺垫、架梯登高救援）→实施营救→必要时向当地政府部门请求救援。

（6）起重吊装等机械安全控制设备失灵或损坏、作业中突然停电

操作人员要立即停止施工操作，保持镇定、服从抢险指挥，进行抢修救援，必要时启动备用电源，恢复供电。

（7）防汛以及处置措施

专人负责收听天气气象预报，及时预警，将机械车辆、可移动物资设备、人员等撤离到安全地带，对不能移动的机械车辆、物资设备、房屋、临时设施进行固定、保护和加固，进行防雨淋、防雷、防坍塌、防触电、防雨水倒灌等现场防护和排水工作，坚持巡查看守制度，设置安全警戒标志，进行抢险救援，必要时向当地政府发出救援信息。

（8）大风应急处置措施

专人负责收听天气气象预报，及时预警，对不能移动的机械车辆、物资设备、房屋、临时设施进行固定、保护和加固，对现场进行清理防护，进行抢险救援，必要时向当地政府发出救援信息。

（9）高温中暑应急处置措施

中暑常发生在高温和高湿环境中，对高温、高湿环境的适应能力不足是致病的主要原因。在气温大于32℃、湿度大于60%的环境中，由于长时间工作或强体力劳动，又无充分防暑降温措施时，极易发生中暑。为了避免中暑，在高温天气，对施工人员进行高温季节施工措施，提高对先兆中暑的认识，一旦出现头昏、头痛、口渴、出汗、全身疲乏、心慌等症状，应立即脱离中暑环境，及时采取纳凉措施。

高温中暑急救方法：

①立即将病人移到通风、阴凉、干燥的地方。

②使病人仰卧，解开衣领，脱去或松开外套。若衣服被汗水湿透，应更换干衣服，同时开电扇或开空调（应避免直接吹风），以尽快散热。

③意识清醒的病人或经过降温清醒的病人可饮服绿豆汤、淡盐水，或服用人丹、十滴水和藿香正气水（胶囊）等解暑。

④用湿毛巾冷敷头部、腋下以及腹股沟等处，有条件的话用温水擦拭全身，同时进行皮肤、肌肉按摩，加速血液循环，促进散热。

⑤一旦出现高烧、昏迷抽搐等症状，应让病人侧卧，头向后仰，保持呼吸道通畅，同时立即拨打120电话，求助医务人员给予紧急救治。

8.2 应急事件（重大隐患和事故）及应急措施

危险源清单详见1.6章节。

8.2.1 应急处置

1）安全事故应急处置程序

（1）一旦发生安全事故时，应立即呼叫在场全体人员进行隐蔽和撤离。

8 应急处置措施

（2）现场人员应迅速通知项目经理或作业队长，报告指挥部应急救援领导小组。

（3）所属各单位应急救援领导小组接险情（事故）报告后，在第一时间赶赴事故现场，组织抢险救援工作。若有人员伤亡，立即拨打120急救电话向急救中心求救。同时报告指挥部应急救援领导小组。

（4）指挥部应急救援领导小组根据现场情况立即制订抢险方案，在保证安全的前提下，投入抢险设备和人员进行现场抢险。

（5）根据险情或事故等级情况，在抢险的同时。在规定的时间内向现场监理、公司、地方安全相关部门等单位报告。

2）现场应急处置措施

（1）倾覆、坍塌应急处置

首先将信息传递给应急救援领导小组，同时组织人员抢救伤员，能够移动的伤员送医院就医，不能移动的伤员通知120派车接伤员，同时保护好事故现象，对事故现场移动过的地方做好标记，以利于事故调查。

（2）高处坠落、物体打击应急处置

迅速移走周围可能继续产生危险的坠落物、障碍物，为急救医生留出通道，使其可以最快到达伤员处。

高空坠落不仅产生外伤，还产生内伤，不可急速移动或摇动伤员身体。应多人平托住伤员身体，缓慢将其放置于平坦的地面上。发现伤员呼吸障碍，应进行口对口人工呼吸。发现出血，应迅速采取止血措施，可在伤口近心端结扎，但应每半小时松开一次，避免坏死。动脉出血应用指压大腿根部股动脉止血。

（3）雷击、触电应急处置

使触电人员脱离带电体。如在附近有电源开关，应首先采用切断电源的方法；如附近无电源开关，应寻找干燥木方、木板等绝缘材料，挑开带电体。

当触电者摆脱带电体后，应根据触电者的具体情况，立即就地对其进行急救，除非周围狭窄、潮湿，不具备抢救条件，可将其转移到另外的地方。

（4）机械伤害应急处置

由相关在场人员迅速切断机械电源。必要时拆卸机器，移出受伤肢体；将人员救出后，立即检查可能的伤害部位，如伤员发生休克，应先处理休克，遇呼吸、心跳停止者，应即进行人工呼吸，胸外心脏按压。

遇出血者，应迅速包扎压迫止血，使病员保持在头低脚高的卧位，并注意保暖。遇骨折者，以固定骨折处上下关节为原则。可就地取材，利用木板、竹片等。在无材料的情况下，上肢可固定在身侧，下肢与健侧下肢缚在一起。如有切断伤害，应寻找切断的部分，将其妥善保留。根据病情轻重，及时送医院治疗，转送途中应尽量减少颠簸，同时密切注意伤害者的呼吸、脉搏、血压及创口等情况。总之，在急救中心医生到来之前，应尽最大努力，进行自救，以使伤害降低到最低点。在急救医生到来后，应将伤员受伤原因和已经采取的救护措施详细告诉医生。

（5）溺水应急处置

在场人员必须立即采取有效措施对溺水人员进行打捞，同时派人呼叫救援。成功打捞上岸后，立刻对溺水人员利用人工呼吸进行自救，情况严重的以最快速度将伤员救离现场，送医院紧急救治。

（6）现场火灾应急处置

抢救受伤害者，用电机械切断电源，燃油机械处理燃油，消除隐患，疏散无关人员，防止火灾爆炸等其他事故的发生。

（7）船舶碰撞事故应急处置

首先平台上人员全部撤下平台，防止垮塌造成人员伤亡。同时与水事部门联系，尽快出船舶，防止船舶二次碰撞。

3）应急通信联系方式，事故报告基本要求和内容

发现险情的人员发出预警信号，通知附近作业人员及现场带班领导，带班领导要立即停止作业，疏散人员并电话报告项目经理，项目经理接到报告后，应当立即启动项目部事故响应应急预案，对于无人员伤亡事故及未遂事故，项目部自行处置。对于一般及以上的责任事故，必须在1小时内，通过电话等方式，上报公司、业主和当地政府有关部门。

报告内容包括事故发生单位概况，事故发生的时间、地点以及事故现场情况，事故的简要经过，已经造成或者可能造成的伤亡人数（包括下落不明的人数）和初步估计的直接经济损失，已经采取的措施和其他应当报告的情况。

任何单位和个人均不得以任何借口隐瞒不报、谎报、拖报事故，一经发现，立即移交司法处理。

8.2.2 注意事项

1）佩戴个人防护器具方面的注意事项

少量泄漏及人员中毒，参与抢险作业必须穿戴防毒面具；大量泄漏及火灾、爆炸、

多人中毒，必须穿戴防化服、手套及正压式空气呼吸器，所有抢险器材必须要正确合理使用。

2）使用抢险救援器材方面的注意事项

使用的防毒面具面罩密封必须正常，滤毒罐必须为有效的，抢险时滤毒罐的底塞必须打开；防化服及手套不能有损坏，正压式空气呼吸器压力正常，无泄漏点，面罩部分密封正常。

3）采取救援对策或措施方面的注意事项

（1）生产岗位出现紧急情况时，严格按照"操作规程"的规定进行处理，操作规程不能体现的，要汇报班组长和车间主任进行处理。

（2）对于出现的不明原因导致的事故和灾害，要迅速通报生产管理部、技术部、安全环保部等部门进行协商。

（3）遵守"先救人，后救物；先重点，后一般"的原则进行处理。

（4）出现事故必须按照规定进行上报，各类人员不得打击越级上报的现象。

4）现场自救和互救注意事项

处理事故进行救人时，必须安排两人以上进行作业，相互照应；无关人员尽量撤离现场，防止发生次生灾害。撤离时由所在岗位班组长指挥，防止混乱，班组长对岗位人员进行清点上报。

5）现场应急处置能力确认和人员安全防护等事项

所有工作人员应熟练掌握灭火器材及其他设备的使用方法，应急处理时，优先选用专业人员或经过专门培训的人员；消防设备齐全；所有工作人员应爱护和保护消防设施和器材，发现问题，及时进行整改维修。严格落实各类监护措施，明确监护人责任，不得轻易离开现场。

6）应急救援结束后的注意事项

在确定各项应急救援工作结束时，由总指挥宣布应急救援工作结束，撤出所有伤员、救护人员，清点人员后，留有专人组织巡视事故现场遗留隐患问题。由安全环保部组织对相关应急救援预案进行评审，对不符合、不完善的地方进行修订。对修订后的应急预案要及时组织有关人员进行学习，并做好记录。

7）其他需要特别警示的事项

各级人员严格服从指挥人员的调配，积极做好救援工作。

8.3 周边建（构）筑物等产权单位各方联系方式、救援医院信息

（略）

8.4 应急物资准备

应急物资准备见表 8-1。

表 8-1

序号	项目名称	单位	数量	备注
1	安全带	个	150	
2	安全帽	个	150	
3	安全网	平方米	1000	
4	安全爬梯	套	4	20m 高 2 套，14 高 2 套
5	消防灭火器	支	40	
6	反光背心	件	150	
7	急救箱	个	10	
8	防尘口罩	个	100	
9	防坠器	套	50	
10	防护栏杆	m	300	采用 $\phi \times 3mm$ 钢管
11	探照灯	个	10	
12	担架	个	4	
13	起重机	台	2	25t
14	装载机	台	2	$2.5m^3$
15	挖机	台	1	
16	发电机	台	1	
17	千斤顶	台	4	
18	单架	副	2	
19	氧气瓶	罐	5	
20	应急车辆	台	2	
21	止血纱布		若干	

9 计算书及相关图纸

详见二维码。

中国铁建大桥工程局集团有限公司
CHINA RAILWAY CONSTRUCTION BRIDGE ENGINEERING BUREAU GROUP CO.,LTD.

钢混结合梁
专项施工方案标准范本

（以巢湖大桥为例）

目 录
CONTENTS

1 工程概况 379

2 编制依据 390

3 施工计划 394

4 施工工艺技术 400

5 施工保证措施 457

6 施工管理及作业人员配备和分工 491

7 验收要求 493

8 应急处置措施 496

9 计算书及相关图纸 501

1 工程概况

1.1 工程地质地貌及其他特点

1.1.1 工程基本情况

巢湖大桥是湖光路与巢湖的交叉工程，位于市区西郊，是巢湖市"两环三横三纵"的关键性工程，工程施工范围为西坝路～亚父路，桩号范围 K2+530～K4+679.266，线路全长 2149.66m。

其中桥梁长度 1122m，北岸接线长 309.5m，南岸接线长 717.766m。大桥设计为双塔组合梁协作体系斜拉桥，全桥跨径布置为：54m+216.5m+460m+216.5m+65m+55m+55m，主桥桥跨立面布置图如图 1-1 所示。

图 1-1 主桥桥跨立面布置图

大桥采用双塔空间双索面组合梁协作体系斜拉桥方案，主跨 460m，边跨 216.5m，边中跨比 0.47，北侧设置一跨 54m，南侧设置一联 65m+55m+55m 的组合梁与斜拉桥边跨相连，拉索区桥面宽：2×【3.5m（人非混行道）+1.0m（拉索锚固区）+0.5m（防撞栏杆）+12m（车行道）】+0.5m（防撞栏杆）=34.5m；非拉索区桥面宽度：2×【3.5m（人非混行道）+0.5m（防撞护栏）+12m（车行道）】+0.5m（防撞栏杆）=32.5m。

主梁采用钢-混凝土组合钢板梁；主塔采用"人"字形桥塔，主塔基础承台采用哑铃形，承台以下采用钻孔灌注桩；主桥辅助墩基础采用分离式承台及实体墩，横桥向设 2 个承台及墩柱，采用钻孔灌注桩基础；斜拉索采用扭绞型平行钢丝斜拉索、冷铸锚。主塔基础采用钢板桩围堰法施工，其余墩承台采用基坑放坡开挖法的方式进行施工；桥塔采用爬模法施工；组合梁水中部分安装方法采用悬臂拼装法，岸上部分采用支架法施工。

1.1.2 地形地貌情况

建设工程位置为山坡、山前坡地、小河沟、水塘等，地形高差起伏大。整个场地地面高程 15.2～20.5m，最大高差 5.3m。

拟建场地地貌单元为山前坡地及其坳沟、裕溪河河漫滩。

地形地貌实景如图 1-2～图 1-5 所示。

图 1-2　北岸现状湖光路

图 1-3　北接线现状

图 1-4　南岸接线现状

图 1-5　桥位处高压走廊

1.1.3　工程地质情况

建设场地地层属于华南地层大区扬子地层区下扬子地层分区，上覆地层为第四系松散层，下伏地层为侏罗系罗岭组。

根据区域地质资料和本次勘探揭露，覆盖层为第四系全新统芜湖组（Q4w）、第四系中更新统戚家集组（Q2q）。厚度变化规律是由拟建场地北部向南部逐渐增厚。下伏地层层序自下而上为：侏罗系中统罗岭组（J2l）、第四系中更新统戚家集组（Q2q）和第四系全新统芜湖组（Q4w）。

据巢湖幅区域地质资料表明，拟建场地位于扬子准地台下扬子台坳，次级单元为沿江拱断褶带的巢湖穹断褶束。

拟建场地区域内断裂构造较发育，断裂主要形成于燕山期-喜马拉雅期，区域内断层主要为F1。F1断层为巢湖断层，北西向，自北而南可分为石门山-嘉山及巢湖-庐江两个断裂带，自南而北活动加剧，切割深度加大，全长约95.00km，本区域长约5.00km，该断层系卫星相片解译确定，位于拟建场地外东南侧，卫星相片上线性特征清晰，重力异常局部反应为正、负异常交变带，燕山期、喜马拉雅期岩浆活动往往受断裂制约，因此他们的活动时期主要为燕山期及喜马拉雅期，全新世以来未有明显活动迹象。

根据区域地质资料和本次勘探揭露，拟建场地内无主干断裂通过。

1.1.4 水文地质情况

拟建场地内水系主要为巢湖，位于安徽省中部，是我国五大淡水湖泊之一。地跨合肥、巢湖、肥东、肥西、庐江5个市县。巢湖闸以上流域面积9130km²，水域面积825km²。

巢湖多年平均水位为8.03m，历史最高水位12.80m（1991年7月13日），第二高水位11.91m（1996年）。

依据新构造运动区域稳定性分析，隧道所经过的水系处于河流淤积期，冲刷下切作用不明显，最大冲刷深度按1.50m考虑，水系现场原地貌如图1-6所示。

图1-6 现场原地貌照片

航道标准：大桥横跨合裕航线，航道标准为Ⅱ级航道，最高通航水位10.6m，最低通航水位5.8m，通航净高10m，受桥址下游巢湖闸、南岸桥址处靠船墩及北岸桥址处浅滩区范围大（疏浚河道工程量大）等多方面影响，钢梁水运条件受限，因此将所有梁段杆件陆运至现场，其中主纵梁根据现场实际施工条件分为单节段9m、双节段18m，整节段运输。两岸桥台至主塔采用支架法安装（支架跨度根据主纵梁分段长度确定），两塔间主跨采用桥面起重机悬臂散拼形式安装。

1.1.5 气候特征和季节性天气

巢湖市属于亚热带湿润季风气候区，具有四季分明、气候温和、雨量适中、梅雨显著、夏雨充沛等特征。据巢湖气象局多年（1953—2015年）资料统计，本地区多年平均气温在15.7℃，年际变化不大。夏季极端最高气温为41℃，冬季极端最低气温为-20.6℃。本区域多年平均降水量970mm，年内、年际变化极不均匀。受冷锋、低涡、台风等影响，5月至9月多暴雨，多年平均降水量590mm，占年总量的60.8%。最大年降水量1503.00mm（1991年），最小年降水量496mm（1978年），最大年降水量是最小年降水量的3倍。年最大24h暴雨量

232.10mm（1984年6月13日）。多年平均蒸发量1518mm，5月至8月份蒸发量最大，12月至翌年2月份蒸发量较小。多年平均无霜期为227d，巢湖市年气象平均要素如图1-7所示。

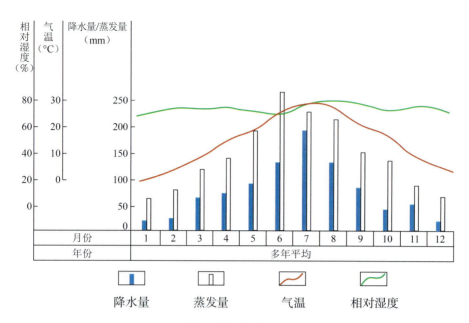

图1-7 巢湖市年气象平均要素图

1.1.6 交通运输条件

沿线地区对外交通主要以铁路和公路为主。地区内客货运输主要以公路为主，铁路为辅。

（1）铁路

沿线地区主要铁路为京沪铁路；东西干线为沪杭铁路。

（2）公路

项目区域内环巢湖旅游大道、S105省道经过合宁高速、合界高速、合巢芜高速并辅以其他省道和县乡道路形成综合道路网，为本工程的材料运输提供了较为便利的施工条件。

（3）水路

施工用砂、石等材料可通过裕溪河航道运至码头，再用汽车转运至工地。

1.1.7 施工用水条件

沿线地表水、地下水较丰富，工程用水可就近取水。生活用水主要接入城市自来水。

1.1.8 施工用电条件

线电网发达，电源丰富，可就近接驳；另配自发电设备作为备用电源。

1.1.9 施工重难点分析及应对措施

（1）大跨度全焊接协作体系双结合钢板梁由于施工工序多，施工工况复杂，总体施工难度较高。常规斜拉桥的钢-混凝土叠合梁施工常采用由中间向两边进行悬臂拼装法施工，巢湖大桥采用协作体系、全漂浮结构，边跨压重及结合时机要求高。通过采用"结合梁安装顺序及结合时机施工技术""钢梁在安装、焊接过程中质量控制技术""BIM技术在塔梁施工过程中的应用技术""斜拉桥、连续梁主梁及主塔施工技术"等施工关键技术，为大桥的优质高效施工提供了有力的技术支持。

（2）吊装为高空作业，水流流速大，确保顶推施作业安全是本桥施工的难点，需加强现场安全防护措施的制定及落实。

（3）本桥施工经历枯水和洪水两个季节，航运繁忙、钢箱梁的运输、施工作业与航运之间的矛盾较为突出，钢箱梁架设难度大，必要时需对相关运输航线进行疏浚处理。

（4）钢梁重量大，起重机的选型以及吊具的选及数量配备要保证施工安全。

（5）本桥钢箱梁具有部分板件较厚、箱梁截面大的特点，焊接材料的质量要求高，现场焊接工艺繁杂，质量控制要求高。

（6）本桥焊接工作量大，焊接工艺复杂，焊接质量及控制精度难度大，必须严格选择焊材料及焊接工艺须。

（7）钢箱梁吊装涉及钢箱梁的线型调整，起落梁的工序协调、第三方检测单位的指令指示等，需加强现场施工协调及质量管控。

（8）本桥工期紧，钢箱节段多，体量大，钢箱梁快速架设施工工艺难度大，安全风险高。需对提前谋划制定相关技术措施，并严格按照方案执行。

1.2 施工平面布置

分析项目制造的特点和难点，结合现场的实际情况以及施工总进度安排，确定水、电、通信、施工道路、办公及生活设施布置等，优化资源配置，合理作好施工总平面布置图，是减少施工干扰、确保工程进度，降低工程费用和施工成本的关键因素之一。场地布置的主要原则是：

（1）响应招标文件要求，全面实现项目制造各项目标。

（2）因地制宜，以人为本，利用现有资源，实行高效、环保、和谐的项目管理。

（3）合理布局、统筹规划，以大型化、工厂化、标准化实现精心制造。

（4）合理规划装现场施工场地，加强横向沟通，确保施工期间安全。

（5）注重拼装现场、营地及施工信息化管理，为实现一流项目管理创造条件。

施工平面图详见附件2。

1.3 施工要求

1.3.1 质量目标

工程实体质量满足国家有关标准、规范、规定及设计文件要求，其施工过程或实体工程满足如下要求：

（1）各检验批、分项、分部工程质量检验合格率达到100%，单位工程一次检验合格率100%。

（2）在合理使用和正常维护条件下，桥梁工程结构的施工质量，满足设计使用寿命期内正常运营要求。

（3）杜绝出现工程质量等事故。

（4）本项目要求承包人争创安徽省"黄山杯"奖和"安徽省建筑安全生产标准化示范工地"，争创国家级工程奖（如"国家优质工程奖""鲁班奖"）。

1.3.2 安全目标

（1）杜绝死亡事故，杜绝重大机械设备、交通和火灾事故。

（2）减少轻伤事故。

（3）避免重伤事故。

（4）重大危险源得到有效控制或消除。

（5）企业负责人、项目经理和安全生产专职管理人员符合国家规定的上岗条件。

（6）特种作业人员符合上岗条件。

（7）工作环境、劳动防护符合规定，减少职业病的发生。

（8）施工前对施工人员进行技术交底和安全交底。

（9）坚持"安全第一、预防为主、综合治理"的方针，认真执行"危险性较大的分部分项工程安全管理规定"建质〔2018〕31号文件，提高施工现场安全生产和文明施工的管理水平，预防事故的发生，实现安全工作的标准化、规范化、制度化，根据国家有关法律、法规和规定，结合全省建设工程实际，实现安全生产零事故的目标。

1.3.3 工期要求

前期准备阶段：2018年11月1日—2019年3月10日。

计划安装时间：2019年2月15日。

1.4 风险辨识与分级

根据《城市轨道交通地下工程建设风险管理规范》（GB 50652—2011），采用LECD法进行风险识别,评估结果见表1-1。

危险源风险评估标准及等级划分 表1-1

施工可能性(L)		暴露频率(E)		后果严重性(C)	
分数值	事故或危险情况发生可能性	分数值	暴露于危险环境的频率程度	分数值	发生事故产生的后果
10	完全可能预料	10	连续暴露	100	大灾难,许多人死亡
6	相当可能	6	每天工作时间暴露	40	灾难,数人死亡
3	可能,但不经常	3	每一次或偶然地暴露	15	非常严重,一人死亡
1	可能性小,完全意外	2	每月一次暴露	7	严重致残
0.5	很不可能,可以设想	1	每年几次暴露	3	一般伤害
0.2	极不可能	0.5	罕见暴露	1	轻微伤害
0.1	实际上不可能				

危险等级划分(D)			
分数值(D)	危险程度	危险等级	风险评价
>320	极其危险,不能继续作业	I	不可接受的风险
160~320	高度危险,要立即整改	II	不可接受的风险
70~160	显著危险,需要整改	III	不可接受的风险
20~70	一般危险,需要注意	IV	可接受的风险
<20	稍有危险,可以接受	V	可接受的风险

风险性分值(D)=事故可能性(L)×暴露频率(E)×后果严重性(C)

说明:根据计算所得的风险性分数值(D)的大小,进行风险等级划分,共分5级,级数越小,反映作业的风险性越严重。

巢湖大桥结合梁施工风险辨识与风险描述见表1-2。

巢湖大桥结合梁施工风险辨识与风险描述 表1-2

序号	作业活动	安全隐患	危险、危害因素评价				危险等级	可能引起的事故	预控措施
			L	E	C	D			
1	材料与加工构件运输	1. 材料运输时,司机未正规操作,造成事故	1	6	7	42	IV	人员伤亡	司机必须正规操作,严禁疲劳作业、酒后作业

续上表

序号	作业活动	安全隐患	危险、危害因素评价				危险等级	可能引起的事故	预控措施
			L	E	C	D			
1	材料与加工构件运输	2. 分块加工的成品运输时,未固定牢靠,导致滑落伤人	1	6	7	42	IV	人员伤亡	平板车上材料使用钢丝绳固定牢固,运输前仔细检查
		3. 运输前未规划路线并提前探路,导致车辆倾覆	1	6	7	42	IV		提前将运输路线和路况规划好,防止出现事故
		4. 平板车上装运的材料超限,运行时损坏栈桥或便道,造成事故	1	6	7	42	IV		严格按照通行限载规定装运材料,禁止超载运输
		5. 运输过程中,由于超载、超速、路况恶劣或固定不当等原因,导致材料滑落伤人	1	6	7	42	IV		运输前检查确定司机按规驾驶、构件绑扎牢靠、路况符合运输要求
		6. 材料装卸时不按照顺序进行,材料掉落砸伤人	1	6	7	42	IV		多个材料需要装卸时,应严格按照安全顺序,严禁胡乱抽取
2	起重吊装作业	1. 起重吊装时人员站立吊装区域或从吊物下行走	1	6	7	42	IV	人员伤亡、设备损坏	加强对现场作业人员安全教育,杜绝在起重吊装旋转臂下站立或行走
		2. 人员无证上岗、无证操作、违章指挥	1	6	7	42	IV		上岗培训制度,起重作业持证上岗
		3. 履带式起重机、汽车起重机或塔式起重机违反"十不吊"原则	1	6	7	42	IV		加强对起吊驾驶员与司索工的安全教育,遵章守纪
		4. 起重吊装无安全限位等装置或安全装置失效	1	6	7	42	IV		进场前进行验收和试吊,并定期做维修保养
		5. 吊具、卡环、钢丝绳磨损、断丝超标	1	6	7	42	IV		班前进行检查,及时发现进行更换
		6. 起重吊装时固定不稳或基础承载力不够导致起重机倾覆	1	6	7	42	IV		履带式起重机、汽车起重机必须停在牢固可靠的基础上起吊作业
		7. 起重重量与作业半径超过允许范围,发生危险	1	6	7	42	IV		起重作业严格对起重机的吊重、吊高、吊幅进行复核,选择合适的起重机

续上表

序号	作业活动	安全隐患	危险、危害因素评价				危险等级	可能引起的事故	预控措施
			L	E	C	D			
3	施工临时用电	1. 施工现场未采用TN-S接零保护系统，实行"三相五线"制施工用电	1	6	15	90	III	触电事故	1. 编制临时用电方案；2. 严格执行施工临时用电规范；3. 做好各类电动机械和手持电动工具的接地或接零保护，防止发生漏电；4. 严禁执行"三相五线"和"一机、一闸、一漏"配置要求；5. 损坏元件实施进行更换；6. 电工必须每天检查、记录，上交给安质部
		2. 施工现场、钢筋加工厂电线架设、埋线不规范，不符合现场安全生产要求	1	6	15	90	III		
		3. 手提电动工具没有绝缘手柄	0.5	6	7	21	IV		
		4. 临时用电存在乱拉乱接，未遵守"一机、一闸、一漏"和"三相五线"配置	1	6	15	90	III		
		5. 电闸箱内元件损坏而引发漏电保护器失灵，发生触电事故不能在规定时间内起到保护作用	1	6	15	90	III		
		6. 电工经常不对临时用电设备设施进行检查	3	2	7	42	IV		
4	电焊、气焊作业	1. 小型机具设备老化、线路老化	3	6	1	18	V	人员伤亡、设备损坏、物资损坏	对电焊机等小型机具根据老化程度进行报废处理
		2. 焊接或切割点与气瓶或其他易燃易爆品安全距离不够	3	6	1	18	V		气瓶存放和使用到达安全距离
		3. 气瓶在高温天气无防护，导致温度过高，发生危险	3	6	1	18	V		将气瓶存在阴凉处，设置专门的防护棚
		4. 气瓶管路老化，压力表等保护装置损坏	3	6	1	18	V		定期对气瓶的管路和安全保护装置进行检查，及时更换
		5. 现场无消防设施或消防设施失效	3	6	1	18	V		在现场布置有效的消防设施
		6. 使用人员违规操作	3	6	1	18	V		进行班前教育，特种人员持证上岗
5	钢箱梁吊装	1. 在高处作业时未系安全带	3	6	15	270	II	人员伤亡	施工作业人员2m以上在高处作业必须系挂安全带

续上表

序号	作业活动	安全隐患	危险、危害因素评价				危险等级	可能引起的事故	预控措施
			L	E	C	D			
5	钢箱梁吊装	2. 恶劣天气作业踩空、滑倒	3	6	15	270	II	人员伤亡	高处作业时必须穿绝缘防滑鞋,对上下爬梯和临边安装栏杆
		3. 身体有隐疾的施工人员进行高处作业	3	6	15	270	II		高处作业人员确保无隐疾,身体健康
		4. 设备故障	1	6	3	18	V		操作人员应穿戴劳保用品,遵守操作规程,保持一定的安全距离
		5. 不按操作规程使用机械	1	6	3	18	V		不可随意压盖、拖拽电线,经常检修
		6. 设备电线破损或断裂,电路保护装置失效,导致人员触电	3	6	1	18	V		不可随意压盖、拖拽电线,经常检修
		7. 桥面起重机倾覆	1	1	100	100	III		施工前检查桥面起重机后锚点
		8. 水上作业未穿救生衣	1	6	1	42	IV		施工前对作业人员进行安全交底,水上作业必须穿救生衣
		9. 水上作业平台无水上救生器材	1	6	1	42	IV		根据水上作业区域合理设置水上救生器材
		10. 水上作业平台无防止溺水警示牌	1	6	1	42	IV		在施工现场及栈桥护栏设置防止溺水警示牌
6	钢箱梁顶推	1. 顶推设备故障	1	6	3	18	V	人员伤亡、设备损坏	定期对设备检查
		2. 不按操作规程使用机械	1	6	3	18	V		操作人员应穿戴劳保用品,遵守操作规程,保持一定的安全距离
		3. 设备电线破损或断裂,电路保护装置失效,导致人员触电	3	6	1	18	V		不可随意压盖、拖拽电线,经常检修
		4. 顶推支架坍塌	3	6	3	54	IV		施工过程中做好支架监控
7	不良天气	1. 未断电闭锁	3	1	7	21	IV	人员伤亡、物资损坏、设备损坏	不良天气无法进行施工的情况下,所有用电设备应该断电闭锁

续上表

序号	作业活动	安全隐患	危险、危害因素评价 L	E	C	D	危险等级	可能引起的事故	预控措施
7	不良天气	2. 高处落物	1	1	15	15	V	人员伤亡、物资损坏、设备损坏	对于放置高处的材料和工具要及时清理
		3. 未穿救生衣	1	1	15	15	V		水上作业必须穿戴救生衣
8	其他	1. 结构拆除违章操作	3	3	1	9	V	人员伤亡、支架坍塌	制定规章制度措施
		2. 结构拆除无方案	1	3	40	120	III		严禁违章操作

1.5 参建各方责任主体单位

建设单位：巢湖市重点工程建设管理中心；

设计单位：上海市政工程设计研究总院（集团）有限公司；

监理单位：湖南湖大建设监理有限公司；

施工单位：中国铁建大桥工程局集团有限公司。

2 编制依据

2.1 法律依据

2.1.1 法律法规

（1）《中华人民共和国安全生产法》；

（2）《中华人民共和国消防法》；

（3）《中华人民共和国建筑法》；

（4）《中华人民共和国特种设备安全法》；

（5）《中华人民共和国突发事件应对法》；

（6）《中华人民共和国职业病防治法》；

（7）《建设工程安全生产管理条例》（国务院令第393号）；

（8）《特种设备安全监察条例》（国务院令第373号）；

（9）《生产事故应急条例》（国务院令第708号）；

（10）《建设工程质量管理条例》（国务院令第279号）；

（11）《生产安全事故报告和调查处理条例》（国务院令第493号）；

（12）《生产经营单位安全培训规定》（总局令第3号）；

（13）《特种作业人员安全技术培训考核管理规定》（总局令第30号）；

（14）《安全生产培训管理办法》（总局令第44号）；

（15）《安全生产事故隐患排查治理暂定规定》（总局令第16号）；

（16）《安全生产事故应急预案管理办法》（总局令第88号）；

（17）《安全生产事故信息报告和处置办法》（总局令第21号）；

（18）《建设工程消防监督管理规定》（公安部令第106号）；

（19）《建设项目安全设施"三同时"监督管理办法》（总局令第36号）；

（20）《工贸企业有限空间作业安全管理与监督暂行规定》（总局令第59号）；

（21）《建筑起重机械安全监督管理规定》（建设部令第166号）；

（22）《建筑施工企业主要负责人、项目负责人和专职安全生产管理人员安全生产管理规定》（住房和城乡建设部令第17号）；

（23）《建筑施工特种作业人员管理规定》（建质〔2008〕5号）；

（24）《城市轨道交通工程安全质量管理暂行办法》（建质〔2010〕5号）；

（25）《实施工程建设强制性标准监督规定》（建设部第81号令）；

（26）《建筑工程预防高处坠落事故若干规定》（建质〔2003〕82号）；

（27）《建筑工程预防坍塌事故若干规定》（建质〔2003〕82号）；

（28）《危险性较大的分部分项工程安全管理规定》（住房和城乡建设部令第37号）；

（29）《住房城乡建设部办公厅关于实施危险性较大的分部分项工程安全管理规定有关问题的通知》（建办质〔2018〕31号）；

（30）《危险性较大的分部分项工程专项施工方案编制指南》（建办质〔2021〕48号）；

（31）《危险性较大分部分项工程安全管理细则（2019年版）》（渝建安发〔2019〕27号）。

2.1.2 设计标准及规范

（1）《工程结构通用规范》（GB 55001—2021）；

（2）《工程结构可靠性设计统一标准》（GB 50153—2008）；

（3）《建筑结构可靠性设计统一标准》（GB 50068—2018）；

（4）《建筑结构荷载规范》（GB 50009—2012）；

（5）《钢结构通用规范》（GB 55006—2021）；

（6）《钢结构设计标准》（GB 50017—2017）；

（7）《公路工程技术标准》（JTG B01—2014）；

（8）《公路钢结构桥梁设计规范》（JTG D64—2015）；

（9）《公路桥涵设计通用规范》（JTG D60—2015）；

（10）《城市桥梁设计规范》（CJJ 11—2011）；

（11）《公路桥涵地基与基础设计规范》（JTG 3363—2019）；

（12）《桥梁用结构钢》（GB/T 714—2015）。

2.1.3 施工及验收标准及规范

（1）《建设工程项目管理规范》（GB/T 50326—2017）；

（2）《工程测量标准》（GB 50026—2020）；

（3）《工程测量通用规范》（GB 55018—2021）；

（4）《建筑物变形测量规范》（JGJ 8—2016）；

（5）《城市轨道交通工程测量规范》（GB 50308—2017）；

（6）《国家一、二等水准测量规范》（GB 12897—2006）；

（7）《公路工程技术标准》（JTG B01—2014）；

（8）《建筑与桥梁结构监测技术规范》（GB 50982—2014）；

（9）《建筑工程施工质量验收统一标准》（GB 50300—2013）；

（10）《钢结构工程施工规范》（GB 50755—2012）；

（11）《钢结构焊接规范》（GB 50661—2011）；

（12）《钢结构工程施工质量验收标准》（GB 50205—2020）；

（13）《混凝土结构工程施工规范》（GB 50666—2011）；

（14）《公路桥涵施工技术规范》（JTG/T 3650—2020）；

（15）《铁路桥涵工程施工质量验收标准》（TB 10415—2018）；

（16）《城市桥梁工程施工与质量验收规范》（CJJ 2—2008）；

（17）《公路工程质量检验评定标准》（JTG F80-1—2017）；

（18）《预应力筋用锚具、夹具和连接器》（GB/T 14370—2015）；

（19）《桥梁工程防雷技术规范》（GB 31067—2014）；

（20）《公路桥梁钢结构防腐涂装技术条件》（JT/T 722—2008）；

（21）《铸钢件 超声检测 第一部分：一般用途铸钢件》（GB/T 7233.1—2009）；

（22）《铸钢铸铁磁粉检测》（GB/T 9444—2019）；

（23）《铁路钢桥制造规范》（Q/CR 9211—2015）；

（24）《城市轨道交通工程测量规范》（GB 50308—2017）；

（25）《钢结构高强度螺栓连接技术规程》（JGJ 82—2011）；

（26）《钢结构用高强度大六角头螺栓》（GB/T 1228—2006）；

（27）《大跨度斜拉桥平行钢丝拉索》（JT/T 775—2016）；

（28）《铸钢件 超声检测 第一部分：一般用途铸钢件》（GB/T 7233.1—2009）；

（29）《铸钢铸铁件 磁粉检测》（GB/T 9444—2019）；

（30）《钢筋焊接及验收规程》（JGJ 18—2012）。

2.1.4 施工安全规范

（1）《施工企业安全生产管理规范》（GB 50656—2011）；

（2）《建筑施工安全检查标准》（JGJ 59—2011）；

（3）《市政工程施工安全检查标准》（CJJ/T 275—2018）；

（4）《公路工程施工安全技术规范》（JTG-F90—2015）；

（5）《建设工程施工现场供用电安全规范》（GB 50194—2014）；

（6）《建筑施工高处作业安全技术规范》（JGJ 80—2016）；

（7）《高处作业吊篮标准》（GB 19155—2017）；

（8）《建筑机械使用安全技术规程》（JGJ 33—2012）；

（9）《建筑施工起重吊装工程安全技术规范》（JGJ 276—2012）；

（10）《起重机械安全规程》（GB 6067—2010）；

（11）《建筑施工模板安全技术规范》（JGJ 162—2008）。

2.2 项目文件

（1）巢湖大桥施工图纸及相关文件；

（2）施工合同（施工承包模式）、勘察文件、施工图纸、现状地形及影响范围管线探测或查询资料、相关设计文件、地质灾害危险性评价报告、安全风险评估报告、地下水控制专家评审报告、业主相关规定、管线图等；

（3）安徽省市政桥梁建设标准化指南。

2.3 施工组织设计

已批复的"巢湖大桥总体施工组织设计"。

3 施工计划

3.1 施工进度计划

施工进度计划详见表 3-1。

施工进度计划表　　　　表 3-1

序号	工序	开始时间	结束时间	天数	备注
1	支架安装、设备安装	2018 年 11 月 10 日	2019 年 3 月 10 日	120	
2	边跨杆件，单元件吊装、焊接	2019 年 4 月 1 日	2019 年 7 月 20 日	110	
3	中跨杆件，单元件吊装、焊接	2019 年 7 月 21 日	2020 年 3 月 31 日	254	

3.2 材料计划

主要材料及周转材料需求计划见表 3-2 和表 3-3。

主要材料表　　　　表 3-2

序号	部位	材质	单位	数量	备注
1	钢梁	Q345qD	t	6981.1	
2	钢梁	Q345qD（Z 向）	t	340.7	
3	钢梁	Q420qE	t	481	
4	锚拉板	Q345qD	t	275.3	
5	锚拉板	Q420qE	t	51.3	
6	锚拉板	硫化型橡胶密封剂	m³	0.5	
7	索套管	Q235C	t	12.2	
8	焊钉	$\phi22 \times 200$ 圆头焊钉	个	250475	
9	焊钉	$\phi22 \times 150$ 圆头焊钉	个	12960	
10	桥面板	C60 混凝土	m³	8080.5	
11	桥面板	C60 无收缩纤维混凝土	m³	2155.8	
12	桥面板	HRB400 钢筋	t	3906.3	
13	桥面板	HPB300 钢筋	t	143.2	
14	双结合段	C60 无收缩纤维混凝土	m³	353.5	
15	双结合段	$\phi22 \times 200$ 圆头焊钉	个	12216	

续上表

序号	部位	材质	单位	数量	备注
16		钢绞线	t	111.8	
17		15-7张拉端锚具	套	432	
18	预应力钢束	15-3张拉端锚具	套	144	
19		波纹管$\phi 50$	m	7889	
20		波纹管$\phi 70$	m	10730	

主要材料配置表 表3-3

编号	名称	规格型号	总重（t）
1	钢管立柱	$\phi 630 \times 10$	426.064
2	连接系	$\phi 325 \times 8$	182.8
3	横梁	$H700 \times 300$	192.4
4	纵梁	工36	321.4

3.3 劳动力计划

根据本项目对管理和技术人员的要求，根据对各施工区域施工资源进行分析，合理配置管理和技术人员，从人员结构、数量、资质、工作经验、制度建设等方面保证工程的顺利进行，确保合同顺利完成。主要管理和技术人员100人，主要技术工人823人次。按施工区域投入人数，见表3-4。

主要技术工人投入表 表3-4

序号	项目	数量（人）	备注
1	划线工（含测量）	3	
2	装配工	20	
3	电焊工	30	
4	机加工（含钻孔）	6	
5	栓接铆工	5	
6	清磨工	10	
7	配套工	2	
8	起重工	2	
9	行车工	2	
10	电、钳工	3	
11	运输工	5	
12	涂装工	20	
	合计	108	

3.4 机械设备投入计划

（1）主要施工机械

按照施工总体部署，按施工工序投入材料预处理、下料加工、单元件及杆件制造、单元件及杆件涂装、节段预拼、单元件及杆件吊装、节段涂装等。以上设备都为本投标人现有，可随时投入到本项目中。主要机械设备见表 3-5。

拟投入本项目的主要施工设备表　　　　　　表 3-5

序号	设备名称	规格型号	生产厂家	出厂时间	单位	数量	购置时间	备注（自有或租赁）
焊接设备									
1	埋弧自动焊机	1250A	时代、华能、瑞凌	2013 年	台	12	2013 年	自有
2	CO_2 气体保护焊机	500A	三九、OTC、松下	2012 年	台	70	2012 年	自有
3	远红外自控烘箱	YGCH-G-150	吴江电热	2000 年	台	5	2000 年	自有
4	内热焊剂烘箱	NZHG-6-500	吴江电热	2011 年	台		2011 年	自有
5	全位置焊接小车	8SS-G	三乡白石	2012 年	台	30	2012 年	自有
起转运设备									
1	门式起重机	5t-220t	豪力、新乡	2011 年	台	60	2011 年	自有
2	汽车起重机	20t-80t	武陵、徐重	2011 年	台	12	2011 年	自有
3	汽车起重机	200t	徐重	2011 年	台	2	2011 年	自有
4	液压平板车	320t	德国 KAMAG	2008 年	台	1	2008 年	自有
5	液压平板车	250t	三江航天	2010 年	台	1	2010 年	自有
6	内场转运汽车	40t	东风	2011 年	台	20	2011 年	自有
涂装设备									
1	通风除尘设备	LK-600A4-70	武汉博力雅	2012 年	台	4	2012 年	自有
2	保温除湿设备		武汉博力雅	2012 年	台	4	2012 年	自有
3	电动空压机		柳州富达	2012 年	台	22	2012 年	自有
4	高效喷砂机		柳州富达	2012 年	台	42	2012 年	自有
5	喷砂机	DZXA-II	柳州富达	2012 年	台	3	2012 年	自有

续上表

序号	设备名称	规格型号	生产厂家	出厂时间	单位	数量	购置时间	备注（自有或租赁）
涂装设备									
6	专用吸尘器		柳州富达	2012年	台	5	2012年	自有
7	自动无尘抛丸机	Blastrac1-15ds	柳州富达	2012年	台	10	2012年	自有
8	高压无气喷涂机	GPQ-6C	柳州富达	2012年	台	24	2012年	自有
9	油漆搅拌器		柳州富达	2012年	台	8	2012年	自有
10	高压清洗机		柳州富达	2012年	台	2	2012年	自有
11	筛砂机		柳州富达	2012年	台	2	2012年	自有
12	通风除尘设备	LK-600A4-70	武汉博力雅	2012年	台	4	2012年	自有

（2）检测配置清单

将获得CMA、CNACL资质认证，得到亚、欧、北美洲国家承认的"材料与结构试验检测中心"和"综合计量测试检定站"投放到本工程中，拟配备本项目的实验和检测仪器设备表见表3-6。

拟配备本项目的实验和检测仪器设备表　　　表3-6

序号	设备、仪器名称	制造商	规格型号	数量	状况	生产产品或部件	额定产能或生产参数	备注
1.1	摆锤式冲击试验机	中国上湖	JB-30B	1	完好	试验	0～300J	
1.2	电液伺服万能材料试验机	中国上湖	WAW500	1	完好	试验	0～1000kN	
1.3	电子万能材料试验机	中国上湖	WDW-5	1	完好	试验	0.1～10kN	
1.4	布氏硬度计	中国深圳	200HB-3000	1	完好	试验检测	3000KG	
1.5	洛氏硬度计	中国深圳	HR-150A	1	完好	试验检测	150KG	
1.6	维氏硬度计	中国深圳	HVA-50A	1	完好	试验检测	50Kgf	
1.7	轴力计	中国深圳	GKA M20 M24	1	完好	试验检测		
1.8	扭矩仪	中国广州	QTM-II	1	完好	试验检测	0～1500NM	
1.9	扭矩扳子检定仪	中国广州	HNJ-1000	1	完好	测量	200～2000NM	
1.10	扭矩扳手检定仪	中国广州	NJY-2000	1	完好	测量	200～2000NM	
1.11	奥林巴斯金相显微镜	韩国	PME3	1	完好	试验检测		

续上表

序号	设备、仪器名称	制造商	规格型号	数量	状况	生产产品或部件	额定产能或生产参数	备注
1.12	显微硬度计	韩国	MUK-C	2	完好	试验检测		
1.13	电光分析天平	韩国	TG328B	1	完好	试验检测		
1.14	梅特勒—托利多分析天平	德国	AE100	1	完好	试验检测		
1.15	电光分析天平	中国深圳	TG328B	1	完好	试验检测		
1.16	分光光度计	中国深圳	VIS-7220	1	完好	试验检测		
1.17	钢铁定碳仪	日本岛津	101	1	完好	试验检测		
1.18	电解分析器	日本岛津	44B	1	完好	试验检测		
1.19	生物显微镜	日本岛津	XSS-2型	1	完好	试验检测		
2.1	测量钢带	中国武汉	2×30×15000	10	完好	测量		
2.2	超声波测厚仪	中国汕头	GTS-30	4	完好	测量		
2.3	油漆测厚仪	英国	456FBS	4	完好	测量	0～1500μm	
2.4	测爆仪	英国		2	完好	测量		
2.5	粗糙度测量仪	英国	TR210	4	完好	测量	0～5	
2.6	点温计	英国	电子式	4	完好	测量	−30～600℃	
2.7	钢板测厚仪	英国	电子式	4	完好	测量		
2.8	激光经纬仪	中国苏州	J2-Jc	12	完好	测量		
2.9	激光跟踪测量仪	日本	LTS-1100	1	完好	测量		
2.10	无棱镜电子全站仪	日本	SET230R	6	完好	测量		
2.11	水准仪	日本	DS1	2	完好	测量		
2.12	拉拔仪	日本	X1003	1	完好	测量		
2.13	盐分测试笔	英国	WPECSCAN	1	完好	测量		
2.14	电子涂层测厚仪	英国	Elcometer345	2	完好	测量		
2.15	磁性测厚仪	英国	BC100A	10	完好	测量		
2.16	GPS接收机	中国苏州	Trimble5700	1	完好	测量		
3.1	X射线发生器	日本理学	日本理学	6	完好	焊缝检测		

续上表

序号	设备、仪器名称	制造商	规格型号	数量	状况	生产产品或部件	额定产能或生产参数	备注
3.2	超声波探伤仪	武汉汉威技术发展公司	HS-600	12	完好	焊缝检测		
3.3	智能化超声波探伤仪		PXUT0-320C	10	完好	焊缝检测		
3.4	磁粉探伤仪		B310S	6	完好	焊缝检测		
3.5	便携 X 射线探伤机	日本理学	日本理学	8	完好	焊缝检测		
3.6	扩散氢分析仪	德国	G4PHOENIX	1	完好	材料检测		

4 施工工艺技术

4.1 技术参数

（1）斜拉索

巢湖大桥斜拉索采用空间扇形双索面布置形式，全桥共 196 根斜拉索。最长斜拉索长度约 255m，最短斜拉索长度约 64m。斜拉索型号共有 8 种，最大拉索型号为 283∅7，最小拉索型号为 109∅7。顺桥向梁上标准索距 9m，塔上索距为 1.9~2.3m。采用扭绞型平行钢丝斜拉索，锚具采用 PESM7 型冷铸锚。斜拉索在主梁上均采用锚拉板形式锚固。斜拉索在主塔上锚固采用三种方式，其中下半段 36 对斜拉索（Z01~Z09、B01~B09、Z01'~Z09'、B01'~B09'）直接锚固于塔壁上，并在塔壁上施加预应力；4 根 0 号斜拉索（Z0、Z0'）则直接锚固于主塔中横梁上；上半段 60 对索（Z10~Z24、B10~B24、Z10'~Z24'、B10'~B24'）采用钢锚梁进行锚固，斜拉索型号统计表见表 4-1。

斜拉索型号统计表 表 4-1

序号	拉索型号	根数	备注	序号	拉索型号	根数	备注
1	PES（C）7-109	16		1	LZM7-139	16	
2	PES（C）7-121	32		2	LZM7-121	32	
3	PES（C）7-139	24		3	LZM7-163	24	
4	PES（C）7-163	48		4	LZM7-211	48	
5	PES（C）7-187	32		5	LZM7-121	32	
6	PES（C）7-211	20		6	LZM7-139	20	
7	PES（C）7-223	16		7	LZM7-163	16	
8	PES（C）7-283	8		8	LZM7-163	8	
	合计（根）	196			合计（套）	196	

（2）钢梁标准节段

全桥主梁水平投影长度为 1122m，分为有索区和无索区，共 126 个节段，均采用钢筋-混凝土组合梁，共计 7 个类型，分别为：有索区标准段、桥塔段、合龙段、无索区标准段、有索区标准-无索区过渡段、无索区中墩双结合段、边墩段。其中标准节段的部分板件厚度随节段编号不同而变化。组合梁钢与混凝土通过剪力键相结合。钢梁部分由纵梁、横梁及小纵梁共同组成钢梁格体系。加劲梁标准段水平投影长度为9.0m，水平向每4.5m设一道横梁，两横梁之间设一道横向加劲。纵梁与横梁间、纵梁节段之间均采用焊接连接；混凝土板之间采用现浇湿接缝进行连接。锚拉板、辅助墩墩顶和桥塔处底板采用Q420qE钢材，钢横梁、小纵梁等采用Q345qD钢材，钢梁工程总量约9000t，巢湖大桥钢梁标准节段结构简图如图4-1所示。

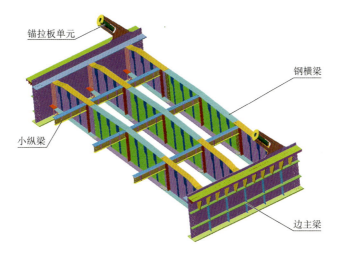

图4-1 巢湖大桥钢梁标准节段结构简图

（3）钢主梁

标准段主纵梁共设两片开口工字形钢纵梁，两纵腹板中心线间距26.5m。纵梁顶板宽0.6m，板厚36mm；腹板高2.429m，板厚28mm，腹板设两道纵向加劲，并且每隔2.25m设置一道竖向加劲；底板宽1.0m，板厚度沿顺桥向变化，主要板厚有45mm、50mm、55mm、60mm。由于拉索锚固采用锚拉板的方式，故顶板有Z向性能要求。标准段边主梁上侧宽1.5m，高2.73m，单节长度9m，吊装重量约21.8t，非标节段最大吊装重量32.2t，主桥和边跨钢主梁结构简图如图4-2和图4-3所示。

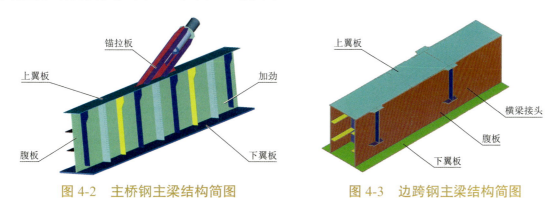

图4-2 主桥钢主梁结构简图　　　　图4-3 边跨钢主梁结构简图

（4）钢横梁

根据在桥面系中所处的位置，横梁分为工形纵梁区标准横梁、工形纵梁区加强横梁、主塔处横梁、过渡段压重横梁、箱形纵梁区标准横梁、箱形纵梁区加强横梁、箱形纵梁区墩顶横梁，共253根。

工字形主纵梁区标准横梁的编号为HL2。顺桥向基本间距4.5m，采用焊接工字形截面，梁长25.4m，梁高1.746～2.0m，设2.0%横坡，上翼缘板厚20mm，下翼缘板厚20～28mm，腹板厚12mm，上、下翼缘板宽均为600mm，钢横梁结构简图如图4-4所示。

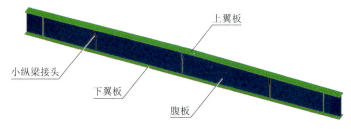

图4-4　钢横梁结构简图

（5）小纵梁

全桥断面上设3道小纵梁，以保证钢横梁安装过程中的稳定性，以及为混凝土板现浇缝提供模板作用。小纵梁共两种类型，采用工字形断面，梁高均为0.6m，一种类型编号为XZL1～XZL1e，顶、底板宽度各为0.4m、0.3m，顶板有单向2%横坡。另一种类型编号为XZL2～XZL2e，顶、底板宽度各为0.6m、0.3m，顶板冷弯成双向2%横坡。两种小纵梁顶板厚均为16mm，腹板和底板厚均为12mm。小纵梁采用Q345qD钢材结构简图如图4-5所示。

图4-5　小纵梁结构简图

（6）挑梁

挑梁分为工字形主纵梁区标准挑梁（TL1）、箱形主纵梁区标准挑梁（TL2），有索-无索过渡区挑梁（TL3）、边墩挑梁（TL4）、桥塔挑梁（TL5）。挑梁基本间距为9.0m，局部有所加密。挑梁顶的横坡为2%，纵坡与主纵梁纵坡一致。除桥塔挑梁，其余挑梁的底板横坡均相同。工字形主纵梁区标准挑架（TL1）长4.0m。顶板宽0.6m，厚16mm；腹板高1760mm，厚12mm；底板宽0.4m，厚16mm。箱形主纵梁区标准挑梁（TL2）长3.0m。顶板宽0.6m，厚16mm；腹板高1509mm，厚12mm；底板宽0.4m，厚16mm。有索-无索过渡区挑梁（TL3）长3.0m。顶板宽0.6m，厚16mm；腹板高1509mm，厚12mm；底板宽0.24～0.4m，厚16mm。边墩挑梁（TL4）长3.0m。顶板宽1.6m，厚16mm；腹板高1509mm，厚12～20mm；底板宽0.4m，厚16mm。桥塔挑梁（TL5）长1.986m。顶板宽2.0m，厚16mm；腹板高

672mm，厚12mm；底板宽0.3m，厚16mm。挑梁采用Q345qD钢材，挑臂结构简图如图4-6所示。

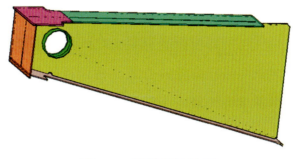

图4-6 挑臂结构简图

（7）边纵梁

全桥断面上设2道边纵梁，为混凝土板现浇缝提供模板作用。边纵梁采用槽形断面，梁高均为0.8m，顶、底板宽度各为0.45m、0.513m，顶板有单向2%横坡。底板横坡与挑梁底板横坡一致。腹板厚16mm，顶、底板厚20mm，边纵梁结构简图如图4-7所示。

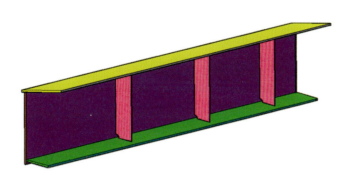

图4-7 边纵梁结构简图

（8）锚拉板

本桥斜拉索的锚固采用锚拉板的结构形式，全桥共196个。锚板N1直接焊于主纵梁顶板上，板厚中心与主梁直腹板中心对齐，根据拉索受力不同，锚拉板板厚为36～60mm，为保证锚拉板侧向受力，锚拉板在混凝土湿接缝高度范围内需布置焊钉与混凝土结合。锚拉板N1，锚管N5，加劲肋N2、N3之间均需全熔透焊接，锚拉板结构简图如图4-8所示。

图4-8 锚拉板结构简图

（9）桥面板

与钢梁结合成一体的钢筋混凝土桥面板沿全桥宽布置。桥面板分预制板和现浇缝部分，预制板厚 260mm。现浇接缝混凝土通过钢梁顶面的剪力钉、预制板的外伸钢筋及接缝纵横向钢筋联结成整体。预制板应提前制作，存放 6 个月以上，以减少收缩影响。预制板在纵梁顶板处开有齿块，以提高现浇缝部位新老混凝土之间的抗剪能力。为了便于预制板的安装，相邻板的纵横向钢筋均采用错开布置的方式。桥面板顺桥向钢筋均采用焊接接头，焊接钢筋时，须满足：单面焊时接头长度 ≥10d，双面焊时 ≥5d；由于搭接长度限制，有索区横向钢筋采用圆环搭接接头、无索区则采用直接搭接。桥面板种类较为复杂，施工前需进一步放样确认构造及钢筋布置形式。

4.2 钢梁安装工艺流程

根据以往类似桥梁的安装经验，结合本工程实际情况，确定本工程钢结构安装总体思路如下：

（1）钢结构在厂内加工完成后，梁段通过陆运散件运输至现场。

（2）在桥位南北两岸搭设门式起重机轨道和钢梁安装支架。

（3）先用 150t 汽车起重机安装主桥墩位置处钢梁节段 LB0、L00、LZ0、LB0′、L00′和 LZ0′段，完成塔梁固结。

（4）从主桥墩依次向边跨位置安装钢梁，利用门式起重机先安装钢主梁，然后安装横梁，最后安装小纵梁和边主梁。

（5）北岸梁段拼装至节段 LY4，南岸梁段拼装至节段 LY3′，北岸辅助墩 N1 附近梁段 LB24 与 LB23 和南岸辅助墩 S1 附近梁段 LB24′与 LB23′之间的焊缝预留不焊，待主跨挂 24#索之前进行拼缝焊接。

（6）南岸用 200T 汽车起重机依次吊装 S2~S4（LY6′+LY7′、LY8′+LY9′、LY10′+LY11′、LY12′+LY13′、LY14′+LY15′、LY16′+LY17′）主梁、横梁、小纵梁、挑梁和边纵梁。

（7）南岸用 60T 门式起重机依次吊装 LB17′+LB18′、LB19′+LB20′、LB21′+LB22′、LY0′+LY1′、LY2′+LY3′主梁、横梁、小纵梁、挑梁和边纵梁。

（8）浇筑 S1、N1 墩顶附近双结合及压重混凝土，S2~S3 墩顶附近双结合混凝土；铺设边跨及 LB0、L00、LZ0、LB0′、L00′和 LZ0′桥面板；边跨有索区桥面板暂不浇筑湿接缝与主跨有索区桥面板同步浇筑；S2、S3 墩顶及预留钢梁拼缝处湿接缝暂不浇筑。

（9）浇筑 L00 和 L00′段桥面板湿接缝，扣挂 L00 和 L00′斜拉索并张拉。

（10）通过汽车起重机安装中跨桥面起重机。

（11）采用 2 台桥面起重机安装 LZ1 和 LZ1′，先安装钢主梁，然后安装钢横梁，最后依次安装小纵梁和边纵梁，并同步铺设 LZ1 段主、横梁间桥面板。

（12）扣挂 LB1、LZ1 和 LB1、LZ1′节段拉索并初张拉。

（13）重复以上步骤，采用 2 台桥面起重机分别从两个主墩向跨中依次进行中跨钢梁散件安装，同时及时安装拉索。

（14）采用桥面起重机安装中跨合龙段，完成全桥合龙，根据监控指令拆除支架和桥面起重机。

4.3 施工方法及操作要求

4.3.1 钢结构制造

钢梁制造相关工艺详见标准化施工方案中钢梁制造相关章节。

4.3.2 钢梁安装

1）钢混组合梁节段、块体划分

全桥钢梁节段划分详见附图。

全桥吊装分为三种工况：门式起重机安装、汽车起重机安装及桥面起重机安装。其中 LZ1~LZ24、LZ1′~LZ24′和 HL 为桥面起重机散件安装，LB0、L00、LZ0、LB0′、L00′、LZ0、LY6′+LY7′、LY8′+LY9′、LY10′+LY11′、LY12′+LY13′、LY14′+LY15′和 LY16′+LY17′为汽车起重机散件安装。其余为门式起重机散件安装。桥面起重机安装共计 49 根钢主梁及 99 根钢横梁和一些散件单元，单个标准主梁重量约为：18.9t。汽车起重机和门式起重机散件安装共计 188 个横梁单元、30 个钢主梁单元和小纵梁、挑臂单元。其中门式起重机安装钢主梁时，钢主梁吊装单元为二个 9 米的钢主纵梁杆件拼成一个 18 米长的钢主纵梁吊装单元，最重重量约为：50t。

2）安装步骤

（1）施工步骤一：

①搭设临时安装支架、安装门式起重机。

②临时支架基础需用 4 根 PHC400×90mm 管桩进行基础处理；

③北岸场地情况较好，门式起重机轨道在辅道上，只需在辅道上浇筑混凝土基础，上铺门式起重机轨道；

④南岸场地部分是淤泥，需在门式起重机轨道处用 PHC300×70mm 管桩进行基础处理，每隔 6m 预埋一根 PHC 管桩，上铺门式起重机轨道。

（2）施工步骤二：

①北岸用汽车起重机依次吊装 LZ0、L00、LB0 主梁、横梁、小纵梁、挑梁和边纵梁；

②南岸用汽车起重机依次吊装 LZ0、L00、LB0′主梁、横梁、小纵梁、挑梁和边纵梁。

（3）施工步骤三：

①北岸用 60t 门式起重机依次吊装 LB1＋LB2、LB3＋LB4、LB5＋LB6、LB7＋LB8、LB9＋LB10、LB11＋LB12、LB13＋LB14、LB15＋LB16、LB17＋LB18、LB19＋LB20、LB21＋LB22、LB23＋LB24、LY0＋LY1、LY2＋LY3、LY4 主梁、横梁、小纵梁、挑梁和边纵梁；

②南岸用 60t 门式起重机吊装 LB1′＋LB2′、LB3′＋LB4′、LB5′＋LB6′、LB7′＋LB8′、LB9′＋LB10′、LB11′＋LB12′、LB13′＋LB14′、LB15′＋LB16′、LB23′＋LB24′、LY0′＋LY1′、LY2′＋LY3′主梁、横梁、小纵梁、挑梁和边纵梁。

（4）施工步骤四：

南岸用 200t 汽车起重机吊装 LY16′＋LY17′主纵梁、横梁、小纵梁、挑梁和边纵梁。（受现有高压线影响，门式起重机只能安装到 S2）

（5）施工步骤五：

南岸用 200t 汽车起重机依次吊装 LY6′＋LY7′、LY8′＋LY9′、LY10′＋LY11′、LY12′＋LY13′、LY14′＋LY15′主梁、横梁、小纵梁、挑梁和边纵梁。

（6）施工步骤六：

南岸用 60t 门式起重机依次吊装 LY4′＋LY5′主梁、横梁、小纵梁、挑梁和边纵梁。

（7）施工步骤七：

南岸用 60t 门式起重机依次吊装 LB17′＋LB18′、LB19′＋LB20′、LB21′＋LB22′主梁、横梁、小纵梁、挑梁和边纵梁。

（8）施工步骤八：

①浇筑 S1、N1 墩顶附近双结合及压重混凝土，S2～S3 墩顶附近双结合混凝土；

②利用 60t 门式起重机铺设边引跨桥面板，暂不浇筑湿接缝；

③S2、S3 墩顶及边跨有索区处湿接缝暂不浇筑；

④安装并张拉塔梁处 L00 和 L00′节段拉索。

（9）施工步骤九：

①北岸用 25t 汽车起重机安装桥面起重机；

②南岸用 25t 汽车起重机安装桥面起重机；

③桥面起重机主要参数；

④起吊能力：30t；起吊高度：10m；

⑤喂梁方式：尾部喂梁；设备自重：约150t。

（10）施工步骤十：

①北岸用30t桥面起重机吊装LZ1主梁、横梁、小纵梁，挂扣LB1和LZ1拉索并初张拉，并同步铺设LZ1段主、横梁间桥面板，连接钢筋焊接完成，进行第二次张拉。前移桥面起重机，进行LZ2节段吊装，挂扣LB2和LZ2拉索并初张拉，并同步铺设LZ2段主、横梁间桥面板，两节段吊装完成进行两侧两节段对称的湿接缝浇筑，进行LB2和LZ2拉索的第二次张拉；前移桥面起重机。

②南岸用30t桥面起重机吊装LZ1′主梁、横梁、小纵梁，挂扣LB1′和LZ1′拉索并初张拉，并同步铺设LZ1′段主、横梁间桥面板，连接钢筋焊接完成，进行第二次张拉。前移桥面起重机，进行LZ2′节段吊装，挂扣LB2′和LZ2′拉索并初张拉，并同步铺设LZ2′段主、横梁间桥面板，两节段吊装完成进行两侧两节段对称的湿接缝浇筑，进行LB2′和LZ2′拉索的第二次张拉；前移桥面起重机。

③注意：利用桥面起重机吊装时，在桥位将吊装节段的挑梁、边纵梁和主梁焊接完成；

④初次张拉前，解除边跨主梁与支架间的临时固结。

⑤前支点锚固在节段吊装及走行工况均需进行相应的锚固；在桥面板安装工况，前支点锚杆可以拆除。

（11）施工步骤十一：

①北岸用30t桥面起重机依次吊装LZ3～LZ24主梁、横梁和小纵梁，并同步铺设主、横梁间桥面板，同步LZ3～LZ24结合桥面板；

②南岸用30t桥面起重机依次吊装LZ3′～LZ24′主梁、横梁和小纵梁，并同步铺设主、横梁间桥面板，同步LZ3′～LZ24′结合桥面板；

③南北岸边跨N1和S1预留段在挂24号索之前进行连接。

（12）施工步骤十二：

南岸侧桥面起重机后退，增加等重量的配重。利用北岸30t桥面起重机吊装HL主梁、横梁和小纵梁，并同步铺设主、横梁间桥面板。

（13）施工步骤十三：

完成全桥吊装，解除墩顶及塔梁结合处的临时固结，拆除安装临时支架和门式起重机。

3）支座安装

支座在钢梁施工前一个月施工完成。钢梁竖向支座有主塔下牛腿支座、辅助墩和过渡墩拉压支座，安装方法相同。首先按要求的高程浇注支座垫石，高程采用设计高程经施工监控修正的数据为准。浇注支座垫石时，预留支座锚杆孔。在支座顺桥向两侧设置临时支座。安装时，先将支座安放在设计位置，但支座锚杆暂不灌浆，然后安装钢梁并调整好位置和高程，在设计规定的温度下，调整支座位置与钢梁的联结螺栓孔对准，将支座临时固定，将钢梁支承在临时支座上并脱离永久支座，避免钢梁在温度变化时产生位移推动永久支座，将支座锚杆灌浆锚固，等待灌浆强度达到后，连接支座和钢梁的连接螺栓，拆除钢梁的临时支座，完成支座安装。

4）单节段安装

岸上部分（两岸桥台至主塔位置）各杆件采用陆运至施工现场，采用门式起重机吊装、支架散拼形式安装，桥面板跟随主梁拼装进度采用门式起重机架设，有索区待与主跨对称结合浇筑湿接缝。

水中部分（两塔之间）标准梁段单元构件拼装顺序为：

N 节段钢主纵梁（带挑臂）→横梁→小纵梁→边纵梁→安装 N 节段对应斜拉索并一张→N 节段桥面板吊装（湿接缝不浇筑）→N 节段对应斜拉索并二张→桥面起重机前移→安装 N＋1 段主纵梁（带挑臂）、横梁、小纵梁、边纵梁等→安装 N＋1 节段对应斜拉索并一张→安装 N＋1 节段桥面板→浇筑两节段湿接缝→混凝土等强→张拉预应力→N＋1 节段对应斜拉索二张→桥面起重机前移→下一梁段施工。

5）悬拼段标准梁段钢构件安装

标准梁段先安装主纵梁再安装横梁、小纵梁、边纵梁。

（1）主纵梁安装

①吊运至桥面运输小车上，并送至起重机区域；

②构件起吊前标记出构件的重心位置，吊索连接时以重心为中心对称进行，确保水平起吊；

③桥面起重机 30t 行车吊装主梁到底篮调整架上支撑，安装压板，锚固主梁。并安装挑臂和边纵梁，同样方法吊装另外一侧主梁，通过支架横移至设计位置。

（2）横梁安装

横梁单元件为"工"字型截面，横梁与主梁顶底板均保持垂直。横梁上翼缘设双向2%横坡，横梁腹板设一道水平加劲肋和若干道竖向加劲肋。起重机安装具体步骤如下：

①起重机放下主钩，吊索与横梁单元件预定位置相连，通过多次调整吊点的位置，使横梁最终被水平起吊；

②横梁单元件提升至最高点以上 1m 的高度，移动起重机至待安装位置的正上方，起重机慢慢下放大钩，使横梁下端与主纵梁对齐；

③通过撬棍或手拉葫芦调整横梁位置，进行临时锁定；

④同样方法安装下一道横梁。

（3）小纵梁及边纵梁安装

小纵梁及边纵梁相对较轻，安装比较容易，具体安装方法与横梁的安装方法相同，不再详细介绍。

6）桥面板安装

桥面板吊装施工具体步骤为：

（1）桥面起重机完成钢梁构件吊装，钢梁构件焊接施工、检查完毕；

（2）在钢梁纵、横梁桥面板支承面上粘贴直径40mm半圆形橡胶垫片；

（3）桥面板运输至桥面起重机附近，桥面起重机大钩与桥面板临时吊点连接，起吊桥面板；

（4）移动桥面起重机，避免桥面起重机碰撞已安装斜拉索；

（5）桥面起重机移动至桥面板安装位置，缓慢下放桥面板，并精确调位；为确保桥面板的纵横向预应力孔道能够准确对接，在桥面板预制时，以模板为基准设置纵横向基准线，安装时确保相邻桥面板的基准线在一条直线上。同时，由于桥面板与横梁搭接区域比较小，仅为50mm，为确保安全，桥面板精调完毕后，立即与相邻钢构件进行焊接固定。

（6）同样方法安装其余桥面板。

7）湿接缝施工

桥面板现浇缝设置于两板相邻位置（钢梁横梁和小纵梁顶面）和边主梁处桥面板两侧（边主梁顶面）。接缝混凝土采用C60微膨胀钢纤维混凝土。除零号块三个节段一次浇筑完成外，其他梁段都是每完成2个节段浇筑一次湿接缝混凝土。

（1）钢筋工程

①钢筋的储存：钢筋贮存于地面或桥面以上0.3m的平台上，覆盖保护。

②钢筋的检验：钢筋在进场前必须进行检验，检验合格后方可使用。

③普通钢筋施工注意事项：

a.所有钢筋的加工、安装和质量验收等均应严格按照《公路桥涵施工技术规范》（TG/T F50—2020）的有关规定进行。

b.搭接主筋采用单面焊接，焊缝长度不小于10d（d为钢筋直径）。

c.当钢筋和预应力管道在空间上发生干扰时，可适当移动普通钢筋的位置，以保证钢束位置的准确。钢束锚固处普通钢筋如影响预应力施工时，可适当弯折和切断，待预应力施工完毕后应及时恢复原位焊接连接并封锚。施工时要求钢筋定位准确，保证各类钢筋保护层厚度，如钢筋相碰时，以挪动次要钢筋让主要钢筋为原则进行。

d. 施工中应注意附属工程的预埋钢筋，如路缘石、防撞栏杆及泄水孔预埋等，避免遗漏。

e. 锚下螺旋筋与普通钢筋相干扰时，可适当调整普通钢筋的间距。

f. 钢筋安放过程中轻拿轻放，避免砸伤模板。

g. 严格按设计要求控制混凝土保护层厚度。

（2）波纹管安装

桥面板之间波纹管需在湿接缝施工时进行联通。

①波纹管进场检测合格方可使用。为确保结构耐久性及减少预应力损失，本桥预应力管道均采用塑料波纹管。塑料波纹管应有一定的强度和刚度，管壁严密不易变形，管节连接平顺，位置准确，孔道锚固端的预埋钢板应垂直于孔道中心线。混凝土振捣时，注意不能损伤波纹管，且不允许波纹管移位。

②预应力管道应准确定位并用定位网钢筋固定牢靠，预应力束直线段定位网钢筋片基本间距为80cm，弯曲段定位网钢筋片间距加密至50cm，定位网钢筋需同主钢筋牢固焊接。

③预应力管道连接前应清除管道内杂质，在接头处不得有毛刺、卷边、折角等现象，接头处要封严，不得漏浆。

（3）混凝土工程

钢筋、波纹管、模板安装完毕，经监理工程师验收合格后，可进行混凝土浇筑。混凝土采用托泵泵送至施工段，由外侧向内侧的顺序浇筑。振捣采用插入式振捣器，充分振捣直至混凝土表面翻浆不再下沉为止。浇筑完成后及时用刮尺刮平、抹面收浆、拉毛。

初凝后混凝土表面覆盖土工布洒水养护。气温低于5℃时，不得洒水。冬季采用覆盖养护，具体根据冬季施工方案实施。

（4）预应力施工

预应力工程分为预应力管道和锚座预埋、张拉和压浆三项主要内容。在桥面板和湿接缝施工时预埋管道及锚座，待混凝土达到设计强度后进行预应力钢束穿束，按照"后张法预应力筋张拉程序"进行张拉，然后进行孔道真空压浆，最后进行封锚施工。

预应力施工流程如图4-9所示。

具体预应力施工与箱梁等预应力施工相同，不再赘述。

8）养护桁车安装

养护桁车为横桥向悬挂式结构，采用电动驱动。驱动机构通过钢轮倒置于钢梁底部的工字钢轨道上，主桁架通过门架与驱动机构相连。主桁架两端设置伸缩装置，桁架梁可伸长至边

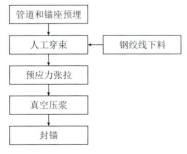

图4-9 预应力施工流程图

主梁下方，检查车最大宽度 37.5m，全桥设置维护检查车 1 台，养护桁车示意如图 4-10 所示。

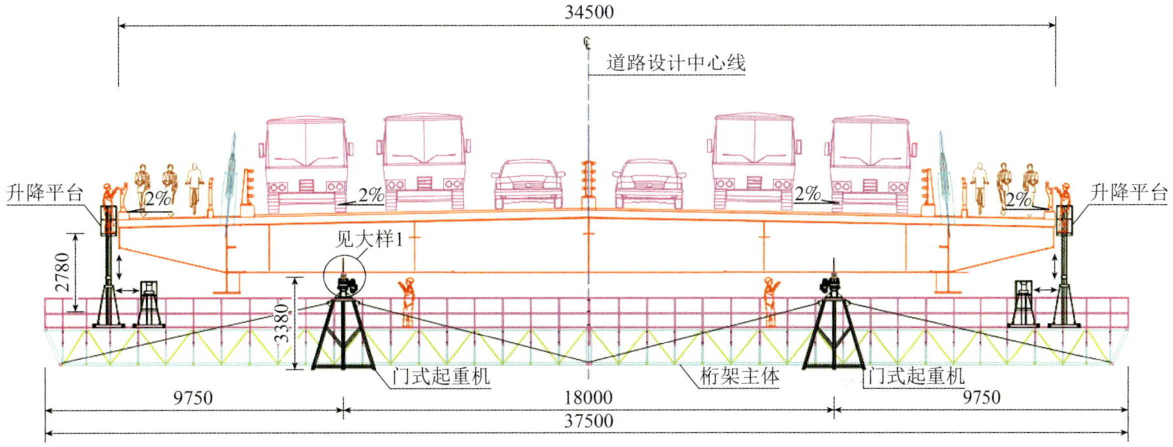

图 4-10 养护桁车示意图（尺寸单位：mm）

养护桁车采用整体吊装方案。待全部梁段安装完毕，拆除 S1 墩柱附近的支架，在桥面安装两台 20t 卷扬机和滑车组，进行检查小车的整体吊装，装配示意如图 4-11 所示。

图 4-11 养护桁车装配示意图

9）边跨墩顶双结合及压重梁段施工

辅助墩墩顶梁段总体施工工序：

安装支座→安装墩顶梁段→安装斜拉索、初张拉、测量高程→梁段临时固结于桥墩→在设计温度下固结支座→浇筑墩顶双结合及压重混凝土→安装桥面板、调整索力→安装下一节段。

辅助墩墩顶梁段吊装与标准梁段相同。拼装总体施工顺序为：

边主梁吊装→横梁吊装→小纵梁吊装→压重区小纵梁吊装，各构件的具体吊装及连接方法与标准梁段相应构件吊装方法相同，不再详述。

主梁双结合及压重混凝土在钢梁安装完成后桥面板安装之前进行。压重混凝土采用汽车泵泵送入模。

10）引跨墩顶梁段双结合梁段施工

引跨墩顶梁段双结合梁段工与辅助墩墩顶梁段施工工序基本一致。墩顶设置双结合混凝土，不进行压重。

11）塔梁临时锚固施工

为了防止钢梁因温度收缩及在中跨吊装过程中移位，在桥塔横梁处设置精扎螺纹钢筋与钢主梁进行临时固结，在中跨合龙前拆除临时固结，如图4-12所示。

图4-12 塔梁临时锚固

4.3.3 斜拉索施工

1）施工流程

斜拉索施工流程如图4-13所示。

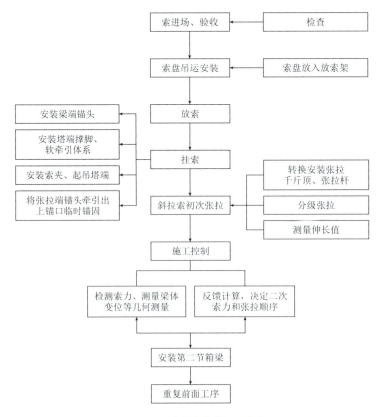

图4-13 斜拉索施工流程

4 施工工艺技术

2）斜拉索施工工艺

斜拉索的施工内容主要包括索股转运吊装、展索、挂索、张拉、索力检测、调整、体内减震及临时减震装置安装等工序。施工时，根据斜拉索的重量、锚固牵引力的大小以及张拉施工空间要求选定合适的牵引方式、张拉方式。该桥设计为梁端锚固、塔端牵引及体系转换张拉，塔内配置8台700t千斤顶，软牵引配置8套700t软牵引组合系统。根据斜拉索牵引、张拉过程的施工控制力大小，将斜拉索分成2种工艺施工，即短索施工、长索施工。

（1）施工准备

①成品索的检查斜拉索出厂前按设计要求，对斜拉索有关性能进行检验；斜拉索到达现场后，应对索外观进行检查，并要求出具质量保证书和相应检验报告。

②临时设施准备施工前塔内钢锚梁两侧装好防护栏杆、加工好挂索时所用吊篮。

③索导管的处理斜拉索锚头外径与索导管的内径相差很小，挂索时极易产生位置偏差，从而造成锚头外丝扣和斜拉索的聚乙烯保护套的损伤。因此斜拉索挂设前应对塔、梁端的索导管进行全面的检查，对索导管内的焊渣、毛刺等进行打平磨光。

（2）斜拉索上桥面设备有效的保护好斜拉索，避免斜拉索在上桥过程中的破坏，选择在桥面放索方式。斜拉索中最长索PES（C）7-283，最大索PES（C）7-283，斜拉索重量约22t，斜拉索毛重及索盘重量约40t。

（3）短索施工

前10对斜拉索（含0号索）中最长索只有119m，自重不超过5t，直接采用塔式起重机从桥面上放索，直接将索头吊至索导管口，用塔顶卷扬机下放带有提吊头的钢丝绳与锚头连接，牵引锚头将大螺母拧上3丝以上，然后用桥面起重机将张拉端锚头从索盘放出，通过卷扬机拖锚固端锚头至索导管处，用桥面起重机将锚头安装就位并锚固。最后安装张拉杆按监控要求对称进行斜拉索张拉。

索夹采用壁厚10mm钢管与钢板焊接而成，索夹示意及结构示意图如图4-14和图4-15所示，为防止索夹损伤斜拉索PE套，挂索时在斜拉索与索夹接触处加垫优质橡胶垫。

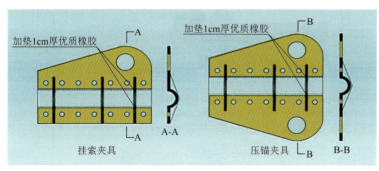

图4-14 索夹示意图

图4-15 索夹结构示意图

（4）长索施工

长索施工时，通过增加软牵引长度减少梁端牵引力。通过计算确定梁端牵引力及塔端软牵引钢绞线长度。

索盘在索导管附近放索斜拉索通过塔式起重机吊至桥面，用卷扬机将索盘牵引至相应索导管附近。用桥面起重机配合放索盘将斜拉索锚头脱离索盘并放置在锚头行走小车上，安装提吊头，用桥面卷扬机将锚头牵引至塔柱根部。牵引过程中，在桥面上每隔3m放置一个放索小车，锚头小车与放索小车下设滚轮，小车上设挡板和木槽，使斜拉索与小车间不产生位移，同时在斜拉索与小车间利用麻袋隔离，以保护斜拉索PE层，如图4-16所示。

图4-16　展索牵引小车示意图（尺寸单位：cm）

安装张拉端软牵引及吊点夹具在张拉锚固区将螺帽及软牵引撑脚就位，塔内牵引卷扬机钢丝绳由塔柱内腔，通过撑脚、螺帽及索导管延伸至塔外桥面。用P板、压套、钢绞线、锚具及夹片做斜拉索张拉端软牵引，施工人员通过吊篮在距锚头与塔顶对应索导管长度处安装吊点夹具，夹具处索体用麻布包扎，放索示意如图4-17所示。

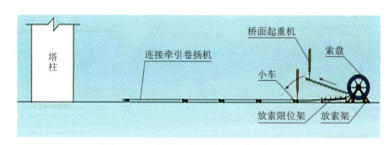

图4-17　斜拉索桥面放索示意图

斜拉索空中牵引至相应的索导管并锚固塔外卷扬机钢丝绳连接吊点夹具，在空中牵引斜拉索至相应索导管附近，塔内牵引卷扬机钢丝绳连接斜拉索张拉端软牵引钢绞线，牵引钢绞线进入索导管，此时斜拉索在索架上配合放索，斜拉索空中牵引示意图如图4-18所示。软牵引牵引撑脚内腔工具锚穿过索导管及螺母并锚固在撑脚上。

斜拉索快放完时，用桥面起重机将索头从索盘上吊起，放出锚头，并将锚头放至行走小车上。为保证斜拉索外表面不受破坏，吊点处用麻布包扎，使用软吊带吊装。

斜拉索越长、越重，挂索时塔端塔外卷扬机牵引力越大，如果牵引力全部受在PE层上，也有可能导致 PE 拉裂，此时可将牵引夹具夹在锚头根部，斜拉索塔端牵引示意图如图 4-19 所示，当锚头牵进索导管后将其拆除。为便于调节索体在索导管中的位置，在距锚头对应索导管长度处加调位用夹具，当牵引夹具拆除后将牵引钢丝绳吊点移至此夹具上。

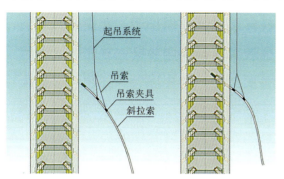

图 4-18 斜拉索空中牵引示意图

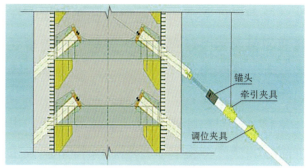

图 4-19 斜拉索塔端牵引示意图

将斜拉索固定端牵引入组合梁锚箱内并锚固斜拉索快放完时，用汽车起重机将索头从索盘上吊起，放出锚头，并将锚头放至行走小车上。在固定端安装吊点夹具，用桥面卷扬机走滑车牵引斜拉索，当固定端拉近锚固点后，即可用桥面起重机将固定端引入锚箱并锚固，继续牵引锚固端到位后，拧紧大螺帽。

斜拉索梁端牵引示意图如图 4-20 所示。

软牵引拆除、张拉设备就位斜拉索张拉端牵引到位后，拧紧螺帽，拆除软牵引工具，安装张拉撑脚、千斤顶，用连接套连接锚头和张拉杆，旋紧拉杆螺帽，斜拉索张拉示意图如图 4-21 所示。

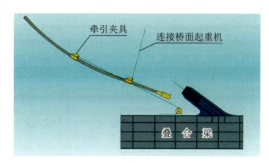

图 4-20 斜拉索梁端牵引示意图

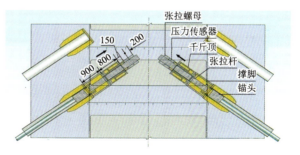

图 4-21 斜拉索张拉示意图

斜拉索的张拉采取梁段固定，塔端张拉的方式，即事先把斜拉索下端冷铸锚锚固在梁上，张拉在索塔内进行。根据最大张拉力不超过千斤顶容许荷载的 95% 的施工规范要求，确定千斤顶的型号。斜拉索张拉按照监控要求分次进行，张拉宜对称进行，以防止索塔承受过大的弯曲应力。组合梁骨架拼装完成后，进行第一次张拉，桥面起重机行走到位后，进行第二次张拉，张拉严格按照监控指令要求进行。

牵引、张拉过程中防扭措施。展索过程中尽量释放索的扭转力，同时在千斤顶上配置安装防扭装置。

斜拉索的减震在钢梁的悬拼过程中，斜拉索的风震非常明显，直接影响箱梁悬拼时的控制，因此，施工过程中，在斜拉索下端设置临时减震装置。

4.3.4 中跨合龙段施工

24号索梁段安装完成后，对先行安装的主梁和拉索的内力及桥梁线形进行检查和综合评价，符合设计要求后进行中跨合龙施工。在设计合龙温度和设计的合龙加载状态下，反复准确测量需要的合龙梁段长度和连接转角，在现场配切合龙段长度。合龙时，由两侧桥上起重机对称起吊合龙纵梁，在合龙温度下快速将钢梁用马板定位，尽快在温度恒定区段时间内，焊接合龙。如果合龙安装困难，要分析产生误差原因，确定合理的解决方案。中跨合龙后，及时解除塔梁之间的临时固结。纵梁合龙完成后，安装横梁、小纵梁，最后安装桥面板并浇注湿接缝，然后拆除桥上起重机。

1）吊装前的主要准备工作

中跨合龙梁段吊装前，要进行一些准备工作。

①加强对已完成主梁线形、索力、塔偏位及应力等方面的监测，对不满足要求的部位及时进行调整。为确保合龙梁段与两侧24号索梁段的平顺连接，应重点控制好主跨南北两侧梁段的轴线及高程偏差，当梁段的安装越来越接近合龙口时，除了保证梁段的轴线及高程偏差值满足要求外，还要使两侧梁段的偏差方向一致，缩小对应测点的相对差值，尤其是轴线偏位。合龙口两侧的24号索梁段调位时，应同时进行，除梁段上各测点的绝对偏差满足要求外，对应点的相对偏差也必须合格。

②张拉24号斜拉索，桥面起重机前移，在梁段上架设合龙口通道（上下游各一道，一端固定）。

③合龙口两侧钢主梁上临时压载，每侧压载重量为合龙梁段主纵梁的自重，压载采用水箱加水，水箱置于主纵梁附近横梁上。并考虑两侧桥面起重机偏心起吊压载。

④选择合理时机，按监控要求对两侧梁段同时进行精确调位，使两侧梁段对称控制点的高程之差满足要求，而后在主纵梁近横梁处挂设手拉葫芦交叉斜向对拉，使两侧主梁在横向的位置上相对固定。

⑤在合龙口两侧梁段上布设测量点（测点位置根据监控要求确定），选择风力较小的一天，每间隔两小时测量一次合龙口间距及相邻主梁的高程，同时测量大气温度、主梁内表温度，连续观测1～2昼夜。根据实测数据，确定合龙梁段实际长度及合龙时间，加工合龙段主纵梁拼接板。

2）合龙口调整

合龙口两侧梁段相对位置调整合龙口两侧梁段主纵梁相对位置包括相对高差、合龙口轴线差，相对高差与轴线差需同步调整。

①两侧梁段相对高差调整

两侧梁段相对高差利用斜拉索和临时压重荷载完成，通过调整斜拉索索力和临时压重荷载的位置及其大小，使得合龙口两侧梁段上对应的高程控制点的相对高差满足要求。当主纵梁合龙完成后，卸除临时荷载，并调整斜拉索索力。

②两侧梁段轴线相对偏差

调整两侧梁段轴线相对偏差有两种情况，即：以设计桥轴线为基准，两侧梁段轴线会出现偏差。轴线同向偏差需预先控制，即：对接近合龙口的两侧梁段加强联测，发现梁段轴线同向偏位时，通过调整后续梁段逐渐进行纠偏，同向偏差须随时纠偏，不得累积，在合龙段及以后梁段安装时，每次都应进行通测，发现偏差及时纠正。合龙口两侧梁段轴线出现异向偏差时，通过设置在悬臂梁前段的轴线调整系统对拉完成。轴线调整系统由耳板（在工厂内安装）、滑轮组、手拉葫芦以及钢丝绳组成。当合龙梁段主纵梁连接完成后，解除轴线调整系统。

③合龙段吊装

主跨合龙梁段主纵梁在晚上合适的时候开始进行吊装。吊装时，合龙口两侧的两起重机同步进行，吊装过程中，对称均匀地移走临时压载，主纵梁一端先与北塔侧主梁焊接，待合龙温度到来时，迅速将主纵梁另一端与边塔侧主梁匹配连接。

当合龙梁段主纵梁合龙后，及时解除塔梁临时固结，安装横梁和小纵梁，拆除通道，桥面起重机后移，安装桥面板和现浇合龙段桥面板，合龙段梁段示意如图4-22所示。

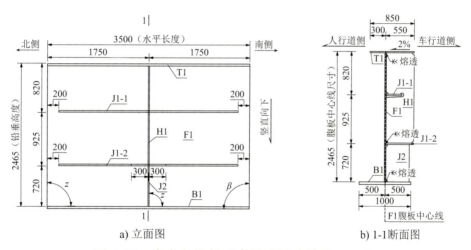

图4-22 合龙段梁段示意图（尺寸单位：cm）

④塔梁固结解除

中跨合龙后，必须在日出前解除塔梁临时约束。塔梁临时约束解除前，根据监控计算确定零号块处的上抬反力，并根据计算结果进行临时压重，防止临时约束解除后桥面突然上抬。临时约束的解除方法是采用单顶施加应力，扭下精轧螺纹钢螺帽。

4.3.5 临时安装支架设计及起吊设备

1）200t汽车起重机

汽车起重机选型

根据所吊预制梁的规格、尺寸、重量，现场的作业环境，结合起重机的性能，选用200t

汽车起重机进行吊装作业。起重机起重性能见表4-2。

200吨汽车起重机性能表　　　　　　表4-2

半径（m）	13.3m	17.6m	21.9m	26.2m	30.5m	34.8m	39.1m	43.4m	47.7m	52m	56.3m	60m
3	200	140										
3.5	138	130	118									
4	131	120	116	114	95							
4.5	120	112	110	111	93	78						
5	113	104	105	104	91	75	60					
6	100	92	92	92	89	59	69	49				
7	89	82	82	82	81	64	57	48	39			
8	80	73	73	73	72	64	57	45	38.5	32		
9	72	65	65	65	65	64	56	43	36.5	31.5	25.5	
10	61	59	59	59	58	59	54	40.5	35	30.5	25.4	20.5
11			54	55	53	54	51	38	33.5	29.8	24.9	20.2	17
12			49.5	48.5	48	49.5	48	36	32.5	28.5	24.5	19.9	16.8
14				42	41	40.5	42.5	43	31.5	28.9	26	23	19.3	16.2
16					35	36	36.5	36	28.3	26	23.6	21.4	18.4	15.5
18						30.5	32	31.5	31	25.8	23.4	21.5	19.6	17.6	14.9
20							28.3	27.9	27.5	23.5	21	19.8	18.1	16.4	14.8
22								25.1	24.7	24.1	21.8	19.2	17.9	16.7	15.4	13.7
24									22.1	21.4	20.4	17.6	16.4	15.4	14.4	13.3
26									19.8	19.1	19.2	16.3	15.1	14.3	13.4	12.3
28										17.1	17.7	15.1	13.9	13.2	12.5	11.5
30										16	16	14	12.8	12.2	11.7	10.8
32										13.3	14.6	13.2	11.8	11.3	10.9	10.1
34											13.2	12.4	11.2	10.5	10.2	9.4
36											11.3	11.7	10.6	9.8	9.8	8.5
38												11.2	10	9.1	9	8.3
40												10.2	9.4	8.7	8.1	7.7
42	配重69t											8.9	8.3	7.5	7.2
44													8.5	7.8	7.4	6.7
46														7.5	6.9	6.3
48														7.1	6.5	5.8
50															6.1	5.6
52															5.7	5.2
54																4.9
56																4.6

最大梁重为22t，采用1台200t汽车起重机，配重69t，支腿全伸，吊距20m，臂长

30.5m,最大吊重 27.9t,起重量 27.9×0.8 = 22.32t > 22t。满足要求。

2)桥面起重机

起重机额定起吊能力为 2×225t,采用双机起重机,起重机起吊高度 65m,吊幅 6.1～8.7m,起重机自重约 100t。单台桥面起重机的起升系统为一个单独的系统,工作时可以单控,也可以联控。

3)门式起重机布置

(1)门式起重机布置

在边跨岸上区域各布置一台门式起重机,跨径 37m,南岸最低起吊高度 25m,北岸南岸最低起吊高度 20m,额定起重能力 60t,结构形式如图 4-23 所示。

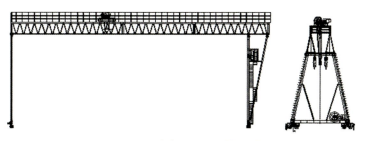

图 4-23 门式起重机结构形式图

桥梁高程见表 4-3。

桥面高程 表 4-3

墩号	N2	N1	N0	S0	S1	S2	S3	S4
桥面高程(m)	10.998	12.725	20.302	25.62	22.591	21.681	20.911	20.141
梁底高程(m)	8.728	10.455	18.032	23.35	20.321	19.411	18.641	17.871
地面高程(m)	6.86	6.465	8.079	10.61	10.087	9.906	11.945	15.28
净高=梁底高程-地面高程	1.868	3.99	9.953	12.74	10.234	9.505	6.696	2.591

(2)门式起重机基础施工

南岸门式起重机行走轨道基础采用 PHC 管桩基础,使用 300×70 的 PHC 管桩,钢管上方利用 HN700×350 型钢做轨道,每隔 2～3m 设置一道加筋,具体如图 4-24 所示。

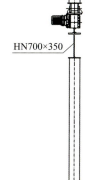

图 4-24 门式起重机基础

(3)门式起重机安装

门式起重机安装前要到当地特种设备管理部门进行告知和备案,为后续的设备安装检验做好准备。门式起重机安装由具有专业资质的施工队伍施工,门式起重机安装前编制门式起重机安拆施工安全专项方案,并上报审批,并做好相关的安全、技术交底工作。门式起重机安装完成后应做好相关检验验收工作,主要包括:

①检查各主要部件和整车的几何尺寸;

②调整各制动器，吊重，运行，调整制动距离，特别调整起升、下降的制动距离；

③调整起升高度的动作范围；

④调整行程开关和安全尺的动作距离；

⑤检查接地保护、绝缘电阻、短路保护、失压保护、零位保护、过流（过载）保护等。

（4）门式起重机试吊

门式起重机在正式使用前必须进行试吊，试吊构件以最大静载的起重量为准，即额载的125%来准备，根据荷载的试验方法及试验步骤，可将静载与动载结合在一起进行试验。门式起重机在空负荷试运转前，应对设备每个重要部件及系统进行检查，检查内容为：

①电气系统、安全连锁装置、制动器、控制器、照明和信号系统等安装符合要求，其动作灵敏和准确；

②钢丝绳的固定和其在吊钩、取物装置、润滑组和卷筒上的缠绕应正确、可靠；

③各润滑点和减速器所加的油脂的性能、规格和数量应符合设备技术文件的要求；

④盘动各运动机械制动轮，均应使转运系统中最后一根轴（车轮轴、卷筒轴、立柱方轴、加料杆等）旋转一周不应有阻滞现象，试吊注意事项见表4-4。

试吊注意事项 表4-4

试运行	高处坠落	穿硬底鞋，施工人员自身防护意识不足等
	物体打击	高空坠物，工具使用不当等
	触电	电气设备及线路漏电保护失效，操作人员操作失误
	机械伤害	使用的机械设备老化，存在故障缺陷，操作方式不正确等

（5）门式起重机试运转

试运行要求风速在规定的范围内，完成一般技术检查如检查调试好的各部位限位器，检查调整各机械同心度，检查四个行走电机方向的一致性，检查调试变幅指示器，检查各部照明等，满足要求后方可开始试吊。

①空载试车

对行走天车、横移情况、大钩升降等各种操作情况进行试验，观察各电机在运转过程中和轨道的受力变化情况，并同时试验限位器是否工作正常，试验无异常后进行静载试验。

②静载试验

静载试验分100%、125%吊重试验，将吊重吊离地面约30cm，静止15min，观察门式起重机各部件的工作情况，做好记录，同时做刹车试验，调整刹车等。

③动载试验

动载试验分30%、75%、100%、110%吊重试验，将吊重吊离地面约30cm，在30～

100cm范围大钩升降等，并做刹车试验，观察情况并做好记录。

静、动载试验结束后，再次对门架结构及机械电气系统进行详细的检查，若无构件开裂、严重变形等影响安全使用的异常存在，即可报特种设备检验单位检验，取得安全检验合格证后方可正式投入使用。

（6）门式起重机的使用

门式起重机使用过程中安排专人进行日常的维修保养，使门式起重机处于良好的工作状态。编制"门式起重机安全操作规程"，对门式起重机的安全操作，荷载限制等加以说明，并做好相关的交底工作。门式起重机使用注意事项如下：

①门式起重机须在最大吊重的1.25倍静载和1.1倍的动载试验合格后，方可投入正常使用。其中在荷载试验时门式起重机大车不走形，且必须将门式起重机支腿桁架的中间节点抄垫牢靠，使其参与结构受力。

②动力操作室应设在立柱中部，使操作视线良好，可察看上部天车动态及下部所起重物。

③配备专职操作人员，持证上岗，并进行严格的岗前技能培训，熟知门式起重机起重结构。

④配备专职司信员，指挥信号必须明确，口令清晰。起重作业时，门式起重机操作人员必须听从司信员的指挥，任何时候严禁违章作业。

⑤严禁在轨道上坐卧，在门式起重机行走时，严禁人、车与门式起重机抢道，严禁起吊物下方站人。

⑥门式起重机动力电缆安排专人看管，防止动力电缆在作业时被拉断或压断。

⑦当风力大于6级时，停止起重作业，且必须用夹轨器将四个走行系统抄垫牢靠，当风力大于9级时，必须将门式起重机的锚碇索与地面的锚碇系统进行锚碇，做好抗台风的准备。

⑧下班时或门式起重机在恶劣气候停止作业时，必须切断所有电力供应。

⑨定期（一般一周一次）检查滑轮的运转情况，以及钢丝绳是否有跳槽现象发生，定期（一般一月一次）向动滑轮组的润滑系统注入新的润滑油脂。

⑩定期（一天一次）检查卷扬机上钢丝绳卷筒的钢丝绳排列情况，防止钢丝绳排列无序而出现起吊困难或压断钢丝绳的事故。

⑪定期（半月一次）应检查重要部位的螺栓连接情况，如门架与走行台车前的连接，大梁上下节点螺栓，天车轨道大梁和立柱的焊接情况等。

⑫门式起重机轨道要不定期的养护，并做到每个月全面检查一次轨顶高程（坡度），轨道中心线距离等。

⑬门式起重机的走行台车、天车、起重卷扬机三者中任何两者都不得同时启动，当吊

装吊物时，必须将天车横移至门式起重机大梁的跨中后才能启动起重机的走行台车。

⑭门式起重机在第一次启动前，或每次检查后启动前，必须清理门架的零散螺栓，节点板等杂物，以免坠物伤人。

⑮大梁顶的工作通道及上下爬梯、脚手板必须绑扎牢靠，以防在大风或起重机工作时下坠伤人。

⑯大梁顶的工作通道及上下爬梯必须设置扶手或防护栏杆，防止人员在作业时或上下时意外坠落，并做好防滑措施。

⑰天车及大车走行电机需设置防护棚，防止天车及走行电机雨天受潮影响其工作性能。

⑱门式起重机轨道必须按规定设置接地防雷装置。

⑲在天车及大车轨道终端应安装不低于走行轮半径的止轨器。

⑳采取技术及管理措施保持两台起重机作业同步性。

（7）基础沉降观测

门式起重机轨道基础施工完毕后，每隔 10m 设置一处观测点，记录好原始数据，门式起重机安装完成并投入使用初期，应每天观测一次轨道基础的沉降及位移情况，待沉降稳定后，每周观测一次，主要观测轨道是否沉降及两侧轨道是否处于同一高度，每次观测均需填写好记录表以供后期观测对比，若发现问题立即停止使用并及时进行处理。

4）临时支架

（1）临时支架布置形式

支架布置图如图 4-25 所示。

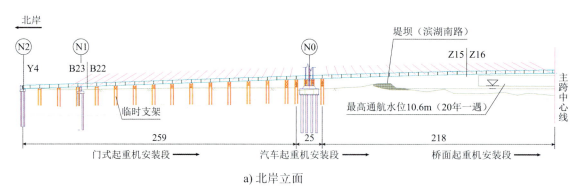

a) 北岸立面

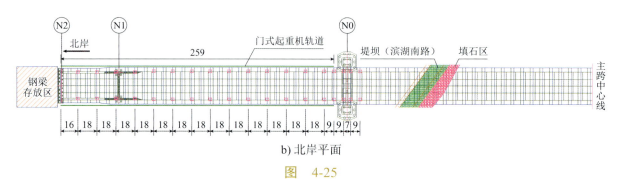

b) 北岸平面

图 4-25

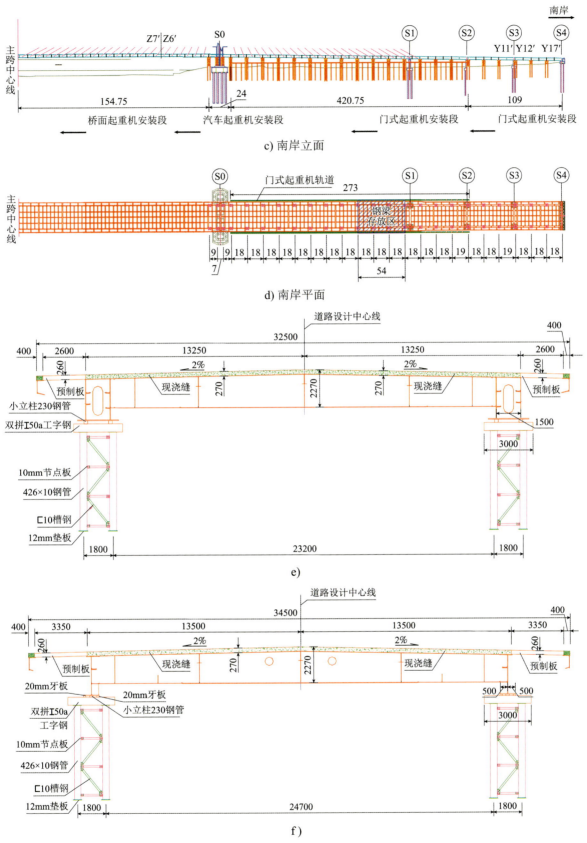

图 4-25 支架布置图（尺寸单位：mm）

（2）临时支架体系

临时支架体系如图 4-26 所示。

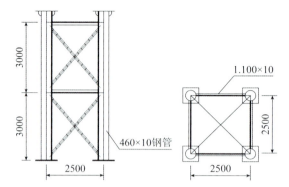

图 4-26 门式起重机临时支架体系（尺寸单位：mm）

①地面基础

地面上每个支架处地基需插打混凝土钢管桩，入土深度按 10m 控制。

②钢格构

钢格构材料及型号见表 4-5。

钢格构规格型号　　　　　　　　　　　　　表 4-5

材料名称	规格型号	使用位置
钢管	426mm×10mm	立柱钢管
角钢	100mm×10mm	立柱连接杆件
钢板	10mm	钢管立柱封板
钢板	16mm	钢管立柱底板

③顶部横梁

顶部横梁材料及型号见表 4-6。

顶部横梁规格型号　　　　　　　　　　　　　表 4-6

材料名称	规格型号	使用位置
H 型钢	HN700mm×300mm	钢管立柱顶部横梁
钢板	10mm	加强板

④小立柱支架

小立柱支架设置（表 4-7），主要是为了调节主立柱支架的高度，同时也便于总支架的拆除。一般高度控制在 0.4m 以内。

小立柱规格型号　　　　　　　　　　　　　表 4-7

材料名称	规格型号	使用位置
槽钢	□16 或 □20	小立柱

⑤临时支架用脚手

临时支架用脚手，可直接在支架的横撑处设置上下钢爬梯（在地面上时，先安装于支架上），同时做好外围防护栏杆。钢梁上下通道，采用部分临时支架内设置1m宽的上下斜道，斜道骨架为3～4根脚手钢管，上铺0.8×1.2m连同脚手钢管固定，同时两边侧做好安全防护栏杆和安全围护措施，确保上下行人和工作的安全。临时支架顶工作平台，在钢管支架立柱的顶部，用5cm厚4～5m长木板铺设工作脚手平台，并用铁丝牢固固定好木板和钢管。

（3）临时支架安装顺序

①临时支架位置场地，整平及硬化。

临时支架位置若是回填土或淤泥软弱土层上，先用挖掘机挖除回填土和淤泥软弱土层，用建筑砖石杂土或6%灰土回填并夯实（挖机来回行走压实）。

②混凝土扩大基础施工。

③钢格构安装。

由于每组临时支架的高度较高，因此在实际施工时将临时支架钢格构分为若干个小格构，将各个小格构通过螺栓连接组成安装需要的临时支架钢格构。

每个小格构以2m钢管立柱为一个标准组装。局部位置通过制作其他长度钢管立柱格构架调节临时支架高度。

④钢管立柱顶部H型钢钢横梁安装。

⑤小立柱安装，根据箱梁的吊装状况调节小立柱高度。

（4）支架预压

①支架预压施工流程

支架验收→高程测量→反力架安装→加载20%→沉降变形观测→加载60%→沉降变形观测→加载80%→沉降变形观测→加载100%→沉降变形观测→加载110%→沉降变形观测→加载120%→沉降变形观测→加载130%→沉降变形观测→分级卸载到50%→沉降变形观测→分级卸载到0%→高程调整。

②试验对象及其目的

a.试验对象为牙板、小立柱、工字钢、钢管立柱，预压对象为南岸S1墩柱北侧钢管立柱。

b.试验目的：为确保上部结构施工安全，消除结构的非弹性变形，检验钢管立柱的承载能力，确定上部结构施工重载下挠度值。通过模拟钢管支架在钢梁施工时的加载过程来分析、验证支架系统的弹性变形。通过其规律来指导钢梁施工中的预拱度值，并据此基本评判施工的安全性。

③工艺流程

a. 预压前的检查：（a）检查支架各构件连接是否紧固，尤其是螺栓之间的连接，机构装配是否精确和灵活，金属结构有无变形，各焊缝检测满足设计规范的要求；（b）检查支架的立柱间的锚固是否牢固；（c）照明充足，警示明确。

b. 预压方法：模拟该梁段的安装过程，进行实际加载，以验证并得出其承载能力。预压达到要求重量时，开始进入沉降观测期，观测期以相邻两次观测值不超过2mm为止，沉降量分为塑性变形和弹性变形，弹性变形一般较小。荷载按顺序逐加，进行连续观测，当完成130%荷载加载后，6h观测一次，12h观测一次，24h再观测一次。前后两次观测支架沉落量小于等于2mm后，方可卸载。

④传力横梁

传力横梁为两片相焊的工56a工字钢，长2.7m。制作要求如下：

双拼56a工字钢采用焊接连接，从中间往两边每隔50cm一道焊缝，焊缝长度不得小于20cm；

双拼56a工字钢在千斤顶处需焊接加劲钢板，大小与56a工字钢凹槽一致，厚度2cm，每处焊接3道；

双拼56a工字钢在千斤顶处底面焊接两块50cm×50cm×3cm的钢板，防止工字钢受千斤顶集中荷载；

传力横梁共制作2条，在相应的位置割出ϕ100mm的孔道，用于安装传力钢筋，其余两条不作任何割孔处理。

⑤安装千斤顶

准备4台千斤顶，传力横梁加固到位后，根据编号将各千斤顶安装于加载位置。

⑥反力架

千斤顶上放置反力架，反力架为两片相焊的工56a工字钢，长4.0m，在相应的位置割出ϕ100mm的孔道，用于安装传力钢筋。制作要求与上述传力横梁一致。

⑦配重

在立柱两侧浇注混凝土配重块，用于千斤顶配重。

按照设计位置，安装传力5ϕS15.2钢绞线，安装时，分配梁处加设相应ϕ15.2-19工具锚锚固好固定端，在反力架上相应的点安装ϕ15.2-19工具锚，用千斤顶加设一定的张拉力，以消除钢绞线的松弛量。分配梁采用两片相焊的工56a工字钢，长50cm，并与锚固于配重块上的4根ϕ25的精轧螺纹钢相连。具体如图4-27所示。

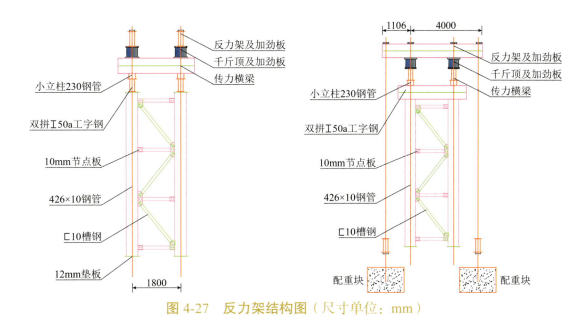

图 4-27 反力架结构图（尺寸单位：mm）

5）桥面起重机工作流程

（1）步骤一：

①整机前行到位锚固，准备开始架梁。

②运输边主梁到桥面起重机尾部，30t 行车取梁。

（2）步骤二：

①30t 行车倒运边主梁到底篮调整架上支撑，安装压板，锚固边主梁。

将挑梁、边纵梁和主梁焊接成一个整体，整体滑移到位。横桥向距底篮纵梁中心线 4m，误差小于 100mm。

②30t 行车倒运第二幅边主梁到底篮上，并锚固。

③左、右副整架同时向外侧横移 5m，不同步误差小于 100mm。

④调整边主梁与已成桥梁对接，锚固。

（3）步骤三：

①利用 30t 行车在起重机尾部取横梁。

②依次倒运横梁到前方与边主梁对接。

③吊装剩余的节段辅件。

④吊装桥面板。

⑤吊装桥面板工况，前锚点锚杆可以临时拆除。

（4）步骤四：

①节段架设完毕，整机准备纵向推进。

②在新安装好的钢梁横梁上安装轨道支撑座，并锚固。

（5）步骤五：

①适当放松后锚点锚杆，使后锚点反扣轮踏面与轨道接触。锚杆放松，应均匀进行。

②主顶顶升，使前支点与轨道面脱开。主顶顶升过程中，主桁架内侧机械丝杆应同步顶出，误差小于 20mm。

③解除轨道与支撑座之间的约束。

④利用推进油缸拉动轨道纵向前移。

⑤轨道前移到位后，与支撑座锚固。

（6）步骤六：

①主顶回缩，使前支点落到主轨道上。主顶回缩过程中，主桁架内侧机械丝杆应同步回缩，误差小于 20mm。丝杆长度采用米尺实时测量，保证其同步误差小于 20mm。

②解除后锚点锚杆，后锚荷载完全由反扣轮来承受。

③解除底篮后吊点吊杆，使反挂轮落到检修小车轨道上。

④驱动推进油缸，推动主框架向前移动，底篮由前吊杆带动前移。主桁架推进时，左、右幅不同步误差小于 100mm。丝杆长度采用米尺实时测量，保证其同步误差小于 100mm。

（7）步骤七：

①主桁架纵移到位。

②安装后锚点锚杆，并锚固。

③安装底篮后吊点吊杆，并锚固。反挂轮脱开检修车轨道，底篮顶座顶住横梁。

（8）步骤八：

①拆除后方多余的轨道支座。

②整机检查，准备开始下一节段的吊装施工。

6）预制 PHC 管桩打桩施工

主桥陆地施工区域临时支墩基础采用 PHC400×90mm 管桩，南北岸共有 38 个管桩基础，每个基础设置 4 根管桩，桩共计 152 根。桩长根据单桩极限承载力分别在 14~23m 不等，桩顶高程控制在原地面高程以上 200mm。

PHC 管桩采用锤击沉桩的施工工艺，施工垂直度控制为 1.0%，施工时以桩长和贯入度双重控制。打桩时必须作好记录，特别是最后 10 击至 20 击，记录好贯入度，参照贯入度控制标准值，作停锤处理。

锤击预应力管桩施工流程如图 4-28 所示。

4 施工工艺技术

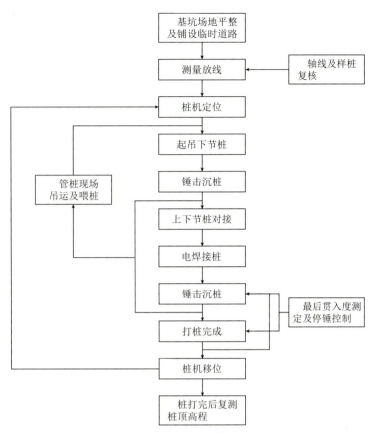

图 4-28 锤击预应力管桩施工流程

锤击预应力管桩施工技术措施

（1）测量控制、定位与复测

①放线定位：根据工地现场导线控制点，按照施工图纸给定的具体平面位置坐标，用全站仪将桩位测放定位。并用木桩锤入土层做好标记，于木桩上桩位点钉入铁钉，木桩突出地面10~20cm，桩点高程记录在册，并将控制轴线引至安全位置，以便恢复轴线及检查使用。

②轴线复核：施工前，对已放线定位的各轴线及桩位置重新复核一次，检查各轴线之间尺寸及桩位置尺寸是否符合施工图纸设计要求。

③高程控制：地面高程用水准仪测定，确保精度，对基准点加以保护。

（2）吊运桩

①工程管桩厂提供质保书及产品合格证方能使用。进场后应按规定要求进行桩的外观检查。

②桩的现场堆放场地应平整、坚实、堆垛高度一般不宜超过四层。

③管桩在驳运、堆放过程中应保持平衡，力求轻吊轻放，避免撞击和损伤。

④管桩按不同长度及施工流水顺序分别堆放，并在地面上设置二道垫木，垫木应分别位于距桩端0.2倍桩长处，不得用有棱角的金属构件替代。

（3）打桩机具

①打桩机的桩架必须具有足够的强度，刚度和稳定性。本工程采用液压步履式桩架。

②柴油桩锤选用 JWDD10.3 柴油锤。

③桩帽及垫层的设置，应符合下列规定。

桩帽应有足够的强度，刚度和耐打性。

桩帽宜做成圆筒型，套桩头用的筒体深度宜取 350～400mm，内径应比管桩外径大 20～30mm。

打桩时桩帽与桩头之间应设置弹性衬垫。衬垫可采用麻袋、硬纸板、水泥纸袋、胶合板等材料制作，衬垫厚度应均匀且经锤击压实后的厚度不宜小于 120mm；在打桩期间经常检查，及时更换或补充。

桩帽和桩锤之间应用竖纹硬木或盘圆层叠的钢丝绳作"锤垫"，其厚度宜取 150～200mm。

施工现场应配备电焊机、气割工具、索具、撬棍、钢丝刷、锯桩器等施工用具；每台打桩机尚应配备一把长条水准尺，可随时量测桩身的垂直度。

（4）管桩的施打

①施工场地要平整，并能满足施工机械耐力的要求，四周要开设排水沟。

②样桩放好后经有关单位复核无误方可施工。打桩施工时，必须对每根桩根据轴线进行复核纠正，每天应对轴线控制桩进行复测校正。桩位偏差不得大于 20mm。

③桩机要平稳，倾斜不得大于 1%，做到就位准确，插桩垂直三点一线（即锤、桩帽、桩），不得偏移。

④插桩定位和接桩时均要用经纬仪或线垂在桩的正面和侧面两个方向作垂直观测，确保垂直度。第一节管桩起吊就位插入地面时的垂直度偏差不得大于 0.5%，并宜用长条水准尺或其他测量仪器校正；必要时，宜拔出重插。

⑤管桩施工过程中，桩锤、桩帽和桩身的中心线应重合。当桩身倾斜率超过 0.8%时，应找出原因并设法纠正；当桩尖进入硬土层后，严禁用移动桩架等强行回扳的方法纠偏。

⑥每根桩宜一次性连续打到底，尽量减少中间休歇时间，且尽可能避免粗砂至砾砂层或在接近设计深度时进行接桩。

⑦打桩时应由专职记录员及时准确地填写管桩施工记录表，并经当班监理人员（或建设单位代表）验证签名后方可作为有效施工记录。

⑧焊接接桩应符合现行行业标准《建筑钢结构焊接规程》（JGJ 81—2019）的有关规定

外，尚应符合下列规定：

a. 当管桩需要接长时，其入土部分桩段的桩头宜高出地面 0.5～1.0m。

b. 下节桩的桩头处宜设导向箍以方便上节桩就位。接桩时上下节桩段应保持顺直，错位偏差不宜大于 2mm。

c. 管桩对接前，上下端板表面应用铁刷子清刷干净，坡口处应刷至露出金属光泽。

d. 焊接时宜先在坡口圆周上对称点焊 4～6 点，待上下桩节固定后拆除导向箍再分层施焊，施焊宜同两个焊工对称进行。

e. 焊接层数不得少于二层，内层焊渣必须清理干净后方能施焊外一层；焊缝应饱满连续。

f. 焊好的桩接头应自然冷却后才可继续锤击，自然冷却时间不宜少于 5min；严禁用水冷却或焊好即打。

⑨桩在打入过程中，发生下列情况时，应及时与有关方面研究，确定能否继续施工。

a. 打入过程中贯入度突然变小，桩身出现严重回弹。

b. 桩身突然发生显著的偏斜和水平方向移动。

c. 桩身严重裂缝，产生露筋或桩顶混凝土破碎。

d. 周围建筑或管线发现异常情况。

e. 地面明显隆起，邻桩上浮或位移过大。

⑩施工时按有关规定严格做好记录，内容有：桩的每米贯入锤击数，入土深度、锤的落距高度、回弹量、最后贯入度，焊接外观检查记录，桩的垂直度及平面偏移值。

⑪打桩的最后贯入度应在下列条件下测量：

a. 桩头完好无损；柴油锤跳动正常。

b. 桩锤、桩帽、送桩器及桩身中心线重合。

c. 桩帽衬垫厚度等正常。

d. 打桩结束前立即测定。

⑫施工临时桩不做截桩头处理。

4.3.6 吊耳及索具选择

1）吊耳的选用

现场吊装用临时吊耳选用材料材质不低于 Q345B 的钢板制作，根据吊装构件的重量，最大吊装重量 90.5t，选择 4 点吊装，按照三个吊点同时受力计算可知：

$90.5 \div 3 = 30.2$（t）

本工程选择 30t 级吊耳。

（1）吊耳布置

吊耳布置根据节段重心对称原则，纵向布置尽量在钢主梁靠近节段 1/3 和 2/3 位置。

（2）钢材应力分析

依据《钢结构设计规范》（GB 50017—2003），轴心受拉构件的强度：

$$\sigma_1 = \frac{N}{A_n} = \frac{30 \times 10000}{(2 \times 180 - 80) \times 70} = 21.4 \text{MPa} < f = 250(\text{MPa})$$

$$\sigma_2 = \frac{N}{A_n} = \frac{30 \times 10000}{2 \times (360 - 110) \times 25 + 360 \times 30} = 112.9 \text{MPa} < f = 250(\text{MPa})$$

吊耳钢材的轴心受力强度满足规范要求。

（3）焊缝应力分析

依据《钢结构设计规范》（GB 50017—2003），轴心受拉的直角角焊缝强度：

$$\sigma_f = \frac{N}{h_e l_w} = \frac{30 \times 10000}{0.7 \times 14 \times (360 - 110) \times 4 + 0.7 \times 36. \times 17 \times 2} = 16.3(\text{MPa}) < \beta_f f_f^w$$
$$= 200(\text{MPa})$$

轴心受拉的直角角焊缝强度满足规范要求。

（4）吊点加强

为进一步保证吊装过程中吊点结构安全，在吊耳底部钢主梁顶板与隔板间焊接加强肘板。

2）钢丝绳选用

通过吊装工况可知，起吊重量最大为 90.5t，采用 4 点起吊，钢丝绳夹角为 60°，根据钢丝绳安全系数，取值 8；吊装夹角为 60°。

N = (90.5/4 × 8)/ sin 60 = 22.6 × 8/0.866 = 208.776(t)；

考虑钢丝绳受力不均匀系数，取值 0.85，得到：

N = N/0.85 × 9.8 = 208.776/0.85 × 9.8 = 2407(kN)。

根据现行国家标准的相关要求，选择 6 × 37 系列钢丝绳能满足使用要求，实际选用直径为 60mm，抗拉强度为 1890MPa，结构钢芯钢丝绳，满足吊装需要。

3）卸扣选用

主梁块体单个构件最大重量为 90.5t，采用四点吊装方法，每个卸扣承受四分之一的力，则每个卸扣承受 22.63t 力，卸扣选用 S-DW94，单个承受 22.63t 的力，安全系数为 4，满足要求，卸扣示意如图 4-29 所示，卸扣型号见表 4-8。

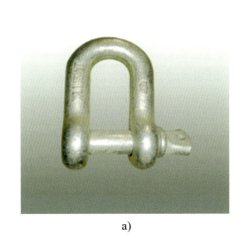
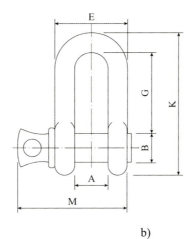

a) b)

图 4-29 卸扣示意图

卸扣型号一览表　　　　表 4-8

型号 Art.NO	额定载荷 Wll（t）	A （mm）	B （mm）	D （mm）	F （mm）	G （mm）	M （mm）	自重 （kg）
S-DW12	12	52	35	32	76	100	161	4.48
S-DW13.5	13.5	57	38	35	94	111	176	6.46
S-DW17	17	60.5	42	38	92	122	189.5	7.65
S-DW25	25	73	51	44.5	106.5	146	232	12.48
S-DW35	35	83	57	51	122	171.5	264	18.63
S-DW55	55	105	70	66.5	144.5	203	332	36.02
S-DW94	110	176	123	171	234	384	520	72.2

4.3.7 现场施工测量

主要材料进场质量检查，施工过程中对照专项施工方案有关检查内容等。

1）施工监控测量主要内容

钢混组合梁安装的现场施工时监控测量的基本工作主要包括以下方面：

（1）临时支撑胎架的测量：需确定胎架的位置、高程等。

（2）桥位安装测量：根据设计桥面曲线确定钢混组合梁节段安装的平面位置，根据设计预拱值和竖曲线确定各个支撑点的高程等。

（3）胎架沉降监控：桥梁段安装到位后，在此过程中应对胎架的沉降进行监控，防止出现大的竖向位移。

（4）焊接时的测量：在焊接过程中，对于桥段的平曲位置（主要是焊接收缩）进行监控，以便于及时调整焊接工艺。

（5）根据设计院给定的坐标点和高程控制点、钢纵梁分段尺寸，对支撑体系定位、高程及每一分段箱梁定位轴线及高程，编制出详细的测量任务书，再结合土建施工对基础的要求，对任务书进行详细的测量复核和定位。

2）测量前的准备工作

在施工测量放线之前，应做好如下准备：

（1）内业计算：仔细熟读图纸，认真分析轴线与各构件之间的位置关系，并做好记录。

（2）对图纸所示的各测量控制点进行检查确认，用全站仪进行复核，无误后方可进行主轴线的测设。

（3）对测设时需要的各种器具及人员作好准备，各种仪器必须是经过计量单位检校合格方可投入使用。

（4）将内业计算的成果制成表格，便于施测速率和质量的提高。

（5）对施工现场要进行认真观察、分析，确保在日后施测过程中不会受到外界影响，如其他原因不能通视或被人为破坏。

（6）所有的测量器具和测量仪器，按照ISO标准体系的要求，经过国家技术监督局授权的计量检定单位进行检定、校准，并在有效使用期限以内使用。

根据本工程的施工特点及工程工期，需按要求配置以下测量仪器（器具）作为施工的硬件保证，测量仪器设备配置见表4-9。

测量仪器设备配置表　　　　　　表4-9

序号	简图	名称	型号	数量	备注
1		全站仪	TC402	2	坐标轴线引测，校正
2		经纬仪	J2-2	2	校正，垂直度测量
3		水准仪	S3E	2	高程测量
4		经纬仪弯管目镜		2	垂直度校正
5		对讲机	键壹	6	2km
6		塔尺	5m	2	高程测量
7		水平尺	800	2	安装测量

续上表

序号	简图	名称	型号	数量	备注
8		反射接收靶	100×100	4	接收反射点
9		磁铁线坠	0.5kg	2	安装测量
10		钢卷尺	5m	5	测量放线校正
11		大盘尺	长城牌 50m	2	测量放线
12		角尺		4	测量放线校正

3）轴线基准点位的组建

（1）点位确定：在测设主轴线点之前，应先确定正式测量原始控制点位，然后由钢结构测量人员进行复核检验，在确认无误后，方可进行对新站主轴线网进行布设。

（2）主控制点应设置在安全、易保护位置，相邻点间通视良好，并利用护栏加以妥善保护，定期检查。每次放线时，将全站仪架设在控制点上，后视另一相应的控制点，这样依次投出全部主控轴线，经闭合、复测、平差、后精度达到规范范围内时作好标记和记录。

4）高程水准点的组建

（1）考虑到基础沉降和建筑物压缩变形的实时监控需要，在建筑物外围远离沉降影响的范围外布置一闭合水准路线。该路线共由四个以上水准点组成，作为全部高程测量的基准。

用水准仪引测各区域高程控制点到固定建筑物（混凝土柱）上，做 +1.000m 高程线，并用油漆做好标记，高程控制点的引测采用往返观测闭合的方法。

（2）高程控制点的竖向传递。对于高程控制点的竖向传递，使用全站仪进行操作。

5）桥段测量施工

（1）桥段高程控制：根据设计竖曲线值，正确地控制其高程至关重要。

（2）下挠变形观测：通过对桥段脱离胎架前后若干节段高程变化的观测，测定桥梁挠变形情况。

（3）桥段测量程序：轴线激光点投测闭合、测量、放线→吊（拼）装桥段、跟踪校正→整理数据，确定施焊顺序→施焊中跟踪测量→焊接合格后桥梁中线、水平度偏差测量→验收→提供桥段预控数据。

（4）钢桥安装测量

①河道内拼装胎架精度控制

以桥梁中心线和主纵梁中心线为纵向轴线，以设计图每节段两端口第一档横梁为横向轴线，两轴线的交点位置为拼装胎架的支墩设置点，支墩平面误差控制在 ±15mm 范围内。根据胎架平面布置图，测放出每榀桥梁的胎架控制轴线，并根据预拱值来确定胎架的高程。

依据中心线和高程点反复调校，使得桥梁各分段达到要求值，调校过程中需随时检测胎架上中心线是否发生位移、高程控制线是否有变化，这样可以知道胎架的稳定性；一组分段调校完毕，另一组分段吊装拼接，荷载增加了，需再次检测胎架的稳定性，并根据需要重新校正胎架。

②桥段安装轴线测量

桥段安装应测放三条纵轴，在每条纵轴控制线上作出横向轴线交点（横轴设置时有锚拉板的分段横轴设置在锚拉板拉索中心与横隔板中心交点位置，无锚拉板时设置在距端口第一档横梁中心线交点位置）。一条纵轴可测放于桥梁中心上，另两条纵轴测放于两侧主纵梁中心，作为钢桥安装过程检测控制点。拼装前应将胎架底部控制点用线坠引测至组拼胎架上，过程中应定期复测该控制点，以免胎架变形误导施工。如最初两榀桥段安装，胎架变形较小，可减少复测次数，但每榀桥段拼装前后至少应复测两次。

③桥段安装高程测量

桥段安装前已将高程点测放于相对稳定的桥墩上，可将水准仪架设在桥墩或组拼胎架上各轴线交点控制高程，方法简单易行。

（5）变形观测测量方法

测点布置见表 4-10。

测点布置表　　　　表 4-10

序号	测控点名称	监控点布置位置
1	桥梁中心线	桥梁中心线两端端口和每端口第一档横隔板中心线交点
2	主纵梁顶板中心线（左、右幅）	主纵梁顶板中心线和每端口第一档横隔板中心线交点
3	主纵梁底板中心线（左、右幅）	每端口主纵梁底板中心线向箱内纵桥向 50mm 的交点

在每榀桥段组装完毕之后，对所有观测点位进行第一次高程观测，并做好详细记录，待桥梁卸载后，再进行第二次高程观测，并与第一次观测记录相比较，测定桥梁的变形情况。

针对钢混组合梁桥特点设置的测控点及测量方法见表 4-11。

测量方法表　　　　表 4-11

序号	项目	测量方法及说明	测量部位
1	梁段中心线偏差	用全站仪检查每个梁段端部和梁段定位线处桥梁中心线的偏差值	每个梁段

续上表

序号	项目	测量方法及说明	测量部位
2	梁段间距	根据设计和工艺要求计算出相邻梁段间定位线的距离，采用全站仪进行测量	梁体最外板边和桥梁中心与梁段定位线部位
3	梁段横坡	根据设计计算出梁段最外两端横隔板与中心线、面板及最外腹板的理论水平高程，采用全站仪进行测量，根据测量线路时进行分板梁段横坡偏差情况	最外两端横隔板与中心线、主纵梁及最外边纵梁
4	梁段纵坡	根据设计计算出梁段最外两端横隔板与最外侧腹板、面板及桥梁中心线与面板的理论水平高程，采用全站仪进行测量，根据测量结果进行分板梁段纵坡偏差情况	最外两端横隔板与主纵梁、面板及桥梁中心线与面板部位
5	梁段线形	根据设计计算出梁段最外两端横隔板与最外侧腹板、面板及桥梁中心线与面板的理论线形值，采用全站仪进行测量，根据测量结果进行分板线形偏差情况	最外两端横隔板与主纵梁、面板及桥梁中心线与面板部位
6	对接焊缝错边	用钢尺检查工地对接区域所有相邻梁段单元之间的拼装板面高差	两拼缝板面高低差

6）钢结构安装误差消除措施

（1）误差来源及危害分析

在正常情况下钢结构安装误差来源于：构件在吊装过程中因自重产生的变形、因日照温差造成的缩胀变形、因焊接产生收缩变形。结构由局部至整体形成的安装过程中，若不采取相应措施，对累积误差加以减小、消除，将会给结构带来严重的质量隐患。

（2）钢结构安装误差消除具体办法

针对以上分析，消除安装误差，应当从安装工艺和施工测控两方面采取以下措施：

①安装过程中，构件应采取合理保护措施。

由于在安装过程中，细长、超重构件较多，构件因抵抗变形的刚度较弱，会在自身重力的影响下，发生不同程度的变形。为此，构件在运输、倒运、安装过程中，应采取合理保护措施，如布设合理吊点，局部采取加强抵抗变形措施等，来减小自重变形，防止给安装带来不便。

②在构件测控时，节点定位实施反三维空间变形。

钢构件在安装过程中，因日照温差、焊接会使细长杆件在长度方向会有显著伸缩变形。从而影响结构的安装精度。因此，在上一安装单元安装结束后，通过观测其变形规律，结合具体变形条件，总结其变形量和变形方向，在下一构件定位测控时，对其定位轴线实施反向预偏，即节点定位实施反三维空间变形，以消除安装误差的累积。

③将对构件焊前焊后及施工过程中不间断测量控制,观测结果作好记录上报监理单位。为下道工序做好准备。

④每个合龙段制作时均留现场配切余量,用以保证现场梁段拼接准确度,在梁段定位完成后,再进行余量切割开焊接坡口。

7)测量中注意事项

(1)钢结构安装时测量人员要做好对仪器的保护。

(2)测量人员要随时做好控制点的保护、恢复、标识。

(3)每个安装过程必须固定测量人员和测量仪器,不得随便更换施测人员和测量器具,以保证测量数据相对准确。

(4)施测过程的每个环节都应精心操作,对中要准确,测角应采用复测法,后视应选长边,切忌以短边定长边。遵循"先整体后局部,高精度控制低精度"的工作程序。

(5)无论是经纬仪的平面测量,还是水准仪的高程测量,每次测量操作都要进行闭合检查,确保测量无误时方可进行下一步工作。

(6)测量数据要有专人记录,数据处理要保证至少经过两人计算、复核,坚持测量、计算步步有校核的工作方法。

(7)选用合理的仪器和科学的施测方法,并正确使用和精心爱护仪器,每次测量完毕,首先要对仪器进行检查,具备装箱条件方可装进仪器箱,并检查仪器的电池和备用电池的电量,保证仪器随时有足够的电量可以使用。

(8)仪器操作人员不允许擅自离开岗位,以免仪器由于外力而引起倾倒、摔坏。

(9)测量前首先进行安全技术交底,并接受项目部的安全教育活动和培训,正确佩戴安全帽等劳动保护用品。

(10)施工现场不得穿裙子、拖鞋、短裤等宽松衣物;在危险区域作业时应佩戴好安全带,并挂在安全可靠处。

(11)测量人员发现不安全隐患必须及时报告领导,并做好记录,并报告总承包单位及时处理。

(12)施工作业之前要求测量班长对作业人员进行安全讲话,每周向本工程测量人员进行书面安全交底,保证作业过程中的安全。

(13)交叉作业时,要有可靠的防护措施,不得伤害他人,避免被他人伤害。

(14)进入施工现场需配合项目部做好各项文明施工等工作。

4.3.8 现场焊接施工

1)焊接工程施工概况

(1)本工程现场焊接工程量大,钢桥主要采用 Q345qD 钢板。焊接技术要求高,焊接难度高,焊接区域广;主要以高空组装焊接,现场焊接采用CO_2气体保护焊。

(2)焊接接头形式;本工程现场焊接施工节点有:

①钢纵梁与钢纵梁顶、底、腹板横向对接焊缝。

②挑梁与钢纵梁纵向对接焊缝。

③边纵梁与挑梁横向对接焊缝。

2)焊接设备

焊接设备见表4-12。

焊接设备　　　　　　　　　　　表4-12

序号	设备	型号	数量
1	半自动CO_2焊机	OTC-600G	25
2	焊条烘干箱	ZYHC-20,0~500℃	3
3	空压机	0.9m³	5
4	焊条保温箱		8
5	角向磨光机	100型	20
6	碳弧气刨枪	600A	20
7	超声波探伤仪	USL—32(CTS-22)	1
8	磁粉探伤仪		1
9	焊缝量规		6
10	焊缝测温仪		1
11	射线探伤仪		1

3)焊接材料

(1)焊材和辅材必须根据本工程焊接工艺试验合格结果及原材料复检合格报告,方可在本工程使用。本工程现场选用的焊接材料见表4-13。

焊接方法　　　　　　　　　　　表4-13

焊接方法	焊接材料	规格(mm)	其他
CO_2实芯焊丝气体保护焊	ER50-6	¢1.2	
CO_2药芯焊丝气体保护焊	E501T-1	¢1.2	

(2)焊丝上的油、锈必须清除干净后方可使用。

(3)焊剂中不允许混入熔渣和脏物。重复使用的焊剂小于60目的细粉粒的量不得超过总量的5%。

（4）焊条、焊剂必须按焊接材料使用说明书的规定烘干后使用。

（5）焊接材料应由专用仓库储存，按规定烘干、登记领用。当焊剂未用完时，应交回重新烘干。烘干后的焊条应放在专用的保温筒内备用。烘干后的焊接材料应随用随取，从保温箱取出的焊接材料超过4h，应重新烘干后再使用。

（6）采用CO_2气体保护焊应满足防风、防雨条件，CO_2气体纯度应不低于99.5%，使用前需经倒置放水处理。

4）焊接的施工管理

（1）焊前施工准备，焊接负责人应组织焊接工长、焊接班组长、焊接施工作业层人员熟悉本工程的设计文件、图纸要求、钢结构施工工艺标准和钢结构质量验收标准、工程概况，做好技术准备。根据《公路桥涵施工技术规范》（JTG/T 3650—2020）的规定，技术部门编制符合本工程情况的焊接工艺评定及工艺指导书完成有关部门及工程监理单位的报批程序，组织焊接工艺评定的场地、材料、机具、试验单位及检测器具。正式施焊前要完成焊接安全技术交底工作，同时做好焊接人员进场的考试，确保焊工达到专业焊接水平。

（2）焊接准备，焊接焊工在焊接前应检查组装质量及表面清理质量。若不合格，应返修至合格方可进行施焊。

（3）焊接过程的管理：根据本工程的进度合理机动安排焊接顺序，严格控制焊接质量及劳动力组合，设备保障，焊材供给为保证质量必须严格按照制定的焊接顺序及焊接方法施焊，检查安全防护、劳动保护的贯彻落实。

（4）做好焊工考试及培训、焊工操作证审核、焊接技术交底、焊缝外观质量检查记录、焊缝探伤记录等资料整理，以备交工验收。

5）焊接的环境要求

（1）在工地放风速仪，定时测量及记录施工期间的风速；焊接作业区风速当手工电弧焊超过8m/s，气体保护焊超过2m/s时，必须设置防风棚。

（2）工地地面拼装焊缝位置处设置防风防雨棚；雨天施工时，顶板的焊接工作必须在临时工作棚内进行，另外CO_2气体保护焊宜在防风棚内进行。

（3）湿度过大（≥80%），不利于焊接时，宜对焊接位置附近进行除湿处理，可采用局部加热的方法，减小焊接区域的湿度。

（4）雨天焊接时，应采取措施避免雨水直接落在刚焊接的焊缝表面，避免雨水流到刚焊接的焊缝表面。

（5）工地准备足够的雨具，小雨不影响焊接及施工；在雨天施焊时，施焊人员必须戴绝缘手套，穿绝缘鞋，做好防漏电工作；尽量避免在雨天的高空的焊接。

（6）高空焊接时，在构件下面设置接火盆及监护人，防止焊花随意飘落引起火灾及伤害行人。

6）焊接顺序

现场纵焊缝顺序为：整节梁段安装调整到位后，先焊接钢纵梁间横向对接焊缝，后焊接纵向对接焊缝。

焊接横向对接焊缝时采用底板对接→顶板对接→钢纵梁内腹板对接→加劲肋嵌补对接→桥面系附属件等焊接的顺序进行焊接。

底板焊接由1名焊工从中间向两边分段、对称、同时施焊。腹板安排2名焊工对称、同时施焊。顶板焊接采用1名焊工从中间向两边分段、对称、同时施焊，顶板的填充、盖面由一台埋弧焊机从一端向另一端进行焊接。

工地纵肋段可以同时施工，先焊接对接焊缝，后焊接角焊缝。

7）焊接方法

（1）根据焊缝的焊接位置和操作方便进行焊接方法选择：

①尽量采用埋弧自动焊，既CO_2气体保护半自动焊打底，用埋弧自动焊盖面。

②现场焊接顺序，根据先焊长焊缝，后焊短焊缝，先焊熔敷量大的焊缝，后焊熔敷量小的焊缝的原则，制定现场焊接的焊接顺序。

③桥段工地连接焊缝：先焊顶、底板的横向对接焊缝，后焊腹板的对接焊缝，最后焊U肋和嵌补段的焊缝。

（2）焊接要求

①多层多道焊时，各层各道间的熔渣必须彻底清除干净。

②角焊缝的转角处包角应良好，焊缝的起落弧处应回焊10mm以上。

③埋弧自动焊焊剂覆盖厚度不应小于20mm，且不大于60mm，焊接后应等焊缝稍冷却再敲去熔渣。如在焊接过程中出现断弧现象，必须将断弧处刨成1∶5的坡度，搭接50mm施焊。

④不允许在焊缝以外的母材上随意打火引弧。

⑤施工人员如发现焊缝出现裂纹，应及时通知工艺员，查明原因后才能按工艺人员制订的方案施工。

8）焊接前后检查清理

（1）焊接前，仔细核对破口尺寸是否合格、清除破口内的水，锈浊，油污及定位焊外的焊渣、飞溅及污物。

（2）焊接后，认真除去焊道上的飞溅、焊瘤、咬边、表面气孔、未熔合、裂纹等缺陷存在。

9）无损检查

焊缝施焊24h，经外观检验合格后，再进行无损检验。对于厚度大于35mm的高强度钢板焊接接头在施焊48h后进行无损检验。

（1）超声波探伤

焊缝超声波探伤范围和检验等级见表4-14。

焊缝超声波探伤范围和检验等级 表4-14

序号	焊缝质量等级	探伤比例	探伤范围	板厚	检验等级
1	Ⅰ、Ⅱ级横向对接焊缝	100%	全长	10~80mm	B
2	Ⅰ级纵向对接焊缝		全长		
3	Ⅱ级纵向对接焊缝		焊缝两端各1000mm		
4	Ⅰ级全熔透角焊缝		全长		

①超声波一般采用柱孔标准试块，也可采用经过校准的其他孔型试块；

②如超声波探伤已可准确认定焊缝存在裂纹，则应判定焊缝质量不合格；

③对局部探伤的焊缝，当探伤发现裂纹或其他缺陷时，则连续延伸探伤长度，必要时焊缝全长进行探伤；

④对用超声波不能准确认证缺陷严重程度的焊缝，则补充进行X射线探伤拍片，并以拍片结果来评定焊缝缺陷。

（2）射线探伤

按《公路桥涵施工技术规范》（JTG/T 3650—2020）及本设计图纸的规定，对接焊缝除按规定进行超声波探伤外，还应按接头数量的20%（不少于一个焊接接头）进行射线探伤。

焊缝的射线探伤应符合国家标准《焊缝无损检测 射线检测 第1部分：X和伽玛射线的胶片技术》（GB/T 3323.1—2019）的规定，射线透照技术等级采用B级，焊缝内部质量应达到Ⅱ级。采用射线探伤的焊缝，当发现超标缺陷时应加倍检验。射线探伤的缺陷评定应符合下列规定：

①圆形缺陷评定

圆形缺陷用评定区进行评定，评定厚度≤25mm时，评定尺寸为10mm×10mm，评定厚度＞25mm时，评定尺寸为10mm×20mm。

评定圆形缺陷时，应将缺陷尺寸换算成缺陷点数，缺陷点数换算表见表4-15。

缺陷点数换算表 表4-15

缺陷长径（mm）	≤1	>1~2	>2~3	>3~4	>4~6	>6~8	>8
点数	1	2	3	6	10	15	25

评定厚度≤25mm、缺陷长径≤0.5mm和评定厚度>25mm、缺陷长径≤0.7mm的缺陷可以不记点数。

圆形缺陷的评定见表4-16，满足表中要求的判为合格，不满足表中要求的判为不合格。

圆形缺陷的评定表 表4-16

评定区（mm）	10×10			10×20
评定厚度（mm）	≤10	>10~15	>15~25	>25
允许缺陷点数的上限	3	6	9	12

圆形缺陷长径大于$t/2$时，评为不合格。

焊接接头内不计点数的圆形缺陷，在评定区内不得多于10个。

②条形缺陷评定

条形缺陷的评定见表4-17，满足表中要求的判为合格，不满足表中要求的判为不合格。

条形缺陷的评定表（mm） 表4-17

评定厚度t	允许单个条形缺陷尺寸上限	不允许条形缺陷总长
$t≤12$	4	在平行于焊缝轴线的任意直线上，相邻两缺陷间距均不超过$6L$的任何一组缺陷，其累计长度在$12t$焊缝长度内不超过t
$t>12$	$t/3$	

注：表中L为该组缺陷中最长者的长度。

不合格的缺陷，应予返修，返修区域修补后，返修部位及补焊受影响的区域，应按原探伤条件进行复验。

10）焊接工艺流程

焊接工艺流程图如图4-30所示。

厚板焊接重点、难点分析及控制措施如下：

（1）厚板焊接特点

厚板焊接，与常规结构相比有其独自的特点，主要表现为：

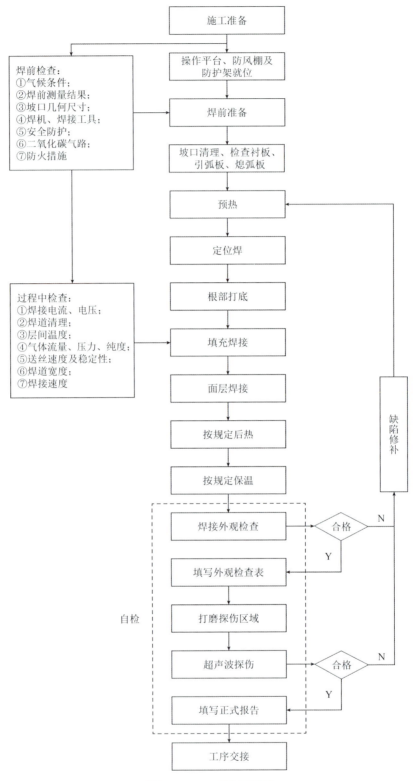

图 4-30 工艺流程图

①厚板熔透焊接时,其焊接坡口深,如何保证厚板坡口根部熔透是焊接难点之一。

②厚板焊接时,焊缝金属填充量大,热输入大,引起的焊接变形量大,如何有效地控制焊接变形也是一个焊接难点。

③在焊接热源的作用下,母材被淬硬,焊后的残余应力大,易引起构件的焊接变形,

同时易引起焊缝或焊接热影响区裂纹。

（2）厚板焊接工艺及质量保证

①对焊接人员资格进行严格审查

对焊接人员进行相关培训，焊接人员必须通过焊工考试，并取得相应工位的焊接资质证书才有资格进行焊接施工，焊接人员必须持证上岗，并严格按照相应的焊接工艺规程及焊接作业指导书等进行施工。

②选用扩散氢含量低、强韧性较优良的焊接材料

用于本工程厚板的焊接材料的扩散氢含量要求不得大于 5mL/100g，从源头上降低扩散氢的来源，大大降低了氢气孔、氢致裂纹等焊接缺陷出现的可能性；同时对所选用焊材进行焊接工艺评审，使焊缝不仅满足强度要求，而且具有优良的冲击韧性。

③保证 CO_2 气体保护焊用气体纯度

CO_2 气体保护焊用气体纯度要求大于等于 99.9%，降低水、一氧化碳、氮气等杂质的含量，从而有利于减少氢气孔、冷裂纹、一氧化碳气孔、氮气气孔等焊接缺陷。

④焊前预热

对于厚板的焊接，焊前必须预热，预热温度为 80～120℃，优先采用陶瓷电加热器。若采用火焰预热，枪头应保持与母材表面的距离在 30mm 以上，预热时应匀速移动枪头，不得长时间停留在某一部位，以防止母材"过烧"。预热范围一般为每侧 100mm 以上，采用半导体测温仪或测温笔进行测量温度，测温点应尽量布置在预热面的反面，距离焊缝中心 30～50mm。

⑤设计合理的坡口形式

对焊缝坡口形式进行优化设计，使各种接头易于焊接，减少裂纹、气孔、夹渣、未熔合等焊接缺陷出现的可能性。厚板对接接头采用双面不对称 X 形坡口，角接接头采用双面不对称 K 型坡口。

在确定坡口类型后，通过焊接工艺试验优化坡口细节以提高焊接质量，例如，60mm 厚拼板双面埋弧焊焊接工艺（M60），将钢板深坡口侧夹角由原来的 60°改为 50°，浅坡口侧夹角由原来的 70°改为 60°，通过工艺对比试验发现，焊接道次可由原来的 21 道减少为 15 道，焊缝的各项理化试验项目均能达到相关标准的要求，该项措施不仅可以提高焊接效率，而且有利于控制焊接变形及焊缝质量。

⑥选择合理的焊接顺序

厚板的焊接采用多层多道焊接。先焊小坡口侧，小坡口侧焊接厚度达到板厚的 1/6～1/3 后焊接大坡口侧，大坡口侧用碳弧气刨清根打磨焊道后进行焊接，焊接厚度达到总厚度

的 1/6～1/3 后焊接小坡口侧，逐层交替焊接。在焊接过程中除应遵循多层多道焊的原则外，还应遵循窄焊道薄焊层的原则。

⑦采取有效的控制焊接变形措施

通过采取制定合理的装焊顺序、焊前预加合适的反变形量、对称施焊，结合刚性固定及翻身焊接等多种措施，以减小焊接变形量，保证制造精度。

⑧层间温度的控制

由于钢板较厚，焊接时应连续作业，焊接时要求保持层间温度不低于预热温度，若焊接作业必须中途停止时，应采用石棉布进行保温，让焊接接头缓慢冷却，再次焊接时必须重新加热，加热温度要求稍高于预热温度，以避免出现裂纹。

⑨焊后处理

每焊接完一段焊缝后，在清理焊渣及飞溅时，顺便对焊缝进行锤击处理，以便消除部分焊接内应力。要求采用小锤进行捶击。接头焊接完工后，随即采用石棉布进行保温，让焊接接头缓慢冷却。

⑩加强质量监督和质量检测

建立严格的"自检、互检、专检""焊前检测、过程检测、焊后检测"等制度，从多个环节对焊缝质量进行控制。

极端天气下施工有以下要求：

（1）极端天气下施工焊接对焊缝性能和质量的影响

①一般要求

本项目主要材质为 Q345qD 和 Q420qE，其施焊环境湿度应小于 80%，环境温度不应低于 5℃，焊接作业区风速不宜超过 2m/s。

②大风对焊缝质量的影响

在焊接过程中，当焊接作业区风速过高时，焊渣或气体对熔化的焊缝金属的保护作用将遭到破坏，熔化的高温金属会被大气中的氧气氧化，同时空气中的氮气也将溶于熔池中，致使焊缝中可能出现大量的密集气孔缺陷，从而严重影响焊接质量。

③大雨对焊缝质量的影响

雨中焊接，会对焊接施工造成不利影响。湿度增加会导致焊缝中形成大量的气孔，使得焊接接头性能变坏，降低焊缝的致密性，使得焊缝的机械强度和韧性下降。同时，水是焊缝中氢的来源，而氢是导致焊缝延迟裂纹及氢气孔等缺陷产生的重要因素之一。因此，雨中焊接会严重影响焊接质量。

④低温焊接对焊缝力学性能的影响

焊缝的预热效果变差，冷却速度快，焊接熔池的温度从800℃降到500℃的时间，时间缩短，焊缝及热影响区易产生马氏体脆性组织，硬度提高，塑性和韧性下降。

⑤低温焊接对焊缝内部质量的影响

焊接过程中，焊材、母材及外界环境中的氢在电弧作用下分解并以原子或离子形式进入到液态金属（熔池中）中。焊缝金属凝固时，其对氢的溶解能力大大降低，氢重新结合成氢分子，以气体形式重新溢出。当外界环境温度较低时，焊缝冷却速度加快，导致只有部分氢可以溢出，多余的氢来不及逸出，就以过饱和状态存在于焊缝中。当温度很高时，氢很快直接从接头中扩散出去；当温度很低时，氢的活动受到抑制。只有在一定的温度区间（约 $-100 \sim 100℃$）氢的作用显著，当低温焊接时，冷却速度快，使焊缝金属的温度很快便降低到 100℃以下，同时由于时间缩短，焊缝及热影响区形成淬硬组织，在焊接残余应力的共同作用下，导致焊缝出现横向裂纹（延迟裂纹），从而严重影响焊接质量。

（2）极端天气下施工的可行性分析

风、雨季施工时，可在焊接作业区域搭设防风雨（雪）棚进行局部防风雨措施，使得焊接作业区域的风速、湿度等条件满足焊接作业要求，来保证焊渣及保护气体等对焊缝的保护措施，避免焊缝出现气孔、裂纹等缺陷。

在冬季环境温度较低的条件下施工时，通过采取火焰加热或陶质电加热片对焊缝进行有效预热，并在焊接区域搭设防风、防雨（雪）棚进行局部防风、保温，从而降低冷却速度，从而改善焊缝及热影响区的组织，提高焊缝及热影响区的力学性能，同时在焊接完成后采用后热、保温缓冷的措施，保证焊缝的温度处于 100℃以上一定的时间，来保证焊缝中多余的氢能够充分逸出，来降低焊缝出现横向裂纹的倾向。

因此，在极端天气下施工施工时，当能采取有效的预热措施、对焊缝的防风保温措施以及焊后的后热保温缓冷等措施时，可以在一定范围和时间段进行冬季焊接施工。

（3）极端天气下施工焊接方案及措施

极端天气下施工焊接施工环境比较恶劣，为了保证极端天气下施工焊缝施工质量，需要设计专用辅助工装。

①搭设防风雨（雪）棚

a. 在施焊时间段内，施工现场的风速 $\geqslant 2m/s$ 时，应及时搭设防风棚，降低施焊部位的风速，保证气体的保护效果，确保焊接质量。

b. 当施焊现场有雨雪时，原则上应禁止施焊。若施工进度要求进行焊接时，应搭设防雨雪棚，保证焊接区域局部钢板水分达到施焊要求。

c. 搭设的防风、防雨雪棚应牢固，并应有足够的空间，便于工人的焊接操作。

d. 搭设的防风、防雨雪棚应包围所施焊的焊缝。

焊接时风雨棚搭设示意图如图 4-31 所示。

图 4-31　焊接时风雨棚搭设示意图

风雨棚长度可根据现场施工实际情况适当增减；风雨棚所用角钢规格为 50mm×5mm，可利用施工现场余料制作；风雨棚所用圆钢或钢筋利用施工现场余量制作。

②设计专用焊材库房

为保证桥上焊接质量，采用集装箱改造成工地焊材库房，如图 4-32 所示。库房内设空调、温度计和湿度计，保证库房内温度高于 5℃，相对湿度低于 60%。库房内设置烘箱用以烘焙焊条。焊丝放置于货架上，防止受潮。

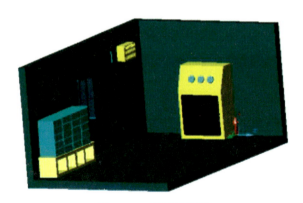

图 4-32　焊材库房

③严格烘干条，防止焊丝受潮

焊丝采取措施妥善保管，防止受潮。焊条在使用前严格按要求烘干，一般在 350℃，烘干 2h，焊剂的保存温度为 100～150℃。焊条一次性用量应以 4h 工作所需用量为准，焊条应存放在能确实保温的保温筒内，随用随取，不得使用受潮的焊条。焊丝及钢衬垫应存放在干燥、通风的地方，严禁使用锈蚀焊丝。钢衬垫须把铁锈清除干净后才能使用。

④去潮、去湿及焊接坡口清理措施

a. 当环境相对湿度大于 80% 时，施焊前，应采用烘枪将待焊焊缝两侧各 150mm 范围内的水渍、霜渍、雪渍烘烤干（钢板表面不再有水渍）。

b. 如雨后、雪后需要进行焊接施工时，在正式焊接前，应将工件上的积雪铲除掉，后将待焊焊缝两侧各150mm范围内的水渍、雪渍烘烤干，如图4-33所示。

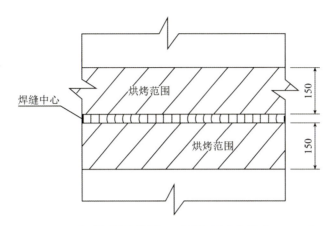

图4-33　钢板除湿烘烤示意图（尺寸单位：mm）

c. 焊前对坡口及周围区域进行打磨处理，使坡口面光滑、无锈蚀、无飞溅、无夹碳、露出金属本色，焊接坡口边缘外30mm范围内的铁锈、油污等有害杂质。

⑤预热措施

a. 预热是防止冷裂纹的有效措施，预热的主要目的是增大热循环的低温参数，使之有利于氢的充分扩散和逸出。板厚大于30mm或环境温度低于5℃时，须采取预热措施。当板厚≥30mm时，预热温度为80～120℃（若环境温度低于5℃时，预热温度为100～150℃）；当板厚＜30mm且环境温度低于5℃时，预热温度为20～150℃。（焊接时出现不等厚板组合时，预热温度的选择以厚板板厚为准）。

b. 采用陶质电加热片或烘枪对焊接区域进行预热（优先采用电加热法）。预热范围为焊缝两侧各100～150mm，如图4-34所示。

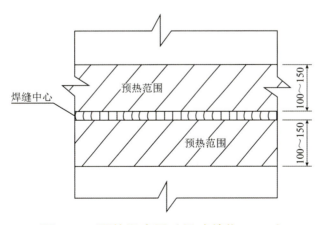

图4-34　预热示意图（尺寸单位：mm）

c. 用点温计或红外线测温仪在距离焊缝30～50mm范围内测量温度，要求达到规定的预热温度，如图 4-35 所示。

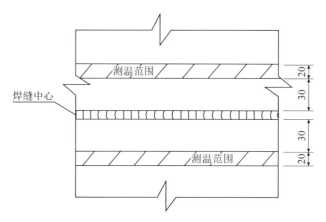

图 4-35　预热温度测量示意图（尺寸单位：mm）

d. 当焊缝较长或环境温度过低时，则宜在施焊前方距施焊位置 350～400mm 进行跟踪预热，如图 4-36 所示。

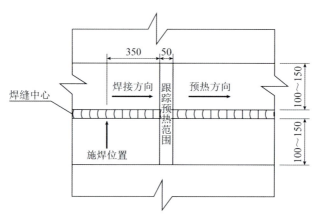

图 4-36　跟踪预热示意图（尺寸单位：mm）

e. 预热时，也可使用石棉布进行保温。前面采用烘枪预热，后面覆盖石棉布保温；或者，厚板焊接时，正面进行预热或焊接，反面采用石棉布保温。根据现场实际情况，灵活运用。

⑥层间温度的控制

a. 环境温度较低时，焊缝向相连母材的热传递及向空中散发热量的速度增快，使得焊缝的冷却速度加快，焊缝组织结晶速度加快，不利于焊缝中扩散氢的扩散和逸出，同时焊接拘束应力增大，从而易导致冷裂纹的出现。为防止焊道因冷却过快产生冷裂纹，必须控制层间温度。

b. 一般层间温度为：80～200℃。在预热条件下，须控制层间温度在：预热温度在 200℃；若层间温度低于预热温度时，应按第 2.3.5 条的方法进行加热，达到要求。

c. 在所焊焊缝未焊接完成时，原则上不得中断焊接，若必须中断焊接，则必须至少将所焊坡口填充至坡口深度的 1/3 厚度后方可中断焊接，中断焊接前应先对所焊焊缝及焊缝两侧 100~150mm 范围内加热至预热温度以上，然后用石棉布对焊缝进行保温。在重新开始焊接时，应按第 2.3.5 条的方法进行加热，达到要求后方可重新开始焊接。

⑦焊后后热、缓冷

厚板（$\delta \geqslant 30mm$）冬季施工，当环境温度低于 5℃时，除按上述要求进行焊前进行预热、焊接过程中控制层（道）间温度外，在焊后还应让焊缝缓冷，使焊缝中的氢气充分扩散和逸出，避免因焊缝冷却速度过快，引起氢气致冷裂纹现象的发生。厚板焊缝焊接完后，应立即用石棉布将焊缝覆盖 2h，让焊缝缓慢冷却，保证焊缝的内在质量。

⑧焊缝返修的要求

a. 对于焊脚尺寸、焊波或余高超出要求的焊缝应打磨至标准要求。

b. 对于焊缝不超差的咬边应修磨匀顺，对于超差的咬边或焊脚尺寸不足时，可以采用手工焊进行修补，采用手工焊修补时应对修补部位进行预热及焊后缓冷。

c. 对于应用碳弧气刨或其他机械方法清除并补焊的缺陷，如裂纹，内部气孔、夹渣等缺陷应按以下要求进行返修：

d. 由无损探伤人员对焊缝进行无损探伤，对所发现的缺陷位置应予以标记，并标明缺陷大小、深度以及类型；

e. 根据无损探伤人员标记的缺陷的位置、大小、深度，采用机械打磨或碳弧气刨的方法对出现的缺陷进行去除。采用机械打磨或碳弧气刨去除缺陷时，必须清除超出缺陷区域两端各 50mm 的范围。采用碳弧气刨去除缺陷时，应形成适合焊接刨槽。

f. 采用机械打磨或碳弧气刨去除缺陷后，应对返修区域进行 100%MT 检测，2X 级合格。确认缺陷被彻底清除后方可进行返修焊接。

g. 正式返修焊接前，应对返修区域进行预热，预热温度应超出正常焊接 50℃，即当板厚 $\geqslant$ 30mm 时，最低预热温度为 130℃（若环境温度低于 5℃时，最低预热温度为 150℃）；当板厚 < 30mm 且环境温度低于 5℃时，最低预热温度为 70℃。（注：焊接时出现不等厚板组合时，最低预热温度的选择以厚板板厚为准）。

h. 返修焊接宜采用药芯焊丝 CO_2 气体保护焊进行焊接，所用焊丝、焊接规范应与正常焊接时一致。

i. 返修焊接完成后，应对返修区域按焊缝长度的 100% 无损检测，具体检测要求根据焊缝类型，按照"焊缝无损检验清单手册"、相关技术或施工问题处理通知单或其他相应文件执行。

⑨工艺纪律检查措施

质检人员或焊接工艺人员进行定期和不定期的工艺纪律检查，督促施工人员规范操作，保证焊接质量。

（4）特殊季节施工安全技术方案

①对焊工的防护要求

焊工在正式焊接前，必须配备个人防寒用品，具有较长时间抵抗严寒、熟练运用焊接技能的能力，应设有专门监护人，对焊工的工作状态进行监控和判断，必要时应采取相应措施保证焊接工作的顺利进行和焊工人身安全。

②焊接设备要求

焊机需进行防冻保护，使焊机处于正常温度状态下工作。

③冬季施工脚手架作业平台安全管理规定

a.施工用脚手架既要满足施工要求，又要为保证工程质量和提高工效创造条件，同时还应为快速施工提供作业平台，确保施工人员的人身安全。

b.脚手架的搭设要依据工艺部门对脚手架和作业平台的设计要求，尽量满足施工需要。

c.脚手架和作业平台要有足够的稳性和牢固性，在规定的荷载条件下不变形，不摇晃，不倾斜，能够确保施工人员的安全。

d.进入作业平台应设置供作业人员上下使用的安全扶梯，爬梯或斜道。

e.搭设完毕后必须进行检查验收，经我方安全管理人员检验合格后准许使用。

f.必须经常性对脚手架工作平台等安全设施进行安全检查，随时进行加固维修。

g.在脚手板上应铺设防滑垫（如防滑草垫），防止滑倒。

h.在脚手架扶手钢管上应铺设防冻垫，防止冻伤。

④高处作业及立体交叉作业安全管理规定

a.高处作业人员必须严格执行"高处作业安全管理规定"。

b.临边作业要设置防护栏杆，栏杆高度1.0～1.2m，外侧周边应用安全网封闭，下侧必须拉上安全网。

c.各种孔口、洞口必须视情况分别设置牢固的盖板、防护栏杆、封闭式的安全网。

d.进行交叉作业时，不得在同一垂直方向上下同时操作，下层作业的位置必须处于依上层高度确定的可能坠落范围半径之外。

⑤给工人发放防寒棉衣，做好住地的防寒保暖工作。

⑥安排生产尽量避开高寒和冰冻天气，以免造成人身伤害事故。

4.3.9 现场涂装工艺

1）施工顺序

钢梁节段吊装后，现场防腐施工按以下顺序进行：考虑到天气环境因素，首先进行节段焊缝位置处理；再处理钢梁内壁焊缝，在整桥拼装焊接完毕后，利用检修车、登高车进行其他焊缝处理和破损处修补；最后在桥面铺装完成后外表面第二道面漆涂装。

2）涂装施工要求条件

涂装施工时环境温度应在 > 5℃、空气相对湿度在 85%以下进行，钢材表面必须完全干燥，不得在受到雨水、浓雾、水汽或冷凝水作用影响的表面上进行喷涂施工。阴雨天、风级大于 5 级以及环境湿度大于 85%时，应停止施工，以免造成涂装缺陷或涂料浪费。桥址塔内钢锚梁高强螺栓施拧后栓接外露面处涂装

高强螺栓施拧后，栓接外露面处涂装按《公路桥梁钢结构防腐涂装技术条件》（JT/T 722—2023）进行施工：涂装前螺栓头、裸露的底漆、栓接板周边应进行必要的清洁处理，栓接点镀锌螺栓先进行除油除污，螺母和垫片用水洗清除皂化膜。然后整体栓接外露面进行环氧云铁中间漆 120μm 和环氧厚浆漆 80μm 施工，施工质量要求与外表面一致。

3）工地环缝涂装

钢结构焊缝及破损处修补在节段吊装安装焊接完成后进行，钢梁内表面环缝及各部位涂层破损区域使用机械打磨至相关标准要求的 St3 级，周边涂层打磨出坡度，显示不同漆层的层面，除锈后用吸尘器清除全部灰尘后按所处区域涂装配套体系进行富锌底漆、环氧云铁中间漆、聚硅氧烷面漆刷涂施工。钢梁外表面焊缝待合龙后利用检查小车，待焊接完成并验收合格后，清除焊渣。钢梁外表面环缝使用机械打磨至相关标准要求的 St3 级，周边涂层打磨出坡度，显示不同漆层的层面，再依次喷涂底、中、面漆，厚度为设计厚度的 1.1 倍。涂层检验标准和方法均与原方案一致。除锈后 4h 内涂装（图 4-37）。

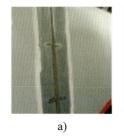 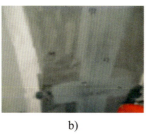  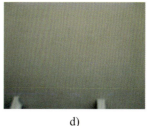

a）　　　　　　b）　　　　　　c）　　　　　　d）

图 4-37　环缝打磨除锈底漆喷涂施工中间漆喷涂施工面漆喷涂效果

在安全要求允许的范围内，利用现场施工所用的登高设施和作业平台、检修小车或自制简易吊篮等设施进行涂装施工。

4）第二道聚硅氧烷面漆涂装

整桥全部建成后，在所有焊缝处理和桥面铺装结束后，进行第二道面漆喷涂。首先采

用洁净的高压水冲洗钢梁外表面,除去沉积在涂层表面的盐分;随后采用砂纸对涂层表面进行拉毛活化处理,拉毛后的油漆表面应尽快涂装第二道面漆,保证面漆良好结合力和外观美观。放置时间不能超过4h,以防二次污染。对焊缝、边角等小部位不平处用毛刷先预涂面漆,再使用喷涂方法做整体第二道面漆。由于进行第二道面漆涂装时只有有限的登高设施可以借助,所以必须采取有效措施以确保所有部位都能比较安全方便地进行喷涂油漆。第二道面漆是最后的涂装工序,决定了整桥的外观质量,要求精心施工,勤于检查,特别要注意细节之处,确保外观美观(图4-38)。

图4-38 采用检查车进行外表面第二道面漆施工

涂装前选取10m²进行试喷确定工艺参数后大面积喷涂。施工可使用梁底检修小车或根据现场情况搭设安全合理的施工平台进行施工。

施工可根据现场情况选择适当时机、使用恰当工具配合并做好相应防护及环保措施,在保证施工质量及安全的同时将环境影响降到最小。面漆使用高压无气喷涂施工,喷涂时,需对施工区域进行遮挡,防止油漆飘落入江中。清洗过机具的废水严禁排放入江中。施工用完的废油漆、油漆桶、稀料桶等杂物严禁扔入江中,每天安排专人按时回收,统一妥善环保处理。

江上高空作业人员,必须定期进行体格检查。在江面上空进行涂装作业时,所有施工人员都必须穿救生衣,系安全带、佩戴安全帽、穿防滑鞋。

4.4 检查要求

4.4.1 材料进场检验要求

(1)自行采购的材料,必须在供货质量、信誉、供货能力等方面进行评价,在有保证持续供货能力的厂方采购。

(2)原材料按技术质量要求由专人负责采购与管理,采购人员和施工人员之间对各种原材料认真做好交接记录。

（3）做好材料进货的检验和标识工作。按质量体系标准和要求，在进货、检验、试验、进仓、登记、标识、使用等全过程中，都必须严格执行"进货检验和试验控制程序"文件要求，从采购的第一程序开始，层层把关，确保材料质量。

（4）原材料进场后，对原材料的品种、规格、数量以及质量证明书等进行验收核查，并按有关标准的规定取样和复验。经检验合格的原材料方可进场。对于检验不合格的原材料，按有关规定清除出场。

（5）原材料进场后，及时建立"原材料管理台账"，内容包括材料名称、品种、规格、数量、生产单位、供货单位、"质量证明书"编号、"复试检验报告"编号、检验结果以及进货日期等。"原材料管理台账"应填写正确、真实、齐全。

4.4.2 验收检查要求

1）作业平台安装验收要求

（1）作业平台材料钢管型钢质量满足规范验收要求。

（2）作业平台构件无变形，焊接质量满足相关规范要求。

（3）防护栏杆等附属设施质量满足方案及设计要求。

（4）方案编制、审批、安全技术交底满足要求。

（5）安全技术措施落实情况。

（6）周围环境核查及保护措施落实情况。

（7）应急预案编制和救援物资储备情况。

（8）法规、标准、合同约定的其他情况。

（9）安全警示标志齐全。

2）设备验收要求

（1）设备三证证书齐全有效。

（2）设备调试、联合运行满足要求。

（3）设备在允许使用年限范围内。

（4）设备性能满足施工要求。

（5）特种设备经过特检所检测并出具相关合格证明。

3）临时支架结构验收

（1）施工单位应根据工程实际编制支架施工技术安全专项方案，经企业技术负责人审核签字后，提交监理工程师审查。未经审查或审查未通过的支架方案不得实施。

（2）监理工程师应对施工单位提交的支架施工技术方案从人员、资质、材料质量、安装设备、搭设工艺、设计方案、计算依据、安全性能、质量及安全保证措施、技术及安全交底情况等方面进行认真审查，并将审查结果报业主确认，危险性较大工程项目支架的审查结果应报质量监督部门备案。

（3）施工单位在支架施工后需对支架进行验收，包括焊接质量、型材尺寸规格、数量、结构形式等。

（4）支架所用材料、构配件必须有产品合格证、法定检测单位的检测检验报告，生产厂家必须具有技术质量监督部门颁发的生产许可证。监理单位应对材料、构配件质量进行抽样检测。

（5）项目部技术负责人应按照安全专项施工方案中的搭设要求，向支架搭设作业人员进行安全技术交底，搭设施工中应安排专人对材料质量、搭设工艺、施工质量、操作人员安全防护措施进行全过程管理。

（6）监理单位应按照监理规范要求对支架搭设进行定期巡查，检查作业人员岗位资格、材料质量、搭设工艺、施工安全等各方面情况，发现问题及时督促施工单位落实整改。

（7）监理单位接到验收申请应及时组织验收，出具验收报告。

4）钢梁验收

（1）钢梁钢种、规格、尺寸等满足要求。

（2）钢箱梁焊接、高栓质量合格。

（3）钢箱梁安装高程、线型满足要求。

（4）钢箱梁防腐涂装材料及工艺满足要求。

5）预制板质量验收满足要求。

5 施工保证措施

5.1 组织保障措施

5.1.1 安全管理组织机构

建立以项目经理为首,以项目副经理、项目总工、安全总监为主要负责人的安全生产保证体系。项目部设安质部,施工现场设专职安全员,同时建立健全安全生产保证体系,定期检查工地的施工安全情况,召开安全生产会议,发现问题及时解决,制定好安全规则,做好安全教育,消除事故隐患,组织机构图如图5-1所示。

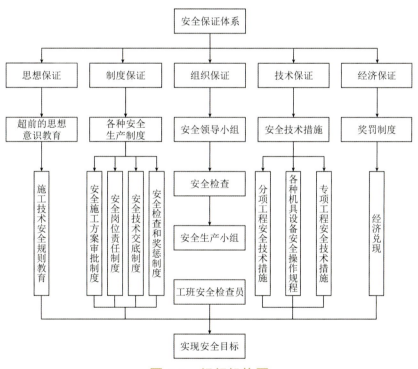

图 5-1 组织机构图

5.1.2 安全防范要点

根据本工程特点,安全防范重点有以下几个方面:防落水事故、高处坠落事故、防起重伤害事故、防触电电击事故、防机械伤害事故。

5.1.3 安全生产体系

(1)建立健全安全生产管理机构,成立以项目经理为组长的安全生产领导小组,全面负责并领导本项目的安全生产工作。

（2）按照我项目部颁布的"安全生产责任制"的要求，落实各级管理人员和操作人员的安全生产责任制，做到纵向到底，横向到边，各自作好本岗位的安全工作。

（3）在开工前，编制实施性安全技术施工组织设计，认真执行安全生产"五同时"原则，采取安全技术措施，确保施工安全。

（4）实行逐级安全技术交底制，由经理部组织有关人员对工程项目或专项进行书面详细安全技术交底，凡参加安全技术交底的人员要履行签字手续，并保存资料。项目经理部专职安全员要对安全技术措施的执行情况进行监督检查，并作好记录。

5.1.4 加强施工现场安全教育

（1）针对工程特点，对所有从事管理和生产的人员进行全面的安全教育，重点对专（兼）职安全员、班组长、从事特种作业起重工、电工、电焊工、机械工、场内机动车辆驾驶员以及新工上岗、工人变岗和改变工艺等进行培训教育。

（2）对从事施工管理和生产的人员，未经安全教育的不准上岗；新工人（含民工、临时工）未进行三级教育的不准上岗；变换工种或采用新技术、新工艺、新设备、新材料没有进行培训不准上岗。

（3）特种工种的操作人员的安全教育、考核、复验，严格按照"特种作业人员安全技术考核管理规定"规定执行。经过培训考核，获取操作规程证方能持证上岗，对已取得上岗证的特种作业人员，要进行登记存档，对上岗证要按期复审，并设专人管理。

（4）通过安全教育，增强职工安全意识，树立"安全第一、预防为主"的思想；掌握基本生产知识和安全操作技能；提高职工遵守施工安全纪律的自觉性，认真执行安全操作规定，做到：不违章指挥、不违章操作、不伤害自己、不被他人伤害，达到提高职工整体安全防护意识和自我防护能力。

5.1.5 认真执行安全检查制度

经理部要保证检查制度的落实，要规定定期检查日期及参加检查的人员，经理部每旬进行一次；作业班组每天进行一次，非定期检查应视工程情况如施工准备前、施工危险性、采取新工艺、季节性变化、节假日前后等要进行检查，并要有领导值班，对检查中发现的安全问题制定整改措施，定人限期进行整改，保证"管生产必须管安全"的原则真正落实。

5.2 技术保障措施

5.2.1 开工前做好施工准备

（1）落实高空作业、道路通行交通安全保障措施；

（2）落实施工机械设备、安全设施、设备及防护用品进场计划；

(3)落实现场施工人员,并进行相关安全教育;

(4)制订针对整个工程的安全保证计划,应急措施预案。

5.2.2 持证上岗

参与本工程的施工管理人员、特种作业人员必须持证上岗,施工前由项目部安全监督部门进行检查确认,登记备案。

5.2.3 对施工设备、安全设施、防护用品进行检查验收

本工程使用的机械设备、安全设施(设备)、防护用品的安全技术性能对本工程的安全施工有重要意义。每项作业必须有专人对相关设备和防护措施进行认真检查,并严格按照规定的程序履行,消除隐患,确保各项设备具有良好的安全技术状况,安全可靠。

5.2.4 安全用电技术措施

(1)现场的供电线路、设备安装维护以及拆除必须由专业人员进行。

(2)对于移动机具及照明的使用应实行二级漏电保护,并定期进行检查、维护、保养。

(3)高空起重作业,原则不允许夜间作业。特殊情况下,夜间作业,必须并设置足够的施工照明设施。

(4)做好电气设备的防潮、防漏电措施,确保安全作业。

5.2.5 日常安全保证措施

(1)建立每周及每项作业岗前安全交底例会制度

会议主要内容:对于一周内的安全情况总结,对于已发出整改通知的安全隐患整改情况进行通报,对下一周主要作业的安全进行强化。安全例会参加人员:项目经理、技术负责人、安全主管、安全员现场作业负责人,同时邀请监理工程师参加。

(2)建立天气情况收集、预报、记录制度

项目部负责天气资料的收集、预报工作。负责联系有关部门,落实在恶劣天气到来之前,处理好现场的有关事宜。

(3)现场观察制度

施工时专门设置现场观测人员,主要观测内容:天气变化,河道通行情况,施工区域内作业情况。及时向项目部反馈现场情况,杜绝无关车辆、人员进入施工起重作业现场。

(4)警示标志设置制度

对于所有施工区域,均设置明显的警示标志。特别是预留通行河道,按规定设置信号、专用红灯和交通管制标志等,防止意外发生。

(5)分项工程安全交底制度

开工后依据相关的操作规程、现场情况对于每个分项工程进行书面的安全技术交底,

确保安全措施贯彻到位。作业班前会上,工班长务必将安全注意事项传达到每一个人,严格执行。作业工时班长、现场安全员认真监督每一个人的安全行为,不得违章。

5.2.6 钢结构安装就位安全措施

钢结构由加工场运至现场后,由安全、质检人员进行认真检查,主要是吊环焊接是否牢固。在现场对有关人员进行吊装前的安全技术交底和教育,特别是吊索具进行检查,检查是否符合吊装规范要求。确保吊装全过程的安全。

钢结构采用分段制作,运抵现场,然后用桥面起重机吊装分段就位后,进行码板焊接和吊索穿插固定。由指挥及操作人员,依据测量后的标志,精确安放到位,焊接固定。为确保安装过程中的安全,6级风以上暂停安装。

5.2.7 起重吊装高空作业安全措施

起重安装作业是工程施工中的重要项目,起重设备进行定期检查、保养,经常组织人员查验绳索磨损和配用情况,严禁带病或超载作业。严格按照技术交底书要求选用钢丝绳、吊具等辅助设备。

在起吊过程中,无关人员不得靠近起吊现场,起重机驾驶和指挥人员密切配合。起重机每天工作前进行检查。特别是制动系统必须有效,吊具及索具完好。

起重作业前对所有的设备进行认真的检查、维修和保养,确保其良好的安全技术状况;作业人员均持证上岗,并选派具有丰富经验的人担任起重指挥;施工前,根据设计要求,将钢结构安装过程中的安全作业程序进行细化,对施工人员进行详细的技术交底和安全交底。

作业人员的登高和进出入钢结构内的设施的设计、制造、安装,报请专业工程师检查验收后投入使用。

高空作业,禁止穿硬底和带钉易滑的鞋,必须戴好安全帽。高空作业所用材料要堆放平稳,工具应随手放入工具袋(套)内,上下传递物件禁止抛掷。

遇有恶劣气候(如风力在六级以上)影响施工安全时,禁止进行露天高空、起重和作业。

没有安全防护措施,禁止在支撑、挑架的挑梁和未固定的构件上行走或作业,高空作业与地面联系,设通信装置,并专人负责。

上下交叉作业和通道上作业设隔离设施,设防护栏杆。

5.2.8 提升操作安全技术措施

操纵各控制器时应从停止点(零点)转动到第一挡,依次逐级增加速度,严禁越挡操作。在变换运转方向时,应将控制器指针转到零位,等电动机停止后,再转向另一方向,严禁急开急停。

提升接近臂杆顶部，小车行至端点时，应降速缓行至停止位置。吊环提升横梁距起重机上部横梁下部不得小于2m。

吊起重物，严禁自由下降，下降过程应避免制动。重物就位时，应缓慢下降。

吊起重平移时，应高出其跨越的障碍物0.5m以上。

将每个控制器拨回零位，依次断开各路开关，关闭操作室门窗，下机后断开电源开头；打开高空指示灯。

机修人员上塔身，臂杆、平衡臂的高空部位检查或修理时，必须佩戴安全带。

5.2.9 电气焊和动火安全措施

电气焊集中设置，统一管理，氧气瓶和乙炔瓶的放置按规定隔开。乙炔器、氧气瓶间距大于5m，与明火间距大于10m。

使用电焊、气割办理动火证，并有人监护和检查。施工动用明火，按所在区域的动火等级进行动火报批手续。在动火时派监护人员值班。高空明火作业，在其下采取隔离措施，不得使火种从高空散落，遵守"十不烧"规定。电焊机一机一闸关，并装有随机开关，电源接头有防护装置。

5.3 监测监控措施

5.3.1 监测项目

（1）施工过程中对塔式起重机的位移监测、电机系统监测以及限位制动系统的监控。

（2）对电梯升降系统及限位制动系统的监控。

（3）对钢栈桥及钢平台结构受力情况和整体稳定性监控，包括：①贝雷梁各杆件受力安全性监测；②贝雷梁各杆件受力安全性监测；③分配梁的受力安全性监测；④钢管立柱的受力安全性监测。

（4）结合梁施工过程中对临时支架的沉降及位移监测。

（5）施工期间对结合梁线形、高程进行监测。

5.3.2 测点布设

（1）在塔式起重机立柱角点或附墙位置设置位移观测点对塔式起重机位移进行监测，定期派人对塔式起重机牵引系统及限位自动系统进行检查。

（2）通过安排专职维管人员对电梯等升降设备进行检查。

（3）在钢栈桥桥面上纵向每3跨设置一个测量断面，每个断面上分别在左、中、右三处布设沉降位移观测点；在每跨左右两侧钢管立柱上分别设置一个沉降位移观测点。

（4）钢箱梁吊装前在钢箱梁梁端设置监测点，用来控制线形和高程。

（5）在钢箱梁安装时，对主塔进行监测，监测点布设见表5-1。

监测点布设情况 表 5-1

序号	监测项目	布点情况
1	竖向沉降	本桥支架主要通过竖向沉降、水平位移变化进行监测，根据两岸支架情况，监测点宜布设在支架的转角点、位移变化敏感或预测变形较大部位
2	水平位移	本桥支架主要通过竖向沉降、水平位移变化进行监测，根据两岸支架情况，监测点宜布设在支架的转角点、位移变化敏感或预测变形较大部位

5.3.3 监测方法及频率

（1）对于塔式起重机、电梯、支架等采用全站仪进行观测，每天观测一次跟初始值进行对比。

（2）对于钢栈桥使用全站仪和水准仪对高程及轴线进行检查，与初始值对比，计算沉降量与位移量。钢栈桥使用过程中前期每周观测一次，连续观测4周，若无变化，每月观测一次，遇到恶劣天气或大型机械过桥后应加大观测密度。

（3）对钢梁焊缝、高强螺栓连接情况、钢梁端头下挠进行观测。

5.3.4 报警值及处理措施

（1）根据测量数据，分析钢栈桥及钢平台受力沉降变形情况，确保栈桥及平台处于安全稳定状态，钢栈桥监测预警值见表5-2。

钢栈桥监测预警值 表 5-2

序号	检测项目	单次允许变化量	累计允许变化量
1	水平位移	8mm	20mm
2	竖向沉降	8mm	20mm

（2）根据测量数据，分析钢栈桥及钢平台受力沉降变形情况，确保栈桥及平台处于安全稳定状态，项目部测量人员及现场工程师负责对顶推支架行位移和沉降监测。使用全站仪和水准仪对高程及轴线进行检查，与初始值对比，计算沉降量与位移量。顶推支架使用过程中前期每周观测一次，连续观测4周，若无变化，每月观测一次，遇到恶劣天气应加大观测密度。（顶推支架监测具体按照第三方施工监控方案执行）根据测量数据，分析顶推支架受力沉降变形情况，确保支架处于安全稳定状态，支架控制值及预警值统计见表5-3。

支架控制值及预警值统计表　　　　　表 5-3

工点	监测项目	单次允许变化量	累计允许变化量
支架	水平位移	15mm	35mm
	竖向沉降	15mm	35mm

5.3.5 其他监测

其他监控主要有以下内容：

（1）对使用的构配件材料的材质，使用的机械、工具、用具进行监控。

（2）加强安全管理，及时与水事部门沟通，对过往船只和附近水域进行监控。

（3）在汛期时，与水利防洪部门密切配合，对上游流域洪水进行监控。

5.3.6 信息反馈

建立监测结果信息反馈制度，每日按时将监测数据上报项目部，若发现异常情况，立即疏散相关人员，通知监测组长。

5.3.7 监测小组成员及监测仪器

（1）监测组长有项目经理担任，并配备一名测量主管及两名测量员。

（2）监测设备投入见表 5-4。

监测设备投入情况表　　　　　表 5-4

序号	设备名称	数量	备注
1	全站仪	1	
2	水准仪	2	
3	测斜仪	1	
4	应变仪	1	

5.4 其他保证措施

5.4.1 质量保证措施

1）总则

巢湖大桥钢梁制造及安装施工工程，为保证该项目施工质量，项目运作前首先确定项目质量目标，然后建立项目组织机构。项目运作过程中对人、机、料、法、环各要素按照相关规范、标准和公司质量管理体系要求进行全方位的控制。项目完成后对相关部门反馈的该项目质量问题及时、优质的解决，以不断增加顾客的满意度，为公司树立良好的企业形象和产品品牌。

2）质量保证组织机构

为确保巢湖大桥钢梁制造及安装施工工程能从原材料采购至产品交付及售后服务的全

过程受控，公司建立"巢湖大桥钢梁制造及安装施工工程项目质量管理组织机构"（图5-2），实施过程控制，保证钢梁产品制造质量和提供的服务满足合同规定的要求。

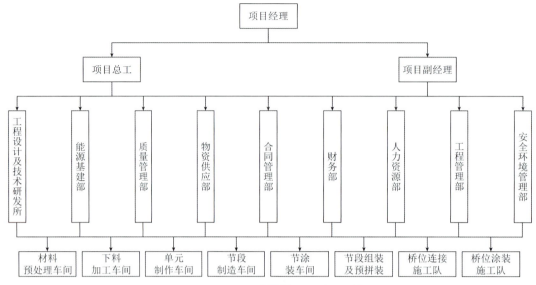

图 5-2　项目质量管理组织机构

3）工程质量方针和质量目标

（1）工程质量方针

公司质量方针：技术创新、品质求精、顾客满意、持续改进；

工程质量方针：百年大计、质量第一、创国优品质、树百年丰碑。

（2）工程质量总目标

确保巢湖大桥钢梁制造及安装施工工程符合国家相关验收的标准，工程一次验收合格率达100%，优良率达95%以上。

（3）工程质量具体目标

①制造尺寸精度：满足国家相应标准、技术规范及设计图纸技术要求。

②焊接质量：焊接质量符合设计要求及技术规范。

③外观质量：钢梁外观平整光顺、感观良好、焊缝成型优良。

④建造水平处于国内领先地位。

⑤工程质量、交工验收和竣工验收均满足合同要求。

4）质量检验、试验系统的控制

由计量检定、理化检验、外购物资检验、产品质量检验、质量监督及无损检测等组成巢湖大桥主桥钢主梁制作及安装施工工程的质量检验、试验系统，由持有资格证书并通过培训合格的人员进行操作，对制造过程实施全面质量控制，按照检验和试验计划独立行使质量管理职权。

（1）检测试验手段

①计量检定、理化检验保证

工程的计量检定、理化检验等由具有国家计量资质的检测单位进行，检测单位建有完善的计量检测体系，具有各种检验、测量和试验设备的检定能力。

②测量与检验

a. 在钢梁生产过程中，检验人员经过本桥检验规范及相关技术标准的培训，合格后经监理工程师认可后方可上岗检验。

b. 编制专门的检验工艺规程、测量工艺规程、无损检验工艺规程等文件来规定质量检验人员的工作和检验要求。

c. 本工程采用的量具主要有：全站仪、激光经纬仪、水准仪等精密测量仪器以及钢带、钢尺、水平尺、测力计、量规等量具。计量器具保证检定合格并在检定周检期内。

③无损检验

a. 检验规范：巢湖大桥工程设计文件、"焊缝无损检验清单手册"以及现行有关无损检测标准和规范。

b. 主要检验手段：X射线探伤、超声波探伤、磁粉探伤、渗透探伤。

④涂装检验

a. 在整体涂装施工前，通过试验确认表面处理及表面喷涂的工艺参数和涂装过程合理性，试件的制备采用与涂装施工相同的程序对比进行，试验程序及项目依据"巢湖大桥钢梁制造涂装试验大纲"。

b. 涂料配备及搅拌的程序：按油漆制造商提示，记录油漆的品种、批号、环境温湿度、钢板露点温度、涂装部位和施工方法。严格按涂料重涂间隔的要求进行施工。油漆的黏度：黏度杯；环境温度条件：温湿度计、钢温表。

c. 漆膜厚度检测：采用计量检定合格的漆膜测厚仪进行漆膜厚度测量，有效控制涂层的最终干膜厚度，重点关注棱角边缘等部位的遮盖率。

（2）生产过程检验控制

①生产过程执行"首制件三检"，各工序执行"三检制"，各工序自检、互检合格后，填写报检单申请专检人员进行检验；有监检要求的项目需经监检合格后，方可流入下道工序；当专检人员签署"合格"结论后，生产单位才能将有检验合格状态标识的产品移交下道工序进行作业。

②在生产、服务、安装过程中注意保护好产品制造及检验状态的识别标记。

③下道工序施工者负责核对上道工序检验或试验状态的标识或记录，对检验/试验状态

不明者不施工，并向生产部门反馈信息。

（3）编制检验和试验计划书

制造检验和试验计划书包括以下内容：

①规定材料进货、复验、生产过程检验和试验的项目、内容和方法，规定检验的频率；

②明确所依据的标准或合同要求；

③合理设置检查停止点；

④明确监理工程师检验和试验的项目。

（4）监理工程师的检查

严格按照"监理实施细则"的要求，凡监理工程师独立检查的工序和隐蔽工程经公司检验人员检验合格后，报监理工程师检查合格后方可转入下道工序。

（5）质量监督和考核

为了加强现场质量管理，保证钢梁制造质量，现场质量管理人员和检验人员负责进行过程控制和产品质量监督和考核，质量检验程序图如图5-3所示。

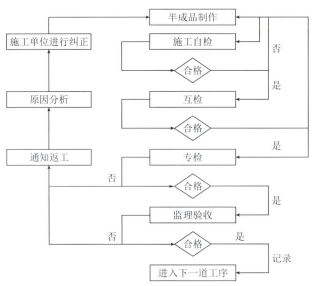

图5-3 结合梁制造质量检验程序图

①制定质量责任制和质量考核办法。

②在现场进行巡回检查，监督检查生产过程中质量管理制度、检验制度以及工艺纪律的执行情况。对违反工艺纪律及质量管理制度、检验制度的人员及时进行处理。

③协调处理现场出现的各类质量问题，保证各工序处于受控状态，维护现场质量体系的正常运行。

5）质量控制要素

（1）人员控制

凡参与本工程建设的人员必须有大型桥梁（或钢结构）施工经验，并考评达优。参与本工程质量有关的人员（焊工、氧割工、油漆工、检验员、计量员等），资质应满足所从事岗位工作标准的要求（图5-4）。开工前，组织焊工考试，监理参与旁站，监理考核合格后方可正式上岗。为了保持产品焊接质量的稳定，上岗的焊工应保证其工作的稳定性和连续性，为了便于统一管理，参与本工程的所有人员必须佩戴标牌。

a) 人员培训　　　　　　　b) 焊工考试　　　　　　　c) 挂牌上岗

图 5-4　入场培训

焊工选拔和管理是本工程质量控制的关键，开工前，公司专门选拔优秀人员投入。施工中对焊工进行跟踪管理，并建立业绩档案，定期开展技能比武评选和劳动竞赛，并根据竞赛结果对优秀的技术工人进行奖励，以提高人员整体素质（图5-5）。

a)　　　　　　　　　　　　　　b)

图 5-5　焊缝质量评比

（2）生产设备和工艺装备控制

使用的设备仪器仪表按要求进行计量（图5-6），并在有效期内使用，并进行日常维护和保养，使设备始终处于完好状态（图5-7和图5-8）。公司建立健全设备巡查与维管制度，落实设备管理维护责任人，并为每一台设备监理维修保养台账，确保设备使用期间的品质满足施工要求。

新设备新工艺质量控制：

①设置专门检验人员驻厂家进行新设备中间制造过程验收，合格后方能入厂安装。

②设立以公司设备副总为组长的设备管理小组，加强对设备管理工作的指导。

③搞好常用备品备件的储备及设备的日常维护保养工作。

④关键设备与厂家签订售后服务协议，配备好常用易损件，同时要求厂家储备专用零配件，对板单元生产线及模块运输车等对生产影响大的设备，设备保障部与工程技术部加强协调，利用生产空闲期加强设备的日常维护保养；设备厂家安排专门售后人员驻厂，对设备故障及时处理，一般故障8h内处理完毕，大故障24h以内、最迟不超过48h处理完毕。

⑤制定培训计划对设备操作人员进行技术培训，避免不当操作对设备造成的损害。

⑥加强设备维护人员的技术培训，使其掌握设备工作原理及维护技术，提高设备维护技术水准。

图 5-6　部分检测器具

图 5-7　日常气体流量检测　　　　图 5-8　设备进行完好标识

（3）材料控制

①本桥的原材料供货单位按照公司采购程序在一流厂家中进行对比选择，并首选具有为大型桥梁提供过材料业绩的单位。

②采购的产品验收合格后，按公司"产品防护控制程序"，对采购的产品进行储存、防护控制。

③按"标识和可追溯性控制程序"对产品的牌号、规格（型号）、炉批号/入库编号、生

产厂家、生产日期标识进行保护和移植。材料领料时，必须在领料单上注明批号，保证可追溯性。

④材质证明书检验：材料检验员核实钢材的材质证明书与钢板上标号（牌号、炉号、批号等）是否相一致，材质证明书上的化学成分和机械性能是否符合规范要求，将核查结果如实填在物资验证记录上。

⑤钢板尺寸、数量核查：点验员用钢盘尺、钢卷尺测量钢板的长宽尺寸是否符合定尺供货要求，用超声波测厚仪在离钢板边缘50mm处测量钢板厚度是否符合标准要求，清点数量是否准确。将检查结果如实填写在物资验证记录上，材料检验员抽样验证。

⑥钢材表面质量检查：目视检查钢板表面有无气泡、结疤、裂纹、折叠等缺陷，钢材端边或断口不应有分层、夹渣等缺陷，并对照标准判断是否合格。当钢材的表面有锈蚀、麻点或划痕等缺陷时其深度不得大于该钢材负允许值的1/3。对高强钢需重点检查表面凹坑、裂纹等。任何钢板不得存在死弯。将检查结果如实填写在物资验证记录上。如钢板表面质量不满足规范要求，材料检验员出具不合格品通知单，作退货处理。

⑦型材的尺寸及外观质量的检查：型材的品种、规格、性能、尺寸、外形等应符合规定和设计要求。并检查型材的质量合格证明文件及检验报告等。型材的表面不得有裂缝、折叠、轧折、离层、发纹和结疤。

⑧焊接材料检验

a. 包装检验：检查焊接材料包装符合有关标准要求，是否完好，有无破损、受潮，将检查结果如实填写在物资验证记录上。

b. 质量证明书检验：核对质量证明书所提供的数据是否齐全并符合规范及技术要求。将检查结果如实填写在物资验证记录上。

c. 外观检验：检验焊接材料的表面是否污染，在储存过程中是否有影响焊接质量的缺陷产生，识别标志是否清晰、牢固，与产品实物是否相符。将检查结果如实填写在物资验证记录上。

化学成分分析和机械性能试验：按材料试验计划的焊接材料试验进行机械性能试验，试验项目见表5-5。

焊接材料试验项目表　　　　表5-5

序号	试验项目	备注
1	手工电弧焊焊条	熔敷金属的拉伸和冲击试验
2	CO_2气体保护焊焊丝	熔敷金属的拉伸和冲击试验
3	埋弧自动焊焊丝	熔敷金属的拉伸和冲击试验

⑨验收标识

所有材料设备在进场前应事先得到监理人的批准,在用于本工程前由监理对材料的质量证明文件进行核查,核查无误后方可按规范进行自检和复检,监理人抽检并批准后,方可投入使用。

各类材料检验表汇总见表5-6。

原材料控制与保证措施汇总表 表5-6

序号	材料类型	保证措施
1	钢板	1. 核对钢材出厂合格证、炉批号、材质证明等质量证明书文件
		2. 厚度超过30mm的钢板均要进行Z向超声波探伤,执行标准《厚钢板超声波检测方法》(GB/T 2970—2016)。质量等级为I级,且近焊缝区域各200mm内不得有任何片状缺陷
		3. 检查钢板表面质量,及外形尺寸检查,执行相关标准中的B类1级要求
		4. 钢板厚度检查,执行相关标准。其中行车道钢板厚度执行C类标准。其余均执行N类标准
		5. 同一厂家、同一材质、同一板厚、同一出厂状态每10个炉批号抽检一组,且不大于600t。对于有探伤要求的钢板,根据相关标准对钢板数量的10%进行抽探,对抽检钢板进行全表面探伤。具体的检验要求按照标准中的II级执行
2	手工焊条	1. 焊条应为符合相关标准要求。所有低氢级SMAW焊条应该保存在密封容器中,并且在使用前进行干燥,并储存在焊条保温桶内以备取用
		2. 暴露在空气中超过规定允许时限的焊条只能被重新加温一次,再次就报废
		3. 密封容器看似有损坏时焊条应该在使用前被烘干。药皮破损的焊条或湿焊条不能使用
3	药芯焊丝和气体保护焊丝	1. 被腐蚀、生锈或破损的焊丝不得使用
		2. 在送丝机上安装焊丝时注意保护焊丝
		3. 焊丝上不允许存在润滑油;当焊接暂停时间超过8h,必须用塑料袋把送丝机上的焊丝包扎起来
4	埋弧焊焊丝和焊剂	1. 焊丝必须有包装并放于干燥通风的储存地
		2. 在送丝机上安装焊丝时注意保护焊丝
		3. 焊剂应该按照相关标准保存,保持干燥,隔离在灰尘、氧化皮或其他杂质等污染物之外

续上表

序号	材料类型	保证措施
4	埋弧焊焊丝和焊剂	4. 焊剂应该保护好，以防潮湿和污染，湿焊剂应被丢弃
		5. 焊剂应该保存在密封容器中或者使用前在 350±10℃的温度下干燥 2h，保存温度在 150±10℃
5	高强度螺栓	1. 高强度螺栓连接副应由生产厂按批配套供货，必须有生产厂按批提供的产品质量保证书
		2. 高强度螺栓连接副进场后，应按相关标准规定进行复验，合格的产品方可使用
		3. 高强度螺栓连接副在运输、保管过程中应防雨、防潮，并应轻装、轻卸，防止损伤螺纹
		4. 高强度螺栓连接副应按包装箱上注明的批号、规格分类保管，室内架空存放，堆放不宜超过五层。保管期内不得任意开箱，防止生锈和沾染污物
		5. 高强度螺栓连接副按其生产批号逐批抽样复验，且在规定的保质期内使用
6	普通螺栓	1. 普通螺栓应满足《六角头螺栓》（GB/T 5782—2016）技术指标要求。垫圈应满足《标准型弹簧垫圈》（GB/T 93—1987）技术指标
		2. 普通螺栓连接副必须有生产厂提供的产品质量保证书
		3. 普通螺栓连接副在运输、保管过程中应防雨防潮，并轻装轻卸，防止螺纹损坏
7	涂装材料	1. 涂料材料的品种、规格、技术指标必须符合图纸和技术规范的要求，具有完整的出厂质量合格证明书，经复检合格后方可使用
		2. 禁止使用过期产品、不合格产品和未经试验的替用产品
		3. 涂装材料进场后，对涂装材料进行抽检和复验，执行相关标准

（4）技术、图样的控制

为确保工程质量和进度计划，在施工组织的基础上结合招标文件、设计图纸、有关规范和发包人的要求，对生产中可能涉及到的各种工艺或方案进行设计和必要的试验。

①施工方案的确定

施工方案由工程设计所提出，公司进行评审并由项目总工审批；公司制定焊接工艺评定项目，组织焊接人员工艺评定，对焊接工艺评定将组织有关专家进行评审，并报业主备查。切割工艺评定、涂装工艺评定、首制件工艺评定根据要求可在厂内进行工艺性评审。

②施工图和工艺文件的控制

施工图和工艺文件由工艺员编制，项目总工审核，标检后入库。对在施工中需要修改的，由工艺员提出，项目总工批准后由资料室按发放记录收集图纸，由工艺员对图纸进行修改（图 5-9 和图 5-10）。

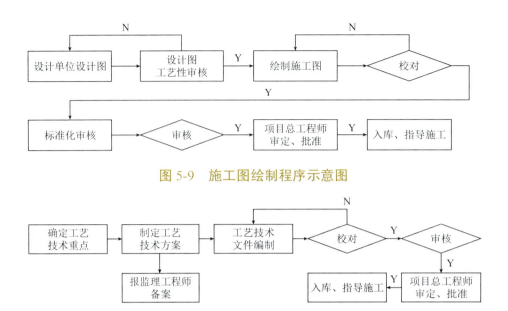

图 5-9 施工图绘制程序示意图

图 5-10 工艺文件及技术规范编制程序示意图

开工前进行设计、施工方案确定，总体质量计划、体系文件报审，施工图绘制，技术、质量交底和人员培训，施工组织设计与审批，开工审批等（图 5-11）。

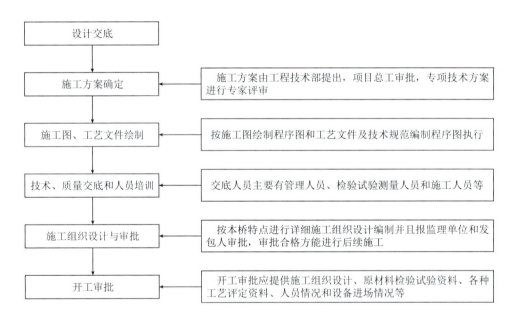

图 5-11 开工前准备流程图

（5）环境控制

根据产品要求在相关的工艺文件中确定影响产品施工质量以及贮存的工作环境（包括安装工地的工作环境）。各生产单位根据工艺文件中所明确的工作环境在生产过程中予以落实。工程设计所按公司"工艺纪律管理办法"要求对施工环境进行监督检查，质量管理部巡查实施情况，发现问题及时签发相应的通知单（质量信息反馈单、产品质量问题纠正联系单等），不断改善施工环境，重点环境控制内容如图 5-12 所示。

5 施工保证措施

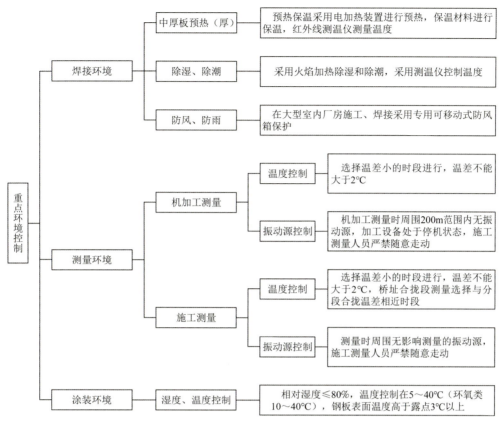

图 5-12 环境控制图

（6）产品标识可追溯性

①原材料、成品、半成品、构配件必须贴有标识。标识具有唯一性，标识应粘贴在醒目位置。

②成品、半成品检验合格后由检验员在产品预定位置贴"合格卡"。

③原材料、成品、半成品应严格按"6S 管理"按区域分类存放。

5.4.2 夏期保证措施

1）夏季高温施工准备工作

（1）高度重视夏季高温施工安全生产工作，抓紧时间做好各项防暑准备工作。

（2）夏季高温到来之前，组织有关人员按照方案要求对各班组进行交底，提出高温季节施工计划，为施工提供技术准备。

（3）建立、完善、落实夏季高温安全生产责任制、安全生产规章制度。对一线作业人员人身安全高度负责，认真分析、查找安全生产管理的薄弱环节，有针对性地制定应对措施。项目主要负责人要深入一线检查、指导夏季高温工作，狠抓各项措施的执行和落实。项目部安排专人每天收听气象预报，及时掌握气象资料，做到早部署、早安排、勤检查，确保安全防暑落实到位。

（4）物资准备：绿豆、藿香正气水、感冒药、发烧药、腹泻药、消炎药等常用治疗药品及茶叶、仁丹、十滴水、风油精、清凉油、制作冷饮所需的辅料等。

2）夏季高温施工安全控制措施

（1）充分重视高温酷暑安全生产工作

①加强组织领导，落实各项安全责任。高度重视夏季高温期间防暑降温工作着力提高一线人员的安全生产意识和安全防护能力。

②始终坚持"安全第一、预防为主、综合治理"的安全生产方针，进一步增强责任意识，加强安全生产监督检查，防止因高温天气引发工人中暑和各类生产安全事故。

（2）采取有效措施，确保施工人员安全

①加强与气象部门的沟通，密切关注天气变化情况，积极应对强对流天气造成自然灾害。

②广泛宣传中暑的防治意识，使职工掌握防暑降温的基本常识。

③对有心血管器质性疾病、高血压、中枢神经器质性疾病、明显的呼吸、消化或内分泌系统疾病和肝、肾疾病患者应列为高温作业禁忌症。

④在夏季高温作业中，做好职工防暑降温工作，提供降暑饮品、消暑降温药品发放要及时到位，教育作业人员不饮生水，保证职工身体健康。

⑤长时间露天作业的要发遮阳帽，防止作业人员中暑。

⑥改善作业区、生活区的通风和降温条件，确保作业人员宿舍、食堂、厕所、淋浴室等临时设施符合标准要求和满足防暑降温工作需要。

⑦加强夏季高温期间施工安全监管

⑧切实做好施工现场的卫生防疫工作，加强对饮用水、食品的卫生管理，严格执行食品卫生制度，避免食品变质引发的中毒事件。要加强对夏季易发疾病的监控，现场作业人员发生传染病、食物中毒时，应及时向有关主管部门报告。

⑨合理安排夏季高温期间的施工作业时间。根据气温变化及时调整夏季高温作业的劳动和休息时间，减轻务工人员劳动强度，减少高温时段作业时间，严格控制加班加点。气温达到37度以上时，中午11点至下午3点间应暂停在阳光直射下作业，并安排工人午休，保证务工人员有足够的休息时间。

⑩着力改善务工人员休息环境。工人宿要做到清洁、通风，宿舍内应配置空调，同时加强工人宿舍的卫生管理，保证民工有较好的生活休息环境。

（3）突出重点，开展夏季高温安全生产专项检查

针对施工作业人员易疲劳、易中暑、易发生事故的特点，认真开展安全生产检查，做到防患于未然。认真抓好安全生产责任制等各项规章制度的落实，积极开展自查自纠工作，重点做好防中暑、防触电、防雷击、防食物中毒、防火灾工作。

3）夏季高温施工技术措施

（1）吊装作业

①吊装前起重指挥要仔细检查吊具是否符合规格要求，是否有操作，所有起重指挥及操作人员必须持证上岗；

②遇到六级以上大风，禁止露天进行吊装；

③吊装产品须有专人负责，吊装设备下不得站人，上下交叉作业，应有专人监护，并做好垂直面或弧面上的安全保护，5级以上大风停止高空施工，杜绝危险作业。

（2）高空作业

①为防止高处坠落，心情不好时，身体患有高血压、心脏病，恐高症者不准进行高处作业；外脚手架、脚手板、安全网未同步跟上即安全条件不具备时，不准上高空作业。

②若温度较高、大雨、雷电和六级以上大风时，禁止高处与露外作业。

③加强对安全防护用品佩戴使用的检查，确保劳动防护措施的真正落实。

（3）材料存放

①注意材料的堆放、保管。木质材料等应注意避免在阳光下暴晒，应及时将材料运至室内，并放在通风干燥的地方，否则材料不仅容易变形，会开裂，还会影响施工质量。

②注意化工制品的合理使用。施工前，应详细阅读所用产品，一定要按说明书所说的温度及环境下施工，以保证化工制品质量的稳定性。

（4）混凝土工程

炎热的夏季气温高，水的蒸发量大，对于新浇筑混凝土工程可能出现干燥快，凝结速度快，强度降低，并会产生许多裂缝等现象，从而影响了混凝土结构本身的质量。因此夏季施工的混凝土施工技术，就要采取一些有效措施，特别是混凝土的拌制及运输以及浇筑、养护等，要采取相应措施来保证混凝土的施工质量符合施工规范及设计要求。

①混凝土拌制和运输

混凝土是一种混合材料，混凝土成形后的均匀性和密实性可判断其质量的好坏，因此，在搅拌运输的各道工序施工中，应杜绝任何缺陷，采取措施控制混凝土的温升，并以此控制附加水量，减少坍落度损失，减少塑性收缩开裂。在混凝土拌制、运输中有以下几项措施是行之有效的：

a.使用减水剂或以粉煤灰取代部分水泥以减少水泥用量，同时，在混凝土浇筑条件允许的情况下，增大骨料直径。

b.混凝土拌和物的运输距离如较长，可以用缓凝剂控制混凝土的凝结时间，但应注意缓凝剂的掺量应合理。

c.随着泵送混凝土迅速发展，流动性与好易性的要求，坍落度增加、水灰比增大，水泥用量、用水量、砂率均增加及其他外加剂增加等一些因素变化，导致混凝土收缩及水化热作用。因此，严格控制配合比可有效控制裂缝产生，提高混凝土抗拉、抗压强度。

d.在炎热季节或大体积混凝土施工前，可以用冷水或地下水来代替部分拌和水。对于高温季节里长距离运输混凝土的情况，可以考虑搅拌车的延迟搅拌，使混凝土达到工地时仍处于搅拌状态。

e.应做好施工组织，以避免在最高气温时浇筑混凝土。在高温干燥季节，晚间浇筑混凝土受风和温度的影响相对较小，且可在接近日出时终凝，而此时的相对温度最高，因而早期干燥和开裂的可能性最小。

②混凝土浇筑和修整及温控措施

在炎热气候条件下浇筑混凝土时，应尽量避免当日的最高温度时间浇筑；要求项目上配备足够的人力、设备和机具，以便及时应对预料不到的不利情况，并随时控制好混凝土表面与外界的温差及混凝土内部与表面的温差的影响。控制开裂主要因素是约束温差及收缩混凝土的极限拉伸。

a.夏季高温期施工混凝土时要全面、细致组织安排，准备工作做到充分，混凝土拌制、运输及入仓设备有一定的备件，根据浇筑强度要求配足平仓振捣人员和振捣棒，保证混凝土施工连续进行，从拌和、运输、入仓、平仓及振动的浇筑时间尽量缩短，并及时进行湿润养护。

b.协调好混凝土拌制和入仓强度相匹配，控制缩短运输及等待卸料的时间。混凝土运输罐车装料前，将低温井水注入罐体内转动预冷降温，反复循环到搅拌机温度降下来为止，排干罐内积水。混凝土运输搅拌车运输中要慢速搅拌，在卸料时用抽取的低温井水对罐体外表面淋水控制温度回升。混凝土浇筑前，提前开动布料机，用抽取的低温井水对布料皮带、卸料斗、溜管进行反复淋水降温冷却，使输送混凝土系统的温度降下来为止。混凝土采用料斗入仓时，用低温井水对其淋水降温冷却，降低混凝土浇筑温度。

c.利用待料间隙时间及时用低温井水对布料皮带淋水，使混凝土入仓过程中温度不回升，淋水降温过程的水要排净，不得混入仓内。

d.混凝土浇筑安排在温度较低的早晚、夜间和阴天进行，避免在日最高气温时浇筑施工。开仓浇筑前，提前用抽取的低温井水对模板、钢筋和基础面上进行淋水预冷降温，但在浇筑时不能有附着水；箱梁的浇筑舱面搭设遮阳设施，避免太阳光直射仓面、模板、钢筋，改善混凝土施工条件。

e.浇筑混凝土前，质检人员详细检查浇筑准备情况，确保降温各项准备工作落实到位，做好记录。混凝土浇筑中缩短混凝土运输时间，入仓后及时进行平仓振捣，加快混凝土的入仓覆盖养护速度，保证混凝土连续浇筑。

f. 混凝土浇筑过程中，现场设专人进行混凝土浇筑温度测量，根据仓位面积大小布置测点，狭小仓位一般每一下料浇筑坯层测点不少于 2 个测点，面积较大仓位一般每一下料浇筑坯层测点不少 3 个测点，测点位置要均匀分布在浇筑仓面上；若气温偏高时，要加密检测入仓混凝土温度，以便控制混凝土出机口温度、运输浇筑过程中温度回升，满足混凝土浇筑温度不大于 28℃的施工条件。

g. 混凝土浇筑根据拌和站生产能力、运输能力、浇筑速度、振动能力和气温等，设计规划好浇筑混凝土下料的次序、方向、浇筑坯层厚度。混凝土浇筑采用平铺法，浇筑层厚度 30～40cm，在混凝土平仓振捣过程中，上方采用隔热材料及时遮阳。

h. 混凝土施工除应留标准条件下养护的试件外，在现场制取一定比例的试件与结构在相同的环境条件下养护，试验检查 28d 的试件强度以指导现场施工。

③混凝土的养护

夏季浇筑的混凝土，如养护不当，会造成混凝土强度降低或表面出现塑性收缩裂缝等，因此，必须加强混凝土的养护。

a. 混凝土浇筑完成后适时覆盖湿润土工布，在混凝土初凝后进行洒水保湿养护并做好养护记录。

b. 混凝土在表面压面抹光后，用湿润粗麻布覆盖养护，将低温井水喷洒混凝土面，使混凝土表面、模板呈湿润状态养护。待周边模板拆除后及时涂刷养护剂，并挂设湿粗麻布遮阳进行混凝土面养护。墩柱混凝土浇筑完，顶面用湿润粗麻布覆盖养护，在顶部布置花管，通过自流水顺混凝土表面从上自下流动，使混凝土表面、模板呈湿润状态养护。墩柱模板拆除后立即用清洁的塑料膜包裹在墩柱周围，用塑料胶带每隔 1m 黏结一道进行加固固定，且通过墩顶周圈布置花管，养护水顺混凝土表面从上自下流动，使混凝土表面保持湿润状态养护。

c. 高温时段混凝土养护期不少于 28d。

d. 混凝土养护设专人负责，环境温度每日检查 4 次，并认真做好混凝土养护记录。

4）夏季高温紧急情况的处理方法

①采取针对性强的防范措施，加强对各班组的宣传、教育，使每人都掌握夏季施工过程中的注意事项，做到每人都懂得保护自己；懂得救护他人。

②轻度患者：现场作业人员出现头昏、乏力、目眩现象时，作业人员应立即停止作业，防止出现二次事故，其他周边作业人员应将症状人员安排到阴凉、通风良好的区域休息，

供应其凉水、湿毛巾等。并通知项目部管理人员进行观察、诊治。

③严重患者（昏倒、休克、身体严重缺水等）：当作业现场出现中暑人员时，应第一时间转移到最近的医院进行观察、治疗。

④避开每天气温的最高时间（11:00—14:30）段进行施工作业。当室外气温高于 38℃ 时，项目部应对各班组进行施工降温专项安全交底，令其各班组停止现场施工作业。

5.4.3 冬期保证措施

1）冬季施工准备工作

①当工地昼夜平均气温连续 5 天低于 +5℃或最低气温低于 −3℃时，混凝土工程按冬季施工办理。

②为保证工程施工质量，在冬季气候条件下严格按冬季施工要求进行施工。

③通过当地气象部门或网络媒体，及时掌握天气预报的气象变化趋势及动态，以利于安排施工，做好预防准备工作。

④根据本工程施工的具体情况，确定冬季施工需要采取防护的具体工程项目或工作内容，制定相应的冬季施工防护措施，并在物资和机械方面做好储备和保养工作。

⑤施工机械加强冬季保养，对加水、加油润滑部件勤检查，勤更换，防止冻裂设备。

⑥检查职工住房及仓库是否达到过冬条件，及时按照冬季施工保护措施制作过冬棚，准备好加温及烤火器件。当采用电暖气和暖棚施工时，作好防火措施，棚内必须有通风口，保证通风良好，并准备好各种抢救设备。

⑦在进入冬季前施工现场提前作好防寒保暖工作，对人行道路、脚手架上跳板和作业场所采取防滑措施。

⑧开展班组冬季安全生产教育培训活动。对冬季施工的班组和机械设备操作人员，按工作性质开展安全技术交底、操作规程和安全知识教育活动。要求各班组长，严格按冬季施工安全技术措施要求，合理安排组员日常工作安排，不违章作业。

⑨明确各级管理人员安全生产责任制度，对在施工现场发生违章作业、违章指挥现象，严格按有关规定处罚。

2）冬季施工安全控制措施

（1）所有高空施工作业人员均须配挂安全绳，安全帽，并穿防滑胶鞋及防滑手套。

（2）冬施期间，生火炉须注意防煤气中毒，注意房内通风。

（3）架设暖棚须注意防火措施。不得将烟头或烧火后用的柴草随意丢弃。

（4）对参加冬季施工的全体员工进行冬季施工安全知识培训，做好安全技术交底，施工期，坚持定期安全学习，工前安全讲话，工中安全巡视，工后安全总结和教育。

（5）制定详细的冬季施工安全制度，做好各岗位安全职责明确，并配齐冬季施工安全防护用品以及防寒防冻防滑等劳动保护用品。

（6）施工中涉及用水的工作，要做好排水系统的规划和建设，防止施工废水漫流结冰，形成安全隐患。

（7）霜雪天后，及时清除施工场地和道路上的冰雪，上下人员的楼梯、工作平台等人员活动多的部位要保持干燥，设置必要的防滑设施，防止溜滑发生安全事故。

（8）下班后，容器、管道内的余水全部放干，机械设备要使用与气温相适应的防冻剂，防止冻胀事故。

（9）安排专人负责热源、火源的管理，供暖设备使用中不得离人，使用完毕后做到人走火灭，暖棚内、工棚内禁止用明火取暖。火灾危险地区、人员聚集地区，配备足够数量的消防灭火器材。

（10）加强各种压力容器的管理，压力计等仪器仪表工作状态良好，禁止对乙炔瓶、氧气等压力容器加热，并应远离热源，严防爆炸事故发生。

（11）加强用电管理，供用电系统由专业人员安装和管理，禁止非专业人员随意拆改。经常检查维护供电线路和电力设备，根据最大用电量检查供电线路和设备是否有足够的容量，用电设备要采取防漏电措施，防止触电事故的发生。

（12）作业人员必须佩戴防寒、防冻、防溜、防滑劳动保护用品，特别是提梁机、架桥机、运梁车装梁人员等需要高空作业的人员，必须穿戴防滑鞋和防寒服，同时拴好安全带，戴好安全帽。以防高空坠落和防冻。

（13）机械设备冬季防寒、防冻、防火、防滑工作安全措施：

①在进入冬季前对所有机械设备做全面的维修和保养，做好油水管理工作，结合机械设备的换季保养，及时更换相应牌号的液压油、柴油和机油；冷却液中加入防冻液。各种油品、冷却液的凝点符合当地防冻要求。

②各种车辆使用的燃油，要根据环境气温选择相应的型号，冷车起步时，要先低速运行一段路程后再逐步提高车速。

③冬季车辆启动发动机前，严禁用明火对既有燃油系统进行预热，以防止发生火灾。

④冰雪天行车，汽车要设置防滑链；司机在出车前检查确认车辆的制动装置是否达到良好状态，不满足要求时不得出车，遇有六级以上大风、大雪大雾不良气候时停止运行。

⑤对停用的机械设备放尽冷却水、燃油、液压油、机油。并棚布进行遮盖。

⑥严格执行定机定人制度，机械保管人员要坚守岗位，看管好设备，并作好相应的记录。

3）冬季施工技术措施

（1）冬季施工中骨料中没有冰块、雪团，清洁，级配良好，质地坚硬，骨料不含有机物质。

（2）冬季施工混凝土的细骨料采取覆盖等措施，防止冻结，储备地点选择地势较高不积水的地方。

（3）混凝土中掺入减水剂、防冻剂等能改善混凝土的工艺性能，防止早期受冻。

（4）掺防冻剂的混凝土在负温条件下养护不得浇水，外露表面必须覆盖。

（5）当骨料不加热时水可加热到90℃，但水泥不可与60℃以上的水直接接触，采取适当的投料顺序，使水在搅拌机内先与骨料接触，将热量进行传递，保证混凝土不超过40℃。

（6）对于拌和水加热要求使水温准确、供应及时，保证混凝土的坍落度一致。

（7）混凝土搅拌的投料程序：合理的投料顺序能使混凝土获得良好的和易性，并使拌合物的温度均匀，有利于强度发展，又可提高搅拌机的效率。冬季搅拌混凝土的合理投料顺序应与材料加热条件相适应，一般先投入骨料和加热水，待搅拌一定时间后水温降低到40℃左右时，再投入水泥继续搅拌到规定的时间，时间一般应较常温延长50%，要绝对避免水泥假凝现象。混凝土出机温度不低于20℃，入模温度不低于5℃。

（8）投料时要注意不要把冰雪或冻团骨料装入搅拌机内，因为这会给拌合物温度带来很大的损失，而且大于8cm的冻块很难通过搅拌被粉碎和融化，热量尚未平衡的冻团骨料除给成型带来困难外更主要的是要影响混凝土的质量。

5.4.4 雨季施工保证措施

1）雨季施工准备工作

（1）技术准备

①进入雨季施工的工程部位，应复核施工图纸，对于不能适应雨季施工要求的部位比如屋面工程、外装修工程等应及时与设计单位、监理、甲方研究解决。

②对项目部管理人员和施工人员进行雨季施工方案的宣传教育，熟悉各分部、分项工程的施工方法，以及技术、安全和降低成本措施，并形成文字，以交底和班前教育形式传达给作业队伍。能够针对雨季施工方法中出现的暴雨、大风问题及时采取处理措施。

③编制可行的雨季预防物资计划，并按计划准备好各项雨季施工物资和覆盖材料，并尽量减少能源消耗。施工中要根据天气变化及时发放生活防雨用品。

④对道路、基坑、外架、塔式起重机基础、大型机械设备等都应结合各专项方案进行防雨维护，并检查其安全可靠性，保证雨季正常使用。

⑤及时了解近期天气预报，为施工安排提供准确的气象信息。并做好每日天气记录。

（2）施工现场准备

①考虑雨季的影响，凡有可能积水的区域，应事先填筑平整。防止雨季来临，导致场地内积水，场地泥泞。各种构件、机具等的存放场地，以及现场钢木加工生产场地应硬化，严禁积水。

②场地硬化并从挡水墙边向外找坡。施工现场的主要道路路基应碾压坚实，并用C30混凝土硬化，并做200mm×300mm的排水沟，内侧抹灰，确保雨季道路循环畅通，不淹不冲不积水，不陷不滑。

③如场内排水口不能直通场外泄水处，则应在合适的位置挖集水坑，准备抽水设备，防止场内积水。

（3）机械设备防护

①现场机械操作棚（如电焊机、木工机械、钢筋机械等），必须搭设牢固，防止漏雨、淋雨和积水。

②现场机械设备，要采取防雨、防潮、防淹等措施。用电的机械设备要按相应规定做好接地或接零保护装置，并应经常检查测试其可靠性。保护接地应不大于4Ω，防雷接地应不大于40Ω。

③电动机械设备和手持电动机具，都应安装漏电保护器，漏电保护器的容量要与用电机械相符，并要单机专用。

④塔式起重机基础要做专业设计，并做好排水防止积水下沉，要经常检查，做好保养维护工作，随时加固和调平。

⑤塔式起重机的接地装置要进行全面检查，接地体的深度、距离、棒径、地线截面均应符合规范要求，并应经常检查检测，确保接地电阻不大于40Ω。

（4）原材料及半成品的保护

①对于怕雨淋的材料如模板、木方等要采取防雨措施，应在上部覆盖塑料布，其下部要垫高码放并要通风良好。

②钢筋堆放场地应设置一定的排水坡度，钢筋堆放应高出地面20cm以上。

③钢管、碗扣架等周转架料堆放应搭设架子，并做好防锈蚀的保护措施。

（5）防雨物资准备

由于本工程施工的特殊性，单层面积非常大，物资部门应做好雨季主体施工的防雨材料，如排水泵、自吸泵、彩条布、雨衣雨鞋等，联系好货源，及时跟踪了解现场施工动态，根据工程的实际进展，加强预见性，提前3d将雨季施工所用物资备好，及时组织进场。

2）雨季施工安全控制措施

（1）雨季施工安全措施

①现场施工人员、安全员、技术人员在雨期来临前对现场进行雨期安全检查，发现问题及时处理，并在雨季施工期间定期检查。

②雨期要经常检查现场电气设备的接地、接零保护装置是否灵敏；雨期使用电气设备和平时使用的电动工具应采取双重保护措施，注意检查电线绝缘是否良好，接头是否包好，严禁把电线泡在雨水中。

③要做好塔式起重机的防雷接地干燥，并注意检查。

④塔式起重机操作人员班前作业必须检查机体是否带电，漏电装置是否灵敏，各种操纵机构是否灵活、安全、可靠。如遇暴雨或 6 级以上强风等应停止起重。

⑤在第一次大雨过后，应对塔式起重机进行观测，检查塔基是否沉降、塔身是否倾斜。在雨季施工过后必须对塔式起重机再次进行观测，防止塔式起重机出现倾斜而存在安全隐患。

⑥进出施工现场的车辆，尤其在雨后，必须对车子和轮胎进行清洗后方可出场。

⑦施工现场设专人对现场进行清理工作，洒水、扫地，防止尘土飞扬，清除污泥、雨水，保持现场整洁。

⑧密切注意天气变化，了解近期天气情况，合理安排施工工期。

⑨上架操作人员注意穿防滑鞋，防止滑倒。

⑩雨季来临前认真对管理人员和操作工人分级进行雨季施工的培训工作，加强个人的安全意识和质量意识。

⑪设专人对生活区进行定期清理消毒，消灭四害，不吃腐烂变质的食物和污染的水，防止疾病蔓延。

⑫防汛抢险器材不得挪作他用。

（2）雨季施工安全注意事项

①加强安全教育，认真作好防洪、防雷、防触电、防火、防风暴、防滑等工作。通过交底贯彻到班组。

②下大雨时停止所有吊装作业。塔式起重机在工作结束时停稳，挂好吊钩。

③经常检查施工用电，电闸箱，机电设备要有完善的保护接零，可靠的防雨、防潮措施。线路绝缘良好，并设漏电保护器，严防漏电，手持电动工具佩戴个人安全保护用具。

④尽量改善工作环境，调整作业时间。在工地设医务室，有兼职急救员，对突发情况进行处理。

3）雨季施工技术措施

（1）模板工程

①施工现场模板堆放要下设垫木，上部采取防雨措施，周围不得有积水。

②对尚未利用的木方和模板进行覆盖，以防淋雨变形。

（2）钢筋工程

①钢筋母材及半成品应堆放在20cm高垫木或砖墙隔离层上，周围不得有积水，避免水淹、黏泥，防止钢筋污染锈蚀。

②锈蚀严重的钢筋使用前要进行除锈，并试验确定是否降级处理。

（3）混凝土工程

①浇筑混凝土时，先需了解2~3日内的天气情况，尽量避开大雨。

②混凝土浇筑前必须清除模板内的积水。

③混凝土浇筑前不得在中雨以上进行，遇雨停工时应采取防雨措施。待继续浇灌前应清除表面松散的石子，施工缝应按规定要求进行处理。

④混凝土初凝前，采取防雨措施，用塑料薄膜覆盖保护。

⑤浇灌混凝土时，如突然遇中到大雨，要做好临时施工缝，并用塑料薄膜覆盖已浇好的混凝土，方可收工。雨后继续施工时，先对接合部位进行技术处理后，再进行浇筑。小到中雨，则立即搭设防雨棚，在搭设的临时简易防雨棚内继续浇筑。

（4）脚手架工程

①雨季施工用的脚手架、塔式起重机及门式起重机等定期进行安全检查，对施工脚手架周围的排水设施要进行认真地清理和修复，确保排水有效，不冲不淹，不陷不沉，发现问题及时处理。

②落地式脚手架地基应坚实，立杆下应设垫木或垫块。

③在每次大风或雨后，必须检查脚手架基础。

④在暴风雨期间，着重做好防止脚手架连接不稳，滑移等安全检查工作。

⑤雨天及雨天之后半天内，钢管雨水变滑，不宜进行脚手架搭拆作业。

4）雨季施工应急准备

（1）平时要注意收看天气预报，并与当地及业主的水文、气象部门保持密切联系，随时掌握准确、及时的水文和气象情况，对暴雨、洪水的袭击作出正确的分析、判断，提前做好各项防范准备。同时做好防风、防雷电准备。

（2）为了确保该工程工期，应正确处理好施工、度汛之间的关系。

（3）排查治理工程隐患：平时要加强对现场尤其是深基坑、挖孔桩的巡视、检查，不定期进行安全隐患排查治理工作,对检查发现的隐患逐个进行整改,并制定出具体的度汛应急方案,落实可靠的安全保障措施,并组织开展专项整治,保证防汛检查不走过场、工程治理不留后患。

(4)对临时搭建物等易被风吹动的搭建物固紧,且人员应当避开临时搭建物,妥善安置易受雷雨大风影响的室外物资材料。

(5)接到所在地或应急指挥人员发布的有关紧急警报通知后,应急救援领导小组的全体人员应立即召开会议,并组织项目经理部作好抗灾准备工作,督促做好各项应急措施,同时加强巡逻检查;汛期派专人对施工现场内的施工道路进行巡视,及时掌握其稳定性、渗漏水等情况,发现问题及时汇报以组织抢险。配备好抢险器材和物资。

(6)按防汛区域做好应急措施,使施工现场的排水系统和通信畅通。

(7)做好危险品存放位置的标明工作,防止洪水将其搅乱、混杂、流失、造成事故,必要时制定相应的应急措施。

(8)当发生严重意外灾害事故时,立即报告有关部门,以求得援助和指导,并及时向上级领导报告,同时应组织全体抢险人员根据灾害事故情况的特点,实施有效的应急措施,争取短时间内,努力将损失、不利因素降至最低程度或消除。

(9)如设备不能撤离到安全位置,应使设备处于动力关闭、加固和适当防护状态,防止设备造成不必要的损坏。

5.4.5 环境保护措施

1)环境管理目标

①污染固废物100%回收处理。

②严格控制噪声释放。

③生活、生产废水二次处理达标排放。

④杜绝放射性泄漏。

⑤及时修整、恢复施工过程中受到破坏的生态环境。

2)环境保护措施

(1)一般规定

①本工程施工中可能或将会产生诸如噪声、灰尘、水土流失、滑坡、油污、建筑垃圾、生活垃圾、废气、火灾、影响绿化等环境保护方面的问题,在本工程的施工过程中,我们将严格遵守国家和地方有关环境保护的法令,重视环境工作,加强环保教育,贯彻环保法规,强化环保管理,尽力维持在规定的施工活动范围之外的植物、树木的原状,并做好做到少扰民和降低环境污染。

②认真贯彻执行国家环境保护法，严格遵守当地有关规定，并办理有关手续，按照项目法人对环保的要求进行工程的施工，做好施工场地四周生态环境的保护。在施工过程中尽力维持在规定的施工活动范围之外的道路及绿色植被的原状，除非业主有特别许可，否则不得将有害物质污染周围环境。

③施工机械要保持良好的技术状态，在选择施工设施、设备和施工方法时，要考虑到由此产生的噪声以及对工人的影响。各种噪声主要来自机械设备，要求施工机械作业尽量避开休息时间，如工序的连续性要求需开机施工的，应事先计划安排好并报告监理工程师，取得同意后再进行施工，以减少噪声对工人的影响。

④根据不同施工阶段的特点，对环境保护工作进行检查总结，并报告业主/监理工程师，接受环保部门、业主、监理工程师的检查指导。

⑤文明施工，做到工完料尽、场地清。现场道路均硬化处理，施工区内道路要经常洒水，减少空气污染。对于施工中废弃的零碎配件，边角料、水泥袋、包装箱、生活区垃圾等及时收集清理，并按当地的有关规定投掷在指定地点，搞好现场卫生，减少污染，以保护自然与景观不受破坏。

（2）具体环保措施

①水环境保护措施

a.施工废水、生活污水不得随意排放，应集中到指定地点作相应处理，不得直接排入河流。

b.施工的废油，采取隔油池等有效措施加以处理，不得超标排放。

c.对工人进行环保教育，不得随地乱扔果皮纸屑。

②大气环境及粉尘的防治措施

a.减少施工污染，加强生态保护。

b.施工现场和运输道路经常洒水，减少灰尘对人的危害和环境的污染。

c.对油料物品设立专门库房，采取严密可靠的存放措施。

d.喷砂应在封闭的设施内进行，防止灰尘污染周围环境。

③降低噪声措施

a.对使用的工程机械和运输车辆安装消声器，降低噪声。

b.在比较固定的机械设备附近设置临时隔音屏障，减少噪声传播。

c.适当控制噪声叠加，如交叉使用风砂轮作业等，尽量避免噪声机械集中作业，减小噪声污染。

d.选用高效低噪施工机械设备，同时合理正确使用和维修机械设备，确保设备在良好状态下运行，减少作业过程的噪声。

④电火花、防坠落和夜间施工灯光控制措施

施工现场的焊割作业，必须符合防火要求，严格执行"十不烧"规定：

a.焊工必须持证上岗，无证者不准进行焊、割作业；

b.属一、二、三级动火范围的焊割作业，未经办理动火审批手续，不准进行焊割；

c.焊工不了解焊、割现场周围情况，不得进行焊、割；

d.焊工不了解焊件内部是否有易燃、易爆物时，不得进行焊、割；

e.各种装过可燃气体，易燃液体和有毒物质的容器，未经彻底清洗，或未排出危险之前，不准进行焊、割；

f.用可燃材料作保温层、冷却层、隔热设备的部位，或火星飞溅到的地方，在未采取切实可靠的安全措施之前，不准焊、割；

g.有压力或密闭的管道、容器，不准焊、割；

h.焊、割部位附近有易燃易爆物品，在未作清理或未采取有效的安全防护措施前，不准焊、割；

i.附近有与明火作业相抵触的工种时，不准焊割；

j.与外单位相连的部位，在没有弄清楚有无险情，或明知存在危险而未采取有效的措施之前，不准烧焊。

夜间施工临时照明的各分支线，应单独设控制开关，选择适当保险丝；临时线路用毕后，应立即拆除，不准留有带电的线头。

5.4.6 水土保持措施

（1）在施工过程中要按设计重点落实责任范围内临时工程的水土保持措施，并要防止责任范围外的邻近区域因工程施工和排水工程可能引起的水土流失。认真按设计的防护工程施工，做到防护工程与主体工程进度协调配套施工。

（2）施工过程中充分与当地村民友好协商，及时做好改路、改沟、改渠、疏浚工作，确保排水通畅。

（3）根据"因地制宜、适地种树"的原则，在主体工程区和边坡、便道等水土保持区域种植适合本土的树种和草皮，以更好地控制水土流失。

5.4.7 职业健康保护措施

容易导致的职业病一般为：接触各种粉尘引起的尘肺病；电焊工尘肺病、眼病；直接操作振动机械引起的手臂振动病；接触噪声引起的职业性耳聋；长期超时、超强度工作，精神长期过度紧张造成相应的职业病；高温中暑等。为了预防控制和消除职业病危害，防治职业病，保护职工健康及其相关权益，促使企业稳定发展，根据《中华人民共和国职业病防治法》特制定本措施。职业病预防控制工作坚持预防为主、防治结合的方针，实行分类管理、综合治理，依法为职工创造符合国家职业卫生标准和卫生要求的工作环境和条件，保障职工获得相应的职业卫生保护，依法为职工缴纳工伤社会保险。积极推广、应用有利于职业病防治和保护劳动者健康的新工艺、新技术、新材料，限制使用或淘汰对职业病危害严重的工艺、技术、材料。公司安全环保部专人负责各在建工程职业卫生、劳动保护情况监督，加强对职工职业病防治的宣传教育，普及职业病防治的知识，提高员工的自我健康保护意识。各在建工程的职业病防护设施所需费用要纳入建设项目工程预算，并与工程同时设计，同时施工，同时投入使用。

1）接触各种粉尘引起的尘肺病预防控制措施

（1）作业场所防护措施：加强磨切石材的防尘措施，给施工人员发放防尘口罩。加强水泥等易扬尘的材料存放处、使用环境的扬尘防护，在易扬尘部位设置警示标志。

（2）个人防护措施：落实相关岗位的持证上岗，给施工作业人员提供扬尘防护口罩，杜绝施工操作人员的超时工作。

（3）检查措施：在检查项目工程安全的同时，检查工人作业场所的扬尘防护措施的落实，检查个人扬尘防护措施的操作方法和技巧。

2）电焊工尘肺、眼病的预防控制措施

（1）作业场所防护措施：为电焊工提供通风良好的操作空间。

（2）个人防护措施：电焊工必须持证上岗，作业时佩戴有毒有害气体防护口罩、眼睛防护罩，杜绝违章作业，杜绝施工操作人员的超时工作。

（3）检查措施：在检查工程项目安全的同时，落实工人作业场所的通风情况，个人防护用品的佩戴，8h工作制，及时制止违章作业。

3）直接操作振动机械引起的手臂振动病的预防控制措施

（1）作业场所防护措施：在作业区设置职业病警示标志。

（2）个人防护措施：机械操作工要持证上岗，戴防护手套，采取延长换班休息时间，杜绝作业人员超时工作。

（3）检查措施：在检查工程安全的同时，检查落实警示标志的悬挂，工人持证上岗，防震手套佩戴，工作时间不超时等。

4）接触噪声引起的职业性耳聋的预防控制措施

（1）作业场所防护措施：在作业区设置防职业病警示标志，对噪声大的机械加强日常保养和维护，减少噪声污染。

（2）个人防护措施：为施工操作人员提供劳动防护耳塞，采取轮流作业，杜绝施工操作人员的超时工作。

（3）检查措施：在检查工程安全的同时，检查落实作业场所的降噪声措施。

5）长期超时、超强度的工作，精神长期过度紧张造成相应职业病的预防控制措施

（1）作业场所防护措施：提高机械化施工程度，减少工人劳动强度，为职工提供良好的生活、休息、娱乐场所，加强施工现场的文明施工。

（2）个人防护措施：不盲目抢工期，采取8h作业换班制度。

（3）检查措施工人强度适宜，文明施工，工作时间不超时。

5.4.8 疫情防控措施

本工程开工期间正处于"新冠肺炎"疫情防控期间，建筑工程施工工人多数为农民工而且来自于全国各地，人员密集，虽然全国疫情已得到全面控制，但受境外疫情输入影响，各省市仍有发生零星本土病例情况。施工期间对"新冠肺炎"疫情的防控是本工程的重点和难点。

1）工作措施

（1）开工前准备

①建立疫情防控管理体系

成立建筑工地传染病防控专项工作小组，负责组织、指挥、协调与落实传染病防控的各项工作。

②防疫物资储备

根据建设单位发出的通知、管理人员数量及开工后拟投入的劳动力资源情况储备足量防疫物资。具体明细和使用计划见表5-7。

防疫物资　　　　　　　　　　　　　　　表5-7

名称	数量	单位	使用计划
一次性医用外科口罩	500000	个	每人每日配发两个（4-6小时更换一个）
一次性塑胶手套	100000	个	每人每日配发一个
红外温度计	50	个	每测温点配备两个
洗手液	2000	瓶	每洗手池配备一瓶
75%酒精	2000	L	凡人员接触的地方每日擦拭两遍
84消毒液	2000	L	施工区域全范围每日喷洒消毒一次
20L背式喷雾器	40	台	
小型喷壶	100	个	

③防疫人员配备

工地主出入口配置值班人员 2 名、安保人员 2 名，临建区出入口配置值班人员 2 名、安保人员 2 名，负责监测体温、通风消毒、发放防护用品等。施工现场内设置 2 名专职防疫人员负责监督施工区域内人员防护用品佩戴情况及防疫知识的宣传教育工作。

④隔离室配备

在职工宿舍区和施工现场分别设置一间隔离观察室，做好隔离观察工作。

⑤务工人员排查

对全部拟返工人员进行全面排查，包括务工人员的来源地是否为疫情严重地区，务工人员两周内的往来史、接触史。杜绝疫情的输入性、扩散性蔓延。

（2）开工后措施

①职工信息登记

设专人对所有进场管理人员与务工人员信息进行登记造册，统一上报。登记信息包括姓名、性别、年龄、电话居住地点等信息。每天对项目所有人员早晚做体温检测，对健康状况监测，一旦发现发热、乏力、咳嗽、呼吸不畅等症状，立即隔离并报告属地社区、街道，由专业人员处置。

②住宿管理

宿舍内严禁使用通铺，每间宿舍居住不多于 4 人。宿舍内设置生活用品专柜、垃圾桶等生活设施，保持良好室内卫生环境。设置可开启式窗户，由专职防疫人员监督，经常保持室内通风。宿舍每日两次用 84 消毒液定时消毒。

③食品安全管理

选择周边合法经营的集体用餐配送单位订送餐，核实相关证照，确保食品来源安全可靠。

④施工现场全封闭管理

施工现场围挡全部封闭，对进出工地的车辆一律登记进出去向，进行冲洗消毒。出入口设置测温点，由安保人员对进入人员进行测温、登记，核对人员情况。如果有外来人员到访，在其进入施工区域前首先进行体温检测，并介绍有无疫情高发地接触史和发热、咳嗽、呼吸不畅等症状。无上述情况且防护用品佩戴齐全方可入内。

⑤工地日常管理及消毒

工人上班前和下班后都要做体温检测，记录身体健康状况，如果体温在 37.3° 以上或咳嗽、呼吸不畅等症状要及时上报。现场所有人员都必须佩戴口罩。

保持现场卫生，现场产生垃圾，及时清运，对集装箱每天早晚喷洒一次 84 消毒液消毒。

加强人员进出管理，外来人员禁止进入现场。

所有车辆、机械进场前做好清洁工作，保持现场卫生，在进场前先喷洒84消毒液进行全方位消毒。对车辆冲洗台每天喷洒一次84消毒液消毒。

防疫期间，摘口罩前后做好手卫生，废弃口罩放入垃圾桶内，每天两次使用75%酒精或含氯消毒剂对垃圾桶进行消毒处理。

⑥健康教育

开展新型冠状病毒感染的肺炎的预防措施宣传教育，自觉做好自身防护。教育引导注意个人卫生，咳嗽、吐痰或者打喷嚏时用纸巾遮掩口鼻或采用肘护，在接触呼吸道分泌物后应立即使用流动水和洗手液洗手。与人交流时，除了佩戴口罩，还要保持1m以上的距离，减少或不去公共场所，如必须外出时，也要佩戴口罩。一旦出现任何身体不适及时告知管理人员，积极配合相关部门的隔离留观和调查。

强化舆情引导，对现场所有人员做好安抚工作，不相信小道消息及各种谣言，避免引起恐慌情绪。积极开展健康宣传教育，做好疫情防控知识科普宣传，引导所有人员科学应对。密切关注相关不稳定因素，不造谣传谣。

2）保障措施

（1）项目部安排适当经费用于传染病疫情的宣传及防控工作，确保处理事件的快速反应能力。

（2）实行责任追究制。项目经理为第一责任人，各班组长直接负责。全体管理人员必须把传染病的防控工作作为重要工作来抓，站在讲政治的高度，以对工人高度负责的态度，认真做好传染病防控工作，层层落实责任，做到防患于未然。对因工作不力、不负责任、措施不当造成工地传染病疫情扩散传播或对施工人员健康造成严重后果的，将按上级有关规定实行责任倒查，并追究相关人员的政治经济责任。

3）新冠肺炎疫苗接种

认真做好疫苗接种宣传。利用多种途径，认真做好新冠肺炎疫苗预防接种工作的宣传和舆论引导。项目部要负责疫苗接种宣传工作的组织协调和舆论引导，根据工作进展和群众关注的问题及时开展舆论宣传引导。项目部要做好疫苗接种的政策解读和新冠肺炎防控知识的宣传普及，及时报道疫苗接种工作情况和相关部门采取的措施。项目部要加强协调配合，精心组织、落实本项目农民工的接种宣传动员工作。项目部在宣传动员工作中要注意及时回应群众关心的热点问题，为疫苗接种工作顺利开展营造良好的舆论氛围。

6 施工管理及作业人员配备和分工

6.1 施工管理人员

管理人员名单、岗位职责见表6-1。

人员分工表 表6-1

职责	姓名	电话	职责
项目负责人	李**	133****3300	施工领导小组组长,全面履行、主持连续梁边跨直线段施工工作
项目技术负责人	张**	135****8688	施工领导小组副组长,负责现场主持连续梁边跨直线段的技术管理工作
安全总监	徐**	150****5555	施工领导小组副组长,负责领导和组织连续梁边跨直线段的施工安全、环境管理工作
工程部长	陈**	196****3669	负责组织连续梁边跨直线段施工方案编制与审核;施工图纸审核、质量问题和事故处理
施工员	潘**	188****6817	配合工程部长进行施工技术方案的编制、现场施工技术指导、施工技术总结
安质部长	李**	189****7815	负责具体实施过程中的安全工作,负责安全、环境管理制度的制定、落实,组织各种检查、监督,协助上级部门进行安全、环保事故的调查处理,各种报表上报,定期组织施工安全教育与培训

主要管理和技术人员投入见表6-2。

主要管理和技术人员投入表 表6-2

序号	项目	数量(人)				备注
		配置总数	内场制造场地	内场拼装场地	成桥施工场地	
1	生产	7	3	3	2	
2	计划合同	5	2	2	1	
3	人力资源	5	2	2	1	
4	结构	12	5	5	2	
5	焊接	8	3	3	2	
6	设备	6	2	2	2	
7	材料	5	2	2	1	
8	质量	12	5	5	2	

续上表

序号	项目	数量（人）				备注
		配置总数	内场制造场地	内场拼装场地	成桥施工场地	
9	安全	12	5	5	2	
10	试验	5	2	2	1	
11	涂装	5	2	2	1	
12	测量	14	4	6	4	
13	财务	3	1	1	1	

6.2 专职安全生产管理人员配备

本工程设 3 名专职安全生产管理人员，名单见表 6-3。

专职安全生产管理人员名单　　表 6-3

序号	姓名	性别	年龄	职务
1	吴**	男	37	专职安全员
2	刘**	男	35	专职安全员
3	李**	男	29	专职安全员

6.3 特种作业人员

特种作业人员名单见表 6-4。

特种作业人员名单　　表 6-4

姓名	工种	证件号	证件有效期
卞**	履带吊	341226********3614	2022 年 11 月 13 日
王**	信号工	341226********0916	2022 年 11 月 13 日
朱**	电工	T34122********2916	2022 年 1 月 12 日
李**	电工	T412823********4839	2023 年 7 月 10 日
屠**	电工	T410928********6033	2022 年 9 月 12 日
汪**	焊工	T341226********2917	2023 年 7 月 12 日
郭**	焊工	T411081********1558	2023 年 7 月 18 日
汪**	焊工	T341226********2915	2022 年 11 月 09 日
陈**	焊工	T341226********1914	2022 年 11 月 09 日
李**	焊工	T342201********4134	2022 年 3 月 10 日
杨**	焊工	T320322********6539	2022 年 9 月 21 日

7 验收要求

7.1 验收标准

（1）施工现场严格按照专项施工方案组织施工，不得出现擅自修改、违规施工。

（2）严格按照《危险性较大的分部分项工程安全管理规定》有关问题的通知【建办质〔2018〕31号】、《危险性较大的分部分项工程安全管理规定》【住建部〔2018〕37号】和《重庆市危险性较大的分部分项工程安全管理实施细则》、重庆市城市轨道交通工程关键节点风险管控实施指南（试行）等相关标准及要求组织危大工程验收。

（3）验收根据专项施工方案逐项进行，不得遗留。验收结果必须符合相关规范及规定要求，验收未通过的，不得进行相应重要部位和环节的施工。

（4）在检查验收中发现不安全因素，必须做到"三定"（定整改措施、定整改责任人、定整改期限）并由各级安全管理人员列出明细，逐个消号。

7.2 验收程序及人员

（1）项目部根据工程特点制定验收工作内容，明确需进行验收的重要部位、内容和要点。

（2）项目部根据所确定的项目内容逐项进行自检自评。自检自评合格后向监理单位提出验收申请。

（3）监理单位收到验收申请后，应对验收项目进行预审，预审符合要求的，总监理工程师组织各方成立验收组进行专题验收。

（4）验收组按照所确定的验收项目内容逐项进行验收，并形成书面验收结论。

（5）项目部需按照验收组意见进行整改。未进行验收或验收未通过的，不得进行相应重要部位和环节的施工。

7.3 验收人员

（1）施工单位

总承包单位和分包单位技术负责人或授权委派的专业技术负责人、项目负责人、项目技术负责人、专项施工方案编制人员、项目专职安全生产管理人员及相关人员。

（2）监理单位

监理单位项目总监理工程师及专业监理工程师。

（3）其他单位

有关勘察、设计和监测单位项目技术负责人。

7.4 验收内容

（1）钢主梁架设和混凝土浇筑前，应按设计或施工要求设施工支架。施工支架除应考虑钢梁拼接荷载外，应同时计入混凝土结构和施工荷载。

（2）混凝土浇筑前，应对钢主梁的安装位置、高程、纵横向连接及临时支架进行检验，各项均应达到设计或施工要求。钢梁顶面传剪器焊接经检验合格后，方可浇筑混凝土。

（3）混凝土桥面结构应全断面连续浇筑，浇筑顺序，顺桥向应自跨中开始向支点处交会，或由一端开始浇筑；横桥向应先由中间开始向两侧扩展。

（4）设施工支架时，必须待混凝土强度达到设计要求，且预应力张拉完成后，方可卸落施工支架。

钢梁安装允许偏差见表7-1。

钢梁安装允许偏差 表7-1

项目	允许偏差（mm）	检验频率		检验方法
		范围	点数	
长度	±15	每段每跨	3	用钢尺量，两侧和轴线
厚度	+100		3	用钢尺量，两侧和中间
高程	±20		1	用水准仪测量，每跨测3～5处
横坡（%）	±1.5		1	用水准仪测量，每跨测3～5个断面

结合梁混凝土现浇结构允许偏差见表7-2。

结合梁混凝土现浇结构允许偏差 表7-2

项目		允许偏差（mm）	检查频率		检验方法
			范围	点数	
轴线偏位	钢梁中线	10	每件或每个安装段	2	用经纬仪测量
	两孔相邻横梁中线相对偏差	5			
梁底高程	墩台处梁底	±10		4	用水准仪测量
	两孔相邻横梁相对高度	5			

预制板质量检验标准见表7-3。

预制板质量检验标准　　　　　　　表7-3

检查项目	允许偏差
混凝土强度（MPa）	在合格标准内
断面尺寸（mm）	±10
长度（mm）	+5，-10

涂装质量检验要求及方法见表7-4。

涂装质量检验要求及方法　　　　　　　表7-4

项目	质量要求	检验仪器和方法	参照标准	取样原则及判断准则
干膜厚度	各道涂层设计要求	磁性测厚仪测厚	《磁性基体上非磁性覆盖层 覆盖层厚度测量 磁性法》（GB/T 4956—2003）	以钢构件为一测量单元，每10m²，测3个10cm×10cm基准面，每个基准面测量五点，取算术平均值作为基准面厚度的一个测值即实际膜厚
附着力	≥5Mpa（复合涂层）	拉开法	《色漆和清漆拉开法附着力试验》（GB/T 5210—2006）	抽取梁段总数10%的梁段内、外表面随机各3点检测
涂层外观	目测：漆膜平整、均匀一致、颜色与色卡一致，漆膜不得有流挂、针孔、漏涂、气泡、裂纹、返锈等表面缺陷			100%检查、整个表面均要满足外观要求

8 应急处置措施

8.1 应急处置领导小组

（1）项目部成立应急救援领导小组如下

组长：项目经理

副组长：项目书记、项目总工、安全总监、工区经理

组员：各科室负责人

应急救援工作领导小组办公室设置在安质科，各部门人员在组员的领导下开展工作。

下设资源保障小组、现场伤员抢救小组、设备抢险小组、现场保卫小组、善后处理小组、事故调查小组。

应急队伍包括应急救援小组人员、设备操作人员、检修与维护人员、设备专业人员、安监人员、保卫人员、消防队员等。

应急小组人员分工

①组长：现场应急救援总负责

②副组长：协助组长负责具体救援工作

项目书记：协调外部单位进行事故现场救援工作。

总工程师：负责现场事故救援技术指导。

工区经理：负责施工现场机具、物资、设备、人员的组织调配工作和事故自救工作。负责事故现场保护和伤亡人员的紧急处置工作。

安全总监：负责事故现场通信联络和对外联系工作，配合组织设备管理单位专业抢修工作。

③组员

安质部：协助组长做好事故报警、情况通报及事故处置工作。

工程部：负责现场技术调查、技术处理、制定方案和防范措施。

物资部、调度：负责现场工程抢险、抢修所需救援物资、设备的储备调用工作。

办公室：负责抢险后勤保障，负责伤员抢救、转院、亲属的安顿以及生活必需品的供应工作；负责救援车辆的指挥和分派工作。

职责：研究、审批抢险方案；组织、协调各方抢险救援的人员、物资、交通工具等；保持与上级领导机关的通信联系，及时发布现场信息。

（2）应急响应

事故发生后，由现场负责人降红波向领导小组或临时指挥部汇报具体情况，同时将事故发生的原因、事故概况及损失等相关情况上报本单位负责人，通报各相关部门。

（3）项目部应急救援联系方式（略）

8.2 应急事件及其应急措施

8.2.1 支架失稳垮塌应急救援措施

（1）处理措施

在施工过程中模板或搭设的脚手架等临时结构发生失稳垮塌时，发现事故发生人员应及时通知现场安全员，由现场安全员拨打急救电话并向安质部汇报，同时组织相关人员进行自救，对受伤人员现场包扎止血，对呼吸、心跳停止的伤员予以心脏复苏，如有人员被掩埋，要采取有效安全防护措施后，组织人员按部位进行人员抢救，尽快解除重物压迫，减少伤员挤压综合征的发生，并将其转移至安全地方，防止事故发展扩大。按预先分工进行抢救，班组长组织所有架子工进行倒塌架子的拆除和拉牢工作，并防止其他架子的倒塌，若有人员被砸，应首先抢救被砸人员。

安质部接到通知后应立即上报应急救援领导小组，组织应急抢险队进行现场抢救，若有人员伤亡的，应在组织初步救治的同时拨打就近医院的急救电话，请求帮助救援。应急救援领导小组在接到事故报告后立即向上级领导部门报告，并组织各专业救援组第一时间赶赴现场，按照分工及职责快速开展现场抢救工作。

应急救援领导小组根据现场事态，在必要时可与当地公安、消防等部门取得联系，请求其帮助救援，以免延误时机。

（2）应急物资及机械

氧气袋、各类外伤包扎用品，担架2台。挖掘机1台，装载机1台，汽车起重机1辆，应急保障车1辆。

8.2.2 起重伤害紧急处置措施

（1）处理措施

在施工过程中，起重吊装高大模板、钢筋骨架、钢管桩及挂篮构件等，由于人的不安全行为和机械设备的不安全状态造成机械伤害事故时，现场管理人员应立即组织实施初步处置和救援,将受伤人员和设备撤离到安全位置,并立即向安质部报告事故情况。安质部接到通知后应立即上报应急救援领导小组,由应急救援领导小组组织安排各专业救援组赶赴事发现场进行救援,并根据人员伤亡情况和设备损坏情况与当地就近医院和公安、消防单位取得联系,请求其帮助救援,争取在最短的时间内使受伤人员得到救治,使损坏的机械设备和现场得到有效控制,进而使得人员伤亡和财产损失降到最低。

(2)应急物资及机械

纱布、氧气袋、各类外伤包扎用品,担架2副,应急保障车2辆。

8.2.3 人员高处坠落紧急处置措施

(1)处理措施

在梁体施工过程中有人员不慎从高处坠落时,由现场安全员拨打急救电话并向安质部汇报,同时组织对受伤人员进行初步救治。视实际情况对伤员进行包扎止血、人工呼吸或胸外心脏按压,伤员有骨折、关节伤、肢体挤压伤、大块软组织伤要进行简易固定。尽最大努力抢救伤员,将伤亡事故控制到最低程度,将损失降到最低。安质部接到通知后应立即上报应急救援领导小组,组织应急抢险队进行现场抢救,应急救援领导小组在接到事故报告后视情况严重程度组织救援,在紧急救援过程中一定要组织有序,对现场进行封闭和围挡,防止次生事故的发生。

(2)应急物资及机械

纱布、氧气袋、各类外伤包扎用品、担架1副,应急保障车1辆。

8.2.4 物体打击紧急处置措施

(1)处理措施

若在桥梁工程施工过程中发生物体打击事故时,应立即将受伤人员撤离到安全位置,并采取必要的救治措施,同时立即向安质部报告事故情况。安质部接到通知后应立即上报应急救援领导小组,组织安排各专业救援组赶赴事发现场进行救援。如果有人员受伤流血或休克,应尽快包扎止血或做人工呼吸或胸外心脏按压进行临时抢救,根据伤情,及时拨打当地就近医院的"120"急救电话,尽快将伤员送往医院救治。

(2)应急物资及机械

常备药品、止血药、纱布、担架1副,应急保障车1辆。

(3)救援设备、物资

根据项目特点,项目部配备了必要的救援器材和设备,建立设备器材清单,并放置在指定场所,确保应急时可以快速调用。

8.2.5 触电紧急处置措施

（1）截断电源，关上插座上的开关或拔除插头。如果够不着插座开关，就关上总开关。切勿试图关上那件电器用具的开关，因为可能正是该开关漏电。

（2）若无法关上开关，可站在绝缘物上，如一叠厚报纸、塑料布、木板之类，用扫帚或木椅等将伤者拨离电源，或用绳子、裤子或任何干布条绕过伤者腋下或腿部，把伤者拖离电源。切勿用手触及伤者，也不要用潮湿的工具或金属物质把伤者拨开，也不要使用潮湿的物件拖动伤者。

（3）如果患者呼吸心跳停止，开始人工呼吸和胸外心脏按压。切忌不能给触电的人注射强心针。若伤者昏迷，则将其身体放置成卧式。

（4）若伤者曾经昏迷、身体遭烧伤，或感到不适，必须打电话叫救护车，或立即送伤者到医院急救。

（5）高空出现触电事故时，应立即截断电源，把伤人抬到附近平坦的地方，立即对伤人进行急救。

（6）现场抢救触电者的原则：现场抢救触电者的经验原则是：迅速、就地、准确、坚持。迅速——争分夺秒时触电者脱离电源；就地——必须在现场附近就地抢救，病人有意识后在就近送医院抢救。从触电时算起，5分钟以内及时抢救，救生率90%左右。10分钟以内抢救，救生率 6.15%希望甚微；准确——人工呼吸法的动作必须准确；坚持——只要有百万分之一希望就要近百分之百努力抢救。

8.2.6 机械伤害紧急处置措施

（1）迅速确定事故发生的准确位置、可能波及的范围、设备损坏的程度、人员伤亡等情况，以根据不同情况进行处置。

（2）划出事故特定区域，非救援人员、未经允许不得进入特定区域。迅速核实塔式起重机上作业人数，如有人员被压在倒塌的设备下面，要立即采取可靠措施加固四周，然后拆除或切割压住伤者的杆件，将伤员移出。

（3）抢救受伤人员时几种情况的处理：

如确认人员已死亡，立即保护现场；

如发生人员昏迷、伤及内脏、骨折及大量失血：①立即联系120急救车或距现场最近的医院，并说明伤情。为取得最佳抢救效果，还可根据伤情联系专科医院。②外伤大出血：急救车未到前，现场采取止血措施。③骨折：注意搬动时的保护，对昏迷、可能伤及脊椎、内脏或伤情不详者一律用担架或平板，不得一人抬肩、一人抬腿。

一般性外伤：①视伤情送往医院，防止破伤风。②轻微内伤，送医院检查。

制定救援措施时一定要考虑所采取措施的安全性和风险，经评价确认安全无误后再实施救援，避免因采取措施不当而引发新的伤害或损失。

8.2.7 车辆伤害紧急处置措施

（1）发生车辆伤害事件后，驾驶员应立即停车、拉紧手制动、切断电源、开启双闪警示灯，在车后 50 米至 100 米处设置危险警告标志，夜间还需开启示廓灯和尾灯：组织车上人员疏散到路外安全地点，保护好现场，以防次生事故的发生。并用手机、相机等设备对现场拍照。

（2）若驾驶员自身受伤严重、无法操作车辆，车乘人员应采用拉紧手制动方式使车辆停稳、现场其他人员车辆自行停稳后利用现场材料将车辆前后轮固定、切断电源、开启双闪警示灯，在车后 50~100m 处设置危险警告标志，夜间还需开启示廓灯和尾灯；组织车上人员疏散到路外安全地点，保护好现场，以防次生事故的发生。并用手机、相机等设备对现场拍照。

（3）检查人员伤亡和车辆损坏情况。造成人身伤亡的，现场人员应当立即抢救受伤人员，并迅速按报警程序报告。涉及到施工外人员伤亡或有保险补偿的还应及时报告公安机关交通管理部门。因抢救受伤人员变动现场的，应当标明位置。未造成人身伤亡，基本事实清楚无争议的，取证后，可即行撤离现场，恢复交通。

（4）事故造成车辆燃烧时，应迅速确认火源，立即救火，并做好预防爆炸的安全措施。

（5）及时拨打"120""119"等报警电话和向保险公司报警。

（6）及时抢救伤员，根据伤情采取不同的急救措施。

8.3 周边建（构）筑物、道路、地下管线等产权单位各方联系方式、救援医院信息（略）

8.4 应急物资准备（略）

9 计算书及相关图纸

9.1 计算书（见二维码）

9.2 相关施工图纸（见二维码）